経時と堆積の自治
新潟県中越地方の自治体ガバナンス分析

箕輪允智

吉田書店

目 次

序章
自治体ガバナンスと分析方法 ……………………………………1
  1. 問題設定——日本の自治のとらえ方　1

  2. 方法論の考察——都市レジーム論とその限界　4

  3. 都市ガバナンス分析　11

  4. 自治体ガバナンスの分析枠組　23

第1章
独立自尊と多元的自治の展開
——新潟県三条市のガバナンス動態——……………………37
  第1節　三条市の社会経済秩序　38

    1. 人口・地勢・歴史　38

    2. 気候・交通　42

    3. 産業　43

  第2節　三条市政をめぐる政治秩序　49

    1. 船頭多くして土地沈む——土田市政　49

    2. 赤字財政の克服と災害対応の時代——金子市政　59

    3. 市政運営と体力——高野市政　65

    4. 老練政治家対議会——渡辺市政　69

    5. 革新市長の誕生と挫折——稲村市政　72

    6. 遅れて来た地域開発の波——滝沢市政　75

    7. 財政硬直化の進行と開発の長期化——内山市政　80

    8. 停滞する経済と開発への足踏み——長谷川市政　85

    9. 行政経営改革への取組み——高橋市政　90

  第3節　小括　92

i

第2章
資源に踊らされる自治
——新潟県柏崎市のガバナンス動態——..........111

第1節　柏崎市の社会経済秩序　111

1. 人口・地勢・都市形成　111
2. 気候・交通　114
3. 産業　116

第2節　電力と柏崎　121

1. 電力不利地域柏崎　121
2. 理化学研究所の柏崎進出と産業構造の変化　131

第3節　柏崎市政をめぐる政治秩序　142

1. 市長公選前夜　142
2. 戦前・戦中秩序の継続——三井田市政　146
3. 篤志家市長による市政運営——洲崎市政　150
4. 経済人脈による巻き返しのはじまり——吉浦市政　158
5. 原発誘致への傾倒——小林市政　161
6. 小林路線の踏襲——今井市政　177
7. 原発関連財源の活用——飯塚市政　182

第4節　小括　186

第3章
縮小する地域産業と恩顧主義的自治の展開
——新潟県栃尾市のガバナンス動態——..........205

第1節　栃尾市の社会経済秩序　206

1. 人口・地勢・歴史　206
2. 気候・交通　210
3. 産業　211
4. 栃尾繊維産業と業界団体　215

第2節　栃尾市政をめぐる政治秩序　227

　1. 板挟みのなかでの町政・市政運営――皆川市政　228

　2. 織物業界の首領、市政の表舞台に立つ――千野市政　234

　3. 野心家市長の県への接近――山井市政　238

　4. 越山会市長による長期政権――渡辺市政　241

　5. 観光開発への期待散り、栃尾市政終了の道へ
　　　――杵渕市政・馬場市政　251

第3節　小括　259

第4章
加齢する自治
――新潟県加茂市のガバナンス動態――　275

第1節　加茂市の社会経済秩序　275

　1. 人口・地勢・歴史　275

　2. 気候・交通　279

　3. 産業　280

　4. 学閥　286

第2節　加茂市政をめぐる政治秩序　289

　1. 旦那政治からの脱却――金田市政　289

　2. 災害対応市長の市政運営――吉田市政　298

　3. 疑似開発志向の時代――皆川市政　309

　4. 全方位調整による市政運営――太田市政　317

　5. 緩和ケア型資源調達――小池市政　323

第3節　小括　331

終章
自治体ガバナンスの個性 ……… 349

    1. 何が自治体ガバナンスの個性を生み出すか　350

    2. 自治体ガバナンスと自治体ガバナンス分析　355

    3. 自治の"限界"は　356

参考文献一覧 ……… 361

あとがき ……… 371

人名・事項索引 ……… 377

序章
自治体ガバナンスと分析方法

1. 問題設定——日本の自治のとらえ方

　戦後日本の地方自治体はどのように治められてきたのだろうか。これが本書の基本的な問いである。どのように治められてきたのかということは、地方自治体において誰がどのように政策を決めているのかの積み重ねとして考えることができる。そのため、この問いは政治過程、政策過程研究の最も根源的な問いの一つであり、国レベルとしても自治体レベルとしても統治を行う（governing）プロセスのあり方を問う問題として、政治学・行政学における主要な問題の一つである。本章では以下、その問題意識を明らかにした上で、問いに答える分析方法を提示する。

「自ずから治まる」自治

　まずは日本における自治のとらえ方という観点から考えていきたい。日本の自治体行政は明治国家建設期以降、中央集権の下での官治的自治として理解されてきた（官僚制的拘束の残存）[1]。日本の自治体による地域社会に対する施策に関しても、基本的に中央政府による高度な集権体制に基づくものであり、自治体レベルでは政策運営において自律性の制約が大きく[2]、政治的解決を必要とするような対立紛争は起りえないとする発想が支配的であり[3]、日本の地方自治については地方自治が非政治的なるものとしてとらえようとされていた[4]。すなわち、「自ら治める」のではなく「自ずから治まる」という意味での自治が、地方自治の日本的特質とされてきたのである[5]。

一方、村松岐夫はこのようなとらえ方の対抗説を提示した。それまでの地方自治のあり方を垂直的行政統制モデルと呼び、それに対して自治体が中央政府に補助金の獲得や国策誘導、政策の実施局面で主体的な役割、つまり自治体間で政治的競争を行い、また、国・地方の関係を政治過程における交渉を媒介とした「相互依存」の関係であるとする水平的政治競争モデルと相互依存モデルを提唱した[6]。それぞれの地方自治体の地域事情から生まれる課題やニーズに対して、中央政府への、時には政治家を介した陳情などを通じた懇願をすることが、その課題を解決する手早な対応として受け入れていたことを示したのである。

　これら中央・地方関係観からすれば、自治体の自治は「自（みずか）ら治める」のでも「自（おの）ずから治まる」のでもなく、自治体は中央に対して「自（みずか）ら治まる」振る舞いをしていたことで、研究者、観察者からは「自（おの）ずから治まる」ように見受けられた状態にあったといえよう。その一見、表面的な主従的関係によって、双方の利益が一致し、それが定型化したということである。自治体側は受ける利益をより大きくしようと「どのように治まるか」を意図する一方、中央政府側はその地域の地勢・資源を利用し、国全体の利益、安定に資するよう「どのように治めるか」を意図する。そこでは自治体にとっての治まり方、中央政府にとっての治め方との間で調整が必要となる。それらの意思伝達の方法が利益誘導という様式となって表面化する。そのため中央政府の計画を誘致することが、地方から中央に対する自治体側からの活動として認識され、両者の間でそれが適切なものと理解されていったのだろう[7]。

　一方で、これら官治的自治モデルや水平的政治競争モデルのとらえ方の問題は、基本的にある時点の静的な関係、あるいは個別イシューの観察をもとにした構造の発見ということにとどまる点にある。戦後の日本の状況を考えてみれば、高度経済成長を経験し、公害問題や福祉をはじめとして国と地方の双方の政府とも大きくその守備範囲を広げてきた。このように激しく社会が変化し、政府もその姿を変容させてきている状況にあって、静的なとらえ方ではその全貌を理解するモデルとして適切ではなく、動的な視座からとら

える必要があるのではないか。これが本書での基本的な問題意識である。

　そのような動的な視座からとらえようとしたモデルを提示した研究がないかといえばそうではない。赤木須留喜は中央のパターナリズムと自治体のローカルなセルフ・インタレストが相呼応した、自治体による自主的な中央のコントロールへの服従の循環過程を、サディズム的支配とマゾヒズム的支配による従属関係と説明している[8]。地方政府の側から見た自縄自縛モデルともいえよう。このモデルは自らの地域の特定課題の解決のために外部に資源を求め、それとともに自前の資源による解決能力を喪失していく一定の長期動態的な視座を提示したモデルとして重要である。

　しかしながら、このモデルが自治の全体像を示すことができると考えることにはやや疑問が残る。このとらえ方では、地域における自主的な地域課題の発見が前提となっているが、自律性が喪失した従属的関係とした場合、地方の側は次第に地域課題の発見能力まで失われていくことになる。中央による課題設定の影響力が少なからず作用するであろうことは否定しないが、自らの地域課題を認識できなくなるような状態にまでは至らないのではないかと考えられるからである。

自治体の多様な「治まり方」

　自治体の治まり方はどのように形作られるのか、それを探るにあたって適切な分析方法はどのようなものか。このような課題については概括的に一般化することは難しいとされ[9]、日本の地方自治研究において中心的な検討課題となってこなかった。一般化の問題は、多様な治まり方が存在すると考えられるなかで、地方を一体的なものとしてとらえようとするバイアスからの発想であろう。本研究では、自治体の多様性を前提に、自治の要素である自律と自己統治の結合[10]としての多様な「治まり方」をどのような視座からとらえることができるかを考えたい。

　とはいえ、日本においてこれに近い問題意識で全く研究がなされてこなかったわけではない。個別自治体における政治や政策の動態を調査してとらえようとしてきた研究は、少なからず存在する。例えばその代表的なものの

序章　自治体ガバナンスと分析方法　　3

一つとして三宅一郎・村松岐夫編『京都市政治の動態』(1981) があげられる。この研究では京都市を題材に、地方政府は自らのイニシアチブで当該地方政府独特の政策を形成し、その実施システムと独自の権力構造をもつと考えられる[11] ことを想定し、政治学者・行政学者・社会学者などの複数の研究者の共同研究によって、その動態をとらえようとした。

　また、原田晃樹・金井利之は、2010 年の合併で長浜市に編入された滋賀県余呉町を題材に、戦後一定期間の政策変動の観察を通して、中央の指示どおりに動く存在としての自治観では自治の実態を十分に説明できないことを問題意識に、長期的な経済停滞と過疎化の社会経済環境のなかで、地域の維持やそのための活性化を必ずしも優先されるべきものとして追求することなく、むしろ縮小・撤退を促すかのような策が推進される長期段階的撤退モデルの自治運営を提示した[12]。

　これらの先行研究は、確かに詳細な事実把握を行い、自治の実態に迫ったものではあるが、どのようにその「治まり方を探る」のか、そのアプローチには必ずしも十分な検討がなされておらず、モデルも当該地域のメカニズムを説明するためのアドホックなものになってしまっている。

　このような問題意識のもとに、次に治まり方を探るためのアプローチを検討する。

2. 方法論の考察——都市レジーム論とその限界

都市レジーム論とその形成

　アプローチの検討としてまず手がかりになるのが、Stone によるアトランタ市の研究[13] をもとに提起した都市レジーム分析である。都市レジーム分析については、日本の自治体分析に用いて政治と政策の動態を探ろうとした研究がいくつか存在している。代表的な研究の一つは、中澤秀雄の原発誘致自治体の研究[14] である。原発誘致という同じ政策課題に対して異なる経過をたどり、一方は誘致成功、もう一方は誘致案の頓挫という結果となった新潟県柏崎市と巻町（現新潟市の一部）について、その相違をレジームの違いによっ

て説明した。もう一つ代表的な研究としては、炭鉱の町・福岡県田川市と温泉の町・大分県湯布院町（現由布院市）を事例にした、光本伸江の『自治と依存』がある[15]。光本の研究はレジームを分析枠組みとして用い、自治体が中央政府との間に資源依存関係をもちながらも、主体的な自治を形成できる可能性を示した。

このように、日本でも都市レジームという概念を援用し、自治体の統治の有様を探る研究がなされてきた。一方で、都市レジームの概念を援用して事例研究が行われてきたアメリカやイギリスを中心に、都市レジームの概念を分析概念として用いることへの限界を指摘する声が少なからず表出してきている。そこでまずはそれらの議論の要点を確認しておく必要があるだろう。

都市レジーム分析の原点は1950、60年代にそれぞれアメリカの都市研究の事例研究を通して、「地域における政策決定は誰によってなされているのか？」という問いをめぐって論争がなされた、Hunter[16]とDahl[17]による地域権力構造論にある[18]。

Hunterは事例調査を行ったアトランタ市において、地域における経済的リーダーの評判（評判法：reputational approach）から権力構造の解明を目指し、結果として地域の権力は少数のエリートによって支配されていることを導き出した。一方で、Dahlは事例調査を行ったニューヘブン市において、教育、政党の候補者指名、都市開発という政治的・政策的な課題に関して、個別にどのように決定がなされているかを調査し（争点法：issue approach）、そこから権力の多元化・分散化を指摘した。この論争は、どちらの方法が地域の権力構造をとらえるものとして適切かをめぐるものである。結局のところ、どちらもそもそも誰が権力をもっているかを想定するという先入観なしに調査をすることが難しい。さらには権力の測定方法の考案ができず、また「コミュニティ」の定義についても十分な議論がなされないまま水掛け論的な論争となってしまい[19]、明快な結論が出ないまま、研究としての関心は徐々に薄れていった。

その後1970年代に入り、アメリカやイギリスでは、公共選択論[20]の観点から都市や自治体の有様をとらえる研究が提起されていく。その代表的な研

序章　自治体ガバナンスと分析方法　　5

究が Peterson の *City Limits*（1981）である[21]。Peterson の議論は都市における政治の影響力を大きなものとせず、企業、住民の合理的な選択を前提に、むしろ都市における経済の側面や、福祉サービスや社会サービスの消費の側面が重要ととらえた。この Peterson の議論は、都市における政策のあり方を、エリートや利益団体など、政治的アクターによる支配の議論から、経済構造によって生み出されるインセンティヴと制約という議論に移行させた。

　Peterson の議論では、都市とは新たな投資や資本の獲得競争に奔走するという経済原理に従属的なものと考える。そのため、都市は住民や企業に見捨てられれば容易に「死する」ものであり、生き残るために、潜在的に違う場所へ移動しうる存在である企業や住民を何らかの形で惹きつけ、保持し続けようとする以外の選択はないものとなる。そのため、都市のビジネスエリートと政治家は、地域の経済発展を促進するようなインフラ整備などの開発プロジェクトを積極的に実施しようとする傾向にある。いわば「成長志向」が自治体の本質であり、再分配による福祉政策は都市政治のレベルの論理では安定的に実施することが困難で、重きが置かれないものとした[22]。

　しかし、このようなとらえ方に対して、都市社会学や都市政治の研究者から反発が生じてくる。これらは主に Peterson の議論から導き出される二つの論点について批判した。批判点の一つは地方政治の非主体性である。Peterson の議論では、都市や都市行政の重要な決定のほぼ全ては外部環境によって制約を受けるものとされ、地方における各種のアクターの影響が過小評価されていることを問題点として提示した。もう一つの批判点は、都市における政策目標を経済の「成長志向」ととらえたことにある。都市における政策目標は必ずしも経済成長を目指したものにはならず、地域の様々な利益集団の目標設定や事業選好、およびそれらをめぐる交渉によるもの、すなわち「人間の営為（human agency）」の結果として形成されるもので、経済原理や制度的な要因のみを必ずしも重視すべきものではないと指摘した[23]。

　それらの批判を建設的な議論として発展的に形成したものが、成長マシーン論、都市レジーム論である。これらは当時アジェンダの中心となっていた都市における経済開発の重要性を否定しようとしたものではなく、どの

ような意思決定や執行のメカニズムによって、都市政治や都市内の各種アクターが地域経済のあり方や都市における政治構造自体に影響を与えているのかを、アメリカの自治体の文脈をもとに構築したものである。これらに共通するのは、自治体統治における重要な意思決定は、統治連合（Governing coalition または Governing arrangement と表現される）の構成と彼らの利害関係や政治的文脈によって非公式な調整がなされて決定される[24]と考えるところにある。一方で、これらの相違は統治連合に対するアプローチにある[25]。

まずは成長マシーン論についてだが、これは Logan と Molotch によってネオマルクス主義に立脚して形成された議論である。成長マシーン論は、経済成長を最大化するため、当該地域における地主資本家が主導的なアクターとなって経済成長を目指す成長連合（growth coalition）が作られ、その連合によって都市の意思決定、事業実施がなされていくと考える[26]。

成長マシーン論では、地域における一定の社会階層の存在を前提とする。社会階層の高い者が都市の成長や土地利用に関して権力をもち、多様な政治的機会をえることができる。一方で、社会階層の低い者は政治的機会が限られていると考える[27]。そして、そのなかでも最も政治的機会を豊富に有して活動できるアクターは土地建物を所有する地主層であり、地主層は保有する土地建物の経済価値の最大化を目指していく。彼らにとっては地域経済が成長していけば、自身の所有する土地建物などの資産価値が高まるという利益があるため、積極的に地域における政治エリートを目指して政治に参加し、地域の経済的成長による地価向上を目指そうとする。また、同じく地域の経済成長によって利益を得る商店や工場などの中小企業家や、地域の物的・人的資源に根ざした地域経済セクター、公的セクターと成長連合を形成しようとし、そのような連合が形成できた地域は経済成長を目指した各種政策を実施していくものと考えるのである。

一方、Stone や Elkin は、Dahl や Lindblom に由来するプルーラリズムの考え方に連なり、政治経済アプローチの影響を受けた統治連合の形成の重要性を示す都市のレジーム分析を提唱した[28]。彼らは都市の経済発展をその都市が直面する主たる都市問題の関心事項として認識しつつも、常にそれが成

序章　自治体ガバナンスと分析方法　　7

長志向であるとは考えない。都市で形成される政策は、基本的に各種の利害関係者によって形成される統治連合による利害関心の調整の結果として生じてくるものと考える。ここでいうレジームとは、「公的主体や私的利害が統治の決定を行い、実施するために相互に機能し合う非公式な配置[29]」のことである。そこでの分析の視点は、統治連合が①どの程度の能力（capacity, governing capacity）をもち、②どのようなアクターによって構成され、③どのような論理（ゲームのルール）で構成されるかを観察するところにある。そして都市おけるレジームの形成とその要因、さらには社会環境の変化に応じたレジームの動態をとらえ、都市における統治の有様を把握するのである[30]。

　統治連合は、その地域における国、広域的自治体、基礎的自治体などの政府レベルや各種民間企業、団体などの組織形態にかかわらず、重要な資金、人的ネットワーク、政治的資源、情報、天然資源へのアクセス能力を動員することができるアクターによって構成され、アクター間の調整がなされるもの[31]とされる。その調整の過程でレジームにおけるゲームが埋め込まれ、各種アクターの能力を背景にした非公式な交渉や、レジームのアクター間の暗黙の了解を通して意思決定が成されていくこととなる。一方で、都市レジームは次のような前提、およびそれに起因した特徴を有している。

- 様々なアクターが統治連合を形成するとはいえ、基本的には地域の公的セクターと民間の経済エリートが統治連合のなかに組み込まれ、それらは基本的には地域の経済発展を志向する[32]
- 統治連合は信頼関係、一定の目的や資源を共有し、それらに基づく非公式なネットワークを通した提携関係によって形成される[33]
- そのネットワークはアトランタ市のレジームのように長期間持続的なものと想定される[34]
- レジームを構成するアクターの協調によって、各アクターが単体では実施することのできない、それぞれの利害を反映した地域の統治（governing）が可能となる[35]
- そのため、各アクターは基本的に相互依存関係を深めていくことにな

る[36]

　都市レジーム論と成長マシーン論の違いを端的に示すとすれば、前者はネオマルクス主義に基づくエリート論的分析を行い、資本家が統治連合形成の支配的役割を成すとみなすが、後者はプルーラリズム的分析によって形成されるもので、都市の発展・成長を必ずしもあるアクターが他よりも優先的に多くの地域的関心の意志形成を行うものとしてとらえないところにある。また、成長マシーン論が価値判断に基づかなくとも成長を志向することが前提の単一的なモデルであるのに対して、都市レジーム分析は形成される統治連合に多様なイデオロギーや政治的アジェンダが混在し、結果様々な統治連合のタイプが形成されることが前提とされており、より汎用な概念といえよう[37]。

都市レジーム論を用いた都市分析の噴出と限界

　この都市レジーム分析は 1990 年代以降、都市政治分析における支配的なパラダイムとなり、多くの都市分析で用いられるようになる[38]。都市レジーム分析は社会環境の変化に応じてレジーム自体やその変化を許容するため広範囲に応用可能とされ、アメリカやイギリス、さらには先述のように日本の自治体の都市分析にも用いられていく[39]。レジームの差異によって都市間比較が可能となるものとして有益とされ、また日本で行われた研究のように、都市部といえないような自治体分析にも援用されていくこととなった[40]。さらには、都市レジームの概念を用いて都市より広域的な地域分析[41]や、ロンドンの borough[42]、ロサンゼルスの近隣コミュニティ[43]など、特定自治体内のコミュニティレベルの分析にも用いられてきた[44]。それだけでなく、女性、同性愛者、アフリカンアメリカンをはじめとするアイデンティティ集団、同性愛者問題など[45]、特定の政策分野の分析にも用いられ、Stone の都市レジーム論に由来する概念が様々なレベルや背景設定のもとに汎用可能な分析として広がった[46]。

　一方で、そのような広がりは都市レジーム論を一般理論として脆弱なもの

序章　自治体ガバナンスと分析方法　　9

にする要因にもなる[47]。具体的には都市レジーム論の前提に当てはまらない
ような研究事例が発表されていく。例えば、Site は 1970 年代〜90 年代のニ
ューヨーク市政の分析を通して、統治連合の基本的なメンバーが変わらずと
も政策の方向性が変化しうることを指摘した。ニューヨーク市では一時はビ
ジネスのリーダーや資産家によって経済規模の拡大を志向する成長主義レジ
ーム（Pro-growth regime）が形成された。しかしその後の不況や経済構造の
変化によって、連合の構成メンバーは変わらないまま、政策の方向性が転化
したというのである[48]。

　また、レジームを発見できないもの、あるいはそれらしいものが発見でき
たとしても非常に弱いつながりで実際の機能がとらえられない事例も報告さ
れてきた。Rast はウィスコンシン州ミルウォーキー市の動態を調査したもの
の、結果としてレジームらしき特性をもつつながりと政策傾向が見つけられ
なかった（レジームレス）ことを報告している[49]。Bauroth はノースダコタ州
ファーゴ市の調査を行い、市政に登場する地域の政治家の顔ぶれから、一見
強いレジームが形成されるような要件があると思われながらも、地域の経済
成長を求めていく方策として典型的な都市の再開発プロジェクトの実施過程
で、統治連合が崩壊してしまった様子を確認した[50]。

　また、ヨーロッパ諸国の都市に目を向けると、都市・自治体を伝統的に公
的サービスの供給や集合的消費、所得の再分配を決定する政治の場としてみ
なす意識が強かった。アメリカのように自治体が経済発展の牽引を目指そう
とする動きは、当然のものとしてとらえられてこなかったのである。経済発
展政策はそれ自体が地方自治体政策の全体を包摂するものではなく、「多様
に存在する政策分野の中の一つ」として考える傾向が強く[51]、そのためヨー
ロッパの都市を分析する際に、都市レジームが存在する例は考えられうる
が、分析の枠組みとして必ずしも普遍的なものではないと考えられた[52]。

　都市レジーム論は、おそらく多くの人が感じていたであろう、選挙だけで
は「誰が統治しているのか」を適切に把握できないのではないか、という漠
然とした疑問に対して、統治連合の重要性を指摘するという一つの解を提示
した。しかし、都市レジームで考えていた前提が足かせとなり、都市におけ

10

る政策の方向性や事業選択のあり方などを説明する普遍性を必ずしももちえるわけではないという点が課題として浮き彫りになった。そのため、分析的概念というよりも都市における統治のあり方を描写する概念として考えることが適切といえるだろう[53]。

3. 都市ガバナンス分析

包摂的分析概念としての都市ガバナンス分析

　分析的概念としての限界が見えた都市レジーム論に対して、それを内包しつつ発展的に検討し、より分析的な枠組みとしようとするものが現れる。それが都市ガバナンス(Urban Governance)分析である。1980年代後半以降、ニュー・パブリック・マネジメント(以下、NPM)の概念とともに政治学・行政学の分野で流行したパブリック・ガバナンスの分析的概念を都市の分析に援用して用いることができるのではないか、という発想で検討されたものである[54]。

　ここで依拠するパブリック・ガバナンス分析の視角は、国家や政府は社会のなかで様々に役割を変えていくが、民主的、集合的な目標の形成、資源の動員、社会の変化についての情報提供を行う機関としての役割が消えることはない、と考える立場の議論に基づくものである。

　これはもともと Pierre と Peters によって、「社会中心アプローチ」と対比するべく「国家中心アプローチ」と名づけられたものが、その後、彼ら自身によって、「社会中心アプローチ」と「国家中心アプローチ」の二項対立の図式は誤りであり、有効なガバナンスには社会中心アプローチで強く主張されてきた社会のネットワークと国家の双方が必要であると修正がなされたものである[55]。ここでは、国家の役割は変化するが依然として残るとしていることを前提にしているため、さしあたり「修正国家中心アプローチ」と呼ぶこととする。

　なお、社会中心アプローチとは、Rhodes らを中心とした議論である「ガバメントなきガバナンス」(governance without government) という言葉に代表されるガバナンスへのアプローチ方法である。社会中心アプローチでは公

共的なサービスの供給をはじめとする公共空間の課題において、もはや、あるいは将来的に国家や政府は中心的な存在ではなく、その中心が社会的に多元化しているととらえるものである[56]。

　修正国家中心アプローチは国家レベルだけでなく、都市政府レベルでも分析に適応させることが可能であるとし、この概念を用いて都市のガバナンスをとらえ、分析しようとするのが都市ガバナンス（Urban Governance）分析である。この分析では、各種のアクターやその連合が、民間資本や国、広域政府の諸制度といった複雑な環境要因のなかに埋め込まれつつも、当該都市のなかでどのようにして形成され、集合的な目標が形成されていくのか、その仕組みとダイナミズムを考察する[57]。そして都市ガバナンス分析はどのように都市の政治経済の構造が形成されているのか、さらには、その様相の変化がどのように起きているのかを推論する試みとなる。

　なお、ガバナンス[58]という言葉は曖昧で、その意味範囲は論者によって多様に存在し、定義を端的に述べることは難しく、あらゆる分野に共通するような理解は今のところない[59]。例えば、ガバナンスという言葉は、

- 国際関係論の文脈では世界的な統一政府の不在のなかで、国家を超えた多様なアクターが国境を超えるグローバルな問題に対して必要なルールとその合意を形成するというような「グローバル・ガバナンス」論[60]
- 世界銀行やIMFなど、国際援助の文脈で議論されてきた価値判断を含め、公的分門の効率化、法による支配、説明責任（accountability）、透明性（transparency）、情報公開などの「良いガバナンス」を求め、それを要件に融資基準として提示するような「グッド・ガバナンス」[61]
- 経営学で効率的な企業経営のための規律づけを行うよう、監視の仕組みを構築する「コーポレート・ガバナンス」論[62]

といった用いられ方をすることもある。

　また、地方自治体レベルを観察や考察の対象とするものとして、都市ガバ

ナンスという言葉以外に「ローカル・ガバナンス（Local Governance）」という言葉もある。地方自治体、あるいは地方政府を英訳す際、Local Government を用いることが多いため、地方自治体レベルを主に想定したガバナンスを指す場合、「ローカル」と「ガバナンス」という単語からなる「ローカル・ガバナンス」という言葉が適切かのように思われるかもしれないが、必ずしもそうではない。もともと「ローカル・ガバナンス」という言葉は、EU などのトランスナショナルな政体、一つの国（ナショナル）レベルの単位、そしてそれらを構成する一定地域（リージョン、ローカル、コミュニティ）があるという多層的なガバナンスのもとで、各種の組織や政体が多様な連携や相互作用のもとで支えられている状態を分析する文脈で用いられてきた[63]。また、他には Stoker や Leach と Percy-Smith など、主にイギリスでの NPM 改革を受けた地方レベルでの変化をとらえるものとして、各種アクターのネットワーク化、パートナーシップの構築などによるサービス供給体制を表す言葉として用いられてきた[64]。しかしながら、それは地方自治体の領域に限定したものではなく、「ローカル・ガバナンス」は「"ローカル・ガバメント"・ガバナンス」でもなく、ここでいう都市ガバナンス分析とも異なるものである[65]。

　一方、当然ではあるが都市ガバナンス分析とこれら各種ガバナンス論との共通点は存在する。それは何かしらの意思決定や目標形成などの構造について、統治すること（governing）という過程への着眼をより重要なものとし、それを取り巻く環境要因の把握もまた重視しようとすることにある。

都市ガバナンス類型論

　次に都市ガバナンス論について具体的な類型を提示している研究と分析に用いている先行研究を概括し、その到達点と課題を示す。ここでは都市ガバナンス分析の先行研究として都市ガバナンスの類型を提供している代表的なものを二つ紹介する。一つは DiGaetano と Strom[66] による「都市ガバナンスのモード」（Modes of Governance）類型であり、もう一つは Pierre[67] による「都市ガバナンスモデル」（Urban governance model）類型である。

序章　自治体ガバナンスと分析方法　　13

まず、DiGaetano と Strom の「都市ガバナンスのモード」の枠組みでは、都市ガバナンスのモードを観察する四つの基準として次のものを提示している[68]。

① 統治の関係性（governing relations）：行政職員と民間セクター（経済セクター、コミュニティセクター）の利益の相互関係の様相

② 統治の論理（governing logic）：どこでどのように実質的な政治的決定がなされているのか、その慣習や方法

③ 重要な意思決定者（key decision maker）：意思決定において重要な人物、連合はどのようになっているのか（例えば、特定政治家、自治体職員、他政府機関や地域経済団体、コミュニティ団体など）

④ 政治的目標（political objectives）：政治的目標が現実的（選抜的で具体的）なものか、目標的（総花的だが具体的）なものか、象徴的（具体性に欠ける）なものか

　この基準にしたがって都市ガバナンスの典型的な様式として示された類型が i) 恩顧主義（Clientelistic）、ii) コーポラティスト（Corporatist）、iii) 経営・管理主義（Manegerial）、iv) プルーラリスト（Pluralist）、v) ポピュリスト（Populist）の五類型である。

　一方、Pierre のガバナンスのモデルは、DiGaetano と Strom が提示したようないくつかの基準を前提としたものではなく、都市ガバナンスにおいてどのように際立った包括的な都市政策が形作られるかを示すという観点から、考えられうる理念型として提示している。それは i) 経営・管理ガバナンス（Manegerial governance）、ii) コーポラティストガバナンス（Corporatist governance）、iii) 成長主義ガバナンス（Pro-growth governance）、iv) 福祉ガバナンス（Welfare governance）の四つのモデルである。

　経営・管理ガバナンスは公的サービス供給の側面で市場競争的な理念が導入され、効率的なサービス供給が重視される都市ガバナンスであり、1990 年代頃から "NPM" と呼ばれて各国で流行したモデルである。ここでは公選政

表 0-1　DiGaetano と Strom の都市ガバナンスのモード

	ガバナンスのモード				
	恩顧主義的	コーポラティスト	経営・管理主義	プルーラリスト	ポピュリスト
統治の関係性	選抜的、個別の交換	排他的交渉	形式的、官僚的、あるいは契約関係	仲介的、媒介的	包括的交渉
統治の論理	互恵関係	（エリート間の）合意形成	（契約を通した）権威主義的意思決定	紛争管理	支持の動員
重要な意思決定者	政治家と依頼者	政治家と有力者（エリート）	政治家と行政官	政治家と組織利益	政治家と地域運動のリーダー
政治的目標	物質的	目的志向	物質的	目的志向	象徴的

出典：DiGaetano, A. and Strom, E.（2003）Table 1: Modes of Urban Governance をもとに作成

表 0-2　Pierre による都市ガバナンスのモデル

	ガバナンスのモデル			
（特徴）	経営・管理	コーポラティスト	成長主義	福祉
政治的目標	効率性	配分	成長	再配分
政策のスタイル	実利的	イデオロギー的	実利的	イデオロギー的
政治的交換関係	合意	紛争	合意	紛争
公民の交換関係	競争的	協調的	手段的	紛争
地方政府と市民の関係	排他的	包含的	排他的	包含的
第一義的に重視されるもの	プロフェッショナル	市民のリーダー	ビジネスセクター	上位政府
重要とする手段	契約	配分	パートナーシップ	ネットワーク
（上位政府との）従属関係のパターン	積極的	消極的	積極的	消極的
重要とする評価基準	効率性	参加	成長	公平性

出典：Pierre, J.（2011）Figure 9.2 をもとに作成

治家は提供されるサービスの選好に影響を与えることがその役割の主眼となり、相対的に実質的な管理を司る管理の専門家や上級公務員の役割が重要となる。また地方政府の役割は財政統制、競争環境の調整、サービス供給者（落札者）との調整・監視が主なものとなる。

コーポラティストガバナンスは政府資源の分配が政治領域の主たる関心事項となる。そのため集合的利益の形成が各種サービス供給に関係する非営利組織、商工会議所をはじめとする経済団体など、各種市民社会組織の利益が衝突し、連合、包摂が生じていくなかでガバナンスが形成される。公共サービスの実施の局面は、可能な限り民間や市民社会組織が実施することが意図されている点では経営・管理ガバナンスに近いが、各種組織の集合的利益が代表者らによる政治の場での調整を経て決定することが規範化される点において、根本的な差異が存在する。ここでの地方政府は、規制やサービス供給における調整・監視の役割はあまり重視されず、政治の場における調整役としての役割が重要になる。

　成長主義ガバナンスは地域経済の成長、底上げが自明の目標として設定され、民間経済セクターを中心に成長追求型の構造が形成されて各種成長策が展開される。そこでは主にインフラを中心とした外部からの投資的資金を増大させることが目下の目標となり、その円滑な実施のために公私双方が密接に連携、協業する体制となる。成長主義ガバナンスでは公共サービスの供給は第一義的に重要なものではなくなり、また地方政府の役割としてなされる規制は、民間経済セクターへの介入緩和に向かっていくことになる。

　福祉ガバナンスは、政治的目標が再分配として市民に共有され、社会保障費を支払うこと、給付を受けることが、社会のなかで規範化・規定化された行動となる。そのため市民の政治行政への関心は、どのように社会サービスや福祉プログラムが構成されるか、という側面に集中する。単一自治体による分配調整は、人口・規模の点から安定的なプログラムを形成することが困難だからである。市民の政治的関心は、実質的な福祉プログラムを形成しえない自治体レベルにはそれほど向けられることはなく、福祉プログラムが形成される中央政府の動向に向かうことになる。そのため、他のモデルでは地方政府の役割として位置づけられている規制、調整、監視の機能が期待されない一方で、地方政府は中央からの財政的援助を確保することが主要な関心事項となる。

　これら「都市ガバナンスのモード」類型も、「都市ガバナンスのモデル」類

型も、比較政治学などで国政レベルの政治構造、政治体制を示していた用語を、都市レベルにも援用して類型化を試みたものとみることができるだろう。これらは理念型として提示されているものであり、確かにこれに近いようなガバナンスのあり方をしている都市が存在しそうなことは想像がつく。都市レジーム論では説明できなかったレジームレスの状態や、都市政府として公的サービスの供給や消費に重点を置いているような舵取りのあり方についても、これらの類型である程度説明が可能である。

　だが、もちろん課題も存在する。これは静的な一時点の都市ガバナンスの類型としてみることはできるが、都市は常に変化を続けており、その動態をとらえようとするにはこのままでは難しい。加えてこれらのガバナンスの類型論では、都市レジーム論が陥った課題でもある、都市がどのような方向に向かっているかという点と、どのような論理で都市が統治されているのかという点、つまり、政策志向性と統治構造が混在したものとなっていることから抜け出せていない。例えば、恩顧主義や、プルーラリスト、コーポラティスト、ポピュリスト的な統治構造にありながら、成長主義的、あるいは福祉、経営・管理といった都市発展、地域の維持管理方法の方向性が決定される場合も考えられるのである。

都市ガバナンス分析の先行研究

　次に、本書の問題関心に近い都市の権力構造とアウトプットの相異、発展メカニズムの差異などを総合的に検討している三つの都市ガバナンス分析研究を概観しつつ、都市ガバナンス分析の到達点と課題を検討したい。

　その一つは、DiGaetano と Lawless によるイギリスのシェフィールド市、バーミンガム市、アメリカ（ミシガン州）のデトロイト市の比較研究である[69]。この研究では統治構造（governing structure）と政策課題（policy agenda）を分離してその関係をとらえようとしていることが特徴的である。この事例でとりあげている 3 都市は、それぞれ企業セクターがほぼ単一産業に支配されたいわゆる企業城下町であり、また同時期（1970 年代）に産業の空洞化が進行しはじめていた都市である。彼らはそれらの近接性を前提とし

序章　自治体ガバナンスと分析方法　　17

て、経済衰退期における都市のガバナンスの対応策の違いとそのプロセスを一定期間（1980～97年）分析し、要因を探った。

　この研究において、バーミンガム市では統治構造がコーポラティスト（1980～93年）から緩いコーポラティスト（1994～97年）へと変化し、同時に政策課題も成長志向（1980～93年）から社会福祉と成長志向の混合型（1994～97年）へと変化していること、デトロイト市では統治構造が恩顧主義と緩いコーポラティストの混合型（1980～93年）からコーポラティスト（1994～97年）へと変化した一方で、政策課題は一貫して成長主義で変わらなかったこと、シェフィールド市では統治構造が経営管理主義（1980～85年）からコーポラティスト（1986～97年）へと変化し、政策課題も社会政策（1980～85年）から成長志向（1986～97年）へと変化したことが、それぞれ見出された。

　このように、3都市はそれぞれ異なる経路をたどったのだが、DiGaetanoとLawlessはその要因として①それぞれの国の制度的文脈、②それぞれの都市の地方政治の状況の相違を指摘している。なお、①の具体例としては公務員の雇用慣行があげられている。アメリカでは猟官制による公務員雇用慣行であるため、デトロイトではそれを利用した大規模集票組織（マシーン）が形成され、恩顧主義的な統治構造をもつ時期があったこと、あるいはイギリスでは資格任用による公務員雇用の制度であり、公務員が専門家的傾向を有していたことで、シェフィールド市でもその影響を受けた経営管理主義的な統治構造が現れていた時期があったことなどがあげられている。また、地方政治の状況に関しては、地域における有力な産業とその産業における労働者の動向、人種や職種、ビジネスリーダーなど、それぞれのグループの結束や他のグループとの連携の動向が、地域の経済状況、連合形成の有様として異なっており、各地域ごとに異なる正当性の論理や政策決定による利害を有していることから、単一ではない経路形成が生み出されると説明している。

　二つ目は、Gissendannerによるドイツのドルトムント市とアウグスブルグ市の研究である。この両市は経済規模も近く、また1970年代にともに経済停滞を経験し先行きの不安を感じていたとされる共通点を有していたが、その後、ドルトムント市は地域経済をやや盛り返すことができており、もう一

18

方のアウグスブルグ市は経済停滞の解決策を見出せないままとなっている。この相違はなぜ生じたかを問いに設定した研究である[70]。

この研究では、ガバナンス能力（Governance capacity）と戦略能力（Strategic capacity）がどのように形成されるかによって都市のたどる経路が分岐すると説明する。ここで定義しているガバナンス能力とは「統治するのに必要な資源を生み、管理する能力」であり、アクターの観察を通して意思決定を行う個人や集団が、何らかの決定やその実行を妨げる障害に直面した際、ガバナンス能力が高ければ高いほどそれを乗り越える力が大きくなるものとしている。

戦略能力はガバナンス能力とは対照的に、政策が形成、実施、評価、調整されるプロセスで形作られるものとされる。戦略能力は、まずは意思決定者らが、執るべき政策によってもたらされる費用と便益について、代替案を含めて検討するなど事前評価を行った上で実施計画を作成し、実施計画に基づき政策が実施されたものについて事後評価を行う、というように一定の長期間にわたって政策の循環をなすことができる能力と定義している。これはNPM の議論でいわれることの多い「PDCA サイクルを回す」に近いものととらえることができよう。

ドルトムント市は 1970 年代以降、しばらくの間経済停滞の状態にあったが、市長と同市の所在するノルトライン＝ヴェストファーレン州知事が長期間同じ党派だったことから、密接に連携し合い、市が州政府からの積極的な資金援助を受け、先端研究機関の誘致などを通して重工業からハイテク産業へと経済構造を転換させることで、経済の盛り返しを図ることができた。ドルトムント市長とノルトライン＝ヴェストファーレン州知事は、互いの支持構造として産業界のリーダーが組み込まれた人的ネットワークを有しているなど同質性が高く、市と州の経済発展に関する政策を入念に摺り合わせすることができた結果、両者の協力関係のもとで大胆な経済発展策を推し進めて経済危機を打破することができたとする。

アウグスブルグ市も同様に、70 年代以降は経済的に停滞するのだが、ドルトムント市とは政治的状況が異なっていた。アウグスブルグではそれまでの

序章　自治体ガバナンスと分析方法　19

市政において経済発展という課題が地域の政治課題としてあげられることがあまりなく、さらには市長と州知事に、それぞれ党派が異なる者が就任していた。そのため、地域内での一体的な経済発展策を行おうにも足踏みが揃わず、また州政府からの支援を受けようとしても、有効なネットワークを有していないことで失敗し、市として経済停滞に対する解決策を打つことができなかったとみている。

Gissendanner の研究は、政府間の党派性の相違や合同、加えてそれにともなう政府間でのネットワークの状況、また地域経済の構造、歴史的な市政における課題設定の方法といった点が、両都市の経路形成の相違を生み出す要因であったと指摘している。一方でガバナンス能力や戦略能力の高低を判断する明確な指標はないという難点がある

もう一つは、Ataov と Eraydin によるトルコのイズミル市とアンタルヤ市を比較研究である[71]。イズミル市とアンタルヤ市は人口的にも経済的にも、トルコ国内で高い割合で発展している都市だが、ガバナンスの有様は大きく異なっている。この研究はともに成長状態にある都市において、異なるガバナンスの様態がなぜ、どのように形成してくるのかに関心を寄せている。

イズミル市はエーゲ海に面しており、歴史的に内陸部の農産物を集積する貿易の拠点で、それに付随して食品加工業などの製造業で発展した都市である。1990 年代以降はグローバル化の影響を受け、伝統的な製造業から、自動車部品や機械など、付加価値が高く、高度な技術を要する製品の製造業[72] へと移行しはじめ、それがスピルオーバー効果をもたらして拡大成長し、現在ではイズミル市のみならず周辺地域の経済圏とともに発達を続けている。なお、イズミル市におけるこれらの発展は、中央と地方を含めた政府投資に誘導されたものではなく、市場先行による投資の結果もたらされたものである。製造業が拡大・発展していったことから、周辺地域をはじめ国外からも移住者が増え、多元的な社会が形成されている。また、労働者人口が多くなったこともあって、市長には左派系政党の人物が就くことが多い。トルコでは一般的に市長の権限が強く、そのパトロンとなる地域の有力者らが市政に影響力を行使する形が多いとされているが、イズミルでは広く業界団体や市

民社会組織と連携をとりながら市政が運営されている。多元的な社会のなかで協調的な連携が組まれ、ユニバーシアードや万国博覧会[73]の誘致を積極的に行い、都市における製造業を中心とした経済的な発展とともに、周辺部への都市地域の拡大など、地方政府の政策的には都市開発が中心となっている。

　一方、アンタルヤ市は地中海に面した美しいビーチを有し、周辺部には古代ローマの遺跡もあるなど、それら資源を活かした観光産業とその関連産業に依存した都市である。アンタルヤ市周辺での観光開発は、1985年頃の外貨獲得を意図した中央政府主導による観光産業の発展策がきっかけとなった。中央政府から観光客を呼ぶための都市づくりに対する投資がなされ、歴史的な名所観光と現代的な保養リゾートの両方を楽しめる都市として発展しているのである。

　中央政府からの投資を受けて以後のアンタルヤ市の市政運営は、中央政府の政策の動向をチェックし、それらを受容し、実施する形が定着していく。この研究の時点では市長には中道右派系の政党の人物が就いており、イズミル市では業界団体や市民社会組織との協働、あるいはそれら組織が主導して大規模なプロジェクトを実施しようとする動きが起こったりするのだが、アンタルヤ市ではそのようなことはほとんど発生しない。中央政府主導でデザインされていく大型開発プロジェクトなどを地方でもうまく実施できるようにしていく、受け身の形が中心の市政となっているのである。

　このように、同じように人口が増加し、経済発展が進んでいる都市でも、片や市民社会組織や業界団体など、民間が先導し成長策を実施することで成長している現象が起こっている都市がある一方で、国が先導する形で成長策がとられ、それに付随して発展している都市があり、地方政府ガバナンスの内実にも相違が見られる。この研究がガバナンスの有様を方向づける要因として指摘している点は、①当該都市の経済発展経緯と地方政治文化の成熟度、②政策形成に関与する各種アクターとその連合の文脈、③都市における産業のあり方、例えば市内産業の多様性や、主要産業の性質、業界の内ネットワークの強さ、④公的組織と民間企業、NGOなどとの間でのパートナーシップのとり方、の四点である。また、地域固有の都市形成の歴史的経緯や

資源、特性という地域性の要素についても着目して議論を形成していることも、この研究の特徴である。

到達点と課題

次に、これらの類型論の研究や具体的な事例を用いた都市ガバナンス分析の到達点と課題について考察したい。

都市ガバナンスの類型論は、都市レジーム分析ではとらえきることのできなかった都市の統治や政策志向のあり方のモデルを提示したものである。ただし、都市レジーム論でも課題となった政策志向と統治構造の混在傾向の問題が未だ残ってしまったままの類型の提示に止まらざるをえない。さらにこれらの類型は静的な場面をとらえるものであり、時間の経過とともに都市内部のアクターや地域の経済状況が変化することにどう対応するのか、さらにメタレベルで環境が変化するなかでの都市のガバナンスをどのようにとらえるか、という点も課題として残されている[74]。都市における政治構造や政策のアジェンダは、それぞれの都市の動態のなかで常に変化していくものであり、それらは静的なモデルでは決してとらえきることができない。この点に対して、紹介した三つの都市ガバナンス分析研究では、都市の動態をそれぞれが抱える政治的、経済的な状態とその課題について、変化の過程を追跡して観察し、比較することで、その内容や分岐を推論している。動態の把握に関しては、このような方法が有用と考えられるだろう。

都市ガバナンスの事例分析の先行研究に関しては、Digaetano と Lawless の研究には、静的な類型論で混在傾向に陥ってしまっていた政策の志向性と統治構造を分離させて、ガバナンスのあり方を読み解くことで、この問題を解決しようとする研究方法としての発展があった。だが課題はその結論にある。Digaetano と Lawless の研究で示された結論は、異なる発展経路の発生要因を国の制度的文脈と都市の地方政治の状況に求めている。確かにこれらの点が要因となっているだろうことに違いないのだが、あまり新鮮さのある指摘とはいえない。イギリスとアメリカの異なる国の自治体を同じ枠組みで分析しようとする挑戦的な研究だったが、結論が雑駁なものとなってしま

い、発見の斬新さに欠ける結果になってしまっている。それぞれの都市の置かれた地理的・経済的環境という重要な視点が抜けていることが、その要因だと考えられる。

　一方、Ataov と Eraydin の研究では、明らかにガバナンスのあり方は違うと思われるにもかかわらず、異なる二つの都市で人口と経済が同じように発展しているのはなぜかという問いで議論を展開し、示唆に富む結論を提示している。彼らが提示した結論は先にあげた四点のとおりだが、これらのいわんとするところは、なぜそこに都市が形成されたのか、現存している都市はいったい何者なのかを、地理的要素、歴史的経緯、新旧の産業構造、さらには市政に参与するアクター、利益団体の利害やそれらの動員力、ネットワークの強さなどから、総合的に勘案する必要があるということであろう。この結論も確かに雑駁ではあるが、地理的要素や歴史、国策といった都市外部に存在する大きな力、産業構造の違いなどの注目すべき視点が提示されたことは非常に興味深い。これらについて分析視角の整理を行うことでその精度を高めれば、なぜ異なる経路が形成されるのかがより明確にされるだろう。

　こうしたことを踏まえ、日本の自治体ガバナンスを分析するにあたってどのような枠組みを設定すべきかを、次に提示していくこととしたい。

4. 自治体ガバナンスの分析枠組

都市ガバナンスと自治体ガバナンス

　本書では、自治体ガバナンスを、日本の自治体の定められた地理的空間において自然環境資源、人的資源、組織・伝統的資源、広義の地域資源、および外的環境の影響を受けつつ行われる統治過程と定義する。これをガバナンスの原義に立ち戻って言い換えれば、自治体という地理的空間のなかで一定の秩序に治まり、自治体としてどのような方向性へ向かっていくのか、その舵取り（steering）のあり方を分析する概念である。この自治体ガバナンスをとらえていくことが、本書の基本的な問いである「戦後日本の地方自治体がどのように治められてきたのか」に答えていくことになる。

序章　自治体ガバナンスと分析方法　　23

このガバナンスを分析的に用いる方法は、これまでに述べてきた都市ガバナンス分析を援用したものだが、本書では都市ガバナンスという言葉を用いず、自治体ガバナンスと呼ぶ。まずそのことについて説明しておく必要があるだろう。

　日本の自治体の場合は、電気、水道、ガス、教育、道路、および公共交通手段などについて、いわゆる田舎とされることの多い中山間地域の町村や個別集落、また過疎と高齢化が進む限界集落[75]と呼ばれる地域であっても、ある程度の人が住んでいる場所であれば、基本的なインフラは整っていることが多い。加えて、行政は中山間地域などであっても、都市部と概ね変わらない基本的な行政サービスを提供している。また、それらのサービス供給は複数自治体が連携した広域事業体によるものの場合もあるが、基本的には個別自治体ごとに行われる。人口の集中が主要要因となる都市問題は田舎では生じないことが多いことは事実だが、都市ガバナンス分析としては、そのような種類の都市問題が分析にとって必要不可欠なものとも思われない。そのため、日本の一定地域を分析する場合は、地理的にも行政区域として区切られ、当該地域に暮らす住民による選挙によって首長、自治体議会議員が選出される地方自治体レベルでのガバナンスとして読み換え、分析するとしても、大きな問題にはならないだろう。むしろ、地方自治法などの各種地方自治関係法律に基づき、公式なルールという点に関しては、自治体は都市部であっても中山間地域であっても基本的に同じ統治制度のもとで運営がなされていることから、日本の分析に「都市ガバナンス」という都市部限定的ともとらえかねない言葉を用いることのほうが適切ではない。

　また、近年の日本での研究には「ローカル・ガバナンス」という用語も散見されるため、本書で示す自治体ガバナンスとの相違についても言及しておく必要がある。ローカル・ガバナンスでは、その「ローカル」という語が示す内容は、ある自治体を超えたリージョナルな領域だけでなく、自治体の地理的領域内のコミュニティレベルをも指しうる[76]。それに対して、本書が用いる自治体ガバナンスは、あくまで一つの自治体として定められた地理的領域に限定されることと、その自治体の政治行政機構の存在を前提とする。

秩序と堆積

　自治体の治まり方を形作るものをどのようにしてとらえるか。本書ではそれを、地域における社会経済秩序と政治秩序の相互作用の積み重ねによって生まれるものと考える。その結果、長期的な政策選好の違いなど、それぞれの自治体ごとに特徴的なガバナンスが生じてくる。さしあたってこれを「秩序堆積モデル」と呼ぶこととする。

　自治体は地域性を必ず有するものである。自治体は、地方自治法をはじめとする制度のもとで政治行政の体制が構築され、それをもとに運営されているが、それぞれの地域の、地形、住民、産業構造のあり方などは、自治体よって異なる。自治体ごとに固有の空間的領域を備え、そこには地勢や気候をはじめとする自然環境資源や産業、そこに住まう人に関わる人的資源が存在している。それらは時には国や国際レベルの政策、経済、環境変動による影響を受ける。また、こうした資源の価値やあり方は、時間によっても変化する。

　その時々の価値基準にともなって生まれた自治体のガバナンスは、時間が経過することで、それを構成するアクターの利害や価値基準を通じて、あるところでは再生産され、またあるところでは変化を生じさせていくことになる。本書は自治体ガバナンスを様々な公式なルールのみならず、手続き、慣習、社会規範などの非公式な制度との総体によって構成される行動パターンとしてとらえる、歴史的制度論のアプローチ[77]と位置づけられる。

　ここではそれぞれの地域に内在する各種要因や、アクターの利害などの経路依存性が強調されることになるが、外生的な要因を無視するものではない。為替相場の変動から生じる経済への影響、地方自治体全体に影響を及ぼす税財政に関係する制度改正、道路やダム、河川をはじめとする国策による開発事業の展開、国から地方に対する行政改革の要請、国政における政党の再編などは、直接的にも間接的にも、自治体の社会経済秩序、政治秩序に非常に大きく作用しうるものとなる。これらの影響が地域の社会経済秩序、政治秩序に組み込まれていく過程で各種の社会経済要因に変化がもたらされ、アクターの利害関係に変動が生じる場合がある。

また、本書が試みる、歴史的な社会経済秩序と政治秩序の相互作用によって自治体ガバナンスの多様な個体性が形成されるという理論的視点は、日本における既存の地方自治研究では稀なものといえよう。先進事例または失敗事例、少数事例として個別自治体の調査がなされ、そこで発生したメカニズムを問う研究は常になされてはいるが、そのほとんどが、他事例への応用可能性などを探る研究である。既存の地方自治研究が、中央政府と地方政府の一般的な関係性を探求する研究[78]、ないし地方政府としての一般性を強調しがちであったためである。地域の個別事情による多様性を前提とし、多様な自治体ガバナンスを説明する試みとしても、本書は意義があるものと考えている。

多様な自治体ガバナンスを説明するには、単一の観察だけでは十分ではない。そのため本書では、新潟県中越地方の四つの自治体の観察を通してそれぞれの地域における秩序と堆積による多様なガバナンス形成のメカニズムを考察する自治体ガバナンス分析を行う。

方法

本書では、自治体ガバナンスの過程を特定場面の静的な関係性を分析するスナップショット的なものとしてではなく、できるだけ動的な連続写真（動画）としてとらえる[79]ことでその実態を把握し、社会経済秩序と政治秩序の相互作用によるガバナンスの動態を描くものである。この検討方法は一般的に「過程追跡」（process tracing）と呼ばれる手法である。過程追跡は、観察対象の過程に着目し、推論すべき目的変数、つまりここでは自治体のガバナンスが秩序の相互作用の堆積によってどのように形成され、自治体の個体性が生じてくる経路をたどり、それを明確にしようとするアプローチである。この方法では、観察対象（n）が少なかったとしても、一連の出来事から多くのことを観察可能で、その中から複雑に絡み合ったメカニズムを推論することに適している[80]。観察研究での分厚い記述を通して、仮説の形成を試みようとする方法である[81]。

本書の過程追跡において個別自治体を動画的に観察するとはいえども、そ

のダイナミズムを適切にとらえるためにはその動画として注視するタイミングが重要である。地域の社会経済秩序の面については、その経時的変化を地図写真や交通網の整備に関する記録、統計データを用いて、人口や産業構造を把握する。また地域における業界団体や大規模企業の動向については、特徴的なものがある場合は当該団体の発行する資料や関係者の回顧録などから把握する。

地域における政治秩序は、該当地域の規範や暗黙の了解など、非公式のルールで形成されている場面が多く、実態を把握できるであろうタイミングが限られている。そのため、新聞紙上などに表出する市長選挙、既存の構造と変化が見られるような県議会議員選挙や国会議員選挙、大多数の住民が関与する、あるいは地域内で物議を醸すことになったような施策や大規模事業の実施といった出来事の過程を観察することになる。

市長選挙では、候補者の選定、その過程における支持連合の形成、選挙の結果、選挙後の議会との関係、助役(副市長)人事に関わる情報や議論の経過を観察することで、市長のみならず、その背景にある実質的な統治構造を推論するにあたっての有益な情報が表出することが多い。

既存の構造からの変化が起こる県議会議員選挙や国会議員選挙は、地域のアクターが国や県あるいは政党などを通して、例えばある候補への支持を見返りとした事業誘導を期待するといったように、どのような関わりをもとうとしているのか、また、変化のタイミングの前後で、なぜ、どのようにその態度が変わったのかを推測できるような情報が表出する機会となる。

大多数の住民が関与するなど、地域内で物議を醸すことになった施策や大規模事業の形成・実施過程では、その過程を観察することで各種のアクター間や、地域の置かれた環境においてどのような要素が重要なものとして認識されているのかがわかり、またそのことから地域が抱えている課題や意思決定の過程が見えてくる。これらの出来事とその過程の観察を通して、自治体ガバナンスの動態を浮き彫りにしていく。

観察対象自治体の設定

本書では観察対象自治体として新潟県の柏崎市、三条市、加茂市、栃尾市（現長岡市の一部）の四市を選択した。いずれの自治体も新潟県中越地方に位置し、中選挙区時代は新潟三区（以後、「旧新潟三区」と表記する）[82] に含まれていた。研究を進めるにあたってはこれらの自治体を観察対象として設定する利点について予め答えておく必要がある。

第一に中選挙区時代の旧新潟三区が有する選挙区としての象徴性があげられる。旧新潟三区は「日本型の利益誘導政治」を形作ったとされる田中角栄の選挙区であり、その象徴的意義はこれまでも多くの文献で語られてきた[83]。その通説的な理解としては、旧新潟三区は開発型国家システムの象徴的地域であり、旧新潟三区での利益誘導と地域開発、それに関わる政治家と住民の関係は、雛形として全国の農村部を中心とする地域に広がっていったということであろう。一方で、この地域の自治体においては政策的には決して「発展・開発」を指向していたとは思われない非開発志向の自治体も見出されている[84]。これについては本書で加茂市のあり方を提示するが、視座を全国に広げれば、おそらく加茂市以外にもある程度存在すると思われる。例えば、「居眠り自治体」と呼ばれていたような受動的で集権体制の追随者とされてきたような自治体[85]、大都市圏のニュータウンと呼ばれる高度経済成長期にほぼ一斉に入居がなされた自治体[86] などが、そのような自治体に当てはまると考えられる。いずれにせよ、旧新潟三区の自治体は田中角栄という国の分配政策の誘導を非常に得意とする人物への特殊なアクセス権を共通して有している。

また、旧新潟三区の自治体であるということは同時に空間近接性も有することになる。これは比較分析をする際に有効なものになるといえる。空間的にはほぼ隣接していることで、気候や地理的特徴などの共通点が多い一方で、近いからこそ違いが際立って見えてくるものもある。例えば、地域間での商工業などの産業の側面における役割分担や補完関係、競争関係などは、近隣地域で連続性があるからこそ観察できるという利点がある。近接地域の比較であるからこそ、歴史的、文化的、政治的文脈がある程度共有されている側

面と、相違が生じている側面の状況やその形成要因の特定が比較的容易となる。さらには地域間での経済的なつながりや行政サービスの供給も含めた役割分担の存在、類似政策、事業の相互参照や波及[87] なども含めた、近隣自治体間での横並び意識が垣間見られるところとそうでないところなども特定しやすいといえる。一方で、近接している地域を比較参照したとしても焦点が定まりにくいという弱点はあるが、むしろオープンな発見的作用[88] によって相互関係も含め、より動的に自治体の歴史的展開の姿を観察することも期待できる。なお、地理的に連続する地域の政治発展を把握しようとした代表的研究としては、Rokkan のヨーロッパ概念地図の研究[89] があげられる。

最後に、なぜこれらの市のみに限定した分析となるかについて説明をしておく必要があるだろう。第一の理由として資料的制約があげられる。行政区域がほぼ純農村的農業地域や中山間地域であるような町村レベルの自治体では、自治体単位のローカルな新聞などの発行がない場合が多く、もし存在していたとしても発刊期間がごく短い時期に限られているか、あるいは公共図書館などで所蔵していないことが多いという問題がある。そのため、文字資料を基本としてその地域の政治動態を把握することは困難である。全国紙、都道府県レベルを発行エリアとする県紙では、大きな事件が起これば報道がなされるが、日常的な小規模自治体の政治動向に割かれる紙面はけして多くないため、断片的な情報となってしまう。そのため、動態を把握する情報源としてはこれだけでは不十分となる。

一方、本書が対象とする四市では、概ね市制施行以後の大部分をカバーする期間にわたってローカル新聞の発行がなされており、一部の不足はあるものの、各市の図書館や新潟県立図書館て閲覧に供されている。これらは政治動態についても比較的豊富に記事として掲載されており、新聞を通してではあるが、一定程度の政治関係アクターの背景情報も含めた動態把握が可能となっている。具体的な新聞名をあげると柏崎市の『柏崎日報』、『中越タイムス』、三条市の『三條新聞』、『北越公論』、『越後ジャーナル』（いずれの新聞も加茂市の記事が掲載されることがある）、加茂市の『新潟県央新聞』、栃尾市の『栃尾新聞』（のちに『刈谷田新報』に名称変更）、『栃尾タイムス』があげられ

る。また、栃尾市においては、一時期、栃尾織物工業組合が一般的な組合報というよりも新聞形式に近い『栃尾化繊だより』を発行していた。これらローカル紙は特定の政治勢力に好意的、批判的であるなど、時にはやや偏った立場をとっていると思われるものもないわけではない。しかし、政治行政関係について進行形の情報が掲載されており、政治動態を経時的に把握する際に有益なものが多い。なお、新聞社、記事のバイアス（偏向性）の問題については、可能な限り複数紙の情報で確認を行うなど、その他の資料で補っていくことである程度緩和可能と考えている。加えて、これらの自治体では政治行政関係者の評伝、回顧録・回想録などの発行や、経済団体、労働団体の活動記録、記念誌、地域の有力企業社史などが文字資料として残っていることもあり、それらの情報を活用することで厚い記述による個別の分析を行う。

　本書は第1章から第4章まで、各自治体ガバナンスの分析で構成される。第1章は三条市、第2章は柏崎市、第3章は栃尾市、第4章は加茂市と、それぞれこの分析枠組みのもとでそれぞれの自治体ガバナンスをとらえていく。終章では本書の知見を要約し、そこから導き出される理論的・政策的な含意を述べていく。

注
1　礒崎初仁（2004）「都市政府研究の視点と方法」武智秀之編『都市政府とガバナンス』中央大学出版部、310頁、辻清明（1969）『新版日本官僚制の研究』東京大学出版会、133–134頁、山田公平（1998）「地方自治改革の軌跡と課題」日本地方自治学会編『戦後地方自治の歩みと課題』敬文堂、17–54頁。
2　金井利之（2007）『自治制度』東京大学出版会。
3　新藤宗幸・阿部斉（2006）『概説日本の地方自治（第二版）』東京大学出版会、3頁、村松岐夫（1988）『地方自治』東京大学出版会。
4　阿部斉（1979）「国と地方自治体の関係」地方自治研究資料センター編『地方自治の日本的風土』第一法規、89–107頁、阿部斉（1980）「地方政治と政党」佐藤竺編『地方自治の変動と対応』学陽書房、51–91頁。
5　新藤宗幸・阿部斉（2006）前掲6頁。
6　村松岐夫（1988）前掲。
7　河中二講（1993）「自治の思考の転換」日本地方自治学会編『地域開発と地方自治』敬文堂、3–32頁。
8　赤木須留喜（1978）『行政責任の研究』東京大学出版会。
9　十亀昭雄（1982）「都市における政策決定過程と首長」『都市問題』第73巻6号、3–15頁、

図 0-1　題材とする自治体地域の位置

> 佐藤竺（1980）「政策決定過程の研究」『地域開発』通巻 195 号、29–36 頁、村松岐夫（1981）「大都市の制度的環境と都市政治研究」三宅一郎・村松岐夫編『京都市政治の動態』有斐閣、8 頁。
10　西尾勝（1990）『行政学の基礎概念』東京大学出版会、373–392 頁。
11　村松岐夫（1981）前掲 12 頁。
12　原田晃樹・金井利之（2010）「看取り責任の自治（上）——滋賀県余呉町の居住移転策を中心に」『自治総研』通巻 378 号、1–41 頁。
13　Stone, C. (1989) *Regime Politics; Governing Atlanta, 1946–1988*, University of Kansas.
14　中澤秀雄（2005）『住民投票運動とローカルレジーム』ハーベスト社。
15　光本伸江（2006）『自治と依存』敬文堂。
16　Hunter, F. (1953) *Community Power Structure: A Study of Decision Makers*, The University of North Carolina Press.（＝鈴木広監訳〔1998〕『コミュニティの権力構造』恒星社厚生閣）
17　Dahl, R. (1963) *Who Governs?: Democracy and Power in an American City*, Yale University Press.（＝河村望・高橋和宏監訳〔1988〕『統治するのはだれか』行人社）
18　中澤秀雄（1999）「日本都市政治における「レジーム」分析のために——地域権力構造（CPS）

研究からの示唆」『年報社会学論集』12 号、108–118 頁、Harding, A.（1996）Is There a "New Community Power" and Why Should We Need One?*. *International Journal of Urban and Regional*, 20 (4): pp. 637–655.

19 Harding, A.（1996）*op. cit.*

20 Tiebout, C. M.（1956）A pure theory of local expenditures. *Journal of Political Economy*, 64: pp. 416–424, Ostrom, V., C. M. Tiebout and Warren, R.（1961）The organization of government in metropolitan areas- a theoretical enquiry. *American Political Science Review*, 55: pp. 831–842, Bish, R. L.（1971）*A political economy of metropolitan areas*, Markham など。

21 Mossberger, K.（2008）Urban Regime Analysis. Davis, J. S. and Imbroscio, D. L.（eds.）*Theories of Urban Politics*（2nd ed），pp. 40–54. Sage.

22 Peterson, P. E.（1981）*City Limits*, The University of Chicago Press.

23 Harding, A.（1994）Urban regimes and growth machines: toward a cross-national research agenda. *Urban Affairs Quarterly*, 29（3）: pp. 356–382. Harding, A.（1999）. Review Article: North American Urban Political Economy, Urban Theory and British. *British Journal of Political Science*,（29）: pp. 673–698. 中澤秀雄（1999）前掲。

24 Harding, A.（1999）*op.cit.*

25 Harding, A.（1994）*op.cit.* 中澤秀雄（1999）前掲。

26 Logan, J. and Molotch, H.（1984）Tensions in the growth machines. *Journals of Urban Affairs*, 15: pp. 29–53. Logan, J. and Molotch, H.（1987）*Urban Fortunes: The Political Economy of Place*, University of California Press. Molotch, H.（1976）The city as growth machine. *American Journal of Sociology*, 82（2）: pp. 309–355.

27 Jonas, A. E. G. and Wilson, D.（1999）The City as a Growth Machine: Critical Reflections Two Decades Later. Jonas, A. E. G. and Wilson, D.（eds.）*The Urban Growth Machine Critical Perspectives, Two Decades Later*, pp. 3–12, State Univ of New York Press.

28 Davies, J. S and Imbroscio, D. L.（2010）*Critical Urban Studies*, SUNY press. Gunnell, J. G.（2004）*Imagining the American polity: political science and the discourse of democracy*, Pennsylvania State University Press.

29 Stone, C.（1989）*op. cit.*

30 Elkin, S. L.（1987）*City and Regime in the American republic*, University of Chicago Press.

31 Harding, A.（1996）*op. cit.*

32 Elkin, S. L.（1987）*op. cit.*; Stone, C.（1989）*op. cit.*

33 Rhodes, R. A. W.（1999）. Foreword: Governance and networks. Stoker, G.（ed.）, *The new management of British local governance*（pp. xii–xxvi）, Macmillan. Stone, C.（1989）, *op. cit.*

34 Stone, C.（1989）, *op. cit.*

35 Stone, C.（1989）, *op. cit.*

36 Davies, J. S.（2003）. PARTNERSHIPS VERSUS REGIMES : WHY REGIME THEORY CANNOT EXPLAIN URBAN COALITIONS IN THE UK. *Journal of Urban Affairs*, 25（3）: pp. 253–269.

37 Harding, A.（1994）*op. cit.*

38 Pierre, J.（2005）Comparative Urban Governance; Uncovering Complex Causalities. *Urban Affairs Review*, 40: pp. 446–462, Harding, A.（1994）*op. cit.*,（1996）, *op. cit.*

39 また、アメリカの例でも、オレゴン州ポートランド市を分析したもので Leo, C.（1998）Regional growth management regime: The case of Portland, Oregon. *Journal of Urban Affairs,* 20（4）: pp. 363–394. などがある。この研究では州政府が都市政府の政策形成におい

て外部者ではなく、内部者の一人として主体的に行動し、成長策が時世に乗じて無計画に拡大されるのではなく、一定の歯止めともなりながら調整された経済成長がなされていくというレジームも形成される様子を描いた。

40　例えば比較研究に関してはアメリカ八都市の比較研究を行った Clarke, S. E. (1998) Institutional Logics and Local Economic Development: A Comparative Analysis of Eight American Cities, *International Journal of Urban and Regional Research*, 19 (4): pp. 513–533. がある。

41　Leo, C. (1998) *op. cit.* Clarke, S. E. (1999) *Regional and transnational regimes: Multi-level governance processes in North America,* Paper presented at the annual meeting of the American Political Science Association, September, Atlanta, GA.

42　Dowding, K., Dunleavy, P., King, D., Margetts, H. and Rydin, Y. (1999) Regime politics in London local government. *Urban Affairs*, 34 (3): pp. 515–545. この研究では GLC (Greater London Council) 廃止以後の六つの特別行政区（クロイドン、ワンズワース、イズリントン、ウエストミンスター、タワーハムレット、ラムベス）におけるレジーム形成の様相、やレジーム形成ができなかった様相について若干の比較も交えて分析している。筆者らはこの研究を通して都市政治研究において、党派性による説明で単純化されがちになること、中央政府による地方政策の影響を過大評価されがちになってしまうという二つの落とし穴に陥ることを回避させてくれるものになるとしている。

43　Purcell, M. (1997) Ruling Los Angeles: Neighborhood movements, urban regimes, and the production of space in Southern California. *Urban Geography*, 18: pp. 684–704.

44　また、日本におけるコミュニティレベルの分析としては長野基 (2012)「地区まちづくりを支えるリーダーシップに関する都市レジーム論からの一考察——新宿区西早稲田地区を事例として」『都市科学研究』4 号、87–98 頁がある。

45　女性グループを中心的に観察した研究としては Turner, R. S. (1995) Concern for gender in central-city development policy. Garber, J. A. (ed.) *Gender and urban research*, pp. 271–289. Sage. 同性愛者グループを中心的に観察した研究としては Bailey, R. W. (1999) *Gay politics, urban politics: Identity and economics in the urban setting*, Columbia Univesity Press. アフリカンアメリカンなど人種、民族グループを中心的に観察した研究としては Whelan, R. K., Young, A. H. and Lauria, M. (1994) Urban regimes and racial politics in New Orleans. *Journal of Urban Affairs*, 16: pp. 1–21.

46　Mossberger, K. and Stoker, G. (2001) THE EVOLUTION OF URBAN REGIME THEORY The Challenge of Conceptualization. *Urban Affairs Review*, 36 (6): pp. 810–835.

47　Dowding, K., Dunleavy, P., King, D., Margetts, H. and Rydin, Y. (1999) *op. cit.* DiGaetano, A. (1997) Urban governing alignments and realignments in comparative perspective: Developmental politics in Boston, Massachusetts, and Bristol, England, 1980–1996. *Urban Affairs Review*, 32: pp. 844–870. Lauria, M. (1997) Regulating urban regimes: Reconstruction or impasse? In Reconstructing urban regime theory. Lauria, M. (ed.) *Regulating urban politics in a global economy*, pp. 233–241. Sage, Orr, M. and Stoker, G. (1994). Urban regimes and leadership in Detroit. *Urban Affairs Quarterly*, 30: pp. 48–73.

48　Sites, W. (1997). The Limits of Urban Regime Theory: New York City under Koch, Dinkins, and Giuliani. *Urban Affairs Review*, 32 (4): pp. 536–557.

49　Rast, J. (2006) Governing the Regimeless City: The Frank Zeidler Administration in Milwaukee, 1948–1960. *Urban Affairs Review*, 42 (1): pp. 81–112.

50　Bauroth, E. (2011) The Reluctant Rise of an Urban Regime: The Exercise of Power in Fargo, North Dakota, *Journal of Urban History*, 37 (4): pp. 519–540.

51 Harding, A. (1997) Urban regimes in a Europe of the cities? European Urban and Regional Studies, 4: pp. 291–314. Bassett, K. (1996) Partnerships, business elites and urban politics: Newforms of governance in an English city? *Urban Studies*, 33: pp. 539–555.

52 Harding, A. (1996). *op. cit.*, Ward, K. (1996) Rereading urban regime theory: a sympathetic critique. *Geoforum*, 27 (4), pp. 427-438. Ward, K. (1997) Coalitions in urban regeneration: a regime approach. *Environment and Planning A*, 29 (8): pp. 1493–1506. Mossberger, K. and Stoker, G. (2001) *op. cit.*

53 Harding, A. (1997) *op. cit.*

54 Gissendanner, S. (2004) Mayors, Governance Coalitions, and Strategic Capacity: Drawing Lessons from Germany for Theories of Urban Governance. *Urban Affairs Review*, 40 (1), pp. 44–77. Pierre, J. (2011) *The Politics of Urban Governance*. Palgrave Macmillan.

55 Pierre, J. and Peters, B. G. (2000) *Governance, Politics and the State*, Palgrave Macmillan. Pierre, J. and Peters, B. G. (2005) *Governing Complex societies*, Palgrave Macmillan. pp. 1–2.

56 Kooiman, J. (2003) *Governing as Governance*, Sage. Rhodes, R. A. W. (1997) *Understanding Governance: Policy Networks, Governance, Reflexivity and Accountability*, Open University Press, Rhodes, R. A. W. (1996) The New Governance: Governing without Government. *Political studies*, 44 (4): pp. 652–667.

57 Pierre, J. (2011) *op. cit.* pp. 19–20.

58 ガバナンスという言葉は、かつてはガバメントとほぼ同義に用いられていたが、ガバメントという言葉が政府、あるいは政府による統治を指す言葉として定着したことによって、一度死語となった「ガバナンス」を旧来的な用法として復活させることで異なる意味で用いられるようになった。つまり、「ガバメント」が専ら国家や地方自治体などの統治機構を指す意味になった一方、それ以外の領域における統治の働きを示す概念として再登場したのである。(Kjær, A. M.〔2004〕*Governance*, p. 3, Polity Press. 宇野重規〔2012〕『なぜガバナンス問題なのか』東京大学社会科学研究所全所的プロジェクト研究 Discussion Paper Series, No. 22、東京大学社会科学研究所、2–17 頁)。

59 岩崎正洋 (2011)「はしがき」岩崎正洋編『ガバナンス論の現在』頸草書房、2 頁。

60 Bevir, M. (2009) *Key Concepts in Governance*, Sage. p. 85.

61 Doornbos, M. (2001) Good Governance: The Rise and Decline of a Policy Metaphor? *The Journal of Development Studies*, 37 (6) : pp. 93–108.

62 「コーポレート・ガバナンス」論は主に民間企業の経営体制の確立を目的に構築された議論であるが、喜多見富太郎 (2010)『地方自治護送船団』(慈学社) のように地方自治体を一つの経営体ととらえ自治体の経営規律の実態を理論的に把握する試みもなされている。

63 Peters, B. G. and Pierre, J. (2004) Multi-Level Governance and Democracy: A Faustian Bargain?, Bache, I. and Flinders, M (eds.) *Multi-level Governance*, pp. 77–82, Oxford University press.

64 Leach, R. and Percy-Smith, J. (2000) *Local governance in Britain*, Palgrave Macmillan. Stoker, G. (2004). *Transforming local governance*, Palgrave Macmillan. また、そのようなトレンドを受けたヨーロッパの各国の地方の変化をまとめた論文集である Denters, B. and Rose, L. (eds.) (2005). *Comparing local governance, trends and developments*, Palgrave Macmillan. もまたこのような意味でローカルガバナンスという言葉を用いている。

65 一方、外川伸一 (2008)「ローカル・ガバナンス分析のための理論的基礎」『山梨学院大学法学論集』(第 60 号、1–49 頁) や山本隆・難波利光・森裕亮編 (2008)『ローカルガバナンスと現代行財政』(ミネルヴァ書房) に掲載されている各論文では、地方自治体単位を示す「ガ

バナンス」言葉として「ローカル・ガバナンス」という言葉を使うなど「ローカル・ガバナンス」という言葉も「ガバナンス」同様、言葉に込められた意義の混在傾向の渦中にある。

66 DiGaetano, A. and Strom, E. (2003). Comparative Urban Governance: An Integrated Approach. *Urban Affairs Review*, 38: pp. 356-395.

67 Pierre, J. (1999). Models of urban governance: The institutional dimension of urban politics. *Urban Affairs Review*, 34: pp. 372–396. Pierre, J. (2005) *op. cit.* Pierre, J. (2011) *op. cit.*

68 DiGaetano, A. and Strom, E. (2003) *op. cit.*

69 DiGaetano, A. and Lawless, P. (1999) Urban Governance and Industrial Decline: Governing Structures and Policy Agendas in Birmingham and Sheffield, England, and Detroit, Michigan, 1980–1997. *Urban Affairs Review*, 34 (4): pp. 546–577.

70 Gissendanner S. (2004) *op. cit.*

71 Ataov, A. and Eraydin, A. (2010). Different Forms of Governance: Responses of Two Metropolian Regions in Turkey to State Restructuring. *Urban Affairs Review*, 47 (1): pp. 84–128.

72 具体的には自動車部品や機械などである。

73 2015 年の万国博覧会の誘致を行っていたが、結果はミラノに誘致で敗れることとなった。ユニバーシアード夏季大会は 2005 年に実際に開催された。

74 Pierre, J. (2011) *op. cit.*

75 限界集落の多くは中山間地域や離島のなかに存在するものである。限界集落の定義としては明確なものは確立されていないが、大野晃によると「65 歳以上の高齢者が集落人口の半数を超え、冠婚葬祭はじめ農業用水や道路の維持管理といった「田役、道役」などの社会的共同生活の維持が困難な状態に置かれている集落」(大野晃〔2008〕『限界集落と地域再生』京都新聞企画事業) という定義が一般的になりつつある。

76 山本隆 (2008)「ガバナンスの理論と実際」山本隆・難波利光・森裕亮編 (2008) 前掲 2–12 頁。

77 Peters, B. G. (2005) *Institutional Theory in Political Science: The New Institutionalism*, Continuum.

78 すでに紹介した垂直的行政統制モデルや水平的政治競争モデルがその代表例である。また近年のものでは市川喜崇の機能的集権化 (市川喜崇〔2012〕『日本の中央 − 地方関係』法律文化社) の議論もこの代表的なものの一つに数えられる。

79 伊藤正次 (2006)「「新しい制度史」と日本の政治行政研究」『法学会雑誌』第 47 巻 1 号、1–20 頁、Pierson, P. (2004) *Politics in Time History, Institutions and Social Analysis,* Princeton University Press. Thelen, K. (1999) Historical Institutionalism in Comparative Politics. *Annual Review of Political Science,* 2 (1) : pp. 369–404. Thelen, K. (2004) *How Institutions Evolve: the Political Economy of Skills in Germany, Britian, the United States and Japan,* Cambridge Universriy Press.

80 King, G., Keohane, R. O. and Verba, S. (1994) *Designing Social Inquiry,* Princeton University Press.

81 佐藤満 (2012)「事例研究と政策科学」『政策科学』第 19 巻 3 号、331–350 頁。

82 旧新潟三区の具体的な区割り地域は長岡市、三条市、柏崎市、加茂市、見附市、栃尾市、南蒲原郡、三島郡、古志郡、北魚沼郡、南魚沼郡、刈羽郡で構成され、定数は 5 であった。現在の小選挙区制度移行以後の新潟三区は村上市、新発田市など新潟県北部を中心とする区割りとなっており、旧新潟三区の地域とは重ならない。

83 Johnson, C. (1986) Tanaka Kakuei, Structural Corruption, and the Advent of Machine

Politics in Japan, *Journal of Japanese Studies*, 12: pp. 1–28. Schlesinger, J. (1997) *Shadow Shoguns: The Rise and Fall of Japan's Postwar Political Machine*, Stanford University Press. 斉藤淳 (2010)『自民党長期政権の政治経済学——利益誘導政治の自己矛盾』勁草書房、高畠通敏 (1997)『地方の王国』岩波書店、御厨貴 (1995)「国土計画と開発政治——日本列島改造論と高度経済成長の時代」『年報政治学』第 46 巻、57–76 頁など。

84 箕輪允智 (2009)「非開発志向の自治（上）加茂市政構造分析から見た「開発」と「分配」」『自治総研』第 372 号、63–103 頁、箕輪允智 (2009)「非開発志向の自治（下）加茂市政構造分析から見た「開発」と「分配」」『自治総研』第 374 号、38–83 頁。

85 なお、「居眠り自治体」については、単に先導的な取り組みなどを実施しないで従属的で「寝ていた」と表されるものだけでなく、先導的な取り組みに対して地域における統治連合の集合的決定の結果、「寝たふり」、「死んだふり」をすることで実質的に拒否がなされ、地域社会構造の維持、特定の者による利益の確保の構造の維持継続が図られていた場合も考えられる。

86 これらは入居開始時期はまだ一部造成中であったが、宅地開発の方向性はすでに決定し、建設の見込みが立っているいわば開発の終わった時点から出発する「ニュータウン」であるその要因として考えられる。

87 伊藤修一郎 (2006)『自治体発の政策革新』木鐸社。

88 篠原一 (1988)「歴史政治学とS・ロッカン」犬童一男・山口定・馬場康雄・高橋進編『戦後デモクラシーの成立』岩波書店、288–342 頁。

89 Rokkan, S. (1973) Cities, states, nations: a dimensional for the study of contrasts in development. Eisenstad, S.N. and Rokkan, S. (eds.) *Building states and nations*, Volume 1. Sage.

第1章
独立自尊と多元的自治の展開
——新潟県三条市のガバナンス動態——

　三条税務署に赴任経験のある大蔵官僚の氷見野良三は三条の印象を次のように述べている[1]。

　　そもそも、三条市というところは、独立心の強いところなのではないかと思います。人口比での社長さんの数が全国有数なのもその表れでしょうし、三条信金が都銀、地銀の攻勢を寄せ付けず、信金としては東北随一の規模を誇っているのもそのひとつです。また、三条の親分衆は、周辺市町村の親分衆と違って、広域組織に属さず、独立を保っているとも聞きます。こうした独立心が、文化的な面でも一方的な中央依存を防いでいるのではないかと思います。三条は、金物の町ですが、昔は金物問屋に奉公すれば、十七、八にもなれば、二貫、三貫の荷物を背負って、ひとりで全国を回ったわけです。そうした中で、一本立ちの独立心旺盛な気風が育ったのではないか。また、三条は江戸時代には村上の殿様の領内でしたが、当時の交通・通信手段では、八十キロも離れた村上からの実効的な支配は不可能で、実際は町人の自治組織による統治だったといいます。そうしたことも地域的な自立性を高めたのかもしれません。

　三条市は「金物のまち」、「商人のまち」として栄えた地域である。特に近代以降は関東大震災と第二次世界大戦後の戦災復興をきっかけに需要が急増した利器工具・匠具、生活金物の生産・販売に対応することで地場産業が盛り上がりをみせた。これら金物生産に関しては、その多くが家族経営の小規

模工場であり、小さくとも独立した小規模事業者の多いことに特徴がある。一方で 1971（昭和 46）年のニクソン・ショック以降、地域経済の発展は陰りをみせる。円高の進展とともに生産費用を低く抑えることのできるアジア各国の製品に押され、競争の優位性が奪われてしまったからである。

　また、金物生産の技術を応用した機械工業も発展した。機械工業に関しては成功を収めた企業は三条市周辺地域を中心に、より好条件で工場が設置可能な土地を求めて市外に退出することも多いという特徴がある。

　三条市は 2005（平成 17）年、いわゆる「平成の合併」の時代に南蒲原郡栄町、下田村と新設合併を行い、新しい三条市が誕生しているが、本章でとりあげる年代は栄町、下田村との合併前である。本章で三条市と表記する場合、特段の記述がない限りは平成の合併以前の旧行政区域と市の政治行政機構を示すものとする。

　本章では、第一回公選市長選挙が行われた 1947（昭和 22）年から平成の合併前の 2004（平成 16）年までの時期について、三条市のガバナンス動態を探っていく。

第 1 節　三条市の社会経済秩序

1. 人口・地勢・歴史

　三条市は 1934（昭和 9）年に市制施行を果たした。新潟県のほぼ中央部に位置し、西に燕市、北に加茂市と新潟市（旧白根市）、南に見附市、東は 2005（平成 17）年の市町村合併によって福島県に隣接している。土地面積としては合併前の旧三条市が 75.79km²、栄町が 45.22km²、下田村が 311.00km² で、合併後の新市では 432.01km² となっている。昭和の合併では、1951（昭和 26）年 6 月に井栗村、1954（昭和 29）年 11 月に本成寺村、大崎村、1955（昭和 30）年 1 月に大島村[2]（いずれも南蒲原郡）と合併し、新三条市誕生までの間のおおよその姿が形作られることになった[3]。これら昭和の合併で合併した自治体は図 1-1 の地図で示される区域である。なお、昭和の合併後の三条市

図1-1 昭和の合併時の旧市町村域

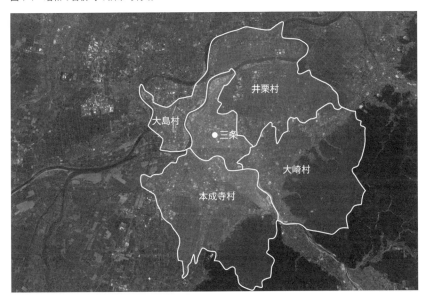

Google Earth Pro をもとに作成

図1-2 2012年平成の合併後の三条市域

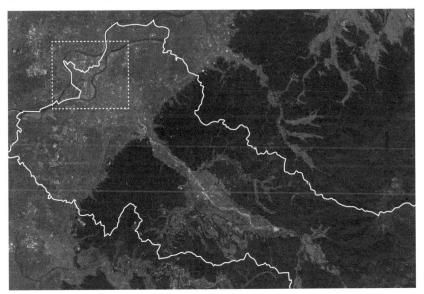

Google Earth Pro をもとに作成

図1-3 1946年の三条市航空写真

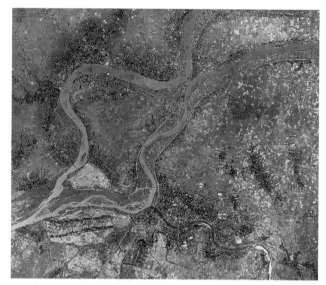

出典：米軍（1946）『USA-M949-5-7』

図1-4 2014年の三条市市街地

Google Earth Pro をもとに作成

の大部分は平野部で、山間部の比較的少ない地勢である。

　1946（昭和 21）年時点の航空写真である図 1-3 にあるように、三条市の市街地は五十嵐川と信濃川の合流地点を中心に形成されていた。68 年後の同地域の写真である図 1-4 と比較すると、かつての中心的な地域である五十嵐川と信濃川の合流地点付近から東北部、南部、さらには信濃川を渡った西北部に市街地が広がっていることがわかる。

　三条市出身で地域の民俗研究を行っていた渡辺行一は、三条の歴史と三条人の気質を次のように述べている。

　　これを歴史的に見ると、各大字がそれぞれ異なった藩の領有となつていて、各藩境界の中心に置かれたのが今の三条市である。従つてこの各藩の施策、これにともなう人心の動向が日々の生活面に現われ、何かと衝突を余儀なくされ、遂には自力で立つ外ないことを自覚せしめられた。その結果が独立自尊の精神となつたが、我が身高しから排他的となり、直ぐにアンナモノと他を誹謗し、人の言葉がすなおに聞けない。他を押しのけて自ら上に出ようとして共倒れとなる。共同事業は円滑にいかず、成功したことがない。共同精神の欠除（ママ）が秩序規則を守らないこととなつてくる。独立自尊もよいが、これが余に強調されては互いに協力する精神を失わしめ、他を落とし入れて自分が出ようとする。即ちせっかく他人がのし上つて来ると、それを押上げ、それを土台として自分も上に登ることをしないで、他人の上に掛けた足を引張りおろして仕舞う。これでは共倒れで何時まで経つてものし上ることができない。この事が三条人上の最大の欠点で、それが遂に新潟長岡に殷賑を奪われるに至つた原因でもある [4]。

　三条は江戸時代は新潟と長岡の中間にある単なる陣屋の所在地であつただけにもかかわらず、新潟県内では商業人の町として栄えた地域だった。繁栄をもたらした地域住民の気質に関して、歴史的には商業や工業において各藩の分割支配に由来した独立自尊の精神があげられる一方で、協調性が欠如

第1章　自治体ガバナンスと分析方法——新潟県三条市のガバナンス動態　　41

表1-1　人口の推移

三条市人口	74,080	77,814	81,806	85,275	86,325	85,823	85,691	84,447
国勢調査年	1965	1970	1975	1980	1985	1990	1995	2000

出典：総務省（1965～2000）『国勢調査』

し、時には足の引っ張り合いを起こしてしまう気質を有していることが指摘されている[5]。

　人口の推移では、1985（昭和60）年に増加のピークを記録し、その後緩やかな減少に転じている。背景には、輸出拡大で好況を呈していた金物関係が、1970年代後半の円高不況を背景に経済的成長が難しくなっていった一方、地価が高止まりしていたことがあると考えられる。

2. 気候・交通

　三条市は平成の合併による新三条市誕生まで、長らく市内の大部分が平野部であったこともあり、新潟県内他地域に比べると積雪量はそれほど多くない。大崎地区、旧下田村の山間部に一定量の積雪はあるものの、冬期であっても交通が遮断されることは稀である。そのため降雪による直接的な被害、精神的な苦しみは、ともに比較的少ない地域といえる。

　また、三条市は主たる交通・流通方法の変化が、街の発展、拡大に大きく影響してきた地域である。

　河川での舟運交易が主体であった江戸時代から明治初期に関しては、信濃川と五十嵐川の合流点が物流拠点となったため、そこを中心に市街地が形成された。鉄道に関しては明治中期以降、現在のJR信越本線の起源となる北越鉄道の鉄道敷設に対して、三条の町人たちを中心に鉄道敷設や駅舎設置に対する反対運動が起こった。鉄道によって都会の物資が入り込むことで町の産業が圧迫されるという理由だった。最終的に、鉄道に関しては当時の町の指導者層は説得を受け入れ、致し方なく鉄道敷設と駅舎の建設を承諾するが、駅舎の位置に関しては当時の中心市街地である信濃川と五十嵐川の合流

点の近くには設置させず、やや離れた本成寺村（当時）に三条駅を、井栗村に近い位置に東三条駅の二つを設置させることとなる [6]。

その後、鉄道が物流の中心となる時代を迎えると、三条の市街地は信濃川と五十嵐川の合流点から鉄道線から駅周辺に伸展する形で広がっていくようになる。やがて 1980 年代の新幹線や高速自動車道の時代になると、新幹線駅（燕三条駅）と高速道路 IC（三条燕 IC）のある市内北部、燕市との市境へ向かって市街地が伸びていくこととなる。

3. 産業

三条産業界の沿革

明治時代半ばまで、三条の商業の中心は呉服小間物や唐物、米穀であり、金物のまちとして知られる現在とはやや趣の異なるものであった。三条商人の多くは元来行商人であり、呉服小間物類に関しては江戸時代から京阪地方と連絡をとり、商圏については越後周辺はもちろん東北六県や群馬にまでも及んでいた。米穀については蒲原地域一帯の米を集め関西、関東にさばいていたとされる。また「三条モンは生馬の目を抜く」と昔からいわれる言葉があるが、三条人は他の地域へ商売に行ってもただでは帰らず、なにかしらつかんで帰ってくるとされ、そのしたたかな気質が現されている。

そのような江戸時代以来の経済構造は、1887、90、97（明治 20、23、30）年に発生した大火と 1897〜99（明治 30〜32）年に開通した北越鉄道をきっかけに転換を迫られる [7]。主要な物流が水運から鉄道網に変化し、京阪地域中心であった商品供給や買い付け先が首都圏中心へと移っていく。同時に洋服の普及もあり、呉服小物に関連する産業は衰退していく。

このようななかで、かつての呉服小物などの商業に代わる産業として台頭してきたのが金物である。この産業構造の転換の大きなきっかけとなったのが第一次世界大戦と関東大震災であった。第一次世界大戦の軍需による金物類の需要の増大、関東大震災復興期での建築工具や生活金物の需要増大に対して、生産現場で機械化・工場化を進めて対応していったのである。そして、

この時代に、金物のまちとして三条が広く知られていくこととなった。

　さらにその後の第二次世界大戦での総動員体制下で金物産業は戦時軍需工場に転換し、大規模工場の誘致、共同作業場の設置が進むなど、機械工場化が一層進展した[8]。当時の三条市は空襲被害を受けなかったこともあり、戦災地の復興建設用の利器工具匠具、さらには一般家庭用の金物の注文が全国から殺到し、品質を問わず「作れば売れる」状況で増産を続け、1945（昭和20）年秋から1946（昭和21）年春にかけて、市内は未曾有の好景気に沸いていた[9]。

　このように、三条市は戦後、朝鮮戦争で日本の多くの地場産業都市が好況を享受するより先立って好景気となり、しばらくそれが続き、一般的な戦後の荒廃というイメージからはかけ離れた都市の姿であったようである。

戦後三条市の産業構造

　次に三条市における戦後の産業構造の動態を把握するために、国勢調査における就業者数の推移を観察する。三条市では、1960（昭和35）年の時点ですでに就業者数構造において農業よりも製造業のほうが多く、その後も同じ状態が続いている。卸売・小売業の従事者は1960（昭和35）年から75（昭和50）年の間に急速に増加し、この時期に商業地としても著しく発展していることがわかる。建設業については増加傾向にあるものの、大きく伸びた時期があるというわけではない。1980（昭和55）年以降は三条市では「五大事業」の推進が掲げられ、大規模公共事業が実施されることになるのだが、工事は主要な部分を市外または県外の業者に任せざるをえなかった[10]。そのため、上記のデータからもその影響による建設業従事者比率の伸びはあまりみられない。

　次に工業統計調査から、市町村別データが観察可能となる1960（昭和35）年以降の、市内の各産業[11]における製造品出荷額の動向を確認する。三条市では金属製品と機械、その関連産業である鉄鋼が、常に製造品出荷額の上位となっている。1991（平成3）年から98（平成10）年では電気機械器具製造業が上位3番目の業種となっており、その後上位三位以内には入っていない

が、これは 1991（平成 3）年まで金属製品製造業として換算されていた有力
な事業所が、電気機械器具製造業に換算されていたためと考えられる。なか
でも金属製品製造業は小規模かつ多数の業者によって構成されているという
特徴があり、金属加工関係とそれに派生する産業が常に市内産業の大部分を
占めている。一方、金属製品製造業者の数は 1970 年代以降減少傾向にあり、
事業者が徐々に集約されたとみることができる。

表1-2　三条市における産業構造（就業者数）の推移

	1960年	1965年	1970年	1975年	1980年	1985年	1990年	1995年	2000年
総数	35,391	38,146	42,678	42,585	44,737	45,024	46,553	47,329	44,879
農業	8,854	7,314	6,571	3,597	3,314	2,700	2,030	2,150	1,747
林業、狩猟業	6	2	4	3	11	4	6	4	15
漁業、水産養殖業	0	1	0	0	0	0	0	0	3
鉱業	63	46	21	17	28	32	26	38	21
建設業	1,097	1,477	1,782	2,202	2,484	2,434	2,568	3,125	2,899
製造業	11,841	13,860	15,855	16,157	16,174	16,527	17,264	16,344	14,692
卸売小売業	7,543	8,676	10,333	11,609	12,898	12,808	13,035	13,126	12,140
金融・保険業	527	708	749	880	954	1,141	1,213	1,216	1,076
不動産業			64	95	123	139	196	223	187
運輸・通信業	1,081	1,237	1,286	1,349	1,446	1,537	1,600	1,674	1,667
電気・ガス・水道・熱供給業	205	249	254	260	259	267	239	256	250
サービス業	3,544	3,968	5,000	5,450	6,138	6,599	7,436	8,229	9,236
公務	625	605	759	851	872	817	922	915	826
分類不能	5	3	0	105	36	19	18	29	121

出典：総務省（1965〜2000）『国勢調査』

表 1-3　1960（昭和 35）年以降の三条市工業製品出荷額（市全体、および上位 3 業種）推移

	三条市全体		金属製品製造業		鉄鋼業		機械製造業		電気機械器具製造業	
	事業所数	製造品出荷額	事業所数	製造品出荷額	事業所数	製造品出荷額	事業所数	製造品出荷額	事業所数	製造品出荷額
1960	2,024	824,045	1,375	393,154	22	152,085	81	101,405		
1963	665	1,388,379	338	658,047	22	181,870	58	256,079		
1966	799	2,080,535	425	1,051,035	29	273,349	56	247,045		
1969	880	3,748,023	484	1,722,525	31	667,712	68	452,561		
1971	886	4,507,802	495	2,517,214	24	424,666	59	438,788		
1972	977	5,241,680	528	2,882,797	32	484,478	70	441,096		
1973	981	7,017,797	512	3,565,092	49	839,042	75	683,156		
1974	962	8,916,022	504	4,574,788	39	1,047,388	76	907,204		
1975	971	9,046,192	504	4,617,988	37	812,691	73	1,125,242		
1976	981	10,375,373	526	5,440,207	43	931,597	76	1,234,918		
1977	965	11,545,427	517	6,101,901	53	1,135,856	74	1,396,248		
1978	998	12,493,826	531	6,604,181	54	1,280,594	86	1,412,794		
1979	964	12,752,401	501	6,083,301	51	1,568,461	85	683,633		
1980	946	14,296,649	483	6,466,062	62	2,383,111	93	1,796,007		
1981	931	14,376,814	468	6,279,519	59	2,319,325	95	1,982,376		
1982	913	15,247,027	451	7,074,735	58	2,110,769	96	2,166,613		
1983	904	15,111,116	446	7,050,899	55	1,922,690	99	2,084,319		
1984	874	15,518,445	433	7,068,085	56	2,025,247	90	2,295,459		
1985	864	17,055,281	416	7,810,137	53	1,964,881	99	2,464,782		
1986	853	17,239,092	413	8,424,132	53	1,806,428	101	2,477,311		
1987	849	17,496,989	410	8,483,757	50	1,656,758	96	2,196,691		
1988	851	18,818,589	406	9,139,219	52	1,882,393	90	2,264,909		
1989	836	21,295,141	401	11,176,136	44	1,988,825	91	2,413,343		
1990	843	23,507,574	405	12,389,943	49	2,128,398	97	2,968,146		
1991	849	24,986,493	398	12,963,216	45	1,969,294	92	3,283,589		
1992	829	24,680,292	385	7,967,152			90	5,477,012	22	5,477,012
1993	808	24,118,869	371	7,688,596			87	2,927,785	20	5,936,195
1994	797	22,563,132	367	7,146,275			90	2,953,568	19	4,715,138
1995	784	23,920,187	360	7,050,253			87	3,131,881	17	5,311,447
1996	770	25,655,518	345	7,407,433			89	3,526,836	17	5,984,763
1997	738	25,455,834	339	7,428,065			86	3,450,757	16	5,646,287
1998	712	22,072,048	327	6,584,683			83	2,913,230	15	4,375,609
1999	692	20,252,185	319	9,755,567	33	1,316,985	81	2,578,919		
2000	665	20,752,535	301	9,744,901	32	1,380,352	78	2,661,754		

出典：経済産業省（1960～2000）『工業統計調査』

三条産業界の特徴

三条市の主要産業は金物と機械工業であるが、それらは支配的な巨大企業の存在によるものではなく、多数の小規模事業者によるものである。そして個別企業の製品や各社が有する技術は多種多様である。また多様な枠組みのなかに各種経済団体が存在し、各団体あるいは個別企業は独立的に行動することが多い。そうした要因が作用して、企業間や業界全体として協力した行動をとることは不得手としていた。企業は多くとも生産可能な品目は同じものであるため、それぞれが競合他社、競争相手であり、三条の金物や機械産業が一体となった協調行動をうまくとることができなかった。

例えば、戦前には金物製品業界の組合が分裂した事例がある。三条市では1931（昭和6）年、県の指導に基づいて金物製造業の団体として「三条第一金属製品工業組合」が作られた。しかしながら、1937（昭和12）年には当時の有力金物問屋四社を中心に、業界を分断する形で「三条第二金属製品工業組合」が設立されるなど、金属製品関係業者のなかでも主導権争いが行われ、業界団体の分裂が強行された。その後、戦時の総動員体制下で再編されることになるのだが、このような様子を当時の新潟県商工水産課長だった宮脇倫は次のような言葉で批判した「竹木混生、玉石ともに光る今日の三条の金物屋に、徒な蝸牛角上の争いを已めて、和衷協同を望むの難事たるは想像の外だ」[12]。

また卸商業組合の例ではあるが[13]、戦後の1947（昭和22）年に協同組合法の施行に基づいて「三条金物卸商業協同組合」が組織されるも、組合加入店舗の事業税割り当てなどで意見が食い違ったことを契機に、「第一金物協同組合」（1950〔昭和25〕年2月設立）と「三條金物卸商業協同組合」（1950〔昭和25〕年4月設立）とに分裂する事態となった[14]。結局この組合はのちに双方とも解散し、1959（昭和34）年12月に「三条金物卸商組合」という任意団体として設立され、新たなスタートを切ることになる[15]。

これら業界団体だけでなく、主に経営者層が構成する社会奉仕団体や交流団体も種々様々に存在している[16]。このように、三条における業界団体、経営者団体などの側面では、多極に分散した状態の経路が存在している。

小規模の中小零細企業が数多く存在し、業界団体、経済・経営者団体が分裂するような三条市の状況はなぜ形成されたのだろうか。その要因として考えられるのは、第一に個別の職人による家内制手工業的工場が多かったこと、第二に関東大震災や戦災復興などの需要過多という条件のお陰で、集約化せずとも経営が成り立つ状況であったことが考えられる。

　次にその後もなぜこのような分散型の市内産業界がなかなか集約されなかったのかについて考察しておく必要があるだろう。

　旧三条市域では、急速に成長して事業拡大を意図するような製造業者が現れたとしても、狭い市内ではそれを十分に収容しきれないという問題があった。三条市内の中小零細企業の多くは、市街地に住宅と工場が混在する形で所在している。そのため、既存の工場の近くで規模を拡大しようとしても、周りには住宅や工場が隣接しているため、拡大するための用地の確保は非常に困難となる。たとえ隣接していた工場が閉鎖した場合でも、工場自体が住工一体であることが多く、住民がそのまま居残るケースも少なくない。また市街地であることから地価が割高となりがちであるなど、用地確保のための費用面でも難しいことが多い。

　隣接地以外で拡大のための土地を確保しようとした場合、候補となるのはそれまで農地として使われていた郊外の土地になるだろうが、農地転用の許可手続きのほか、用水確保、交通アクセスの問題など、乗り越えるべき課題が多い。また工場を建設したとしても、従業員の確保も容易ではない。

　一方、三条市外に目を向ければ、工場を誘致することに積極的な近隣地域も少なからず存在した。三条市内では工場の拡大が難しいのに対し、近隣地域では企業誘致のために工場団地を造成し、進出企業に税制面での優遇策などを実施するところも多かった。加えて三条市内は近隣の農村部地域に比べ相対的に地価が高かったということもあり、事業拡大を望む企業は市外への進出を選択していったのである。また、それが市内の物価上昇や賃金上昇を危惧する小規模企業や零細企業にとっても悪いものではなく、一定の秩序感が保たれていたと考えられる[17]。

　これらの経緯と要素が重なり合ったことで、三条市における多極的な業界

地図が長期間持続することになったと考えられる。

第2節　三条市政をめぐる政治秩序

1. 船頭多くして土地沈む——土田市政

土田治五郎市長の誕生

　三条市における初の公選市長選挙は、1947（昭和22）年4月5日執行された。はじめに有力候補として名があがったのは社会党が擁立しようとした当時金物卸売会社社長だった人物[18]である。その人物は三条周辺地域の農民運動のリーダーであり、のちに衆議院議員となる稲村隆一とは大学時代の同期で、市内有数の資産家・実業家でもある人物であった。そのため社会党の支援を受けて出馬した場合でも、彼の事業関係者など保守層のとりこみも期待ができることから擁立の動きが生じてきた。しかしながら社会党の再三の出馬要請も当人に断られ、結局は党員である韮澤平吉を候補として擁立することになった[19]。

　一方、当時の三条市では国政選挙において最も集票力のある勢力は自由党だった。日魯漁業（現・マルハニチロ株式会社）の創始者で三条市出身の堤清六が翼賛選挙時代に立候補した際、三条市で大規模な支持動員活動を行った経緯があるためである。堤清六の実弟で当時自由党に所属し、のちに新潟県知事となる亘四郎[20]が、戦後その地盤を引き継いでいた。自由党陣営からは市長候補として多数の名前があがるも、最終的に市内有数の資産家であった土田治五郎の出馬ということでまとまった。土田治五郎は戦前から政治好きの人物として知られていたものの、政治に関する表立った動きを嫌った義父・先代土田治五郎[21]の存在もあり、それまで自身が政治の表舞台に立つことはなかったが、義父の死後、ようやく市長候補者として登場することになったのである[22]。当時の進歩党勢力も土田を支援し、有力候補として選挙戦を進めていった[23]。

　他の勢力も市長選挙への動きを見せる。三条市内で大陸からの引き上げ者

のリーダーとして運動を行っていた外山貞治が立候補を表明した[24]。戦時中の大政翼賛会体制での市長であり、のちに県議や公選市長にも就くことになる渡辺常世が、外山の支援に回ったといわれる。外山は他候補の多くが地主や事業家、あるいは党人であったなか、庶民的な候補としてアピールし、支持を集めていく[25]。また、日本自由党としては土田擁立で決まったものの、支持は一枚岩ではなく、他候補の擁立を模索する動きも生じてきた。そうした勢力から「中立」を掲げる成田茂八が推されることとなり候補者がまた一人増えることになった[26]。共産党は新潟県知事選挙で社会党候補者となった玉井潤治とも関係が深い吉田兼次を立候補者として支援した[27]。

このように第一回の公選市長選挙では、計5名の候補者によって選挙が行われた。各候補者の政策については、「民主的」「明朗」「公平な市政」「生活の安定」などのスローガンが掲げられたが[28]、そのいずれもが抽象的であり、本来であれば争点となる政策や事業ではなく、知名度や各種団体をもとに、それぞれの陣取り合戦の選挙となった。

表1-4　第一回三条市長選挙

1947（昭和22）年4月5日執行			
氏名	得票数	属性	支持連合
土田治五郎	6,200	地主・事業家	市内産業界（自由党、進歩党）
外山貞治	3,969	団体役員	大陸引揚者仲間、庶民層、前市長渡辺常世派
成田茂八	2,799	地主・事業家	社会党の一部、自由党亘派の一部
吉田兼次	2,012	共産主義活動家	共産党、社会党の一部
韮澤平吉	1,832	団体職員	社会党の一部
1947（昭和22）年4月15日執行			
氏名	得票数	属性	支持連合
土田治五郎	8,827	地主・事業家	市内産業界（自由党、進歩党）
外山貞治	7,937	団体役員	大陸引揚者、庶民層、前市長渡辺常世派

当時の選挙制度では、一度の選挙で過半数を得ない場合、決選投票が行わ

れた。第一回三条市長選挙は第一次投票では法定得票数に達せず、10日後に決選投票が行われるととなった。第一次投票では新聞の事前の情勢報道どおり土田が第一位となり、二位には情勢報道で圏外扱いされていた外山貞治が食いこんだ[29]。外山は戦前の地主・旦那衆に牛耳られた市政への反発心の受け皿となって得票数を伸ばし、決選投票でも健闘したものの、最終的に土田が振り切り8827票で当選した[30]。

市政運営の混乱と第二回市長選挙

1947（昭和22）年に土田が当選したあとで行われた市議会議員選挙は、多数の候補者が出馬する乱戦となった。そのなかでも特徴的だったことは社会党の大敗である。この選挙で社会党は14人の候補者を擁立したものの、当選したのは4名にとどまり、市議会での存在感は薄れることになる。議長には医師で土田とは親戚関係にあった桑原謙一が就任、議会も市長派の議員が多数となり[31]、安定した市政運営がなされるかと思われた。

しかし、その後の土田市長の市政運営は不安定なものとなる。問題が表面化したのは1948（昭和23）年に発生した土田市長に対するリコール運動であった。この運動は同年7月に起こった厚生課の職員による公金横領事件と、国保組合での公金不正流用事件に端を発する。市政をめぐる混乱は続き、他の補助金の不正流用事件も発覚した。こうした不正事件だけでなく、かねてより市長の交際費をめぐる問題にも不満をもっていた住民らを中心にリコール運動が巻き起こる。社会党、共産党および一部の中立議員らが市政刷新同盟を結成し、署名運動を展開していった。このリコール運動に与したのは経済的に貧しい層の市民や青年労働者層だった。一方、市長派の市民は富裕層の中年、商店や工場などの事業者だったとされる[32]。このリコール運動は盛り上がりを見せ、このままでは成立するとみた土田市長は1949（昭和24）年の年明け早々に辞職、再選挙に臨むこととした[33]。

市長選挙には前回選挙で二位、三位となった外山、成田に加え、リコール運動を主導した久住久治が出馬した[34]。また、リコール運動には直接関与していなかったが民政党系の元三条町議を父にもち、新潟県農民組合連合会の

機関紙『越佐農民新聞』を主宰していた川俣吉衛も出馬を表明する。このように出直し選挙においても5名の候補者が出る選挙となった[35]。

この選挙戦では、成田茂八の選挙長に元市議会議員で市内金物卸業界の重鎮であった高橋儀平が就いた。このことが意味するのは三条市の主要産業である金物業界が土田支持と成田支持で割れるということである[36]。リコール運動の主導者であった久住久治は社会党の支持を得て、選挙中盤まで現職の土田に肉薄していたことが事前報道で伝えられていた[37]。だが選挙終盤になり、共産党が作成した久住派のチラシの内容をめぐって社会党・共産党間で衝突が発生してしまう[38]。結果、社会党側が久住に対して断絶を宣言する[39]など、リコール運動グループの足並みに乱れが生じた。

表1-5　第二回三条市長選挙

1949（昭和24）年2月10日執行			
氏名	得票数	属性	支持連合
土田治五郎	7,836	地主・事業家	民自党
久住久治	4,686	市議会議員、事業家	市政刷新同盟、共産党、社会党の一部
成田茂八	3,802	地主・事業家	民自党亙派の一部、金物業界の一部、社会党の一部
川俣吉衛	1,634	新聞社経営	地縁有志、農民組合連合会
外山貞治	1,287	団体職員	大陸引揚者仲間、青年層

蓋を開けてみれば、土田治五郎が第一次投票で法定得票数以上の7836票を獲得して当選した。土田勝利の要因としては、過半数以上の市議会議員の支持を得て選挙戦を展開したこと、さらには選挙終盤に社会党・共産党のいざこざでリコール運動グループの票が各候補へ流れたためと考えられる。前回選挙で二位になった外山貞治は、一時市長派として反リコール運動の先頭に立って活動していたものの、土田の辞職、再選挙が決定すると、臆面もなく自身が立候補したことが反感を買う結果を招き、支持を拡大することができずに最下位得票となった[40]。

下水道事業への意欲と難題

　リコール運動後の再選挙である 1949（昭和 24）年市長選挙の際に、土田市長はのちに三条市財政を圧迫することになる「下水道事業の完成」を公約の筆頭に掲げた。土田市長は再選後、公約どおり下水道事業を意欲的に進めていこうとする。

　三条市の当時の市街地は信濃川、五十嵐川の合流点を中心に広がり、その大部分は河川水位より低い位置にあった。そのため、市街地は水はけが悪く、大雨が降るとすぐに浸水するような状態になっており、排水施設の整備が長年の課題となっていた。土田市長の進めようとした下水道事業は排水処理設備の設置が事業の主な目的であり、また、副次的には下水道事業の実施によって失業者を救済していく意図もあった[41]。

　だが、下水道工事がはじめられるとすぐに問題が発生する。そもそも水のたまりやすい市街地の工事地域は地盤が軟弱であったために作業が難航し、当初の予定どおりに進まない。さらには工事を実施した地域の周辺住宅の一部で地盤沈下が起こり、住宅が傾いてしまう事例が発生した。市としては補償問題の対応にも迫られることになる。工事の難航による期間の延長、それにともなう費用の増大、工事地域の地盤沈下などが積み重なったことで下水道事業に対する工事地域住民の反対運動も生じてくる。当時はインフレが進行していた時代であり、工事費用は当初の想定を超えて莫大なものとなってしまっていた。

　表 1–6 から 1–8 は、1949（昭和 24）年度から 1955（昭和 30）年度までの下水道特別会計の歳入、歳出とその内訳である。また表 1–9 は各年度の三条市の決算とそのうち下水道特別会計への繰越金を示したものである。着目すべきは 1955（昭和 30）年のそれぞれの状況である。当初の予定ではこの時すでに工事は完了し、下水道利用料が徴収されそこから市債の償還を行う予定だった。しかし、工事が長期化し建設費が積み重なっていくかたわらで、本格的な元利償還の時期が到来する。しかし元利償還はもともと下水道利用料から賄われる予定だったため、肝心の下水道が完成していない状態では徴収した利用料を充てることはできない。そこで起債返還についてはそのほとんど

第 1 章　自治体ガバナンスと分析方法——新潟県三条市のガバナンス動態　　53

を市債と国庫支出金でまかない、工事に充てる建設費は一般会計からの繰出金で支払われなければならない状況となってしまう。工事の進捗についても、表1-10にあるとおり、嵐北（五十嵐川以北）排水区の幹線はできあがったものの、枝線はほとんど完成せず、嵐南（五十嵐川以南）排水区は下水道網にほぼ手をつけられられないままで1955（昭和30）年度に事業を終了する結果となった。この下水道事業によって生じた市債の返済が一般会計に非常に重く圧しかかり、のちに三条市が財政再建団体となることを選択せざるをえなくなる大きな原因の一つとなっていく。

　財政再建団体となることを選択するかどうかをめぐる問題では、当初土田市長は自主再建の道を模索しようとするも、市議会側が反発する。議会側はすでに下水道事業による赤字の総額が1億2000万円にのぼっていたことから議会側が地方財政再建特別措置法の適用に向けた検討をはじめていたが、その過程において市当局が議会に対して虚偽の説明をし、さらには2500万円の隠された赤字が発覚するなど、市行政への不信感が高まっていた。結果として、市議会で反土田の態度を示すことが少なからずあった亘派が主導する形で、地方財政再建特別措置法の適用が賛成多数で議決され、財政再建団体として財政再建にとりくむことになった[42]。

表1-6　下水道特別会計決算

年度	歳入	歳出	繰越（△は繰上）
昭和24年	646	637	8
昭和25年	2,592	2,663	△72
昭和26年	3,058	3,057	0
昭和27年	4,851	4,848	3
昭和28年	5,999	5,997	2
昭和29年	4,183	4,182	0
昭和30年	4,747	4,705	41
合計	26,076	46,089	-

※単位は万円、一万円未満切り捨て

出典：『越後ジャーナル』1980（昭和55）年4月4日

表 1-7　下水道特別会計決算（歳入内訳）

年度	総額	国庫支出金	県支出金	繰越金	市債	繰入金
昭和 24 年	646	100	96	0	450	0
昭和 25 年	2,592	200	269	8	2,000	100
昭和 26 年	3,058	200	278	0	2,200	380
昭和 27 年	4,851	450	270	-	3,650	430
昭和 28 年	5,999	476	285	3	4,635	600
昭和 29 年	4,183	440	145	4	4,286	1,100
昭和 30 年	4,747	550	0	-	1,100	3,093

※単位は万円、一万円未満切り捨て

出典：『越後ジャーナル』1980（昭和 55）年 4 月 18 日

表 1-8　下水道特別会計決算（歳出内訳）

年度	総額	事務費	建設費	元利償還金	借入金利子
昭和 24 年	637	145	483	0	8
昭和 25 年	2,663	269	2,305	39	49
昭和 26 年	3,057	411	2,338	152	45
昭和 27 年	4,848	558	3,836	285	87
昭和 28 年	5,997	622	4,679	523	67
昭和 29 年	4,182	615	2,744	643	34
昭和 30 年	4,705	405	2,533	1,549	51

※単位は万円、一万円未満切り捨て

出典：『越後ジャーナル』1980（昭和 55）年 4 月 18 日

表 1-9　三条市決算と下水道費への繰出金

年度	歳入	歳出	歳出のうち 下水道費への繰出金	繰越（△は繰上）
昭和 24 年	119	116	-	3
昭和 25 年	138	139	1	△ 1
昭和 26 年	197	199	3	△ 1
昭和 27 年	225	243	6	△ 17
昭和 28 年	284	325	6	△ 41
昭和 29 年	341	411	11	△ 69
昭和 30 年	352	449	30	△ 96

※単位は百万円、一万円未満切り捨て

出典：『越後ジャーナル』1980（昭和 55）年 4 月 11 日

表1-10　下水道事業予定と事業終了時の状況

	地区	ポンプ場	幹線	枝線
予定	嵐北排水区	荒町ポンプ場の建設	2,900m	38,000m
	嵐南排水区	由利ポンプ場の建設	2,200m	22,000m
事業終了時	嵐北排水区	荒町ポンプ場の建設	2,900m	811m
	嵐南排水区	由利ポンプ場の建設	116m	0m

出典：『越後ジャーナル』1980（昭和55）年5月4日

　下水道事業問題は数年後、新たな事件を引き起こす。完成したはずの荒町、由利の両ポンプ場が機能停止になってしまったのである[43]。これは建設時の不完全な地盤調査に由来するもので、ポンプ場内での陥没や地下の空洞箇所の発見が相次いだためであった。土田市政の目玉事業とされ、多額の借入も行いながら実施した下水事業は、ほとんど実を結ばないまま巨額の借金を残す結果となったのである[44]。

　一方で、この下水道事業の実施には三条市における戦後のガバナンスから生みだされた政策が現れているものと考えられる。三条市は終戦後、主に戦災都市向けの復興建設用の利器工具匠具、一般家庭用の金物類の注文が急増し、好景気を享受した。そして狭い地域に住工商が密集混在しており、治水、公衆衛生に問題があるという認識が、町方住民の間である程度共有されていた。そのための解決策として下水道の建設に着手したのである。結果としては、この下水道事業は地盤の問題や技術不足もあり、失敗に終わった。だが、その発想自体は地域に固有の特性、都市のあり方に合わせた個性的な選択によって導かれたものであり、必ずしも地域の経済発展に直接的に寄与したり経済構造の転換による地域経済の成長を目的としたものではなかったといえるだろう。

保守分裂選挙による三選と不安定な市議会

　時間的にはやや遡るが、1953（昭和28）年1月の市長選挙をめぐる動態について示したい。市財政が悪化していくなかでも、土田市政は下水道事業を目玉事業として実施していた。下水道事業の実施については反対意見も多か

ったが、擁護する市民も少なくなかった[45]。土田市長は自身が推進する下水
道事業が実施中ということで、事業の完遂を掲げて、三度目の市長選に出馬
したのである。

　対抗馬は、戦時中に助役・市長を経験し、戦後は公職追放となっていたが、
追放解除とともに政界復帰の準備を進めていた渡辺常世であった。渡辺は
1952（昭和27）年10月の衆議院議員選挙で、三条市を地盤とする亘四郎では
なく、同じ自由党の大野市郎を支援していた人物である。渡辺は、財政を悪
化させ長引く下水道工事をはじめとする現職市長への批判を受け、「野党の
諸君から立候補の勧めを受けた」という理由から出馬を表明、かねてからの
党員であるということで自由党への推薦依頼も行った[46]。自由党は土田支持
を決めるものの、そのことに不満をもつ渡辺支持の自由党員は三条における
もう一つの自由党組織として自由党三條支部を結成し、三条市での自由党は
分裂することになった[47]。さらに渡辺は社会党、共産党を含む反土田勢力の
支援も受け、現職の土田市長に対抗した。加えて、前回市長選挙で渡辺の支
持を受けた成田茂八はこのとき改進党三条支部長となっており、改進党は渡
辺を支援する形となった[48]。渡辺を支持するのは改進党系の市内の有力商業
者層と小規模企業者、労働者層、土田市長を支持するのは市内の中堅企業者
層、行政と事業などで関わりをもつ層[49]という形になっていった。

　政策に関して、土田市長は市内の既存の中規模企業層の支援、さらには工
事による失業者救済の目的も含め下水道事業の完遂を掲げた[50]。一方の渡辺
は政策的な争点というよりも、市政における態度など土田の市長としての資
質を問うことで選挙戦を進め、支持の拡大を図った[51]。だが選挙戦の最中は
渡辺も土田派から戦中の市長時代の不正土地取引疑惑[52]がとり沙汰される
など、両派による中傷合戦に発展、ついには暴力事件が発生するほどの泥仕
合と化していった[53]。

　結果、1万3674票を集めた土田の勝利となる。三条市はこの選挙の直前の
1951（昭和26）年6月に井栗村と、選挙後の1954（昭和29）年には本成寺
村、大崎村、大島村[54]と合併している。

　選挙後の支持連合は再編されることになった。もともと土田市長の主たる

第1章　自治体ガバナンスと分析方法——新潟県三条市のガバナンス動態　　57

表 1-11　第三回三条市長選挙

1953（昭和 28）年 2 月 10 日執行			
氏名	得票数	属性	支持連合
土田治五郎	13,674	地主・事業家	自由党亘派、改進党の一部
渡辺常世	11,240	事業家・元市長	自由党田中派、大野派、改進党の一部、共産党、社会党

支持基盤は自由党亘派であり、土田市長自身もかねてから亘を支持していたが、当該選挙後は懸案事項である下水道事業を続行するため、利益誘導への対応を得意とする政治家・田中角栄への接近を考える。そこで土田市長は支援を受ける議員数名、主に社会党から自由党に鞍替えした市議会議員や、旧三条市地域ではない周辺農村部を地盤とする亘派に与していない無所属市議会議員らに呼びかけ、それまで三条市内には存在していなかった田中角栄の後援会である三条越山会[55]を結成させる。1955（昭和 30）年 2 月の第 27 回衆議院議員総選挙では、土田はそれら議員とともに田中支持に回ることになる[56]。

　田中に接近するなかで、土田市長と亘派との間に距離が生まれてくる。それが決定的となったのが、亘本人の自由党から日本民主党（鳩山民主党）への移籍である。1955（昭和 30）年 2 月の第 27 回衆議院議員総選挙を前に、亘は自由党を離党し、前年に結党された鳩山一郎を総裁とする日本民主党に自由党を離党し入党した。この動きに応じて、同年 1 月に前回の市長選挙で土田を支援した旧自由党亘派の市議会議員 12 名が一斉に日本民主党に入党、日本民主党三条支部の結成に参加した[57]。これらの動向は同年 4 月に行われる県議会議員選挙、市議会議員選挙を睨んだ動きでもあった。

　またこの時、1953（昭和 28）年の市長選挙で土田と対峙した渡辺常世[58]や、旧改進党勢力の有力者であった成田茂八も日本民主党に入党しており、さらに渡辺常世は日本民主党県連副会長の座に就いていた[59]。自由党に残った土田市長は、田中角栄を衆議院議員唯一の名誉顧問[60]に据え、自身の支援者をまとめて「市政擁護会」を結成する[61]。このように 1953（昭和 28）年市

58

長選挙での土田、渡辺の支持構造の関係が、共産党・社会党を除いて逆転したのである。

その後、1955（昭和30）年の市議会議員選挙を経て、三条市では同年6月に行われた自由党と日本民主党の保守合同による自由民主党誕生に先んじて市内の保守系両会派の合同がなされ、市議会は安定するかに見えた[62]。しかし、政争の多い三条市において安定は長くは続かない。三条市議会で会派の合同がなされたとはいえ、実際には渡辺の率いる亘派と土田市長率いる田中派が対立する構造が続き、土田市政打倒を狙う動きはくすぶっていた[63]。次期選挙へ向けて、土田市長は公式な出馬表明は行わなかったものの、出馬は確実視されている状態であり、市内の自民党内部での主導権争いが行われる[64]。

この自民党内での抗争は、1956（昭和31）年3月の議会前に表面化する。合同したはずの自民党の市議会会派から、亘派の市議会議員9名が会派を離脱し、新会派を設立して土田市長に対抗姿勢をとることになった[65]。この動きとともに、三条市議会では短い期間で何度も議長・副議長が交代するなど、議長・副議長人事をめぐって所属会派の離合集散が続いていく。

2. 赤字財政の克服と災害対応の時代——金子市政

土田市長の急死と金子市長の誕生

現職の土田市長は正式な出馬表明はしなかったものの、再出馬は確実視されていた。他の立候補者の動きとしては、市議会議長経験者の桑原謙一が名乗りをあげる。桑原は1955（昭和30）年に市議会議員の任期を終え、以前は自由党支部長の座にあったが、出馬表明の際には無所属であったが、のちに自由民主党に入党する。桑原はかつて土田市長の盟友とされたが、土田市長と対峙することになっても、さらには反土田派の渡辺・亘派の支援を受けなくとも立候補することを表明し、旧自由党時代の人脈や渡辺・亘派の有力者などを中心に、反土田を掲げることで支持の拡大を試みた[66]。

渡辺・亘派は1956（昭和31）年8月に旧民主党（渡辺・亘派）の人物主導

で自由民主党三条支部を結成し、自由民主党の名のもとに候補者選定に乗り出す[67]。自民党の候補者選定では市議会議員の小杉政吉と、市議会議員で元助役の鈴木長三郎、先んじて出馬宣言をしていた桑原謙一の声があがる[68]。このうち鈴木は早々に出馬を辞退、ともに自薦だった小杉と桑原との間で自民党三条支部の公認争いが生じることになる[69]。

　しかし、自民党三条支部としては両者ともに決め手に欠けるとして、異なる候補者の擁立へ向けて動きはじめる。自民党内で公認争いを行っている最中、県議会議員であった渡辺常世は市内の古くからの有力者を通じて、土田市長の引退、助役の金子六郎の担ぎ出しによる円満な市長交代の筋書きを立て、土田陣営に協議をもちかけていたとされる。だが、協議は合意には至らず反土田での選挙戦の準備がなされていったとされる[70]。

　一方の土田陣営は、土田市長本人が公式な出馬宣言をしていないにもかかわらず、渡辺・亘派の自民党三条支部結成に対抗するように、1956（昭和31）年9月に超党派という名目で土田市政擁護連盟を結成、土田の選挙への支援体制を構築し、着々と準備が進められた[71]。なお、社会党は土田市長の四選は絶対阻止と掲げるものの、本格的に独自候補を擁立する動きにはならなかった。その背後には、社会党の市議会議員の一部に土田市長と懇意の人物がいたとも伝えられている[72]。

　こうした状況のなか投票日まで2カ月前を切った1956（昭和31）年12月2日、土田市長が健康上の理由から出馬辞退を表明する[73]。これに驚いた土田市政擁護同盟は土田市長を慰留し、強引にでも市長選に引き出そうと画策する[74]。一方の自民党三条支部は、先に行っていた金子助役の引き出し工作が失敗したと判断していたこともあって、土田市長の引退宣言はあくまで演技で結局のところ出馬するのではないかと予想し、選挙戦の準備を進め12月6日に桑原謙一に公認内定を出し、県議会議員渡辺常世が選挙責任者となる体制を整えていく[75]。

　年が明け、投票日まで1カ月を切った1957（昭和32）年1月になっても、市内では土田市長はまだ出馬するのではないかと噂されている状態だった。そしてついに市長選挙公示日5日前の1月6日、土田市長はようやく出馬の

意志を表明する[76]。

　しかし、結果として土田市長の立候補は叶わなかった。出馬の意思を示した当日の夜、土田市長は突然体の不調を訴え１月８日に容態悪化で入院し、選挙どころではなくなってしまうのである[77]。そこで同９日、市政擁護会は急遽土田の代わりの候補として、先に自民党三条支部から出馬の打診のあった金子六郎助役を擁立することで決定した[78]。その後、土田の容態はさらに悪化し、公示日翌日の１月12日に死去してしまう。

　金子の一族は元来三条における有力な地主であり、前市長の土田同様に市内きっての名門であった。金子は助役以前に収入役として三条市役所に入職したが、それ以前は運送業者の社長を務めていた。

　金子の市長選挙は、土田市政擁護会が選挙の推薦・支持母体となった。土田市政擁護会の主な構成は土田・田中派だったが、社会党、共産党が政策協定を結んで支援する体制となっていた[79]。土田市政擁護会という名であったが、前回市長選挙を野党連合で戦った渡辺の支持連合に近いものだったといえよう。なお、桑原陣営は自民党三条支部が公認していたものの、その内実は渡辺・亘派のみで構成されており、必ずしも三条市内の自民党を統括する組織ではなかった[80]。加えて、渡辺・亘派自体も桑原支援の一枚岩になっていたわけではなく、一部が金子支援に回るなどの離脱もあったようである[81]。さらに桑原の選挙責任者であった渡辺常世も金子六郎と親戚関係にあり、事前の土田退陣工作では金子擁立に動くなど、桑原よりもむしろ金子を市長に据えたい意図は周囲に見透かされており[82]、党支部の決定としては桑原を擁立しつつも、土田亡きあと金子が立つことが報じられると、桑原の支援に対する真剣さは薄れたと伝えられる[83]。

　選挙の結果、金子が１万9261票を獲得し大差で勝利を収める。桑原は公認を得た組織を信頼するしかなく、党頼み、関連組織頼りの沽動が主体となった一方、金子は土田前市長が着実に積みあげてきた支持者を弔い選挙という形で受け継ぎ、さらには親族の積極的な支援もあって票を伸ばしたとされる[84]。また、先に述べたように、金子の出馬は自民党の候補者選定で暗躍した渡辺常世の当初から抱いていた思惑であったこともあり、渡辺と犬猿の仲

表 1-12　第四回三条市長選挙

1957（昭和 32）年 1 月 21 日執行			
氏名	得票数	属性	支持連合
金子六郎	19,261	運送業・金融業、前助役、土田の後継候補	土田市政擁護会（田中派、大野派）、社会党、共産党、亘派の一部
桑原謙一	11,210	医師、元市議会議長	自民党（渡辺・亘派）

であった土田が亡くなったことで、自民党として積極的な支持の引締めがなされなかったことも、大差となった要因にあげられるだろう。

　選挙後、金子市長が最初に行ったのは自民党会派の結集、つまり選挙で対峙したはずの渡辺・亘派のとりこみを図ることであった。これには一部不満をもつ者がありながらも、すでに選挙の時点で一部離脱が出るなど結束が十分でなかったこともあり、結集の動きが進んでいく。結果、議会会派の結集がなされ、自民党系市議会議員24名もの大会派が結成されることになった。また社会党も選挙時に金子と政策協定を結んでおり、金子市政下の議会は事実上のオール与党体制からの出発となった[85]。

　だが歴史は繰り返す。自民党系会派は、その後助役人事や農業委員選挙、市議会議員選挙の分裂や、正副議長の辞職劇など、断続的に議会会派は離合集散を続けていく[86]。会派内での勢力争いや細かな利害対立を、結局収集することができなかったのである。

　政策面での金子市政の第一の課題は財政再建であった。財政再建に関しては、土田市政末期の下水道事業をはじめとする財政支出の拡大と伸び悩む税収を背景に、地方財政再建特別措置法を適用したとり組みがはじまっていた。金子市長は就任直後の 1 月 23 日に財政再建計画要領を公表し、幹部職員の勧奨退職を含む赤字財政対策にとり組んでいった[87]。

三条市ではじめての無投票当選市長

　現職の金子市長は一族が市長選挙への再出馬を反対、さらには渡辺常世県議や一部市議会議員の助言をもとに進めてきた信濃川河状整理事業の中止や

栄村の分村問題への対応、工業高校の新設問題[88]で議会からの批判があがっていたことや、以前と変わらず市議会で相次いで正副議長が交代し、議会調整に課題を抱えていたこともあり、一時は次期選挙には出馬しないと表明していた[89]。しかしながら、三条越山会を通じて田中角栄の意見を仰ぎ、さらには田中との直接面会を経て、一転して再出馬を決心する[90]。

前回選挙で出馬した桑原や、1958（昭和33）年の総選挙で落選し、浪人中の身であった元衆議院議員稲村隆一など、自薦、他薦の声はあがるものの、有力候補は現れず、結果として無投票で金子市長の当選となった[91]。

表1-13　第五回三条市長選挙

1961（昭和36）年1月19日執行			
氏名	得票数	属性	支持連合
金子六郎	無投票	地主・金融業	自民党各派

金子市政の二期目では、かねてから混乱が続いていた議長・副議長をはじめとする議会人事だけでなく、助役人事においても困難に直面する。まず、新潟県庁出身で助役に就任していた栗原直枝が、金子の再選を機に退職してしまう。栗原助役は1961（昭和36）年の助役就任当初は相当の意欲を燃やしていたとされるが、退任直前は度重なる議会からの圧力と混乱に疲弊していたと伝えられている[92]。後任の助役に関して、金子市長には市内の実業界から選出したい意向があったが、具体的な人選ができず、市長就任後約半年ほどが経過した7月に、新潟県庁から元新潟県農地部農地開拓課長の皆川鉄次を迎え入れる[93]。しかし、皆川は前任の栗原助役と同様に市議会との間に良好な関係を築くことができず、議会側から答弁態度や病欠の多さなどの批判を受け、病気療養を理由に辞任してしまう[94]。その後、それまで収入役だった市役所生え抜きの内藤野七が助役に昇格し、収入役には総務課長だった稲越治郎が昇格した[95]。県庁から招いた助役が二代続けて退職を選択したあと、三条市の助役・収入役は外部からの登用でなく、市職員出身者が就く状況がしばらく続くことになる。

第1章　自治体ガバナンスと分析方法——新潟県三条市のガバナンス動態　　　63

二選以後、金子市長の後援会的な性格をもち、衆議院議員選挙では田中角栄を推す企業経営者を中心とした嵐川会というグループができる。このグループは、かつては亘四郎の支持者だったが、亘の衆議院議員落選をきっかけに田中支持に鞍替えした人物らが主要なメンバーになっていた[96]。嵐川会の結成によって、前述の三条越山会と合わせて三条市における田中角栄の事実上の後援会は二つとなった。三条越山会は市内の比較的農村部の者が主体の会であり、一方の嵐川会は主に市街地の企業経営者が主体となった会である。このように一つの市内で総選挙では同じ人物を支援する複数の異なる会ができるという現象が発生することも、三条市政の特徴といえる。

攻め手に欠く地域開発

　金子市長下は赤字財政の克服という課題への対応に差し迫られていたこともあり、特段目立った施策はなかったと伝えられることが少なくない[97]。財政再建に目途がついた二期目就任以降は、度重なる災害への対応に追われることとなる。1961（昭和36）年の豪雪被害や、同年の集中豪雨に台風被害、1963（昭和38）年にもまた豪雪被害があり、翌年1964（昭和39）年7月には集中豪雨被害を受けるなど、毎年のように災害が発生し、その対応に奔走することになる[98]。

　金子市長の取り組みの例をあげるとすれば、周辺市町村と協力した広域都市建設運動がある。昭和30年代は新産業都市指定をはじめ、低開発地域工業開発地区指定など、全国総合開発計画（全総）に基づいた拠点開発が進められた時代である。三条市においても近隣市町村と協力しながら、合併も視野に入れながらの人口30万都市圏を標榜し、地域開発の波に乗ろうとする動きであったといえる[99]。しかし、周辺市町村からは連携に対しては賛成意見が出されるものの具体的な事業はなかなか進まず[100]、指定獲得に結びつくようなものとならなかった。

　また、金子市長は公約の一つに産業振興策の一環として工場団地の造成を掲げていた。だが、これも頓挫してしまう。1961（昭和36）年の通産省による工場集団化政策に乗じて、三条市でも工場団地計画が構想されるのだが、

三条市は周辺他地域に比べて地価が高く、団地計画の候補にあげられた地域の地価がすぐに上昇してしまうという資金面の問題に直面し、さらには地権者との交渉もうまく進まず、工業団地造成は頓挫することになったのである[101]。

3. 市政運営と体力——高野市政

第六回市長選挙

　金子市長の二選以後、自民党亘派（この頃から春秋会[102]と呼ばれるようになる）は議会内の保守系野党として位置づけられ、一方で田中派の三条越山会、嵐川会系の議員を中心に、金子市長を擁護する市政同志会が作られ、議会で過半数を超える与党的な役割を果たしていく。三条越山会、嵐川会からは金子市長に対して三選目出馬の推薦がなされたが、結局金子市長は立候補を辞退した[103]。

　その後、かつての渡辺・亘派単独による構造から脱却して他派も加わるようになった自民党三条支部の選考委員会での議論を経て、市議会議長経験者の高野亀太郎が自民党公認候補として立候補することになった[104]。高野亀太郎は戦前の第一回の市議会議員選挙から出馬し、以後 4 度当選、議長などを歴任したが、当時は市議会議員からは退いていた人物である。かねてから衝突を繰り返していた各勢力の抗争からは比較的距離をとってきたものの、政治との関わりはもち続けていた人物であり、三条における自民党支部がかつての亘派のみの組織から各代議士支援派との連合組織として再構成されていくなかで幹事長や自民党三条支部長を務めた経験から、調整力が期待されていたようである[105]。また、高野は戦後民選市長選挙となって以後、はじめての純粋な工業界出身候補者ということもあって、金物関係業者が積極的な支援を行っていた[106]。

　自民党での候補者選定が進む一方、社会党は金子の不出馬宣言に疑いをもち、結局出馬するのではないかと想定し出方をうかがっていた。また共産党は党員でなくとも革新的な考えをもつ人物を推すとしていた[107]。選挙が迫っ

てくるなかで、社会党は最終的に、旧新潟三区選出衆議院議員の稲村隆一の甥であり、かつて衆議院議員であった故稲村順三衆議院議員の息子で、当時社会党本部職員を務めていた、まさに社会党のサラブレッドともいえる稲村稔夫を対抗馬として擁立する。なお、稲村の擁立には共産党も同調し、政策協定を結んで革新系統一候補として選挙を戦うことになった[108]。

高野は「愛情を基にした施策」を政策的抱負とし、不足する保育所・幼稚園の整備、高校の誘致、教育施設の整備のほか、周辺自治体との合併も考慮した広域都市の建設、政府施策を活用した商工企業対策を掲げていった[109]。一方の稲村は「行政の民主化を図る」ことを第一に掲げ、各種市民会議の組織構想や中央への陳情政治の打破などを訴えた[110]。しかし、選挙戦ではこれらの政策論争になったかといえば必ずしもそうではなく、雪中選挙となったこともあって盛りあがりに欠け、それぞれが必死に地盤固めをしていくことが中心となっていった[111]。

表1-14　第六回三条市長選挙

1965（昭和40）年1月19日執行			
氏名	得票数	属性	支持連合
高野亀太郎	20,233	金属加工業、元市議会議長	自民党各派
稲村稔夫	12,210	社会党本部職員	社会党他革新勢力

結果、高野亀太郎2万233票、稲村稔夫1万2210票と、高野がおよそ8000票の差をつけて勝利した。盛りあがりに欠けた選挙のなか、候補者の知名度と自社両党の組織力、地盤の下部に対する影響の浸透力の差が出る結果となった[112]。

高野市政は自民党各派の協力のもとに成立し、金子市政下では当初安定しなかった助役人事には内藤助役が留任することで落ち着いたこともあり、安定的な市政運営のスタートが切られるかに思われた[113]。しかしながら、三条市議会は一筋縄ではいかない。潜在的に対立意識のある自民党各派の足並み

の不揃いと、社会党、共産党による攻勢で、議会の紛糾はいっそう激しくなる。例えば 1965（昭和 40）年から 66（昭和 41）年のわずか 1 年の間で 6 回も議長が交代するなど、通常議会の会期数以上に議長が交代している。また 1965（昭和 40）年 9 月に国保税増徴問題の審議を目的に開催された臨時市議会では議事が紛糾し、夜通し 30 時間の連続審議なども発生する[114]。さらには立候補の段階で体力面での不安があったとされる高野市長が同年 12 月の市議会を前に過労で入院するなど、市長の体力的な問題も生じてきた[115]。

　議会の紛糾はそのまま次の市長選挙まで続いた。会派の離合集散、多くの議長交代などにより、議会は不安定で議案の決定もなかなか進捗しない状態となる。その結果、事業着手への出遅れを招き、広域都市圏構想を推進するための意思統一などにも影響してくることとなる[116]。

不安のなかの再出馬

　第七回市長選挙にあたって、自民党三条支部は議会内でのしこりを残しつつも、選考委員会を経て現職の高野を再度推薦することを決める。しかし、高野は健康上の理由からこれを辞退する。そこで自民党はこれまでの市長選挙でも名前のあがっていた、前市長金子六郎の叔父であり三条商工会議所会頭の金子左武郎に推薦を申し入れるも固辞され[117]、次に新庁舎の建設位置の反対運動から市長打倒運動を行っていた渡辺常世を推す声も出る。さらには前回選挙でも名前のあがった小杉政吉も出馬へ向けた動きをみせはじめるなど、噂もふくめて様々な声があがるなか[118]、再度、現職の高野市長への推薦申し入れに舞い戻る。高野市長は「党の決定に一任する」と話を預け、事実上の推薦受諾を行い、再度市長選挙に臨むことになった[119]。

　一方で、社会党は自民党の候補者決定まで静観している様子で動きを見せず、結局、勝ち目がないとして候補者擁立は見送ることになる[120]。また、共産党は市内在住者から候補者を選定できず、告示 8 日前になって共産党新潟県連副委員長の近藤一を擁立した[121]。新市庁舎の建設予定位置に反対していた超党派の市政研究会も近藤を推薦することになる[122]。

第 1 章　自治体ガバナンスと分析方法——新潟県三条市のガバナンス動態　　67

表 1-15　第七回三条市長選挙

1969（昭和 44）年 1 月 19 日執行				
氏名	得票数	党派	属性	支持連合
高野亀太郎	19,132	自民党	金属加工業、元市議会議長	自民党各派
近藤一	4,995	共産党	共産党県連幹部	共産党、社会党支持者の一部、市政研究会

　超党派とされた市政研究会も反高野の世論誘導の流れを作ることができず、落下傘候補となった近藤一の知名度不足も重なって高野の大差での勝利となった。

　しかしながら、同年 10 月に市長の片腕であった内藤助役が死去[123]、また、高野市長本人も体調不良を訴え、さらには自身の経営する企業の不振などもあり、二期目に突入してわずか 10 カ月で辞職することになる[124]。

難航した市政運営

　高野市長は第一回目の選挙の際、政策面では業界人であることをアピールし、主に産業の振興を訴えていたが、まずとり組んだのは金子市政で試みられた広域都市建設や工業団地の建設推進だった[125]。前者については栄村との合併が、金子市政時代からの懸案事項として残されていた。栄村の村長、正副議長、合併特別委員会と三条市との間で早期合併で意見が一致したのだが、いざ合併の動きが表面化すると栄村住民が起こした反対運動によって計画は頓挫[126]、その後は合併によらない広域都市圏の建設が模索されていくことになる。そこで採られた方策は、三条市と、隣接する燕市、加茂市、吉田町、分水町、弥彦村、田上町、下田村、栄村の理事者らで構成される「県央地区総合開発促進協議会」を設置し、広域都市圏の実現へ向けた事業などの検討をすすめるというものだった[127]。けれど、吉田町は柏崎市とともに低工業開発地域の指定獲得へ向けて動きはじめ、また加茂市は独自に田上町との合併を進めようとする[128]など、足並みは揃わないままのスタートとなった。その後、1969（昭和 44）年に自治庁の広域市町村圏都市整備構想の指定を受

けると、衛生処理などの事務組合設置などによる共同事業の実施につながる動きとなっていく[129]。

工場団地の造成については、対象を零細企業の工場に絞った集団化による効率化を図るとり組み、いわゆる工場アパートの建設に力を注いだ[130]。だが、工場アパートは一部完成したものの、想定していた零細企業ではなく、やや大きな規模の事業者が入居してくる結果となり、当初の目的であった小規模零細の近代化という目的は果たすことはできなかった[131]。高野市政期にはほかにも、共同調理場の完成と学校給食の開始、勤労青少年ホームの完成といった施策が行われた。また、次期政権の退陣問題のきっかけともなる市役所移転の議論がはじめられたのもこの時期のことである[132]。しかしながら、高野市政では、論争的な政策が議題にのぼると議会は毎度のように紛糾し、推進しようとした事業の決定を先送りする、あるいは実施するとしても当初の意図や規模を大幅に変更せざるをえないことが多くなってしまった。

4. 老練政治家対議会──渡辺市政

老練政治家の市政への再登場

高野が辞職を表明したあとの自民党三条支部による市長候補選定過程では、選挙のたびに出馬が噂された渡辺常世などに加え、市内で不動産業を営んでいた人物の名前があがった[133]。三条市の自民党は、市議会でも離合集散を繰り返しており、新しい人物を育成、発掘することができない状態で、党内からもマンネリ人事と批判が出ていた。しかし、自民党は不動産業の人物が出馬を固辞、もう一人の候補として名があげられた人物も、健康上の理由から辞退したことから、渡辺常世が、当時すでに83歳という高齢であるにもかかわらず出馬要請を受諾、立候補することになった[134]。

革新陣営としては一時、社会党・共産党による共闘の話がもちあがっていた。しかし、1965（昭和40）年の選挙に出馬した稲村稔夫は、伯父の稲村隆一の政界引退とともに衆議院選挙への準備にとりかかっていたため擁立できず、社会党は次の県議会議員選挙へ向けて動いていた、全逓出身で市議会議

員経験者の大平武を擁立した。一方で、共産党は前回同様近藤一の擁立に動いたことから、両党の共闘は破談となった[135]。

渡辺は県議会議員時代から構想していた信濃川河状整理事業を、立候補にあたって第一の目的に掲げた。だが、すでに高齢であり、それらの言動や態度が時代錯誤であると、党内から批判を受けながらの選挙になっていた[136]。

また企業対策としては、自民党側の支持を受けた渡辺側はどちらかいえば中規模企業の保護育成を、社会党、共産党はより小規模な零細企業対策を重視した[137]が、政策的側面の違いが争点になるよりも、それぞれの組織の支持固めが主体の選挙戦となった[138]。

表1-16　第八回三条市長選挙

1969（昭和44）年11月30日執行			
氏名	得票数	属性	支持連合
渡辺常世	18,585	元市長、元県議	自民党各派
大平武	10,288	全逓三条支部幹部	社会党
近藤一	2,673	共産党県連幹部	共産党

結果、渡辺が1万8585票、二位の大平におよそ8000票の大差をつけて勝利した。渡辺は第二次世界大戦終戦時の三条市長であり、また当時全国最高齢の市長でもあった。大平、近藤の各候補は、それぞれの党組織以外に浸透することができず、このような大差になったと考えることができる。一方、この選挙では投票率が64.0%と低調であったほか、白票を含む無効票が643票にものぼった。通常は自民党支持の市民にも、高齢の渡辺擁立させざるをえなくなった党の様子について呆れや失望感を示す者もいたとされている[139]。

さらに迷走する市政

渡辺市長は、これまでの県議会議員としての経験と、当時新潟県知事に就任していた亘四郎とのパイプを生かし、治水整備が必要とされた五十嵐川上

流の大谷ダムについて、建設省の調査費をつけさせるなどの成果はあった[140]。だが、市政運営は決して順調とはいえない状態になっていった。市長の議会答弁でたびたび発言のとり消しがなされていったことに加え、渡辺市長がかねてから訴えていた信濃川河状整理事業の実現可能性がほぼ無いことも明らかになっていった。また、一度建設省が起債を許可した市役所旧庁舎跡地での文化会館建設計画を突然撤回し、周辺住民や市議会議員との事前調整なしに代替案として温水プール建設の提案をするなど、「朝令暮改の独善的態度」という声があがり、批判が高まっていった[141]。

　そこで1972（昭和47）年3月の定例議会において、社会党、共産党、公明党、その他無所属の議員から、市長の辞職勧告動議が提出されることになる。この辞職勧告動議は、与党会派とされた自民党系議員の反対票によって否決されるが、動議の賛成討論の場において「無計画な施策、場当たり式な答弁、市民のための市政でない」「政治感覚の古さ、思いつき施策は信用できない」「政治家は引き際が大切」と述べられるなど、渡辺市長は厳しい非難にさらされた[142]。これが精神的ショックになったのか、渡辺市長はその翌日には登庁はしたものの激しい目眩と動悸を訴えて市議会本会議を欠席、それ以後議場に出ることもないまま同年5月に病床から辞職届を出し、10月には死去してしまうという悲劇的な結末を迎えてしまう[143]。

　渡辺市長時代の統治構造を確認するとすれば、金子市長時代、高野市長時代の構造から大きな変動はなかったといえるだろう。自民党内部の紛争を経て、神輿として担ぎ出されたものの、その担ぎ手であったはずの市議会議員との争いは止まらない。さらには高齢の渡辺市長自らの市議会での失言や政策調整の失敗などから、批判の矛先が市長に向けられることになった。高野市長の時代にも議会の争いの矛先が市長に向けられることはあったものの、その大部分は右腕である助役が受け止めていたとされる。だが渡辺市長は、自身の調整不足による部分はもちろんあっただろうが、議会からの口撃の矢面に直接立たされてしまうことになった。そのことが、渡辺自身の死という不幸な結末をもたらすきっかけとなってしまったのかもしれない。

第1章　自治体ガバナンスと分析方法——新潟県三条市のガバナンス動態　　71

5. 革新市長の誕生と挫折——稲村市政

保革対決の第九回市長選挙

自民党の候補者選定では、嵐川会から市議会議長の滝沢賢太郎、春秋会からは前市長の高野亀太郎をはじめとして、党内各勢力から様々な名前があげられた[144]。多数のなかからの新しい市長候補者選びには時間がかかることが予想されたが、自民党籍をもつ市議会議員ほか、党支部幹部で構成される自民党三条支部での候補選考委員会の投票の結果、越山会と大和会[145]から推された磯野信司が第一候補に決定した[146]。当初磯野は市長選挙にさして興味のない素振りを見せており、辞退するのではないかという憶測もあったが[147]、一変これを受諾し、自民党の推薦で選挙に出ることになる。磯野出馬の背景には、市長選挙のたびに名前があがっていた人物で、当時三条商工会議所会頭であり、三条高校の同窓会長も務めていた金子左武郎による後押しがあったとされる[148]。さらに当時市議会議長だった滝沢賢太郎の市長選への出馬を食い止めようとする動きもあったという[149]。

また、これまで市長選挙では市内の有力な業界人を中心に構成される嵐川会や春秋会が中心的な活動を担ってきたが、磯野陣営による選挙運動は越山会、山紫会[150]、大和会のメンバーが中心となって行われていった[151]。

社会党は1965（昭和40）年の市長選挙に立候補した稲村稔夫が、次期衆議院議員選挙の出馬を辞退して立候補の意思を固める[152]。共産党は独自候補擁立の動きを見せるものの最終的には見合わせ、稲村稔夫当選へ向けて、社会党、共産党、公明党、民社党ほか、日本農民組合（以下、日農）、労働団体などとの共闘体制を組んでいくことになった[153]。

磯野陣営は、市長選挙投票日4日前の1972（昭和47）年7月5日に自民党総裁選挙に勝利し、翌日首相となった田中角栄の祝勝ムードにあやかろうと、田中総理−亘知事−磯野のラインによる国・県との直結体制を主張した[154]。稲村陣営は市民参加や住民との直接対話の市政を公約とし、さらに二代続けて任期を全うできない市長を生み出した自民党支部の横暴さ、安易な市政のたらいまわしを強く批判していった[155]。

表 1-17　第九回三条市長選挙

1972（昭和 47）年 7 月 9 日執行			
氏名	得票数	属性	支持連合
稲村稔夫	20,888	社会党本部職員	社会党、共産党、民社党
磯野信司	19,587	元高校長	自民党各派

　結果、稲村稔夫 2 万 888 票、磯野信司 1 万 9587 票、およそ 1200 票の僅差
で稲村稔夫が勝利し、誕生したての田中角栄総理の選挙区内で革新市政が誕
生することになった。自民党は高野、渡辺と二期続けて任期を務めあげるこ
とのできない市長を出したこと、候補者の擁立も選考基準が不透明ななかで
行われたことなどにより、党内の不満分子を十分に納得させることができな
いまま選挙に突入していた。また磯野の知名度不足に加えて、田中総理誕生
の追い風のなかでまさか負けるわけがない、という党幹部の油断から、末端
市民にまで磯野支持を浸透させることができなかったのである [156]。社会党は
当時の成田知巳社会党委員長の来訪など、党本部からのテコ入れもあり、着
実に組織票を固めていくとともに、これまでの自民党中心の政権への批判の
声を吸収していった。
　当選後、稲村市長は長期革新市政を維持していた仙台市長の島野武を参考
に、中央に対して「陳情はしない、要求していく」ことを掲げ、「筋の通った
形で要求してゆく。そのためには補助金の率、起債などの十分調査、研究し、
事業認可が当然のように整えていく」と述べた [157]。これは自民党的な「陳
情」スタイル、つまり人脈を頼り支持を得る代わりに事業誘導、認可を「願
い」していく従来的な方法からの決別を意味した。そして事実、稲村はこれ
までの市長が行ってきたような、有力代議士を介しての中央省庁への陳情を
あまり行わなかったとされる [158]。
　稲村市長は公約に掲げた市民参加を広げようと、対話集会の開催や市民相
談室の設置、「市長へのたより」の開設などを進めていった [159]。また稲村市
長は三条市の都市開発の方針について議論する都市開発推進対策協議会の体
制を、既存の市長、議会、業界、地元代表の 7 名体制から、新たに婦人団体、

青年団体、労働団体代表を加えた 30 名体制にしようと試みた。しかし、委嘱した 6 名の保守系議員のうち全員が辞退するなど、政策審議の運営の壁に直面する結果となった[160]。

保守系会派の結束と清廉な革新市政への取り組み

稲村市長の誕生により、市議会も変化を見せることになる。稲村市長当選までの三条市では議会内の抗争・対立により、目まぐるしいほどに議長・副議長の交代が繰り返されていたのだが、それが収束していくのである。革新市政が誕生したことで自民党内の危機感が強まり、他党との対立軸が議会人事などをめぐる争いではなく、対革新市長へと変化していった。

また、1973（昭和 50）年 4 月に行われた市議会の改選では、市長を支持する勢力の躍進がみられた[161]。この市議会議員の選挙戦においては、市長自らが先頭に立って革新系の票を掘り起こし、各候補者への票配分調整も行ったとされる[162]。そして、市長選挙直後は保守系 19 名、市長支持の革新系が 17 名だった市議会議員の構成を、3 名の保守系議員が保守系会派を脱会し、民社党議員 1 名と無所属革新系議員と合流して新会派を創設、議会構成で稲村市長派が多数を得るまでに変化させた。議長・副議長人事においても、新会派から議長が、社会党から副議長が選出されるというように、議会運営もやりやすいものになっていく[163]。

政策面においてはオイルショックにともなう国の総需要抑制政策の影響を受けることになる。総需要抑制によって地方自治体でも慎重な財政計画を立てざるをえない局面に立たされ、三条市では渡辺前市長の辞任のきっかけにもなった市民文化会館建設事業の見送りが決定される。稲村市長としても国から資金を獲得し、自らの手で積極的に大中小の開発事業の実施を目標としていなかったこともあり、国や県に市長が直接出向いて陳情することがかつてよりも少なくなっていったようである。それに対して市長による公共事業などの利益誘導を期待する自民党市議会議員を中心に、批判の声が大きくなっていった[164]。

また、一方で、稲村市政では国の事業獲得や補助率の拡大に積極的にとり

組まなかったために、必要な地域の整備に対して財政調整基金を用いながら対応することになり、任期の終わりまでに4億円ほど財政調整基金を切り崩す結果となった[165]。

6. 遅れて来た地域開発の波──滝沢市政

保守の結束と復権

　1975（昭和50）年の市議会議員選挙・県議会議員選挙が終わると、翌年に控えた市長選挙のために市政をめぐる動きは慌ただしくなる。革新系勢力は現職の稲村市長の再選を目指して各種会合でPR活動をはじめ、稲村市長は1975（昭和50）年11月に早くも再出馬を表明する[166]。さらに革新各勢力が政策協定を結んで結成した連合組織「明るい革新市政を守る会」を作り、支持の確保・拡大を試みた[167]。

　自民党は革新陣営の連携に対抗し、自民党三条支部だけでなく市内の業界団体とも連携して「三条を愛する会」を結成する[168]。これには前回選挙で党内のみで候補者選定を進めたことの反省も込められている[169]。候補者の選考過程を支援組織にオープンにすることで密室での決定に対する批判をかわし、さらには保守系勢力の結集を図ったのである。三条を愛する会による候補者選定としては、三条市ではじめて議長を4年間務めあげた滝沢賢太郎と、当時の新潟県知事亘四郎の元秘書で、前年の県議会議員選挙で当選した嵐嘉明の名前があがる[170]。滝沢は、かつては市議会議員に当選した際には亘派だったが、亘の知事転進を機に嵐川会会員となり、さらにはこの時期には衆議院議員選挙の準備をしていた渡辺秀央を支援するグループの一人となっていた。三条を愛する会では県議の嵐嘉明を第一候補、滝沢を第二候補としたが、嵐が固辞したことで、滝沢に出馬要請が行われ、滝沢が受諾する形で決定した[171]。

　自民党と三条を愛する会は前回の市長選挙の反省から、市議会議員団が結束を強め、さらには商工会議所や金物卸商組合、三条工業会産業界の支援も活発にとりつけていく[172]。また自民党の各衆議院議員による直接の応援も、

多数受けることになる。特に、当時新潟県選出の参議院議員となっていた亘四郎は、選挙期間ほとんどを滝沢とともに行動するなど、精力的な選挙活動が展開されていった[173]。

　選挙時に掲げた政策としては稲村も滝沢も「地場産業の振興、工場の集団化」や「社会福祉の充実」「教育文化の振興」など、同じような項目が並んだが、それぞれの政策の優先順位が異なる。稲村が「地場産業の振興」を第一にあげる一方、滝沢は「社会施設、道路交通網の整備促進」を重視するというように、公共事業に対するより意識の違いが両者の主張に見られた[174]。

表 1-18　第十回三条市長選挙

1976（昭和 51）年 7 月 4 日執行			
氏名	得票数	属性	支持連合
滝沢賢太郎	24,750	事業家（製菓業）、元市議会議長	自民党各派
稲村稔夫	23,458	市長	社会党、共産党、民社党、保守系議員の一部

　結果、滝沢賢太郎 2 万 4750 票、稲村稔夫 2 万 3458 票で、滝沢が接戦を制した。革新陣営は前回同様、各組織を引き締めて選挙を戦い、稲村は前回選挙よりも票を伸ばすことができたが、自民党は業界団体やスポーツ団体まで各種組織を表面に出して支持者の引き締め、積極的な支持拡大に出て、票を伸ばしていった[175]。また 1976（昭和 51）年 1 月に三条市が行った『市政アンケート調査』[176]において「市政に対する希望」のなかで最も回答割合の高かった要望は「道路の整備（42.2％）」であり、道路整備も含めた各種公共事業が緊縮になりがちだった稲村三条市政において、市民の意識との乖離が生じてきていたという側面があったとも考えられる。

　議会は 1975（昭和 50）年に市議会改選を終えたばかりで、滝沢市長誕生後も稲村支持派が多数派を占め正副議長も務めている状況だった。そのため、議会運営に関しては滝沢市長は革新陣営にそれなりの配慮を必要としたものの、議会内でのかつてのような大きな紛糾は発生しなかった[177]。

気遣い市長と無風選挙

前市長である稲村稔夫は選挙翌年の 1977（昭和 52）年の時点から時期市長候補として内定していたものの、1978（昭和 53）年の新潟県知事選挙への出馬要請を受け、三条市長選挙候補を辞退する[178]。そうした経緯を踏まえて、三条市内の革新陣営からも社会党からも稲村前市長擁立の声は出なくなる[179]。

滝沢市長は市長選挙前年の市議会議員選挙直後から、再出馬は当然視されていたが、出馬宣言は直前まで行わず、前回市長選挙の支援団体となった市内各種団体の連合組織・三条を愛する会からの推薦を受けた[180]、投票日 54 日前の 1980（昭和 50）年 4 月 14 日に、ようやく再出馬を表明した。この頃、社会党は市長候補者選考委員会を設置していたが擁立の動きは見られず、むしろ滝沢市長は当時社会党所属の県議会議員だった大平武などと良好な関係であることが伝えられていた[181]。一期目 4 年間の滝沢市政においては、かつて頻発した議会が紛糾し続けるような事態にはならず、また一方で特別養護老人ホーム、ミニコロニーの新設、老人医療費無料化年齢の引き下げなど、前任の稲村市長時代の福祉関係施策の踏襲などもあった。市職員組合との関係にしても、一部からは待遇が前市長時代より改善されたとの声があがるなど、際立った対立関係にはならなかった[182]。「滝沢市長はあまりにも回りを気にしすぎる」といわれるほど、安定的な市政運営を目指して、保革を問わずに貸し[183]を作ってきたのである。そうした事情もあってか、社会党は一時、市議から市長候補者を擁立するという声明を出しながらも、衆参ダブル選挙および市議会議員補選と重なったことで次第に身動きがとれなくなり、結局候補者を擁立できず、無投票で滝沢が当選することとなった[184]。

表 1-19　第十一回三条市長選挙

1980（昭和 55）年 6 月 15 日				
氏名	得票数	党派	属性	支持連合
滝沢健太郎	無投票	無所属（自民党推薦）	市長	自民党各派、実質オール与党

滝沢は就任当初から国の公共投資の増大に乗じて、三条市においても多数の公共事業を積極的に行おうとしてきたが、二期目に入るにあたり、費用、時間ともに規模の大きい「公共下水道事業」「広域上水道事業」「弥彦線高架事業」「昭栄地区再開発事業」「須頃郷開発事業」を五大事業として打ち出し、その達成を繰り返し強調していくこととなる[185]。

また、嵐川会は滝沢市長の二期目に稲村市長時代に削除した会則の一つである「ときの市長を擁護する」という項目を復活させ。このことにより、市長は嵐川会系議員との関係を特に深めていくことになっていくのである[186]。

滝沢市長下における五大事業の推進

オイルショックによる財政抑制を余儀なくされた稲村市政の時代と異なり、滝沢市政は一転して、オイルショックからの回復基調となる経済状況であった。そこで1977（昭和52）年には国の景気浮揚策が打ち出されることとなる[187]。また、金子市政、高野市政時代から動きのあった県央広域圏に関しては、1977（昭和52）年に「県央広域市町村圏協議会」として『県央振興整備基本計画』が策定され、具体的な地域整備の動きが生じていた[188]。

滝沢市政においてはそのような流れに乗って、就任直後から公共施設の建設事業に着手した。手はじめに、市体育文化センター、総合体育館、大崎山グリーンスポーツセンターの建設、市立第三中学校の改築にとり組んでいる[189]。これらに加えて、先ほど触れた、事業期間や資金的にも大がかりな五大事業の推進を主な課題とした。五大事業とは、「国鉄弥彦線の高架事業」、建設がはじまっていた新幹線の新駅、高速道路IC近くの地域である「須頃地区の土地区画整理事業」に加え、「公共下水道事業」「広域上水道事業」「南北縦貫道路および昭栄地区の市街地再開発事業」のことである。

JR弥彦線の高架事業は、市街地を横断するわずか2.6kmの線路に21カ所の踏切が存在し、交通渋滞が起こるなど、市南北への物流の課題とされ、高野市長時代から高架事業の構想が練られるものの、当時は事業費不足として後回しにされてきたものであった[190]。滝沢市政で重要課題としてあげられるようになった背景には、交通体系が車社会に変化を遂げる過程で発生した渋

滞などの問題への対処を迫られた外的社会環境の要因があると考えられる。

　須頃地区の土地区画整理事業は、新幹線の開通計画と高速道路の建設計画が現実味を帯びてくるにつれ、その新駅および IC 近くとなる地区の流通機能と商業機能の充実を目的とした新拠点として、当該地区を整備していくというものである。これについても、高速自動車道路と高速鉄道の設置という外的な要因の強い社会的発展の対応として行うものであり、分権的、個性的な政策によるものとはいえない。

　公共下水道事業は、土田市政の時代に頓挫した公共下水道の整備を、技術の進歩があるものとして再度実施しようというものである[191]。広域上水道事業は下田村内に大谷ダムを建設し、それを水源として下田村とともに周辺地域の三条市、加茂市、田上町、栄町に送水管を布設し、水道の供用を行おうとする事業で、周辺市町村との調整が必要なため難航が予想されたものであった[192]。この二つも技術的進歩などもあり、全国的に見てもこの時代に特別個性的な事業を実施しようとするものではなく、また産業構造に大きな変革をもたらすことを意図するものでもない。

　これらの事業はそれぞれ地権者、地域住民、周辺自治体との交渉や工事にかかる資金規模も大きく、これまであまり大型の公共事業を経験してこなかった三条市にとっては非常に大きなとり組みであった。一方で、これらは確かに開発事業ではあったが、事業の発想には地域の経済構造を大きく変えていこうとする意図はあまりなく、あくまで日本全体の経済社会状況の変化に合わせて、三条地域が立ち後れないための調整的な事業ととらえることができるだろう。

　また、五大事業の実施にあたって資金繰りなどの交渉・調整に苦慮していたことから、滝沢の市長就任後は田中角栄を頼ることが多くなっていった。そこで三条市の定数 2 を、自民党系候補者 2 名、社会党候補者 1 名で争うこととなった 1983（昭和 58）年の新潟県議会議員選挙では、かねてから懇意にしていた春秋会やその後継にあたる渡辺秀央派ではなく、田中角栄の支援団体でもある嵐川会系の候補者の支持に回る動きを見せていく[193]。

7. 財政硬直化の進行と開発の長期化——内山市政

滝沢市長の死去と市議会議員・市長選挙の同日選挙

　滝沢市長は 1982（昭和 57）年末より病気療養として議会を欠席するなど公務に出る回数が減り、1983（昭和 58）年に入ると入退院を繰り返すようになる[194]。そして、年末年始に一時帰宅したものの、同年 3 月 22 日に市長在職中の身で死去してしまった[195]。県議会議員選挙の告示を 2 週間後、市議会議員選挙の告示を 3 週間後に控えた時期であった。

　滝沢市長の死去により、急遽市長選挙が市議会議員選挙と同日に行われることになった。各党は県議選・市議選が終わってから市長候補の選定に入る算段だったようだが、滝沢市長の死亡により、自身の選挙戦のかたわら、市長候補者探しもしなければならなくなった[196]。当初市長候補者としては自民党と社会党双方の関係者から、稲村市政時代に市総務課長から市収入役に昇格し、さらに滝沢市政になって助役に就任していた鈴木春義の名前があがる。しかし鈴木は体調面での不安から応じず、また自民党からは現職県議の嵐嘉明の名前があがるも、嵐はすでに県議会議員選挙の選挙戦が本格化していたこともあり、市長選挙への立候補には至らなかった[197]。

　そこに現れたのが、当時市教育委員会委員長を務めていた、市内の老舗金物卸会社の社長・内山裕一であった。姻戚関係では当時の長岡市長・小林孝平の甥にあたる人物でもある。定数 2 の三条市選挙区の県議会議員をめぐり、自民党が二つに割れて選挙戦を戦っている最中であり、しこりを残さず、県議会議員選挙に出馬した嵐嘉明、滝口恵介両陣営からも支持を得やすいということで名前があがったのである。内山は、滝沢市長の市長選挙における支援団体であった三条を愛する会の推薦を受け、また嵐派、滝口派の両陣営幹部からの出馬依頼を受ける形で立候補することになった[198]。

　結局、他の陣営は候補者を出すことができず、内山の無投票当選となった。内山は教育委員会の委員長こそ経験していたものの、政治については積極的な関わりが少なかったこともあり、前任者の滝沢の政策を踏襲していく形で、新市長の体制がスタートすることになった[199]。

表 1-20　第十二回三条市長選挙

1983 年（昭和 58）年 4 月 24 日執行			
氏名	得票数	属性	支持連合
内山裕一	無投票	金物卸業社社長、元教育委員会委員長	自民党各派、実質オール与党

　内山市長は、就任当初は各国会議員と等間隔の関係をもつと宣言していたのだが、実際には、事業推進にあたり、田中角栄を頼っていわゆる「目白詣で」に出向くことが多かったようである。そのため、共産党の一部の議員や、田中以外の旧新潟三区自民党衆議院議員派（山紫会、秀央会[200]、一新会[201]）の議員から、「目白に行きすぎる」といわれることもあった[202]。

　また、内山市長は、滝沢市長の死により急遽登板せざるをえなかったこともあり、行政内部の管理から政務調整にわたって、助役・収入役などの幹部による影響力が強かったといわれる[203]。なお、助役・収入役は庁内による内部昇格者が中心だった[204]。

内山市長の連続無投票当選

　内山は、次期市長選挙が翌春に迫った 1986（昭和 61）年の秋頃から、商工会議所をはじめとした業界代表などから次期選挙への出馬要請を受け[205]、自民党の支部大会において正式に市長選再出馬を発表するのと同時に、公認候補として自民党の推薦を受けることになった[206]。

　社会党、共産党などの革新系は、統一候補擁立の動きを見せる[207]ものの候補者も出せず、社会党は前回議席を失った県議会議員選挙の必勝を掲げて、そちらの選挙に集中していくことになる[208]。

表 1-21　第十二回三条市長選挙

1987（昭和 62）年 4 月 26 日執行			
氏名	得票数	属性	支持連合
内山裕一	無投票	金物卸業社社長、元教育委員会委員長	自民党各派、実質オール与党

結果、内山が無投票で当選し二期目に突入した。内山市政の二期目は、政策的には前市長から引き継いだ五大事業に加えて、土地区画整理が進行中の須頃地区での県央地場産業振興センターの建設を掲げる[209]一方、当時すでに五大事業を中心に各種の整備事業を実施していたことで市債、債務負担が326億円にも上っており、厳しい財政運営への対応も迫られることとなった[210]。

政治的側面としては、衆議院議員では田中に接近するも、議会対応に大きな確執を生む場面はなかったといえる。議会内では田中角栄派と渡辺秀央派で溝が生じはじめており、「内山市政は高坂助役でもっているようなもの」だという業界人も少なくなかったといわれる状況であった[211]。また、田中角栄自身は、1985（昭和60）年2月に脳梗塞で倒れて以降、議会には登院できず、その後は田中の秘書や他代議士を頼りに、国への陳情を行っていた。

なお直前に行われた県議会議員選挙では、社会党の大平武が前回選挙において9票差で落選した悔しさから必死な活動を行い同情票を集め、さらには中央政界で議論されていた売上税（消費税）反対の世論の風にも乗って、1万7942票もの大量得票を得てトップ当選、二位には渡辺秀央派の滝口恵介が滑り込み、前回トップ当選だった田中派の嵐嘉明が落選している[212]。

この県議会議員の選挙結果は、内山市長にとって大きな痛手となった。嵐嘉明は、当時県議会で越山会県議団の団長を務めるなど、県政界においては君健男知事と、国政においては田中とつながるパイプ役として、内山は大いに期待し、信頼を寄せていた人物だったのだ[213]。一方、滝口県議は過去の新潟県知事選挙で、君知事の対立候補を支援した経緯もあり、君知事とは必ずしも良好な関係とはいえない状況だった。

市内の経済状況に目を向けると、かつて急成長を果たした時代に比べて停滞感は否めず、無投票であったものの、第二期内山市政は不安な要素を抱えてのスタートとなった。そしてその不安は、比較的早期に表面化していく。1987（昭和62）年9月の定例市議会において、五大事業の一つに掲げられた昭栄地区市街地再開発事業にともなう昭栄再開発ビルの建設工事の請負契約をめぐって、議会に報告せずに巨額の工事費の変更[214]がなされたことが、

市議会で全員協議会が開かれるなど問題としてあげられ、市議会から、市長派とされた会派も含め、内山市長は厳しい追及を受けることになった。これは再開発ビルのキーテナントに決定していたジャスコと市の折衝で、市側が議会との事前調整が十分でなく、ジャスコ側の要望を大幅に受け入れて工事変更を行おうとしたことから紛糾するものとなったのである[215]。最終的には、市長減俸100分の50（6ヵ月）、助役減俸100分の30（1ヵ月）で責任をとることぶなった[216]。

一方、工事の実施および市の工事負担については、市議会は差し戻しを要求したものの、店舗の開店時期を遅らせることはできないとして、結局、市の一般会計拠出の増額を認めることになった[217]。これを契機に、内山市長と市議会の間で足並みの乱れが表面化し、市職員からの求心力も失われていくのである[218]。

保守三分裂選挙

先に述べた昭栄地区再開発事業における工事費をめぐるトラブルや、五大事業の推進のみで独自のカラーが出せていないとの批判などから、連続無投票当選であった内山市長に対し、次期市長選挙では対抗馬が擁立されるとの噂が生じていく[219]。また、内山市長誕生を主導してきた嵐川会が、田中角栄の政界引退により、選挙前年の1990（平成2）年に解散するなど、内山市長にとってはこれまでとは大きく異なる状況となっていた。

まず次期市長選挙に出馬を表明したのは、市議会議長経験者の長谷川長二郎であった。当時、長谷川は山紫会に籍を置き、自民党三条支部の幹事長でもあった。長谷川は当初、山紫会とともに、秀央会からも出馬を促される[220]形で早くから出馬表明したのだが、秀央会はその後、別の人物の擁立に傾いていく。また、山紫会も長谷川の推薦を決定したものの、盟主・村山達雄の了解がないなかでの推薦であり[221]、山紫会の一部の市議会議員が敵対する現職の内山市長に支持に回るなど、長谷川にとっては梯子を外された苦しい戦いとなっていく[222]。

秀央会は、助役として内山市長を支えた高坂純を口説き落とし、内山市長

の対抗馬として擁立していく[223]。一方で、長谷川の出馬を促しながらも、高坂を擁立した衆議院議員・渡辺秀央や県議会議員・滝口恵介、そのほか秀央会系市議会議員に対しては姑息だという批判の声も多く、支持者のなかには、市長選挙で内山支持となる者も出たとされる[224]。

社会党は「保守から3人出れば社会党も出す」と表明していたものの、候補者の擁立はできなかった[225]。共産党は現職の市議会議員であった枡沢勇を擁立して選挙に臨むことになった[226]。

民社党は現職の内山市長の支持を表明し[227]、さらに内山陣営は三条工業会会長、三条金物卸商協同組合理事長、三条金物青年会会長など、主だった業界団体の代表らの支持を得ていった[228]。

政策面では保守系3候補ともに大きな対立軸はなく、イメージ選挙、保守系代議士の代理戦争[229]と評される選挙戦となった。

表1-22　第十四回三条市長選挙

1991（平成3）年4月21日執行			
氏名	得票数	属性	支持連合
内山裕一	22,532	金物卸業社社長、元教育委員会委員長	一新会、旧越山会、旧嵐川会、山紫会の一部、民社党、社会党の一部、金物業界代表
高坂純	14,126	市助役	秀央会
長谷川長二郎	13,758	市議会議長、商工会議所幹部	山紫会の一部
枡沢勇	1,962	市議会議員	共産党

結果、現職の内山裕一の大差での勝利となった。当選に向けては1万余の基礎票をもつ社会党支持者の票が、保守系三候補の誰に向かうかが焦点とされた[230]が、社会党の大半の市議会議員は現職の内山市長の支持に回ったといわれる[231]。得票数から見ても、社会党系の票の多くは内山に流れたと推測できる。ただし、内山が大差で勝利したといっても、票の中身は玉石混淆の状態、高坂、長谷川の両候補者も1万以上の票を集めたように、反内山勢力の存在が明白となるものでもあったといえる。

また市長選立候補による高坂助役の辞任以後、空席となっていた助役には当時収入役だった古寺秀夫が就任し、新たな収入役にはそれまで総務課長だった須佐郷士が就任[232]、総務課長、収入役、助役と、庁内から昇格していく玉突き人事が継続した。

内山市政下での五大事業とその長期化

　内山市長時代の三条市の社会経済状況は転換期であった。平成に入ると景気の波はやや盛り返しを見せるものの、1980年代は全体として円高不況の波を受けていた[233]。また、1986（昭和61）年3月時点で前年度の住民基本台帳人口を下回り、新潟県央地域の中心都市として成長を続けてきた三条市も人口減少時代に突入することになった[234]。これらの影響によって税収は伸び悩み、さらには地方交付税交付金にも影響し、五大事業の完工延期が相次ぐこととなる。特に公共下水道事業では、稼働が先送りにされるなど事業の長期化が顕著なものとなった[235]。そのようななか、住宅建設や街路、公園などの施設整備に対して、建設省から補助を得ることのできるHOPE計画の指定を受け、計画の策定なども行う[236]が、街の活力も徐々に低下しつつあるなか、どのように人口や経済状況などを維持継続することが可能か、という点が課題になっていったといえる。

　なお、内山市長の時代は、滝沢市長時代に形成された五大事業の推進というアジェンダに対して、自民党各派、社会党も含め合意がなされていたといえよう。そのため、各勢力に個別の思惑があり、保守分裂の選挙や事業実施の姿勢をめぐって糾弾がなされる局面はあったが、総じて推進すべき事業とされた五大事業のために、大きな混乱は避けられていたようである。

8. 停滞する経済と開発への足踏み──長谷川市政

混戦選挙を抜け出した長谷川市長の誕生

　内山は市長を三期務めながらも、政策的には前任者である滝沢前市長の踏襲の色合いが濃く、「内山カラーがない」といわれ続けた。さらに議会や市役

所内での人間関係、各種団体間との関係などでも、特に三期目突入以後は批判が高まっていった[237]。それらもあってか、内山市長は市長選挙の前年である1994（平成6）年9月に、次期選挙への不出馬を表明した[238]。そこから次期市長をめぐる動きが活発になる。まず出馬の意向を示したのは元市長・渡辺常世の孫にあたる人物で、書店業・出版業社社長の馬場信彦[239]だった。馬場信彦は三条市商店街連合会会長として商店街活性計画や建設省の推進する地域住宅計画であるHOPE計画などに委員として、市政にも関与してきた。馬場は当時秀央会の副会長だったが出馬を機に辞任、秀央会ではなく、社会党との政策協定の動きに出るなど連携を深めていく[240]。

　次に名乗りをあげたのは、1991（平成3）年の市議会議員選挙でトップ当選を果たしていた久住久俊である[241]。久住は田中角栄が国会議員だった時代は嵐川会に所属し、その後は桜井新を支持するグループの一新会の人物とみなされていた[242]。

　また、当時新潟県議会議員を三期連続で務めていた滝口恵介も、市長選に名乗りをあげる[243]。滝口は市議会議員から秀央会系の議員とされ、馬場とはと予測される支持層が重なってしまう危惧があったが、馬場が革新陣営に歩み寄ったことで、秀央会は滝口を支援していく体制となる[244]。

　以上の3名が、選挙前年のうちに出馬表明を行い、積極的な活動を進めていくのだが、年が明けると前回市長選挙で三位に敗れた元市議会議長の長谷川長二郎が立候補を表明する[245]。長谷川は前回の落選以降、三条商工会議所副会頭に就任するなど、業界との結びつきを強めていた。その業界とのつながりで、解散してもなお三条市の政財界に大きな影響をもっていた旧嵐川会の支持を得る見込みがついたことから、立候補に至ったとされる[246]。そのため長谷川の支援体制としては、自身が所属した山紫会に加え、旧越山会や旧嵐川会、これらから分派した新進党の星野行男を推す越星会など、三条市における有力実業家層から幅広い支持をとりつけていった[247]。

　この当時は滝沢市政から続いた五大事業もほぼ完了しており、大きな争点になるような政策課題は存在しなかった。そのため、選挙戦は各人の人脈をもとにした支持拡大競争となっていった。久住は自身の運動をKP（キーパー

ソン）作戦と名づけ、旧来型の大量のポスターや大規模集会への動員などを中心とした運動は行わず、若手経営者らのグループや青年層、婦人層を中心に、個別に市政の状況を説明して支持の拡大にとり組んでいった[248]。馬場は中心市街地の再興を訴え、選挙責任者となった社会党系の人脈なども活かして諸団体などに支援を求め、自身と関係の深い新聞メディアと協力体制をとりながらアピールを行っていく方法をとる[249]。滝口はこれまでも県議会議員選挙で続けてきたように、フットワーク軽く支持者を回って支持固めに出るとともに、企業の支援などを求めていく[250]。長谷川は「元気印の三条市」をスローガンに掲げ、「三条版所得倍増計画」や「福祉のまち」を進めることを主張して[251]、数千人の大規模集会も行いつつ、建設業界、工業会、金物卸業界などの業界関係者、特に市内でも比較的規模の大きい事業者を中心に、支持拡大に努めていった[252]。

表1-23　第十五回三条市長選挙

1991（平成3）年4月21日執行			
氏名	得票数	属性	支持連合
長谷川長二郎	20,037	市議会議長、商工会議所幹部	自民党（山紫会、旧嵐川会、越星会）
滝口恵介	12,224	元市議、県議	自民党（秀央会）
久住久俊	10,115	市議	若手経営者グループ、自民党（一新会）
馬場信彦	9,181	印刷業、出版社社長	社会党、共産党支援

　結果、長谷川長二郎が2万37票、滝口恵介1万2224票、久住久俊1万115票、馬場信彦9181票で、既存組織を中心とした支持固めに成功した長谷川長二郎が勝利した。長谷川が前回選挙に比べて大きく票を伸ばした背景には、保守分裂選挙となったなかで、財力、影響力の最も大きかった旧嵐川会の有力者からの支持を得たことがある[253]。ちなみにこの旧嵐川会は、前回選挙では内山市長を積極的に支援しており、その勢力の票もとりこんでいったことによる勝利といえよう。

　長谷川市長は選挙戦では「元気印」とアピールしていたが、はじめての市

議会定例会が行われる6月になって、椎間板ヘルニアと体調悪化により入院してしまうというように、出足で躓くスタートとなり、就任当初から二期再選の危うさが噂される状態となってしまった[254]。

無い袖は振れない

長谷川市長就任時には、内山市政の後半に進められたナイター照明とスタンド付き野球場や総合福祉センターの建設事業によって残された市債の対処が必要とされた。また、当時はバブル経済崩壊の影響が三条にも現れてきた時代であり、税収問題も顕在化していた。そのため、長谷川市政は就任当初から掲げていた「所得倍増」よりも、まずは財政再建が目下の課題となる[255]。そこで、市では長谷川市長を本部長とする行革実施本部を設置し、当時新潟大学教授であった自治省OBの秋田周を委員長に、外部有識者を加えた行政改革委員会を作り[256]、内山市長時代はほとんど手がけられることのなかった行政改革についての取り組みが開始される[257]。

これら行政改革の取り組みによって公共事業は進捗が遅くなるもの、規模縮小を余儀なくされるものが少なからず発生していく。そのなかには氾濫の危険性があると指摘されていた五十嵐川の大改修工事計画の頓挫[258]、嵐南地区JR三条駅付近の土地区画整理事業の実施構想の挫折[259]などがある。とりかかろうとした事業が実施できない、という事態がたびたびみられるようになっていったのである。

また、長谷川市政においては庁内職員との関係、議員との関係で不協和音が垣間見られる機会も少なくはなかった。その一つに助役の任期途中の辞任と、県央地域のリサーチコアのデザインコンペにかかる業者選定の不手際があげられよう。

助役の辞任に関しては、当時の須佐助役が任期3年目に入る直前の1997（平成9）年2月に、ストレスによる体調不良を理由に突如退職の申し出がなされることになる。本人の口からは市長との不協和は否定されたが、庁内では「市長に愛想が尽きた」と噂されるような関係となってしまっていたようである[260]。

リサーチコアは、1997（平成9）年に新潟県、三条市、三条商工会議所を主な出資者として設立していた財団法人新潟県県央地域地場産業振興センター（理事長・長谷川長二郎三条市長）が、燕三条地域の技術・商品開発、人材育成の拠点として建設も企画したもので、三条市としては建設に関しては財団法人の出資者として関わっていた。この建設は、将来的な燕市との合併を想定してのものとされた[261]。そのデザインコンペの際に、長谷川市長が理事会での投票前に調整を行おうとしていたことが発覚した。これに関して、財団の共同出資者でもある燕市側は当然のごとく反発の態度を示し、両市間の関係が悪化していく[262]。さらには市民からも市長に対して不信の声があがり、三条市議会でも責任が追及されていくことになった[263]。また、三条市側でそれに関与したとされる人物らは、それが事前調整であったかどうかで話が二転三転し、いっそう燕市側の怒りを買うことになる[264]。最終的に長谷川市長が混乱を招いた責任として3カ月間10％の減俸を申し出、部下職員の処分は考えないとして三条市議会に了承され、三条側では決着がつけられた[265]ものの、三条、燕両市民の間に不信感は残り、今後の合併についても見直しの声まで生じていった[266]。

　一方で、長谷川市長の時代は、中央で政界再編が起きていた時期である。三条市においても、その動きが市政をめぐる環境に変化をもたらすことになる。三条市を地盤とした市政界にも影響力を有するようになっていた渡辺秀央は、1993（平成5）年の衆議院議員選挙と、1996（平成8）年の衆議院議員選挙での二度の落選を経て、自民党から新進党、そして自由党に鞍替えする[267]。この動きが市議会にも影響してくる。秀央会の市議会議員の多くが、渡辺と行動を共にして自民党から離れていく。そして、これらの勢力を中心に、水面下で長谷川市長への対抗馬擁立の動きへとつながっていくのであった[200]。

9. 行政経営改革への取組み──高橋市政

第十六回市長選挙

現職の長谷川市長に対してはデザインコンペの件などで、議員だけでなく、市民の間でも不信感が募っていたものの、本人は二期目の出馬に意欲を示し、次期選挙への出馬が決定的とみられた[269]。そして旧嵐川会系の県議会議員・嵐嘉明が支援に回り、自民党の推薦も得ることになる[270]。デザインコンペでの失態などで危機感を強めていた長谷川市長は、任期の最終年で現職の強みを活かすべく、新たな企業、産業の誘致を訴えるとともに、財政調整基金を活用した積極型予算を組んでいった[271]。

一方の対抗馬としては、金物卸の老舗企業の会長だった高橋一夫が立候補の準備を進めていった。高橋の選挙戦の体制としては、最高顧問の内山裕一前市長をはじめとして、金物業界の重鎮で後援会幹部を構成しつつも、前回市長選挙に出馬した久住久俊の協力を得て若手経営者のグループの支持をとりつけ、さらには旧嵐川会や秀央会の支援も獲得していった[272]。選挙戦においては政党色は出さず、クリーンさを強調しつつ、無党派層をとりこむ戦略に出た。

行政改革を訴えつつも市の借金は増え、選挙直前の予算では、最終的に自ら財政規律を守りきれなかった現職の長谷川市長に対して、変革期には新しい担い手が必要として、業績主義の導入、市政運営の経営改革、「ハードからソフトへ」などの標語を訴えていく高橋候補という構図は、「守旧派か改革派か」とも見られるものとなった[273]。

表 1-24　第十六回三条市長選挙

1999（平成 11）年 4 月 23 日執行			
氏名	得票数	属性	支持連合
高橋一夫	30,317	金物卸商会長、元三条金物卸商組合長	旧民社党、自民党（旧嵐川会）、自由党（秀央会）、若手経営者グループ、金物卸商業界
長谷川長二郎	21,814	市長	自民党（山紫会）、建設業界

結果、新人の高橋一夫が3万317票、長谷川長二郎が2万1814票で、高橋が現職を破って市長の座に就いた。高橋陣営は選対内に長年のしこりの残る旧嵐川会、秀央会の人物らが入り乱れるなどもあって、方針が安定しない時期もあったが、党派色が表に出ることを控えて、若者や女性らを中心に積極的にアピールして新しい時代における変革の主張などから支持拡大に成功、当初から目標としていた3万票を得て当選することになった[274]。現職の長谷川市長は前回の市長選挙から1800程度票を伸ばしたものの、高橋陣営が前回選挙で落選となった滝口、久住、馬場各氏の票をほとんど吸収する結果となったといえよう。

市政運営の経営改善

高橋市長は、就任直後から財政再建へ向けて、補助金、負担金、使用料、手数料の見直し[275]や情報公開、財政状況説明のためのバランスシートの作成、公共施設の運営に関する民間委託の利用など、効率的な運営を図ることを政策として掲げていく[276]。

また、選挙前は政府の減反政策に対する理解をあまり示さず、自由にやればよいと発言していた一方で、選挙後はその態度を変更することになるも、さしあたって議会運営の停滞を招くなどの大きな問題とはならなかった[277]。市民の関心事項は、市政運営における経営改善にあったのである[278]。

高橋市長は「ハードからソフトへ」と称して選挙に出たのだが、市民の要望を聞けば聞くほど、ハードなものに対する要望だったことに戸惑いを見せる[279]。しかしながら、当初から政策の第一に掲げていた行政改革の実施を手がけ、はじめて編成した2000（平成12）年度予算では、使用料、手数料の引き上げ、補助金負担金76件の廃止をはじめとする削減と、高齢者医療費助成制度の見直し、商工費の減額など、市民に痛みを求めつつも財政改革に乗り出すことになる[280]。

加えて、市民に負担を強いるものとしては、水道料金の値上げなども行われる[281]。また、それだけでなく、職員給与削減の手はじめに特別職、管理職手当の削減など、身を削る改革を行われていく[282]。さらには高橋市長就任以

来検討が進められていた第二次行政改革大綱では、これまでタブー視されてきた職員給与体系の抜本改革も掲げられることとなった[283]。

　一方、これまで開いていなかった日曜日にも市民課窓口を開設するようにし[284]、住民サービスの向上にも努めようとする。そして、高橋市長当選後から検討がはじまり計画策定がなされた第四次振興整備計画では、どのようなまちをめざすかよりも、どのような方法でまちづくりを行うかを重視し、文化会館や美術館の建設など、いわゆるハコモノの削減にもとり組むことになった[285]。前任者の長谷川市長時代は、財政再建を重要課題として位置づけながらも、三条市は運営財団への出資者という形で県央リサーチコアの建設にとり組むなど、必ずしも緊縮を徹底しているわけではなかった。しかし高橋市長は、就任直後から本格的な緊縮、事業廃止にとりかかる。

　高橋市長はその後も緊縮財政を続けつつ、市政の重要課題は合併問題へと移行していく。合併問題の紆余曲折についてここでは詳しくは述べないが、合併反対論者であった加茂市長の小池清彦から、「三条市の合併推進は三条市の借金を合併市町村に肩代わりさせるために行おうとしている」と指摘された[286]こともあってか、合併の推進とともに、財政緊縮路線を継続していくことになる。

　なお、2003（平成15）年4月には人事交流として、総務省からキャリア官僚であり、のちに高橋の後任市長となる国定勇人が三条市に着任する。国定は当初は部長待遇の情報政策課長だったが、2004（平成16）年7月13日の水害以後は、災害対応マニュアルの策定や、合併へ向けた経営戦略プログラムのとり組みなどを任せられるようになり、当初2年の予定であったところ、高橋市長からの懇願もあり、1年延ばして3年間三条市職員として働くこととなる[287]。なお役職としては情報政策課長から、水害後は災害対策本部長、3年目には三条市総合政策部長と、段階的に市長の側近となっていった。

第3節　小括

　三条市の社会経済秩序と政治秩序がどのように相互に作用し、ガバナンス

を形成してきたのかを整理していく。これを時代を区分しながら説明すると
すれば、①多元競争の統治構造の時代（1947年頃〜72年頃）、②やや協調的な
体制での時代変化に合わせた地域整備の時代（1972年頃〜90年頃）、③再び多
元競争の時代（1990年頃以降から合併まで）に分けて考えることができる。

①多元競争の時代（1947年頃〜72年頃）

これは土田市長から渡辺市長の時代までおよそ25年間であり、多元的に
存在していた市政をめぐる各アクターが、競争を繰り返していった時代であ
る。

独立自尊でしぶとく、したたかな商人が育ってきた三条市では、支配的な
有力者がいないなかで多元的に地域が治められていく経験が、歴史的に積み
重ねられてきた。そしてその積み重ねには、三条市の置かれた地理的環境も
影響しているだろうことが推測できる。信濃川が流れる越後平野に位置し、
新潟と長岡という県内の重要都市の中間にあって、常に他地域との競争を強
いられる環境に置かれた地域で商人が勝ち抜いていくのには、しぶとさとし
たたかさは必須のものであろう。そういったなかで三条市に根づいて残った
人々には、自身の経験への自信が育まれ、独立自尊の風土が生まれてくる。

そのような文化風土の三条市政においては、各セクターのリーダー同士は
競争関係となり、主に市議会をアリーナとして繰り返される議長人事をめぐ
る攻防に象徴される離散集合が繰り返されていた。市長選挙でも、金子市長
の時代は無投票による当選もあったが、選挙のたびに市長派の支持連合が再
編成される状態であった。その様子は「独立自尊であるが協調性が欠如し、
時には足の引っ張り合いをおこす」という二条人の気質[288]として伝えられ
た姿と非常によく重なる。

このように多元的な状態での市政は、市長の立場からすると不安定な体制
で政策を推し進めていかざるをえない。そういったなかでも、土田市長は三
条市の市街地の中心となる五十嵐川と信濃川との合流点付近の水はけの悪さ
による危険性を強調し、下水道事業を進めていったが、当時の技術不足もあ
って事業を想定どおり進められず、市財政への負の影響が残ることになる。

金子市長時代も離散集合を繰り返す議会のなかで、目下とり組むべき課題として避けて通れなかった財政赤字対策が進められた。一方で他地域で地域開発の波が本格化してくるなか、三条においてはそれに乗じようとする動きが大きなものとならないのも、独立自尊の気質から来る特徴といえる。

　当時の三条市の地域経済は、政治行政に頼らずとも一定の成長が見られる状況だった。特段市政として経済牽引策などを実施しなくとも、経済の成長が果たされ、市民生活の質を向上させることができていた。そのような社会経済秩序のなかで、市政として長期的な展望に立つ成長戦略や、国からの事業誘導をこの時期に積極的に推し進める必要性の認識が、市民および政界関係者の間に広がっていく必然性はなく、それまでと同じような政治秩序をもとにした、多元的な競争によるガバナンスが繰り返し行われていったと理解することができる。

②やや協調的な体制での時代変化に併せた地域整備の時代（1972年頃～90年頃）

　三条市では様々な勢力が離合集散していくなかで、稲村市長の誕生による革新市政となる時代を経験することになった。これをきっかけに、三条市における政治秩序の変化が生じたとみることができる。革新市政の誕生の裏側で、保守系勢力の結束が高まっていったからである。

　稲村市長誕生後、市議会議長の座などをめぐる闘いをはじめ、それまで各勢力で幾度となく紛糾してきた市議会に落ち着きが生まれてくる。稲村市長時代は、オイルショックによる国の総需要抑制政策の影響を受け、自治体としても慎重な財政政策が求められることになった。今後も経済成長が続くかどうかへの不安が出てきたこともあり、かつて多元的に紛争を繰り返していた保守勢力が一定の協調体制をとるようになる。

　保守勢力は必ずしも足並みが一致していたわけではなかったが、稲村市長が二期目を目指す市長選挙では対抗を擁立し、滝沢市長を誕生させる。その後の市長選挙としては、滝沢市長が一度、滝沢市長の辞職ののちに出馬した内山市長は二度にわたって無投票が続き、議会人事も以前と比べて落ち着いた状況が続いていった。このような協調的な体制構築の背景には、滝沢・内

山両市長時代の政策面での主要課題となっていた、五大事業の推進に対する共有認識があったと考えられる。それまで大規模な公共事業を完遂させた経験の乏しい三条市でも、戦後の経済発展による社会変化のなかで、保革のイデオロギー対立を超えて必要とされた課題に対して、五大事業の名のもとに一定の協調路線がとられていったと考えられるのである。

一方で、五大事業は鉄道高架事業や土地区画整理事業など、確かに土木関係事業が主なものであったが、これを成し遂げることで地域の社会経済構造を変えていくことまでは想定されてはいなかっただろう。自動車の普及、高速交網の到来といった、全国的な社会経済変化の時代にある程度見合ったインフラ整備を主体とした事業が多く、その意味では地域における既存の社会経済秩序を維持していくために必要な事業の実施と位置づけられる。推進しているものは確かに開発事業だが、既存の地域秩序の維持を優先するものとみることができるのである。

③多元競争の再来（1990 年頃以降から合併まで）

五大事業が終盤にさしかかると、しばらく続いた市政における各アクターの協調的な関係が崩れはじめることになる。この頃は、事業の目処がついてきたこととほぼ同時に、内山市長の時代に建設工事の請負契約をめぐる審議の不手際、五大事業推進のための中央へのパイプとして滝沢・内山両市長が頼っていた田中角栄の政界引退という出来事も発生していた。このようななかでそれまで連続2回の無投票当選を果たしてきた内山市長の、三度目となる1991（平成3）年の選挙では、4名の候補者が乱立することになる。この選挙では内山が大差で勝利するが，協調的な体制の崩壊は目に見えるものになってくる。

その後の長谷川市長、高橋市長の選挙においても、群雄割拠するなかで離合集散していく連合形成の姿が見られることになる。かつてのような市議会での紛糾の数は減ったものの、多元的な政治状況に戻っていったと考えられるのである。バブル経済が崩壊し、不況の波にさらされる時代に突入していった時期である。三条市内でも、製造業や卸売小売業の就業者数の減少が見

られていくものの、まだまだ多数を占める中小零細企業の事業者が、厳しい
経済状況のなかで各自が生き残りを図ろうとしていくようになったことや、
国政での自民党一党優位体制の崩壊なども影響しているといえよう。

　また、多元競争的な状況のなかでは、市長ないし特定勢力の意向を強く反
映した大規模な公共事業の実施は難しい。一方で、地域経済の停滞が続くこ
とで税収は伸び悩み、財政問題は進行していく。そのようななかで、市政に
おいて当時全国的な潮流にもなっていた行財政改革や市民サービスの質向上
をめざす動きが推進されることは、市民にとっても受け入れやすいものと考
えられる。

三条市政のダイナミズム

　本章の最後に、ここまで確認してきた三条市政の動態から導き出せる含意
を、2つ提示することとしたい。

　1つは都市の政策志向の理論として一般的とされる Peterson の *City
limits*[289] とは異なる姿が導き出せたことである。*City limits* では、自治体は
地域の経済力を高めるための開発政策を重点的に行い、税負担能力の低い人
を引きつける再分配政策を控えていく傾向にあるとしている。しかしなが
ら、三条市政からは、どちらにも積極的にならない姿が見てとれる。これは
当時の経済状況を考えると、市政が関与しなくても一定の経済成長が果たさ
れる条件が整っていたためかもしれないが、当該理論の限界の存在を示すも
のといえよう。

　2つ目は住民気質の形成と市政との関係である。本章では民俗研究をもと
に導き出された、三条人の気質とされるものを紹介したが、それこそが三条
市政を生み出す源泉となっているように思われる。三条市では、支配的な有
力者がいないなかで地域が多元的に治められていく経験が、歴史的に積み重
ねられてきていた。

　その積み重ねには、三条市の置かれた地理的環境も影響しているだろうこ
とはすでに指摘したとおりである。歴史と環境によって育まれた三条人の独
立自尊の気質は、市政の局面においても公共事業への期待や依存が高まらな

い自立的なガバナンスを形成していくことになったのだろう。三条市の分析からは、地理や歴史や民俗学的なものとして語られる要素と自治体のガバナンスが不可分な関係にあるのではないかという指摘もできる。

注
1 氷見野良三（1990）『三条の印象』三条税務署、12–13 頁。
2 燕市に隣接していた大島村大字井戸巻地区は自主的な住民投票を経て同年3月に燕市に編入された。
3 また 1960（昭和 35）年4月に栄村の一部の栗舟地区、今井地区が三条市に編入された。
4 三条史料調査会編（1956）『三條市史資料』215 頁。
5 また、この三条人の気質については、嶋崎隆（1983）「大島論文における「三条人気質」と経済発展の弁証法」一橋大学社会学部『地域社会の発展に関する比較研究──新潟県三条市を中心として』7–21 頁でも検討されている。
6 『北越公論』1965（昭和 40）年2月7日。
7 三条市史編纂委員会（1983）『三条市史下巻』199–213 頁。
8 三条史料調査会編（1956）前掲 216 頁、三条市史編纂委員会（1983）前掲 602 頁。
9 なお、三条市の戦後の好景気の背景には戦時中になされた軍需品増産体制の強化の恩恵も存在したようである。戦時中の市内の工場体制の強化に関しては、1937（昭和 12）年に発足した（第一次）近衛内閣のもとで商工参与官をしていた南蒲原郡出身の佐藤謙之輔と三条出身の海軍機関中佐で当時商工省特殊鋼課長をしていた大橋謙一のいわば軍・商工省ルートを頼りに、当時三条鉄工機械金属連合会理事長野水吉次と当時三条市助役であった渡辺常世らが軍需産品生産体制の近代化を名目で陳情に行き、これが功を奏して当時の補助金の額としては高額とされる 26 万円の補助金を受けられることとなり、野水が社長となって三条機械株製作所式会社を設立がなされ、比較的大規模な機械工場の設備が整うことになった、とする記録もある（渡辺常世〔1975〕『私の履歴書』野島出版、45–46 頁）。
10 『越後ジャーナル』1985（昭和 60）年3月15日。
11 産業中分類である。1969 年調査より「機械製造業」は「一般機械製造業」として改められているが、ここでは旧来からの表記に合わせた。第2章以降も同じ要領で表を作成する。
12 三条史料調査会編（1956）前掲 516 頁。
13 とはいえ当時、金物業者は製造と卸が明確に分かれていたわけではなく、組合幹部の面々は戦前の金物製品工業組合と重なる人物も多かった。
14 三条市史編纂委員会（1983）前掲 756 頁。
15 三条市史編纂委員会（1983）同上 779 頁。
16 これに関連して氷見野良三は次のように述べている。
   「三条で特徴的だと思いますのは、経済団体が多くて活発だということです。経済情報を、外から一方的に摂取するのではなくて、地域のなかで発信し受信する活動が盛んだということです。例えば、ロータリークラブが三つ、ライオンズクラブが二つもある。青年会議所は他の町にもあるが、三条には独自のエコノミークラブや TM クラブ（トップマネジメントクラブ）がある。三条工業会もある。（略）三条の親分衆は、周辺市町村の親分衆と違って広域組織に属さず、独立を保っているとも聞きます。こうした独立心

が、文化的な面でも一方的な中央依存を防いでいるのではないかと思います」（氷見野良三〔1990〕前掲）。

氷見野は経済団体活動の活発性という文脈でこのことについて述べているが、含意を読みとれば同じ、あるいは似たような業界内で多極化していることを示しているといえるだろう。

17 既存の状況のなかでなんとか経営を維持している企業や、業績下降気味な企業にとっては、成長著しい企業が市内で事業拡大を行っていった場合、市内の物価上昇、賃金上昇につながる可能性があり、結果的に経営圧迫要因となる。そのため、それら企業にとっては好ましいものではない。一方で成長著しい企業にとっては、近隣地域において工場団地造成や税制優遇をはじめとした各種優遇策を準備し、迎え入れる地域がある。そのような地域は物価や労働者の賃金水準も三条市内と比べて抑えることができる。このように土地取得、賃金・物価という面からも好都合なのである。そのため、三条市から近隣地域の工場団地に移転や工場の新設を行っていった企業としては三条市内発祥の企業である、家電の燃料器具メーカーのコロナ（旧内田製作所）や家電全般の製造を行うツインバード工業は、低開発地域工業開発地区指定を受けた柏崎や吉田町（現燕市）に工場を移転し、また、燃料器具メーカーのダイニチ工業などがあるなども白根市（現新潟市）で新規に造成した工業団地へ移転している。

18 『三條新聞』1947（昭和22）年2月23日。また、内山勇吉はのちの市長内田裕一の実父である。

19 『三條新聞』1947（昭和22）年3月25日。

20 姓が異なるのは、亘四郎が幼少の頃に寺泊で廻船問屋を営む素封家であった亘家の養子に入ったからである。

21 襲名をしたため、市長となった土田治五郎は先代治五郎と同じ治五郎を名乗った。なお、市長となった土田治五郎自身も三条市内有数の素封家の出身であったが、土田家のほうがより有力な素封家であったこともあり、市長となる土田治五郎は婿養子として土田家に入ることとなった。そのため、政治と関わることを良しとしない先代治五郎の前では、直接的に動くことはできなかったとされる。

22 『越後ジャーナル』1979（昭和54）年11月16日。土田は、戦中は三条南蒲原食品統制組合理事長として三条周辺の食品配分機構を統制した。土田は1939（昭和4）年調査時点で三条町で12番目の価値の農地をもつ資産家（岩井家）の出自であるが、同調査で5番目の農地資産をもつ土田家に婿入りし、戦中先代土田治五郎の死去をもって土田家の家督を継いだ（『越後ジャーナル』1979〔昭和54〕年12月7日）。

23 『三條新聞』1947（昭和22）年3月30日。

24 『三條新聞』1947（昭和22）年2月23日。外山は一時、社会党に入党し、社会党の支援を依頼したものの断られたようである。

25 『越後ジャーナル』1979（昭和54）年12月7日。

26 『三條新聞』1947（昭和22）年3月25日。

27 『三條新聞』1947（昭和22）年3月25日。

28 三条市史編纂委員会（1983）前掲733-734頁。

29 ちなみに事前の情勢報道では、成田茂八か社会党の韮澤平吉が二位となるのではないかと予想がされていた。なお、社会党の韮澤の得票が伸び悩んだ背景としては、韮澤と当時の三条市の社会党の象徴的人物であった稲村隆一の間で折り合いが悪かったことがあげられる。稲村隆一は戦前から三条市周辺で農民運動のリーダーであり、三条市の社会党は稲村隆一の個人的支持者が多く、対して韮澤は非主流派に位置づけられる人物であった。韮澤は社会党三条支部からの立候補要請を受諾して立候補したが、稲村隆一とその支持者らの支援を受けることができなかった。なお、韮澤を支援しなかった社会党支持者層の一部は、中立を標榜し

て立候補した成田茂八の支援に回ったとのことである。ここに、当時の三条市の社会党の組織基盤の脆弱性も窺える（『三條新聞』1947〔昭和22〕年3月22日、4月10日、『越後ジャーナル』1979〔昭和54〕年11月16日、12月14日）。

30　外山のほか、吉田以外の土田、成田、韮澤の三者は地主・事業家で、いわば名望家層の人物であったとされる（『越後ジャーナル』1979〔昭和54〕年12月7日）。

31　『越後ジャーナル』1979（昭和54）年12月28日、1980（昭和55）年1月18日、『三條新聞』1948（昭和23）年6月13日、27日。

32　『三條新聞』1948（昭和23）年10月17日。

33　『越後ジャーナル』1980（昭和55）年2月29日、『三條新聞』1949（昭和24）年1月9日。リコール運動では、1948（昭和23）年9月19日に署名者数1万184名の市長解職請求書名簿を市選挙管理委員会に提出した。しかし、一部の書類に不備があるとして、市選挙管理委員会はこれを却下した。市政刷新同盟は再度署名運動を展開し、10月18日に9070人の署名簿を提出した。これは当時の三条市の場合に解職請求に必要な署名数7756名を上回り、市選挙管理委員会は12月14日に正式に受理することとなった。市選挙管理委員会はただちに土田市長に対して弁明書を翌年1月2日までに提出するように通知したものの、土田市長はこの間に市議会に辞職を届け出て、1月4日に市議会の承認を得て辞職が承認されたのである（三条市史編纂委員会〔1983〕前掲740-741頁）。

34　そのうち成田は、当時三条市内で亘代議士を要して大勢だった当時の民自党（のちの自由党の前身政党）を背景とし、土田が出馬の意思を示す前に出馬表明を行い、結果的に土田も出馬することになったため、民自党が分裂選挙を行う形となった（『越後ジャーナル』1980〔昭和55〕年3月7日）。

35　このように多数の候補者が出ているが、これは当時の公職選挙法において、二位までに食い込めば当選の可能性があったということ、加えて当時は市議会議員の身分を有したまま立候補することも可能であったことなど、立候補にあたっての障害と期待が、今日とは異なる条件であることを勘案する必要がある。

36　『三條新聞』1949（昭和24）年1月30日。

37　『三條新聞』1949（昭和24）年2月6日、8日。

38　共産党が社会党側の了承なしに共産党と社会党との協力関係を明示した久住派のチラシを作成し、市内に配布されたことによって両党間での衝突が発生する。なお、そのチラシは久住の経営する印刷会社で印刷されたものとして久住の関与が疑われたものの否認をしている（『三條新聞　号外』1949〔昭和24〕年2月9日）。

39　『三條新聞』1949（昭和24）年2月9日号外。また、久住は三条市の社会党のリーダーであった稲村隆一との関係が良好では無かったといわれており、それが原因で市政刷新同盟と社会党の関係が悪化したとされる（『越後ジャーナル』1980〔昭和55〕年3月20日）。

40　『三條新聞』1949（昭和24）年2月20日。

41　『三條新聞』1949（昭和24）年2月6日、2月20日。

42　議会での虚偽の説明とは、隠し赤字の金額が2500万円ほどであったが、その数字を「赤字総額を分数にしたもの」として説明されていたことである（『北越公論』1956〔昭和31〕年4月18日）。

43　『越後ジャーナル』1980（昭和55）年4月18日。

44　荒町ポンプ場と嵐北排水区は1955（昭和30）年8月の時点でようやく完成した。この完成の時点で嵐南地区のその後の幹線部分の完工は2年後の1957（昭和32）年とされていた（『北越公論』1955〔昭和30〕年8月31日）。

45　例えば、当時の三条市内の財界の有力者である第四銀行三条支店長中村一郎などは、不衛生

な三条における下水道工事を殊勲として擁護しているし、三条金物株式会社社長の岩崎又造なども擁護している（三條新聞 1952〔昭和27〕年11月27日）。

46　『三條新聞』1952（昭和27）年12月14日、1953（昭和28）年1月4日。ここで野党と示している勢力は市議会における反土田派のことである。

47　『三條新聞』1953（昭和28）年1月4日。

48　『三條新聞』1953（昭和28）年1月1日。

49　『三條新聞』1953（昭和28）年1月22日。

50　『三條新聞』1953（昭和28）年1月22日。

51　具体的には放漫財政や独善的な態度、私生活問題の指摘があげられた（『三條新聞』1952〔昭和27〕年12月11日、21日、1953〔昭和28〕年1月1日、22日）。

52　この疑惑は「新保の池は、三条市長渡辺常世に払下げとなったものを、いつの間にか三条市長の肩書を取って個人の渡辺常世となってしまった。こんな人が再び市長になったら大変なことになる」と土田派から疑惑をあげられ、糾弾を受けたものである。渡辺常世本人は市長就任以前の土地取引であり、そのような事実はないとするものの、選挙戦の最中に真相を明らかにする書類が見つからずに反論ができず、落選の要因になってしまったと考えられる。またその証明書類とされるものは渡辺の回顧録に収められている（渡辺常世〔1975〕前掲）。

53　『越後ジャーナル』1980（昭和55）年5月9日、16日、23日、6月13日。

54　大島村の一部（旧大島村井戸巻地区）は、この時、燕市と合併している。

55　鉄の結束を誇るといわれた田中角栄の後援会である。農業者、土建業者などが会員の中心となり、全盛期には越後交通内に置かれた事務局で毎月機関紙『越山』が発行され、野球大会などの会員同士の交流イベント、国会見学ツアー、有名歌手などを各地の催し物会場に招いての歌謡ショーなども頻繁に行われた。旧新潟三区全区で幅広い会員を有していたが、長岡市、見附市、三条市、加茂市など柏崎以外の市部では支持者の拡大が比較的遅れ、農村部に特に強固な地盤とした。田中角栄没後は星野行男の後援会である「越星会」と田中角栄の娘の「田中真紀子後援会」に分派する。

56　『越後ジャーナル』1980（昭和55）年7月4日、『三條新聞』1955（昭和30）年2月10日、11月6日。

57　この時、土田市長も亘四郎にしたがって日本民主党入りの選択肢はあったものの、すでに三条市の日本民主党が渡辺常世を中心とする体制ができあがり、渡辺常世は民主党新潟県支部副会長に就くなど直接対決を行った市長選挙以前からの個人的な敵対感情があり、協調を嫌ったこと、自由党に残った田中角栄との関係で最後まで少しでも田中に有利なようにしたかったことなどから拒否したとされる（『三條新聞』1955〔昭和30〕年1月30日、『北越公論』1955〔昭和30〕年1月26日）。

58　渡辺が結成した自由党三条支部は亘が日本民主党入党時には解散していた。

59　これは同年4月に行われる県議会議員選挙出馬への布石でもあった（『三條新聞』1955〔昭和30〕年1月13日）。

60　名誉顧問は田中角栄、土田治五郎、野水吉次（県議会議員）の3名である（『北越公論』1955〔昭和30〕年2月9日）。

61　『北越公論』1955（昭和30）年2月9日。なお、市政擁護の幹部には久保清作や神山千代松など後の三条越山会の結成に関与する者が多い。

62　『三條新聞』1955（昭和30）年5月5日、『北越公論』1955（昭和30）年6月8日。

63　『北越公論』1956（昭和31）年2月1日。

64　『北越公論』1956（昭和31）年4月11日、8月15日、11月28日、12月5日、『三條新聞』1955（昭和30）年9月8日、11月27日、12月18日、1956（昭和31）年2月5日、4月19

日、9 月 23 日、10 月 11 日、11 月 29 日、1957（昭和 32）年 1 月 6 日。

65 『北越公論』1956（昭和 31）年 3 月 14 日、4 月 11 日、25 日。

66 『北越公論』1956（昭和 31）年 7 月 18 日、8 月 15 日。

67 『北越公論』1956（昭和 31）年 8 月 15 日。

68 『北越公論』1956（昭和 31）年 8 月 22 日。

69 『北越公論』1956（昭和 31）年 9 月 12 日、8 月 22 日。

70 『北越公論』1956（昭和 31）年 12 月 12 日、『三條新聞』1956（昭和 31）年 12 月 6 日。

71 『北越公論』1956（昭和 31）年 9 月 5 日、12 日。

72 『三條新聞』1956（昭和 31）年 10 月 11 日、『北越公論』1956（昭和 31）年 9 月 27 日。

73 『北越公論』1956（昭和 31）年 12 月 5 日。

74 『北越公論』1956（昭和 31）年 12 月 19 日、1957（昭和 32）年 1 月 1 日。

75 『三條新聞』1956（昭和 31）年 12 月 9 日。なお、結局桑原に内定したのは、公認しなくとも脱党して無所属ででも選挙に臨みかねない態度に押されたからであったとされる（『三條新聞』1957〔昭和 32〕年 1 月 1 日）。

76 『三條新聞』1957（昭和 32）年 1 月 6 日、10 日。

77 この時点で土田市長は結核性急性腹膜炎と診断されたとのことである（『三條新聞』1957〔昭和 32〕年 1 月 10 日）。

78 『北越公論』1957（昭和 32）年 1 月 16 日。

79 『三條新聞』1957（昭和 32）年 1 月 16 日、『北越公論』1957（昭和 32）年 1 月 27 日。

80 『三條新聞』1957（昭和 32）年 1 月 19 日。

81 『三條新聞』1957（昭和 32）年 1 月 16 日。

82 『三條新聞』1955（昭和 30）年 6 月 5 日、1957（昭和 32）年 1 月 26 日。

83 『三條新聞』1957（昭和 32）年 1 月 26 日。

84 『三條新聞』1957（昭和 32）年 1 月 23 日、『北越公論』1957（昭和 32）年 1 月 20 日。

85 『三條新聞』1957（昭和 32）年 2 月 21 日、24 日。

86 『北越公論』1957（昭和 32 年）5 月 1 日、6 月 12 日、10 月 2 日、12 月 4 日、1958（昭和 33）年 9 月 22 日、1959（昭和 34）年 5 月 10 日、17 日、8 月 2 日、1960（昭和 35）年 1 月 10 日、1964（昭和 39）年 1 月 12 日。

87 具体的には機構改革、支所・出張所の廃止などの行政整理などを通して財政再建の道を歩んでいくこととなった。機構改革では土田市政下において新設した総務部、建設部、民生部、経済部の廃止を行い、さらにはこの機に部長級、課長級幹部職 7 名の勧奨退職が行われるなど、組織のスリム化が図られた。勧奨退職を行った人物らは元建設部長、元民生部長、元養老院長、元経済部長、元農林課長、元厚生課長、元消防署長の 7 名で、勧奨退職にあたっては済生会三條病院事務長や大光相互銀行などの職が斡旋されるといった配慮がなされた（『北越公論』1957〔昭和 32〕年 5 月 8 日、『越後ジャーナル』1980〔昭和 55〕年 10 月 10 日）。

88 信濃川河状整理問題では、農民が農地として利用していた河川敷の一部を河状整理によって造成し、その造成地を公共用地にしようとしたことで、補償なしでとりあげられる形となった農民によって反対運動が行われ、事業が中止となった。高校新設問題では、新潟県の県央地域に工業高校の新設の話がもち上がった際に、三条市内ではなく、三条市とのライバル意識の強い燕市での新設に金子市長、渡辺常世県議が同意したことによる三条市内での批判が高まっていたことである。栄村の分村問題は栄村の一部分村、当該地区の三条市への合併を試みようと画策するも失敗し、むしろ内政干渉であったと批判を受けた問題である（『三條新聞』1960〔昭和 35〕年 12 月 22 日、『越後ジャーナル』1980〔昭和 55〕年 10 月 24 日、10 月 31 日、『北越公論』1961〔昭和 36〕年 1 月 1 日）。また、工業高校問題については、燕市には

燕工業高校が設置、三条市にも三条市内の三条実業高校の工商分離によって三条工業高校を設置するということで決まった。のちに両校は統合され、2004（平成16）年に新潟県央工業高校としてスタートしている。

89　『三條新聞』1960（昭和35）年12月8日。

90　『三條新聞』1960（昭和35）年12月22日、『三條新聞』1961（昭和36）年2月18日。

91　この選挙に際して桑原謙一が一時出馬の意向を示したが、1960（昭和35）年11月に行われた衆議院選挙において、桑原が後援会組織の会長として支援した衆議院議員大野市郎の市内の得票が伸びなかったこともあり、出馬に関して消極的な態度となる。また稲村隆一は、1958（昭和33）年の総選挙で落選し、浪人中の身であったこともあり、社会党や共産党から擁立の声が上がるものの、本人の国政への意欲が高かったことから擁立にいたらなかった（『北越公論』1960〔昭和35〕年10月25日、1961〔昭和36〕年1月22日、『三條新聞』1960〔昭和35〕年10月20日、23日、27日、12月1日）。

92　『北越公論』1961（昭和36）年2月5日、『三條新聞』1961（昭和36）年2月19日。

93　『北越公論』1961（昭和36）年7月23日。

94　『北越公論』1961（昭和36）年11月19日、1962（昭和37）年8月12日。

95　『北越公論』1962（昭和37）年9月28日。

96　『三條新聞』1964（昭和39）年9月11日。

97　『北越公論』1960（昭和35）年11月20日、1965（昭和40）年1月1日。

98　『越後ジャーナル』1980（昭和55）年11月7日。

99　『三條新聞』1963（昭和38）年1月1日、1964（昭和39）年1月1日、『北越公論』1964（昭和39）年1月26日。

100　『三條新聞』1964（昭和39）年1月1日、『北越公論』1964（昭和39）年4月12日。

101　『三條新聞』1964（昭和39）年11月20日。

102　旧新潟三区選出の衆議院議員亘四郎（県知事、参議院議員も経験する）の後援会である。もともとは「亘四郎後援会」あるいは各地で「亘派」と呼ばれていたが、亘四郎の所属派閥である自民党派閥河野派の派閥名称である「春秋会」の名を用いて後援会名とした。そのため、一時期の新聞などでは「中越春秋会」と称している場合もあるが、本稿では「春秋会」として表記する。亘が衆議院議員を離れた晩年は中曾根康弘（旧河野派から分派した派閥「新政策同志会」の領袖）の秘書であった渡辺秀央の後援会となる「秀央会」の母体となる。主に地盤地域とした地域は寺泊町、三条市、加茂市、南蒲原郡。本章では「亘派」、「春秋会」の双方の表記を用いているが、それぞれ当時の新聞で使われていた表現に則して記載している。

103　『三條新聞』1964（昭和39）年11月11日、『北越公論』1964（昭和39）年11月5日。

104　『三條新聞』1964（昭和39）年12月1日、12月8日。

105　『三條新聞』1964（昭和39）年10月24日、三条の自民党は1955（昭和30）年の保守合同から1962（昭和37）年まで、自民党三条支部は実質的に亘派のみしか支部運営に参加していない状態であった。それが1962（昭和37）年の12月に再建大会が開かれ、党支部幹部が一新することで各派の連合組織となる自民党三条支部となった（『北越公論』1962〔昭和37〕年12月9日、12月16日）。

106　『北越公論』1965（昭和40）年1月10日、17日。

107　『三條新聞』1964（昭和39）年11月5日。

108　『三條新聞』1965（昭和40）年1月8日。

109　『三條新聞』1965（昭和40）年1月9日。

110　『三條新聞』1965（昭和40）年1月10日。

111　『三條新聞』1965（昭和40）年1月14日、17日、18日、19日、『北越公論』1965（昭和40）

年 1 月 10 日、17 日。

112 『三條新聞』1965（昭和 40）年 1 月 20 日。

113 『北越公論』1965（昭和 40）年 1 月 31 日。

114 『北越公論』1965（昭和 40）年 9 月 19 日。

115 『北越公論』1965（昭和 40）年 12 月 12 日、『越後ジャーナル』1981（昭和 56）年 2 月 20 日、27 日。

116 『北越公論』1965（昭和 40）年 6 月 6 日、12 月 5 日、『越後ジャーナル』1981（昭和 56）年 3 月 13 日。

117 『三條新聞』1968（昭和 43）年 10 月 23 日、11 月 23 日。

118 『三條新聞』1968（昭和 43）年 12 月 5 日。

119 高野市長が出馬しなければ保守系候補の乱立の可能性があり、選挙、さらにはその後の市政運営がさらに混乱することが予想された。そこで市政のさらなる空転を回避するのも考慮して高野が再出馬を受け入れたといわれている（『三條新聞』1968〔昭和 43〕年 12 月 10 日、11 日、12 日）。

120 『三條新聞』1968（昭和 43）年 12 月 26 日、1969（昭和 44）年 1 月 7 日。

121 『三條新聞』1969（昭和 44）年 1 月 9 日。

122 『三條新聞』1969（昭和 44）年 1 月 12 日。

123 『三條新聞』1969（昭和 44）年 10 月 13 日。

124 『三條新聞』1969（昭和 44）年 10 月 20 日、22。なお、高野の経営していた会社は次期市長が決定した翌日に不渡手形を出すなど、市長在任中は大変苦しかったようである（『三條新聞』1969〔昭和 44〕年 12 月 2 日）。

125 『北越公論』1965（昭和 40）年 3 月 14 日。

126 『越後ジャーナル』1981（昭和 56）年 2 月 20 日。

127 『北越公論』1965（昭和 40）年 4 月 18 日。

128 『北越公論』1965（昭和 40）年 8 月 8 日。

129 『越後ジャーナル』1981（昭和 56）年 4 月 17 日。

130 『三條新聞』1965（昭和 40）年 2 月 5 日、『北越公論』1965（昭和 40）年 4 月 18 日。

131 『三條新聞』1969（昭和 44）年 1 月 13 日。

132 『越後ジャーナル』1981（昭和 56）年 4 月 3 日。

133 『三條新聞』1969（昭和 44）年 10 月 24 日。

134 『三條新聞』1969（昭和 44）年 10 月 31 日、11 月 4 日、5 日、9 日、12 日。

135 『三條新聞』1969（昭和 44）年 11 月 14 日、20 日。

136 『三條新聞』1969（昭和 44）年 11 月 17 日。

137 『三條新聞』1969（昭和 44）年 11 月 23 日。

138 『三條新聞』1969（昭和 44）年 11 月 23 日、12 月 1 日。

139 『三條新聞』1969（昭和 44）年 12 月 1 日。

140 『北越公論』1971（昭和 46）年 2 月 27 日。大谷ダムは当初五十嵐川ダムと呼ばれていた。

141 『三條新聞』1972（昭和 47）年 2 月 4 日、33 日、『北越公論』1972（昭和 47）年 1 月 15 日。

142 『三條新聞』1972（昭和 47）年 3 月 11 日、12 日。

143 『三條新聞』1972（昭和 47）年 5 月 21 日、10 月 19 日。

144 『三條新聞』1972（昭和 47）年 5 月 31 日、6 月 1 日。

145 旧新潟三区選出の衆議院議員大野市郎の後援会である。大野市郎の後援会は 1963 年頃までは大野市郎後援会と称していたが、1963 年の第三十回衆議院議員総選挙での落選を機に徐々に選挙区内の各自治体レベルでの後援会名称を大和会に改称していったとされる。大野市郎引

退後、一部は桜井新の後援会である一新会に合流する。主に地盤とした地域は長岡市、栃尾市、古志郡。大野市郎は自民党内では佐藤栄作派で農林族議員とされた。

146 『三條新聞』1972（昭和47）年6月2日。

147 磯野は当初「その面には興味もないし、任ではない」と伝えられていた（『三條新聞』1972〔昭和47〕年6月1日）。

148 金子左武郎自身が家庭の事情から選挙に出ることができないため、その代わりとして磯野を支援することで義理を果たそうとしたとも伝えられている（『北越公論』1972〔昭和47〕年6月10日、9月2日）。

149 『三條新聞』1972（昭和47）年6月7日。

150 大蔵省主税畑で池田勇人、大平正芳に重用され、主税局長を経て政界入りした村山達雄の後援会である。山紫会の名称は大交相互銀行会長、新潟総合テレビ社長、長岡商工会議所会頭などを歴任した駒形十吉が命名したとされる。出身地の長岡市を主な地盤としたが、市部の商工業者、金融関係などに一定層の支持層を有していた。

151 『三條新聞』1972（昭和47）年6月21日。

152 『三條新聞』1972（昭和47）年6月8日。

153 『三條新聞』1972（昭和47）年6月22日、7月2日。

154 『三條新聞』1972（昭和47）年7月5日。

155 『三條新聞』1972（昭和47）年6月30日。

156 『三條新聞』1972（昭和47）年7月12日、『北越公論』1972（昭和47）年6月10日、7月15日。また、稲村当選の影には一時出馬に意欲を示した当時市議会議長であった滝沢賢太郎を支援する一部のグループが稲村への投票へ回ったともいわれる。また、この選挙の敗北によって嵐川会は選挙前までは「時の市長と亘四郎（当時は新潟県知事）と田中角栄を支援する」ことを目的としていたが、選挙後「亘知事と田中角栄を支援する」会として目的を変更するに至った。

157 『三條新聞』1972（昭和47）年7月20日、『北越公論』1972（昭和47）年7月22日。

158 『越後ジャーナル』1981（昭和56）年12月4日。また、陳情については完全に拒否して議長らの陳情に同行することすら無かったというわけではなく、場合によっては参加していたこともあるようである（『北越公論』1976〔昭和51〕年1月31日、2月14日）。

159 『北越公論』1973（昭和48）年7月14日。

160 『三條新聞』1972（昭和47）年9月15日。

161 市長選挙が終わった当初の議会の勢力構成としては、保守系が23名、社会・共産・公明の各党合わせて10名、比較的中間的な態度を取っていた民社党と無所属議員が計3名であった（『北越公論』1975〔昭和50〕年5月3日、『越後ジャーナル』1981〔昭和56〕年12月4日）。

162 『北越公論』1975（昭和50）年5月10日、『越後ジャーナル』1981（昭和56）年12月4日。

163 『越後ジャーナル』1981（昭和56）年11月27日、『北越公論』1975（昭和50）年11月11日。

164 『三條新聞』1976（昭和51）年4月13日、14日。また、1968（昭和43）年から着工していた石上大橋は着工したものの完成が遅れ、1975（昭和50）年12月には商工会議所が主導で石上大橋期成同盟会（会長は三条商工会議所会頭の金子左武郎）が設立され、陳情活動を進めようとするも、稲村市長派はこれにも参加はしていない（『北越公論』1975〔昭和50〕年12月6日）。

165 『北越公論』1976（昭和51）年3月6日。

166 『北越公論』1975（昭和50）年8月30日、11月15日。

167 『北越公論』1976（昭和51）年1月24日、3月6日。

168 『北越公論』1976（昭和51）年3月6日。

169 『三條新聞』1976（昭和51）年1月12日。

170 『北越公論』1976（昭和51）年3月20日、27日。

171 滝沢は現職市長に対抗する選挙となることでこの当時の情勢から市長候補は「火中のクリ」といわれていた。非常に厳しい選挙戦になることが予想され、自民党の結束が必須であった。そのため滝沢に対しては幾度か行われた立候補の要請を断りつつしばらくの間様子をうかがった上での受諾であったようである（『三條新聞』1976〔昭和51〕年4月15日『北越公論』1976〔昭和51〕年4月24日）。

172 『三條新聞』1976（昭和51）年6月24日。

173 『三條新聞』1976（昭和51）年6月24日、『北越公論』1976（昭和51）年5月29日、6月12日。

174 『北越公論』1976（昭和51）年6月26日。

175 『三條新聞』1976（昭和51）年7月5日。

176 三条市秘書課（1976）『第二回市政アンケート調査』。

177 『北越公論』1977（昭和52）年6月18日、『越後ジャーナル』1981（昭和56）年12月25日。

178 『三條新聞』1978（昭和53）年1月8日。

179 『北越公論』1979（昭和54）年7月7日、1980（昭和55）年2月2日。県知事選挙では三条市内では当選した君健男の得票を500ほど上回るものの、その他の選挙区で稲村の得票が君を上回ることはなく、約30万票の差で落選した。

180 『三條新聞』1980（昭和55）年4月6日。

181 『北越公論』1980（昭和55）年4月19日。

182 『三條新聞』1980（昭和55）年6月7日。

183 『越後ジャーナル』1982（昭和57）年6月11日。

184 『北越公論』1980（昭和55）年5月10日、24日。ちなみにこの時の選挙は衆参両院の同時選挙と最高裁判事の国民審査に加え、三条市で市長選挙、市議会議員補欠選挙も同日投票で開催されることとなっていた。市長選挙は無投票で行われなかったものの、市議会議員補欠選挙では保守系無所属の小野甚一と社会党公認の相田邦夫の1議席を争う一騎打ちとなり、保守系無所属の小野甚一が当選した（『北越公論』1980（昭和55）年6月28日）。

185 『三條新聞』1980（昭和55）年6月6日、『北越公論』1980（昭和55）年9月13日。

186 『越後ジャーナル』1982（昭和57）年6月11日、1983（昭和58）年6月3日。

187 1977（昭和52）年には自民党が『昭和52年度予算編成大綱』を発表し、1977年度予算を「景気浮揚型」とすることを求め、これにしたがって、昭和52年度の予算編成方針では、財政健全化のために一般行政費を厳格に抑制する一方、景気回復に資するため公共事業費を拡大することとしていたのである。

188 『北越公論』1077（昭和52）年6月26日。

189 『越後ジャーナル』1980（昭和55）年6月20日。

190 『三條新聞』1976（昭和51）年7月13日。

191 『北越公論』1977（昭和52）年2月23日。

192 三条市史編纂委員会（1983）前掲947頁。

193 当該県議会議員選挙においては、滝沢市長は嵐川会から立候補した嵐嘉明支持の意思表明を行ったものの、体調不良により具体的な運動にはほとんど参加できなかった。またこの県議会議員選挙では、当選が有力視されていた社会党現職の大平武が落選し、自民党渡辺秀央派の滝口恵介が大平をわずか9票差で上回り、自民党が2議席を独占する結果となった（『越後ジャーナル』1982〔昭和57〕年8月6日、1983〔昭和58〕年3月25日）。

194 『北越公論』1983（昭和58）年3月12日。

195 『北越公論』1983（昭和58）年3月26日。

196 『北越公論』1983（昭和58）年3月26日。

197 『北越公論』1983（昭和58）年3月26日。

198 『越後ジャーナル』1983（昭和58）年4月8日。

199 『越後ジャーナル』1983（昭和58）年4月29日。

200 渡辺秀央の後援会である。当初は渡辺秀央後援会という名だったが、当選を重ねたのちに改名した。母体は亘四郎の後援会である春秋会である。

201 桜井新の後援会である。桜井新は越山会青年部長から、越山会を飛び出す形で同選挙区から出馬したが、出身地である魚沼地域の農業者や土建業者を主な支持者とするとともに、大野市郎の引退と桜井新の衆議院議員出馬が重なったこともあり、大野の支援者の一部が加わった。

202 『北越公論』1984（昭和59）年3月24日。

203 『三條新聞』1984（昭和59）年2月1日。

204 助役には市長選挙にも名前があげられた鈴木春義氏が選挙後も留任し、1983（昭和58）年11月に任期満了で退職した。後任には当時収入役であった元総務課長の高坂純が昇格した。また収入役には総務課長であった古寺秀夫が就任した。なお、鈴木は再三の慰留にもかかわらず退職したとされるが、やはり体調面での不安があったようで、退職2年後の1985（昭和60）年11月に病死している（『北越公論』1983〔昭和58〕年11月26日、1985〔昭和60〕年11月30日、『越後ジャーナル』1983〔昭和58〕年12月23日、1984〔昭和59〕年3月16日）。

205 『越後ジャーナル』1986（昭和61）年10月24日。

206 『北越公論』1986（昭和61）年10月25日。

207 『北越公論』1987（昭和62）年1月1日。

208 『越後ジャーナル』1987（昭和62）年3月13日。

209 『北越公論』1987（昭和62）年1月1日。

210 『越後ジャーナル』1986（昭和61）年12月26日。

211 『北越公論』1988（昭和63）年11月26日。

212 『越後ジャーナル』1987（昭和62）年4月17日。

213 『越後ジャーナル』1987（昭和62）年4月17日。

214 約4億2000万円の費用変更であり、市の一般会計繰出金だけでも1億5000万円の追加が必要となるものであった。

215 『越後ジャーナル』1987（昭和62）年9月11日、26日、『北越公論』1987（昭和62）年9月12日。

216 『北越公論』1987（昭和62）年9月19日。

217 『北越公論』1987（昭和62）年11月28日。

218 市職員は市政に関して市長よりも高坂助役や市議会議員の顔色をうかがうようになってきたといわれる（『北越公論』1988〔昭和63〕年11月26日）。

219 『越後ジャーナル』1989（平成元）年2月1日。

220 『北越公論』1991（平成3）年1月26日。

221 そのため、長谷川の市長立候補表明の時点では具体的に誰を推すか言葉を濁したが、最終的には長谷川を支援することとなった（『越後ジャーナル』1990〔平成2〕年11月22日、12月14日、1991〔平成3〕年3月23日）。

222 『越後ジャーナル』1991（平成3）年2月21日。

223 『北越公論』1991（平成 3）年 1 月 12 日。

224 例えば、これまで滝口を支援することの多く、「滝口恵介を育てる会」の会長であった後に市長となる株式会社高儀社長の高橋一夫は、市長選挙に関しては「内山裕一を支援する会」の幹事長に就任するなど支援者のなかでのねじれがよくみられたとされる（『越後ジャーナル』1991〔平成 3〕年 1 月 26 日、『北越公論』1991〔平成 3〕年 1 月 26 日、2 月 9 日）。

225 社会党三条総支部長の大平武は自らの県議会議員選挙で手一杯で、また、当時の社会党三条支部は 1990（平成 3）年の総選挙で支部内が目黒吉之助派と坂上富男派に分かれ、地元三条出身の坂上富男が落選するという状態にあり、支部内のまとまりにも欠けている状態であったようである（『越後ジャーナル』1991〔平成 3〕年 1 月 5 日）。

226 『越後ジャーナル』1991（平成 3）年 2 月 27 日。

227 『越後ジャーナル』1991（平成 3）年 1 月 5 日。

228 『越後ジャーナル』1991（平成 3）年 2 月 19 日。

229 『越後ジャーナル』1991（平成 3）年 4 月 19 日。

230 『越後ジャーナル』1991（平成 3）年 1 月 29 日、2 月 13 日。

231 『越後ジャーナル』1991（平成 3）年 4 月 27 日。

232 『北越公論』1991（平成 3）年 9 月 7 日。

233 『越後ジャーナル』1987（昭和 62）年 5 月 8 日。

234 『越後ジャーナル』1986（昭和 61）年 4 月 11 日。

235 『越後ジャーナル』1984（昭和 59）年 2 月 17 日、『北越公論』1985（昭和 60）年 9 月 14 日。

236 『越後ジャーナル』1994（平成 6）年 10 月 7 日。

237 『越後ジャーナル』1994（平成 6）年 7 月 2 日。

238 『三條新聞』1994（平成 6）年 9 月 10 日。

239 野島出版社の社長である。野島出版は新潟県の歴史、民俗、昔話、文学、地理、産業などあらゆる分野の出版を行っており、新潟県の地方出版の分野ではリーダー的な企業である。

240 馬場側の意図としては知名度の低さをカバーしたいという点、社会党側の意図としては、馬場陣営を県議会議員選挙の際に秀央会系の人物を支援させないことを狙っていたとされる（『越後ジャーナル』1994〔平成 6〕年 10 月 18 日、『三條新聞』1994〔平成 6〕年 10 月 14 日）。

241 久住久俊は 1959（昭和 24）年選挙で当時の土田市長と争い、それ以後長らく市議会議員で市政に関与した久住久治の子息である。

242 『越後ジャーナル』1994（平成 6）年 10 月 18 日、『三條新聞』1994（平成 6）年 10 月 30 日。

243 『北越公論』1995（平成 7）年 1 月 14 日。

244 『越後ジャーナル』1994（平成 6）年 12 月 15 日。

245 『北越公論』1995（平成 7）年 2 月 11 日。

246 『三條新聞』1995（平成 7）年 5 月 2 日。

247 『越後ジャーナル』1995（平成 7）年 4 月 12 日、『三條新聞』1995（平成 7）年 2 月 20 日。

248 『越後ジャーナル』1995（平成 7）年 2 月 23 日、4 月 12 日、『三條新聞』1994（平成 6）年 10 月 30 日。

249 『越後ジャーナル』1994（平成 6）年 12 月 16 日、1995（平成 7）年 2 月 23 日。

250 『越後ジャーナル』1995（平成 7）年 2 月 21 日。

251 『越後ジャーナル』1995（平成 7）年 4 月 25 日。

252 『越後ジャーナル』1995（平成 7）年 4 月 4 日、25 日、『三條新聞』1995（平成 7）年 3 月 21 日、4 月 15 日、22 日。

253 『三條新聞』1995（平成 7）年 4 月 24 日では、滝口陣営から「やっぱり旧嵐川会は巨大」、5 月 2 日では「前回長谷川を落選させた嵐川会の長老らが 4 年間で合格点をつけた」と報じら

れるなど、旧嵐川会の動向が長谷川当選に大きく弾みをつけたと考えられるのである。

254 『三條新聞』1995（平成 7）年 6 月 20 日、28 日。そのため、イメージダウンとともに、助役、収入役、人権擁護委員候補者の推薦人事案などの提出が見送りになるなど、ぎこちない運営が目立った。

255 『越後ジャーナル』1998（平成 10）年 11 月 20 日、『三條新聞』1995（平成 7）年 4 月 24 日、6 月 23 日。

256 『三條新聞』1995（平成 7）年 10 月 20 日。

257 この時の内容としては事業削減というよりも、行政の簡素化による内部管理費の削減が主だったものであったといえる（三条市〔1996〕『新行政改革大綱』、『三條新聞』1995〔平成 7〕年 12 月 8 日、28 日、1996〔平成 8〕年 2 月 15 日）。

258 『越後ジャーナル』1998（平成 10）年 11 月 14 日、『三條新聞』1996（平成 8）年 5 月 31 日。また、その後 2004（平成 16）年 7 月 13 日に集中豪雨を受けた際、三条市内で死者 9 名、被害棟数 1 万 935、被害世帯数 7511 ともなる五十嵐川の氾濫がもたらされることとなる（7.13 水害）。

259 住民の抵抗を受け、徐々に規模縮小の話となっていったが、最終的に 1999（平成 11）年の市長選挙直前に区画整理事業の白紙撤回が決定した。『越後ジャーナル』1998（平成 10）年 2 月 12 日、『三條新聞』1995（平成 7）年 12 月 26 日、1996（平成 8 年）2 月 25 日、1999（平成 11）年 2 月 11 日。

260 『三條新聞』1997（平成 9）年 2 月 8 日、21 日。

261 『三條新聞』1998（平成 10）年 2 月 11 日。

262 燕市側の市議会議員や市長は、これらの態度によって三条に舐められているというようにとらえたようである（『三條新聞』1998〔平成 10〕年 2 月 6 日、7 日、8 日）。

263 『三條新聞』1998（平成 10）年 2 月 11 日。

264 『三條新聞』1998（平成 10）年 2 月 21 日、3 月 7 日。

265 『三條新聞』1998（平成 10）年 3 月 7 日、25 日。

266 なお、デザインについては白紙撤回され、事前調整がなされたとされる業者とは別の業者のもので決定した。また、この建設については、当初、県からの財政支援も期待できるとして説明していたものの、県との交渉が不調に終わり、財政支援を得ることができないまま建設を実施することに対する批判も大きかった（『三條新聞』1998〔平成 10〕年 8 月 2 日、12 月 11 日、18 日、1999〔平成 11〕年 2 月 21 日）。

267 その後、1997（平成 9）年には新進党に入党、1998（平成 10）年には自由党へと移ることとなり、同年 7 月の参議院選挙に比例区で当選する（『三條新聞』1997〔平成 9〕年 12 月 2 日、1999〔平成 11〕年 3 月 27 日、7 月 13 日、14 日）。

268 『三條新聞』1997（平成 9）年 12 月 27 日、1998（平成 10）年 11 月 20 日。

269 なお、正式な出馬表明は 1998（平成 10）年 12 月 4 日であったが、その出馬会見は議会直前で部課長には知らせておらず、抜き打ちのものとなり、また後援会幹部などの支援者も出席しない独りでの会見で、市議会での与党会派とされた自民クラブなどとの打ち合わせも行われないドタバタの会見となってしまったようである。そのため与党会派の市議会議員からは誰が選挙戦略を立てているのか、せっかくの現職の強みを活かせないのではないかとの声が漏れた（『三條新聞』1999〔平成 11〕年 12 月 5 日）。

270 『三條新聞』1999（平成 11）年 2 月 3 日。

271 具体的には市内の共通商品券への補助、同年開催の市内の祭り、イベントへの補助、減反達成農家への上乗せ補助、嵐南地区での下水道の拡大などである（『三條新聞』1999〔平成 11〕年 2 月 16 日、17 日、26 日）。

272 『三條新聞』1999（平成 11）年 1 月 27 日、4 月 26 日。
273 『三條新聞』1999（平成 11）年 3 月 22 日、30 日、4 月 17 日。
274 『三條新聞』1999（平成 11）年 4 月 26 日。
275 三条市補助金見直委員会を立ち上げ、補助金支出の基準の検討が行われる（『三條新聞』1999〔平成 11〕年 12 月 26 日）。
276 『三條新聞』1999（平成 11）年 5 月 17 日、25 日、6 月 17 日。
277 『三條新聞』1999（平成 11）年 5 月 25 日。
278 『三條新聞』1999（平成 11）年 6 月 20 日。
279 『三條新聞』2000（平成 12）年 1 月 1 日。
280 『三條新聞』2000（平成 12）年 2 月 16 日。
281 この時は 5 年ぶりの値上げであり、5.84％、平均的な一般家庭で月額 176 円の負担増となるものであった（『三條新聞』2000〔平成 12〕年 11 月 30 日）。
282 『三條新聞』2000（平成 12）年 4 月 16 日。
283 なお、前回の行政改革大綱では、行政改革推進委員会に諮問し、素案をそこで検討したが、第二次行政改革大綱案は三条市で素案を作り、行革推進委員会（委員長・久保田治郎新潟大学教授〔自治省 OB〕）に意見を聞く形で作られた（2000〔平成 12〕年 10 月 12 日）。
284 『三條新聞』2000（平成 12）年 5 月 8 日。
285 三条市（2001）『第四次進行整備計画』、『三條新聞』2000（平成 12）年 12 月 25 日。
286 小池清彦（2002）「国を亡ぼし、地方を亡ぼす市町村合併に反対する。」『広報かも別冊』2002〔平成 14〕年 12 月 10 日発行。
287 『三條新聞』2006（平成 18）年 10 月 4 日。
288 嶋崎隆（1983）前掲。
289 Peterson, P. E.（1981）*City Limits*, The University of Chicago Press.

第 2 章

資源に踊らされる自治
——新潟県柏崎市のガバナンス動態——

　柏崎市は東京電力の柏崎刈羽原子力発電所（以下「柏崎刈羽原発」と略す）の所在する自治体の一つである。2007 年の新潟県中越沖地震以来、柏崎刈羽原発は稼働停止の状態ではあるが、世界最大の出力規模の原発を有するということで、電力資源の生産地としての位置づけは変わらない。柏崎という地域は資源との結びつきが非常に深い地域である。明治期に油田開発が行われ、製油関係業界を中心に経済的な活況を呈し、新たな街の経済構造が形作られた。それが現代の柏崎市にも大きな影響を及ぼしていると思われる。

　なお、柏崎市は 2005（平成 17）年、いわゆる平成の合併の時代に、刈羽郡西山町、高柳町を編入合併しているが、本章でとりあげる年代は西山町、高柳町との合併以前の柏崎市であり、柏崎市と表記する場合は、特段の記述がない限りは合併以前の旧行政区域と市の政治行政機構を示すものとする。

　本章は柏崎市について、原発由来の財源が市財政に大きく影響をしてくることになる 1990 年台前半までを目安に、そのガバナンス動態を浮き彫りにする。

第 1 節　柏崎市の社会経済秩序

1. 人口・地勢・都市形成

　柏崎市は新潟県の中西部に位置し、日本海に面する長い海岸線をもち、海沿いに広がる平野と内陸の山間部からなる地域である。2005（平成 17）年の

平成の合併以後の柏崎市は、南に上越市（旧柿崎町）、東に長岡市（旧長岡市、小国町）、北に出雲崎町と接し、刈羽村の周囲ほぼ全てをとり囲む状態になっている[1]。土地面積としては旧柏崎市が319.29km²、旧高柳町が64.63km²、旧西山町が56.63km²で、合併後の新市では440.55km²となっている。地目別では、全体の65.4％が山林原野、16.2％が農地、5.0％が宅地、その他13.4％となっている[2]。市制の施行については、1924（大正13）年に大洲村、下宿村を編入、1926（大正15）年に比角村を編入、1928（昭和3）年に枇杷島町を編入、1940（昭和15）年に鯨波村を編入し、同年7月1日に市制施行となり柏崎市が成立した。

その後、1948（昭和23）年に西中通村の悪田集落を編入、1950（昭和25）年には上米山村を編入、1951（昭和26）年に刈羽郡北鯖石村の一部（長浜、新田畑、田塚集落）と、西中通村の一部を編入する。これにより、昭和の合併前の柏崎市の行政区域ができあがることになる。1968（昭和43）年、1971（昭和46）年、1989（平成元）年にも断続的に編入を繰り返し、行政区域拡大している。

表2-1　人口の推移

柏崎市人口（人）	71,465	73,569	80,351	83,499	86,030	88,309	91,229	88,418
国勢調査年（年）	1965	1970	1975	1980	1985	1990	1995	2000

出典：総務省（1960～2000）『国勢調査』

人口の面では、柏崎市は戦後から1965（昭和40）年頃まで減少期にあったが、それ以降、1995（昭和7）年まで人口が増加している。この人口減少期と増加期の間に原発の誘致が開始されており、そのことが人口面にも大きく影響していると推測できる。

図2-2は1948（昭和23）年時点の、図2-1は2012（平成24）年時点の柏崎市の航空写真である。図2-1の破線で囲った部分が、概ね図2-2、2-3の写真で撮影されている場所に対応する。図2-3からは、市街地および農地が、海と山に囲まれた地域で形成されていることがわかる。図2-2と2-3を

図 2-1 2012 年柏崎市航空写真

Google Earth Pro をもとに作成

図 2-2 1948 年柏崎市航空写真

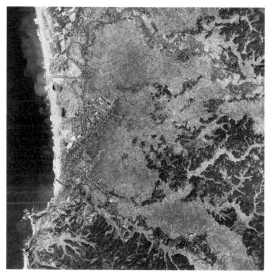

出典：米軍（1948）『USA-M1185-31』

第 2 章 資源に踊らされる自治——新潟県柏崎市のガバナンス動態　113

図2-3　2012年の柏崎市市街地

Google Earth Pro をもとに作成

比較すると、街が内陸の平野に拡大していった様子も見てとれる。

2. 気候・交通

　柏崎町は、江戸時代には北国街道の宿場町として栄え、また港町という立地条件から商業が発展した。なかでも小千谷、十日町を中心とする魚沼地方の特産品「縮」の仲買いと行商が、主な経済基盤をなしていた[3]。
　柏崎近隣の鉄道については、1896（明治29）年に日本石油を立ちあげた中心人物である山口権三郎、内藤久寛らによって設立された、北越鉄道株式会社が敷設を進めていった。北越鉄道は、1987（明治30）年に直江津―柏崎間を、翌87年に柏崎―長岡間、それとほぼ同時に長岡―沼垂（新潟）間を開通させ、現在の信越本線にあたるルートの鉄道を敷設した[4]。また1912（大正元）年には軽便鉄道として、柏崎の西山油田地帯から日本海沿岸を通って新潟へ至る越後鉄道（後の国鉄・JR越後線）が開通した。この越後鉄道もまた内

藤久寛をはじめとする近隣の石油資本によって設立された企業である[5]。

　これら鉄道の敷設は柏崎に噴出した石油の輸送に大きく寄与した一方で、海運業、縮布行商などの既存産業は大きな打撃を受け、モノや人の流れも変化する。それまでは海を中心にした物流網によって、モノの仕入れ・買いつけは京阪地域が中心だったが、鉄道網による陸運に変化したことで、首都圏を相手にした流れに変わっていった。このように、海運時代は交通と物流の要衝、石油噴出時代は物資の集積地として栄えた柏崎だが、全国に鉄道が敷設され、石油が枯渇していくなかで、海と山に囲まれた地理的条件により物流拠点としての意義は薄れ、「陸の孤島」化が進んでいくのである[6]。

　しかしながら、1963（昭和38）年に越後線延線の柏崎から吉田までの9市町村が低開発地域工業開発促進法による低開発地区工業開発地区指定を受けたことで、状況に変化が生じてくる。それは自動車交通が庶民層へと一般化していくのと同時並行のタイミングでもあり、柏崎から会津若松まで続く道路が会津若松線として国道へ昇格し（国道252号線）[7]、長岡とつながる国道8号線曾地峠の改修、さらには柿崎・直江津とつながる同じく国道8号線米山峠の改修（米山大橋の建設）など[8]、峠越えが必要な交通の難所であった、市の南側と西側の隣接地域に接続する道路の大規模な整備が次々と開始され、自動車道路交通網の強化がなされていくのである。その後も、1981（昭和56）年には北陸高速自動車道柏崎—新潟区間の開通、1982（昭和57）年には当時まだ珍しかった一市内で二つのICをもつことになる米山ICの供用開始、1985（昭和60）年には練馬と新潟を結ぶ関越自動車道が開通、東京都高速道路網と接続することになるなど、陸の孤島からの解放がなされていく[9]。

　気候や自然の問題については、市街地が海岸近くということもあり、中越地方の他地域が雪で悩まされることが多いなか、柏崎は比較的降雪・積雪が少ない地域とされているが、時折豪雪被害を受けることもある。1961（昭和36）年の三六豪雪、1963（昭和38）年の三八豪雪などがそれである。これらは柏崎地域だけでなく、中越地域のほぼ全域を襲った豪雪だが、柏崎においても孤立集落ができ、陸運網が麻痺するなど被害が生じている。昭和30年代や40年代はこれ以外にも、1961（昭和36）年の第二室戸台風による被害

や、1965（昭和40）年の24号台風をきっかけにした水害、1959（昭和34）年、1960（昭和35）年と2年連続で起こった鵜川・鯖石川の氾濫、1960（昭和35）年の集中豪雨による浸水・冠水被害、1964（昭和39）年の集中豪雨による土砂崩れ被害、1969（昭和44）年の豪雨による鵜川・鯖石川の氾濫など[10]、災害が頻発し、インフラの脆弱性が明らかにった。

3. 産業

柏崎産業界の沿革

1956（昭和31）年の『柏崎日報』は、明治から戦後しばらくの間までの柏崎の経済・社会を以下のように表現している。

> 縮行商が没落していき、相次ぐ大火の中で経済的に貧窮していく中、偶然石油ブームの突発によって再び繁栄を取り戻す「努力無き繁栄」が市民性を安易なサラリーマン根性に陥れていく。[11]

明治時代の柏崎産業界は、西山丘陵で開発された油田をきっかけに大きく変化していった。北越鉄道によって新潟、長岡、東京との鉄道交通網が整備されると、同じ頃に日本石油株式会社が当時日本最大の石油基地を設置、ほぼ同時に本社機能も移設し、柏崎は石油のまちと化すことになる。加えて、石油採掘関連機械製造など関連する鉄工所が市内に建設され、鉄工業も盛んになる[12]。しかしながら、石油産業はその後、産油量が伸びず、1922（大正14）年に初代の日本石油柏崎製油所が閉鎖されるなど、衰退の道をたどることになる。

昭和になると、理化学研究所（以下「理研」と略す）が、大河内正敏の提唱する「農村工業」の実践地域として柏崎に進出し、ピストンリングの大型工場を設立する。その後、関連産業の成長もあり、石油掘削機器由来の鉄工業に加え、理研由来の鉄工業も栄えていくことになり、石油のまちから鉄工業のまちへと変化していった。

1970 年代に入ると原発の誘致が本格化し、1978（昭和 53）年に発電所の建設に着工、1985（昭和 60）年には稼働をはじめるというように、電力産業も大きな存在感を示すようになる。このように、交易港、宿駅、縮行商、石油、鉄工業、電力が、柏崎における産業の展開であった。

　柏崎市では明治以降、日本石油や理研など、有力な資本を背景に大規模な製油所や工場が建設されていった。それら大規模工場の到来によって、近隣の専業農家の兼業化が進んでいく。その影響からか、新潟県内では各地で農民運動が盛んだったとされるのだが、柏崎ではそれがほとんど起きなかったとされる[13]。

戦後柏崎市の産業構造

　次に柏崎市における戦後の産業構造の動態を把握するために、国勢調査における就業者数の推移を観察したい。柏崎市では農業従事者の割合が 1970年（昭和 45）年まで最も高く、その後は製造業者の割合が最も高くなっている。1970（昭和 45）年から 75（昭和 50）年の間に農業就業者の割合が急減しているが、これらは主に製造業、建設業に吸収されたと考えられる。また、1975（昭和 50）年から 80（昭和 55）年には農業就業者が 2128 人減少している一方で、建設業従事者は 1853 人ほど増えている。そのため、農業従事者

表 2-2　柏崎市における産業構造（就業者数）の推移

	1960 年	1965 年	1970 年	1975 年	1980 年	1985 年	1990 年	1995 年	2000 年
就業者総数	35,704	35,869	40,339	42,579	44,317	44,248	45,234	47,558	43,376
農業	14,607	12,346	12,188	8,673	6,545	4,328	3,524	3,124	1,890
建設業	1,828	2,238	2,438	3,567	5,420	5,590	5,025	6,969	5,328
製造業	6,398	7,493	9,628	12,482	13,004	14,135	14,049	13,148	11,547
卸売・小売業	4,958	5,550	6,258	7,090	7,704	7,825	8,235	8,442	8,241
運輸・通信業	1,471	1,720	2,011	2,248	2,386	2,293	2,072	1,905	1,818
サービス業	4,418	4,775	5,744	6,316	6,931	7,435	8,958	10,588	11,241
公務	702	726	905	932	1,012	1,024	994	1,108	1,103
その他	1,322	1,021	1,167	1,271	1,315	1,618	1,777	2,274	2,208

出典：総務省（1960〜2000）『国勢調査』

表2-3 1960 (昭和35) 年以降の柏崎市工業製品出荷額 (市全体、および上位3業種) 推移

	柏崎市全体		機械製造業		食料品製造業	
	事業所数	製造品出荷額	事業所数	製造品出荷額	事業所数	製造品出荷額
1960	365	838,062	74	381,772	48	147,754
1963	273	1,310,057	74	593,999	31	310,390
1966	307	1,971,840	66	835,934	34	452,053
1969	357	3,527,805	107	1,637,356	35	678,598
1971	360	3,606,361	115	1,258,690	35	673,084
1972	380	4,969,245	118	2,256,253	39	709,220
1973	409	6,370,840	124	2,821,590	37	792,551
1974	399	8,342,025	121	3,948,221	37	1,035,089
1975	396	9,382,042	114	4,488,938	34	1,560,143
1976	399	9,748,369	110	4,484,654	34	1,158,116
1977	407	11,192,504	114	4,999,496	35	1,457,869
1978	421	12,374,293	111	5,330,826	36	1,538,914
1979	416	13,549,323	115	5,940,081	34	1,666,162
1980	421	15,358,598	113	6,960,769	33	1,891,798
1981	429	17,703,856	117	8,476,337	36	2,200,125
1982	422	18,434,913	118	8,624,120	36	2,028,551
1983	411	19,322,695	115	8,477,613	33	2,397,049
1984	405	20,824,530	113	9,080,439		
1985	397	20,995,362	115	8,695,534		
1986	410	22,405,815	115	8,412,948		
1987	401	22,129,573	104	7,540,739		
1988	404	25,403,301	104	7,996,912		
1989	417	27,329,422	106	9,008,104		
1990	415	29,645,341	112	10,439,859		
1991	411	30,773,298	114	10,977,155		
1992	397	29,290,755	110	9,692,018		
1993	385	27,530,306	105	8,594,041		
1994	375	29,078,482	104	8,695,361		
1995	373	29,381,150	101	8,971,724		
1996	372	30,176,972	101	9,125,365		
1997	360	32,027,663	101	9,866,891		
1998	351	26,284,573	97	8,517,685		
1999	327	24,437,982	93	7,282,028		
2000	321	24,007,083	98	7,509,734		

出典：経済産業省（通商産業省）（1960〜2000）『工業統計調査』

石油製品・石炭製品製造業		金属製品造業		電気機械器具製造業	
事業所数	製造品出荷額	事業所数	製造品出荷額	事業所数	製造品出荷額
24	114,901				
不明	136,835				
		26	117,711		
		42	431,977		
		45	671,608		
		46	827,788		
		48	835,418		
		49	1,029,869		
		53	990,050		
		52	1,387,584		
		58	1,619,383		
		62	1,934,922		
		61	1,822,388		
		60	1,527,891		
		64	1,792,531		
		65	2,258,413		
		63	2,507,521		
		61	2,400,632	37	2,450,759
		61	2,669,753	31	2,749,151
		68	2,852,742	39	4,727,028
		66	2,626,534	42	5,830,403
		70	2,778,285	41	8,044,739
		66	3,177,183	50	8,478,518
		63	3,685,521	51	9,100,996
		62	3,846,518	53	9,517,942
		61	3,786,648	51	9,539,024
		56	3,518,261	54	9,173,251
		50	3,469,707	51	10,826,774
		56	3,636,976	47	10,550,154
		54	3,543,330	46	11,212,907
		55	3,800,873	42	12,292,702
		56	3,339,265	43	9,338,711
		53	2,860,502	39	9,604,924
		52	2,879,402	39	9,000,948

の大部分が建設業従事者に移行したのではないかと推測できる。サービス業については一貫して増加傾向にあるが、1985（昭和50）年以降は急速に伸びてきている。建設業の就業者数の増加に関しては、県内最大規模の建設会社の一つである植木組が柏崎市に本社を置き、柏崎のみならず、中越地方や新潟県全域にわたって公共事業の受注を拡大していったことも、背景にあると考えられる。

　次に工業統計調査でデータを閲覧可能な1960（昭和35）年以降の工業製品の動向をみることにする。まず、石油製品製造業は1960年代早々に衰退して上位から姿を消している。一方、1960年代から1970年代に一般機械製造業および金属製造業が大幅な伸びを見せている。食品製造業も伸びをみせているが、事業所数の増加とはあまり関連しないものであることがわかる。これは柏崎市に本社・工場を置く株式会社ブルボン（旧社名・北日本食品工業株式会社）の影響が大きく、その業績に左右されてきたためである。食品製造業は1983（昭和58）年以降、上位3業種からは消えることになるが、ブルボン社の業績に支えられ、その後も安定した製品輸出額を示している。また金属製品製造業も、それほど急激な伸びを見せないながらも一定規模存在し、ある程度地域に根づいたものになっていることがわかる。

　1980年代以降は、電気機械器具製造業が急速に伸びている。この時期には東京電力を介した工場誘致や、電源三法による電気料金の割引がはじまっており、その利益を受けようとする関連産業が柏崎市に進出したためと考えられる。その後、1992（平成4）年前後には電気機械器具製造業の出荷額が一般機械製造業を抜くことになる。

　柏崎は海産資源と交易を基礎とした商業のまちから石油のまちへ、石油業の衰退から、理研の進出を機に鉄工業のまちへと進展してきた。流通手段の変化や資源活用の影響によって、大きく、またいく度もまちの在り方が変化してきた地域であるといえる。そしてさらにその後には、原子力発電所の進出とともに電力のまちへと変化していくことになるのである。

第 2 節　電力と柏崎

1. 電力不利地域柏崎

　現在の柏崎は大規模原発を有する地域だが、歴史的、地理的、経済的な経緯から、原発の誘致が本格化するまでは送電線の末端地域であり、電力の安定利用に難のある地域だった。そのため、戦後しばらく電力不足が常態化し、朝鮮戦争の特需から続いた日本の高度経済成長の波に、一時乗り遅れてしまうことにもなった。ここではまず、そのような地域となるに至った、その経緯を述べておくことにしたい。

柏崎への電力の到来

　柏崎市に電力がやって来たのはいつなのか、その時期については諸説あるが、1907（明治40）年頃に、青海川で水車を利用した発電がなされ、市内中心部に送電されて電灯が灯されたのが最初とされる[14]。その後1911（明治44）年になると、北越水力電気会社（以下、北越水力電気）塩殿発電所（小千谷）から小千谷—柏崎間に 1 万 1000 ボルトの送電線が建設され、出力 400KW の電力が安定して供給されることになる。なお、はじめての電灯を灯した青海川発電所は、1914（大正 3）年に廃止となっている。この時から原子力発電所が稼働するまで、柏崎市は基幹となる電源施設が市内に存在せず、小千谷や長岡からの送電を受ける、送電末端地域となる。では、なぜ柏崎は、北越水力電気の電力供給地域のなかで、そうした末端地域となったのだろうか。

北越水力電気と柏崎

　戦前の新潟県の電力会社としては、新潟市および下越地方を中心に電力を供給した新潟電力、長岡市を中心に柏崎・刈羽までの電力を供給した北越水力電気、上越地方、魚沼、長野県北部に電力を供給した中央電気が存在した。大正時代になると、各地に乱立した各電力会社が地域ごとに一つの会社に合併し、一地域に二つの電力会社によって電力が供給されることのない、地域

図2-4　新潟県下電力会社統合系図

M：明治　T：大正　S：昭和
出典：東北電力編（1974）『東北事業電気事業史』

独占の状態となっていた[15]。

　電力はその性質上、大量の貯蔵が難しいエネルギーであり、基本的に生産と消費は同時に行われる。したがって効率的な消費のために、なるべくエネルギー損失の少ない伝送路を必要とする。そのため電力生産では、発電・電送・消費を含む一貫した体系、すなわち電力系統をもつことが必要になる[16]。日本の戦前の電力政策では、「水主火従主義」という言葉に示されるように、水力発電を積極的に推進・利用し、石炭・薪などを原料にした火力発電も併用するものの、あくまで従属的、補塡的なエネルギー源として建設を推進しようというものであった[17]。そのため、新潟電力は阿賀野川水系、北越水力電気は信濃川水系、中央電気は関川水系を主な電源としていた。

　柏崎に電力供給をした北越水力電気は、新潟における改進党の領袖で県会議長を務め、北越鉄道（のちの国鉄信越線本線直江津―新潟間）、長岡銀行、日本石油などの設立に関わった実業家の山口権三郎と、山口とともに共同事業者となった中蒲原郡の県会議員・本間新作[18]との両人の名義で、1897（明治30）年に信濃川塩殿地点の水利権が獲得され、山口権三郎の死により相続を受けた山口達太郎と本間新作の両氏によって、1903（明治36）年に北陸水力電気組として組織された会社が、その起源である。

　一方で、柏崎経済界でも自主的に電力を生産しようとする動きがないわけではなかったが、実現には至らなかった。1904（明治37）年に、日本石油社長の内藤久寛など地元の名望家を中心に柏崎での電源開発の協議を行い、火力発電所の建設運動の機運が生まれていたのだが、当時は小千谷の塩殿で北越水力電気会社による発電事業を立ちあげようとしている最中であり、柏崎で個別の電源を開発せずとも、その電力を引くことができれば電力をもたらすことができると判断され、柏崎での電力生産に関する議論は薄らいでいくことになった。柏崎での電源開発を考えようとしていた名望家層、例えばその一人である内藤久寛は、北越水力電気を構想した山口権三郎と共同で日本石油を興したことからもわかるように、長岡を中心とする中越経済圏で各種企業の株式をもち合いながら、様々な側面で事業展開を実施していた企業家グループ（中越石油資本家）の一員であった[19]。加えて、北越水力電気の初代

第 2 章　資源に踊らされる自治——新潟県柏崎市のガバナンス動態　　123

社長となった山口達太郎は、柏崎銀行の初代頭取にも就任しており[20]、この企業家グループは柏崎の名望家そのものともいえる存在だった。そのため、柏崎はなぜ北越水力電気の電力供給地域となったのかについては、柏崎はそもそも中越資本家グループによる事業展開がなされていた地域であり、彼らが地元と認識しこれから事業を展開していこうとする地域に、自らの手で配電網を整備していったためで、いわば当然のことだったといえよう。

　このように、柏崎は中越企業家グループと密接に結びついていた地域であったので、それに関連する資本である北越水力電気の配電区域になったのだが、同社による配電区域は柏崎刈羽から先には進まなかった。その要因は、一つには北越水力電気の電力生産に限界があったこと、二つ目に北越水力電力、あるいは上越地方に電力を供給しようとしていた中央電気が柏崎刈羽地域に送電線を延線することを想定した場合、地理的要因によって投資効率が悪かったこと、三つ目に電力の一地域二重供給を禁じる制度的枠組みがあったことがあげられる。

　一つ目の北越水力電気による電力生産の限界については、当時の水力発電の技術では河川の水をそのまま発電所に引き込んで発電する流れ込み式が一般的であり、発電のためには河川の落差と十分な水量が必要で、発電可能な箇所は限られていた。しかしながら、北越水力電気が電源を求めた長岡周辺の信濃川流域には、条件の合う箇所はそれほど多くなく、そのため生産電力はやや不安定で、量としてもそれほど大きいものではなかったのである。

　次に投資効率の問題だが、図2-1の航空写真を見てわかるように、柏崎の市街地とその南西に位置する柿崎町は、距離的には近接しているが、市街地は米山峠で分断されている。送電線を通すにも米山峠を越える必要があり、そのための工事にかかるコストが大きくなってしまうのである。中越地方に電力供給を行っている北越水力電気が延線するにせよ、下越地方に電力供給を行っている中央電気が延線するにせよ、会社の経営上、山のなかの工事は投資効率が悪く、積極的に進出する理由はないのである。

　最後の制度的枠組みについては、若干の経緯を含めて説明する。日本における電気事業の創業時代（1880年代半ば～90年代初頭）には、その取締を担当

124

する官庁はなく、事業や工事の認可は各地方庁で勝手に処理していた状況だった。そこで、各地方で事業が勃興するに至って、逓信省は1891（明治24）年に各地方庁に対して命令を発し、予め通信大臣による認可を得るべしとして電気営業取締規則を定め、事業の出願はその都度通信大臣に伺いを立てた上で、各地方庁に許可させることにした[21]。また、当時の電気技術は日進月歩で、事業取締の方法もその進み具合に応じて改良が必要となり、欧米各国の方法を参考としながら、電気事業者の業務遂行に重点を置く電気事業取締規則が、1896（明治29年）5月に制定された。続く1897（明治30）年に民間の技術者を委員に加えて取締規則の改正が行われ、はじめて政府の取り締まり方法が統一され、逓信省の監督になる[22]。これらの規則の主眼は保安対策に置かれ、政府の関与は著しく限定的であったとされる[23]。

　1911（明治44）年には、電気事業の進展とともに従来のような保安対策だけではなく、電気事業の育成発展、一般社会の福利を目的として、事業の許可制、料金届出制など、電力行政の基本方針を定めた電気事業法（明治44年法律第55）が公布された[24]。当時の逓信省の電気事業に対する監督行政は、一般電気供給事業を電燈事業と電力（電動力）事業の二つに区分した。電燈事業は、一つの供給区域に対し二重の許可をせず、競争を許さない方針が決定され、一方の電力事業は、発電力の余裕が認められた時は一定程度の条件下に電力供給の条件下に競争を許可した場合もあった。電燈事業に二重許可がなされなかったのは、同一道路に二つの並行電線路を設けると電線の錯綜を来たすためで、保安上相当危険な場合が想定されたからである[25]。そのため、先に電線網の敷設した業者が、その地域で優位に立つことになる。また、電気事業法は1927（昭和2）年に大幅に改正されることになるが、それを機に電気事業供給区域の独占、供給区域内における供給義務、料金認可制などが盛り込まれることになった[26]。これらの制度的変遷を経て、新潟県内には下越地方と中越地方北部に電力を供給する新潟電力、長岡を中心とする中越地方に電力を供給する北越水力電気、上越地方と長野県飯山地方に電力を供給する中央電気の各社によって、地域独占がなされるようになった。そのため、一度独占する地域が確定してからの変更は、非常に難しいものだったの

である。

電力供給会社（北越水力電気）の方針

さらに、柏崎への電力供給会社となった北越水力電気だったが、電力供給をはじめたのはよいものの、生産する電力の特性や、中越企業家グループによって形成した事業の特性上、柏崎に積極的に十分な配電を行うメリットは失われていくことになる。

戦前の日本で展開された「水主火従主義」の電力政策が生み出した水力発電では、水量および河川の落差によって電力を生産した。そのため降水期と渇水期では、発電可能な電力総量に大きな格差が生まれる性質をもっていた。つまり、安定的に供給できる電力は渇水期の発電量に合わせたものにならざるをえず、渇水期以外は常に余剰電力が発生してしまうのである。

北越水力電気はその余剰電力の有効活用方法を求めて調査をした結果、カーバイドの製造にたどり着いた。カーバイドは炭化カルシウムのことで、水と反応させることでアセチレンを発生させる。それを利用して灯火用（アセチレンランプ）、溶接・切断用のほか、肥料として用いられる石灰窒素・硫安の原料となるものである。また、カーバイドは生石灰とコークスを電気炉で反応させて製造する。日本においては第二次世界大戦後に15大財閥の一つとして解体されることなる日窒コンツェルンの中核企業、日本窒素肥料の前身企業の一つの日本カーバイド商会によって、1901（明治34）年に製造が開始された。日本カーバイド商会は1906（明治39）年に、北越水力電気の要請を受け、長岡市土合の配電所隣に全国でも有数の生産規模を誇る工場を建設した。しかしながら、カーバイドは当時は灯火にのみ用いられることが多く需要は限られており、生産にあたっては電力を多く消費するため単独経営ではコストが見合わず、1908（明治41）年に日本カーバイド土合工場は北越水力電気が譲り受ける。

そののちに、カーバイドが石灰窒素・硫安などの化学肥料工業の肥料原料として用いられるようになると、需要は大きく伸長していく。一方、1907（明治40）年には、山口誠太郎をはじめとする北越水力電気の経営陣も資本参

加した、つまり中越企業家グループの参画によって北越製紙が創業されている。設立の背景には、紙製品の需要増が見込まれたこともあるが、北越水力電気の経営陣としては電力需要拡大策の一つという意味もあったのだろう。当時の北越水力電気の電力需要は少なく、電力料金が低廉に設定されていた[27]。そのため北越製紙は、日本の製紙業では蒸気機関を動力にした抄紙機利用が一般的であった時代に、ドイツ製の電動機を採用し、業界初の電動機による製紙製造に着手することになった[28]。北越水力電気としては、北越製紙の経営が安定・拡大することで、一定規模の電力需要の確保が期待できたのである。その後、北越製紙は、のちの長岡市長、参議院議員を務める田村文吉が経営手腕を発揮し、長岡工業界のリーダーとして大きく事業を拡大していった。

　北越水力電気のカーバイド工場は、第一世界次大戦の影響による好況を受け、カーバイドの需要の急増により、生産を拡大していった。カーバイド生産の利潤が大きくなったことで、北越水力電気の経営は、本来の電気事業よりもカーバイド生産に力点を置くようになる。さらに土合工場では、大戦による鉄鋼需要の増加も背景に、全国に先駆けての電気炉製鋼を実施するなど[29]、北越水力電気は電力の自家利用でも業務を拡大させていく。また、それらに合わせて足りなくなった電力需要をまかなうために、新たに水力発電所（須原発電所、上條発電所）などを建設していった。

　このように、北越水力電気は自家利用、資本参加した北越製紙などのビジネスの拡大によって、長岡での電力需要が大きくなった一方で、相対的に柏崎地方での投資効率が悪化し、積極的に十分な電力供給を行っていく動機がなくなってしまう。戦前の日本の電気事業は都市部を中心に発達し、農村、山村、離島における電気の普及は都市部に比べて遅れていた。戦前の電灯会社には電気事業の公共性に対する認識が希薄であったともいわれ、基本的に収益性を重んじ、発電拠点には近くても、人家が散在し、送配電コストがかかる農村や山村には積極的な配電をしてこなかった地域も多かった[30]。そのため配電網を設置したとしても、投資効率が悪ければ送電網の強化には結びつかない。長岡市に対する送電網も強化したとしても、再三述べてきたよう

に、柏崎までには峠を越える必要がある[31]。さらに設備投資コストが高い柏崎への送電線が強化されるには、もう一つの困難があった。明治時代に活況を呈し、北越水力電気の経営陣の資本源となった西山油田も枯渇の傾向にあり、外国製石油の流入から投資コストが悪化したために、石油関連での電力需要の増大が見込めなかったのである。

周波数境界線問題

電力の末端地域になったのと同時に、現在も西日本と東日本で供給電力の周波数が60Hz/50Hzと異なっている問題が生じているが、柏崎は隣の柿崎町を境に50Hz/60Hzの周波数境界ともなっていた。歴史的には、電力が供給されはじめた当初、柏崎は小千谷の塩殿発電所から60Hzの電力が供給されていたのだが、北越水力電気がその後、上條発電所、須原発電所を建設した際に、供給電力の周波数が50Hzのものに切り替えられた[32]。その結果、柏崎は50Hz地域となったのである。一方、隣の柿崎町に電力供給した中央電気は、供給当初から60Hzであり、戦中の配電会社の統合を経て、戦後は東北電力に再編されたが、電力周波数に関しては上越地域は1955（昭和30）年頃まで60Hzの電力が供給されていた[33]。この周波数の違いによって電力の融通が難しくなってしまい、柏崎は電力末端地域として、電力不足に悩ませられる状態が継続する要因の一つとなったといえる。

長引く電力不利地域問題とその解消

戦後も柏崎は電力不足に悩ませられる。主な電源が水力発電であったという性質上、渇水期は電力不足となり、さらには戦後の石炭不足もあって、1946（昭和21）年末からは市内の主力工場においても週2回の休電が必要となり、その後も慢性的に電力の不安定供給が続いた。そのため1947（昭和22）年11月には電力獲得市民大会が開催されるなど、電力獲得へ向けた運動が高まりを見せはじめた。当時は3日に2日、夜間の電力供給が弱まり、ローソク送電と呼ばれる低電圧送電がなされていた状態であった。電力不足は戦中以上の深刻な状態となっていたのである。さらに電力使用禁止時間が設

図2-5　1927（昭和2）年3月当時の新潟県（佐渡除く）における配電会社の分布

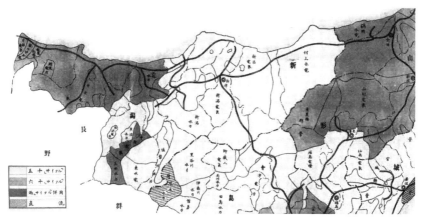

出典：東北電力編（1974）『東北事業電気事業史』

図2-6　1927（昭和2）年3月当時の新潟県（佐渡除く）における送電線系図

出典：電気協会東北支部編（1927）『新潟県並東北六県送電幹線概要』

第2章　資源に踊らされる自治——新潟県柏崎市のガバナンス動態　　129

定され、住宅、業務用電灯は午前6時半から午後4時半まで、工業用および産業用電力は毎日午後4時から午後9時半まで禁止となり、なけなしの電力を昼間は工場へ、夜は家庭で使用する方針がとられるなど、不安定な産業活動を余儀なくされていた。こうした事態に対応するため、市民組織として民主電力協議会、産業界による電力自制会、市議会では電力危機突破対策委員会が設置され、緊急・恒久の電力対策運動が重ねられることになった。

　電力不足は戦後の電気事業再編後も長期間にわたって柏崎の産業発展の障害となっていた。終戦直後、柏崎には長岡（城岡）から33キロボルト1回線が配線されているだけで、電圧の質も悪かった。そのため66キロボルト送電線への強化が、産業界と市が電気事業再編後に営業区域となった東北電力へ切に要請していった。その結果、1953（昭和28）年には長岡からもう1回線が追加され、計66キロボルトの送電線が架線されたが、それでもなお週一度の休電日は残ってしまうことになった。産業を戦時以前に復興、あるいはそれ以上に成長させるには電力不足の解消は差し迫った課題であることに変わりなく、その後も電力不足は柏崎産業界の課題であり続けた[34]。

　送電線網の充実を訴え続けた結果、1962（昭和37）年に東北電力から待望の2本目の66キロボルト2回線の送電線が完成した。これによって休電日は解消、一般需要にもある程度不便することはなくなり、ようやく産業の立地基盤が整備されたのであった[35]。その後は1963（昭和38）年に柏崎が低開発地域工業開発地区に指定され、国道整備、鉄道複線化、柏崎港の改修など、工場の立地条件も著しく整備され、電力需要の増加にも対応、同時に供給ル

図2-7　柏崎周辺送電線系図概略

略図には主な変電所を記載。○は一般供給用変電所、●は供給拠点変電所、―は送電線である。

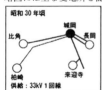 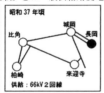 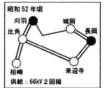 

出典：2011年11月9日　東北電力問い合わせ回答

ートの強化が図られていくことになった[36]。

電力不足による高度経済成長への乗り遅れ

電力不足の問題は、柏崎が高度経済成長の波に乗り遅れる主な要因になっていた。朝鮮動乱が勃発した頃、財閥解体がなされた理研が、1949（昭和24）年12月に企業再建整備法のもとで11社に分割され、柏崎では理研柏崎ピストンリング工業株式会社として新発足していた。理研柏崎ピストンリング工業は、この時期に高まった自動車用のピストンリングの需要に答えるために大量生産の体制を実現し、朝鮮特需の恩恵を受けた。さらにメッキ技術の向上（リングのクロムメッキの成功）も実現し、関連会社の日本メッキ工業を設立するなど、事業の拡大に成功していった[37]。しかしながら、このような特需の恩恵は、柏崎のその他の業界全てに波及するものではなかった。西川鉄工所による新型伸線機の実用化など、独創的な開発を機に業績を伸ばしていった企業もあった[38]が、それら一部企業を除いて全国的な好景気の波には乗りきれず[39]、柏崎経済は「ジリ貧」や「斜陽都市」と称される[40]など、暗澹たる雰囲気であった。

地域が電力不足の状態にあれば製造業の生産拡大を図ろうとしても難しく、企業側としてはより安定して生産ができる他地域を探していくことは当然だろう。

このように、柏崎は明治時代には石油というエネルギー資源の生産地として発展したものの、戦後はエネルギー不足によって経済成長に乗り遅れるという、近代化以降、エネルギー資源によって街の盛衰が大きく左右される事態を原発誘致問題以前にも体験してきた地域であったといえる。

2. 理化学研究所の柏崎進出と産業構造の変化

理化学研究所の柏崎への進出は、戦前から戦後直後にかけては柏崎を商業と石油のまちから鉄工のまちへと変化させるきっかけとなり、1970年代以降は原発のまち・電気のまちへと変化させるきっかけをもたらすことにもな

る。結果的にではあるが、理研関連企業の動向が、柏崎の都市としての転機に必ず存在していたことになる。ここでは理研が柏崎にどのように根づき、市の経済や政治にどのように影響してきたのかを記す。

理研の柏崎への進出

　柏崎と理化学研究所のつながりは1922（大正11）年に、財団法人理化学研究所（以下、財団理研）所長・大河内正敏のもと、財団理研の研究成果を工業化することを目的に、柏崎に東洋瓦斯試験所を設置したことが最初であった。それは大河内が意図した財団理研発ベンチャーの第1号であった。東洋瓦斯試験所はその後、理研産業団（理研コンツェルン）の中核を担った理化学興業株式会社が設立されたのちに、同社工場となる[41]。

　なぜ理研[42]が柏崎に来たのか。石油のまちとしての柏崎での産油・天然ガスに注目したことに要因があるとされる。具体的な経緯は、帝国石油株式会社の八橋油田開発の長谷川尚一が、大河内に柏崎の地を紹介したことにはじまる。長谷川は全国各地の油田地帯を調査しており、柏崎へもしばしば来ていたのだが、その一つとして大河内に柏崎を案内した。当時理研で事業化を目論んでいたのは、吸湿剤のアドソールの製造および天然ガスからの揮発油採取する仕事であった。柏崎市が石油の産地であることと、アドソールの原料となる白土が新潟県の蒲原産であること、これら主要原料の揃う資源立地の優位性によって、柏崎での工場化を想定して進出することになった[43]。

　この当時、受け入れ側の柏崎で積極的な働きかけをしたのは、当時の柏崎町長・入澤市郎ほか、二宮伝右衛門、丸田尚一郎、山崎忠作、そして土地の斡旋を行う西川藤助などで、彼らは柏崎刈羽政友会系の中心人物だった。一方、当時の二大政党制下の政友会の対抗勢力である民政党系勢力[44]は、柏崎刈羽周辺の石油、電力、金融を押さえていた巨大資本の人物がその多くを占めていたのだが、理研の受入れ、その他斡旋の中心となったのは、地元の資源、金融人脈とはやや距離のある、政友会系の人物だった。また、財団理研からの事業化で株式会社などを設立していった際の資金については、三井、三菱、住友などの財閥資本、のちに経済同友会代表幹事となる大阪野村銀行

の大塚万丈が積極的に融資に携わり、大塚は一時理研に入社して直接事業拡大に関わることになる。このように、理研は柏崎刈羽地方の在郷主流派の資本家（日本石油系）中心ではなく、財閥系外部資本と資源関係との結びつきが比較的強くない層の地元名望家の参加によって、柏崎に根づいていくことになる。

　柏崎に工場を設置した理化学興業株式会社の目的は、東京の財団理研の科学者がそれぞれの研究を工業化すること、つまり技術移転機関（TLO）であった。もちろん全てがうまくいっていたわけではない。この構想は最初から躓きを見せる結果となる。まず、柏崎に工場を設置する直接の要因となった天然ガスから揮発油を採取する試みは、予想した量を採ることができずに中止となってしまう。

石油化学工業の失敗、鉄工業の定着

　また、理研によって事業化自体は成功したものの、柏崎での工場拡大が実施できなかったものもある。代表的なものが金属マグネシウムの製造である。それまで金属マグネシウムはドイツからの全量輸入に頼っていたが、理研は電気による精製によって国産化に成功した。だが大量生産を行うための金属マグネシウム工場となると、柏崎における電気料金と、当時の技術で送電可能だった電気総量、工業用水の確保の問題から、柏崎での生産を実現することは難しかった。そのため、一時は電力・用水問題を理由に、柏崎から全ての理研工場が、関川水系で豊富な水量と電力を有する妙高高原の新井に移転することになるかもしれないと噂されることになる[45]。そこで柏崎町当局が動き、当時の西巻町長（民政派）、二宮実業協会会長（政友派）、のちに市長となる三井田虎一郎（民政派）らを中心に、超党派で理研と北越水力電気とに移転阻止へ向けてた働きかけを行う。双力から善処する旨の回答を得るものの、マグネシウムの生産は柏崎ではできず、業績不振で生産を中止していた信濃電気株式会社の子会社、信濃窒素肥料株式会社の直江津工場の施設を使用して生産が行われることになる[46]。

　加えて、クローム鉱石を原料とするクローム製造についても採算が合わず

中止となる。また、ゴム溶媒剤テストラリンの施策とその製造副産物として水素および酸素の製造、ドライアイスの製法研究は、宇部、北九州へ、電線の製造・紡績の研究は白根へ移され、柏崎で定着・発展するものはなかなか生まれなかった[47]。一方で、柏崎での理研工場の土地、設備、資材の手配、接待にあたった西川弥平治は、着実に大河内からの個人的信頼を得ていくことになる。そして、これらの工場移転の際に、西川鉄工所が作業の各種受注を得るなど、理研・大河内と西川鉄工所・西川弥平治のつながりはますます深くなっていくのである[48]。

　このように、理研は柏崎が産出する石油や天然ガスを利用した石油化学工業を念頭に進出したのだが、石油化学工業の定着には柏崎が条件不利地域である実態が明らかになってくる。その背景には、柏崎刈羽地域の民政派の重鎮であり、この地域での資源を掌握していた日本石油株式会社の経営陣が、理研に対して有力資本として関与せず、地元における各種手配などの積極的な誘致を行ってこなかったということもあるといえよう[49]。それが直接の要因かどうかは定かではないが、理研が石油化学研究の事業化を目指した際に、日本石油の技術陣と理研側の人間との対立があり、あまり両者の関係が良好なものではなかったといわれている[50]。

　また、石油化学工業が難しい場合の代替案としての可能性があった電気化学工業については、電力供給会社であった北陸水力電気との関係が課題となる。北越水力電気は日本石油との資本的なつながりが深く、加えて、供述にあるように長岡に設置したカーバイド工場などの電気化学工場や、電気製鋼による自家製品の利潤が高く[51]、柏崎への設備投資に消極的となる理由があった。

　これらのことから、理研は柏崎での石油化学工業、電気化学工業の設置拡大ではない方向性を模索することになる。そこで大河内所長が目をつけたのが、理研の大河内研究室の海老原敬吉博士が発明した、ピストンリングの工業化である。このピストンリングは、需要が高まっていた自動車リング、航空リングに対応するものであった。当初は国産自動車や航空機は、アメリカのフォード社から格安で供給されていた輸入リングを用いていたが、競争力

をつけるためコストダウンの研究もなされ、輸入リングに対抗できる製品製造に成功した。そして柏崎にピストンリングの新工場が建設されることになり、生産が本格化していった[52]。柏崎には、日本石油傘下の新潟鉄工所の工場があり、製油機器、さく井機、油槽などが製造され、その下請け企業群が存在していた。それらの技術的素地があったことから、地元の下請け業者らでも参入の敷居はそれほど高くなかったようである。

　ピストンリングの新工場は 1932（昭和 7）年 7 月に完成した。そこでは大河内所長の提唱する農村工業[53]、つまり都市部に比べて低廉な賃金と、農工兼業による良質な労働力の確保を基軸にした農工混在地域を形成するという思想をもとに、男女の若い工員の採用、集落の作業所に工具機材を貸し出す方式で効率的な生産がなされていく。やがて「農村の工業化」の成功例として全国的に注目されていくとともに、生産規模や製造物品を拡大していった[54]。また当時の日本の社会経済状況も、それをあと押しするものでもあった。国防の見地から、航空機関連部品の国産化と大量生産が求められるようになっていったからである[55]。

　事業が軌道に乗った理研のピストンリング部門は、1934（昭和 9）年 3 月に理研興業株式会社から分離・独立し、理研ピストンリング株式会社を設立、同年 10 月にはより大規模な生産を意図した設備投資、近隣農家内での加工工場、共同作業所の増設を図っていくこととなる。一方、その後も柏崎では、ピストンリングのほかに理化学研究所重工業部門の研究成果の事業化も試みられ、切削工具、電線の製造、紡績機などの試作研究が行われていった。また、理研は金融機関をもっておらず、ピストンリング生産体制の構築にあたっては外部から資金を調達する必要があった。そのため日本興業銀行を幹事銀行とした、三井、第一、安田、第百、住友、三和、野村の八行からなるシンジケート団が組織され、融資が行われる。この時の融資額についてはそれを示す資料はないが、野村銀行出身の大塚万丈が経営に参画したことから、理研は野村銀行と資金的な結びつきが強いとされてきたが、これを機に日本興業銀行との結びつきが強くなった[56]。

第 2 章　資源に踊らされる自治──新潟県柏崎市のガバナンス動態　　135

理研進出による地域産業への影響

　理研が進出して以来、柏崎には多数の協力企業が生まれていくことになるが、そのなかで柏崎と最も関わりの深かった企業は、先にもその関係を少し述べたが、理研の最初の工場誘致の時から関わりをもっていた西川鉄工所だったといえるだろう。西川鉄工所は理研の柏崎進出当初から、創業者の西川藤助が工場用地の確保を支援している。また柏崎町議会議員、県議会議員（議長）、参議院を経験することになる西川鉄工所の西川弥平治[57]は大河内に気に入られ、理研・大河内の柏崎における番頭的な役割を果たすこととなる[58]。西川鉄工所は柏崎の政友派の中心人物で、町議会議員でもあった西川藤助が設立した企業だが、市内に工場を有する新潟鉄工所に勤務していた西川弥平治（旧姓中林）を迎えたことで成長が遂げていった。西川弥平治は理研の大河内正敏の柏崎での接待役となり、きめかな対応を行ったことで重宝されるようになったとされる。そして西川鉄工所は、理研が柏崎で最初にとり掛かった揮発油の採取装置の生産を受注したことをきっかけに、次々と理研関係の仕事を受け、単なる下請けの一企業のとはいえないほど、理研の柏崎における重要なパートナー企業になっていった[59]。大河内があまりにも西川弥平治を重用し、別会社の人間であるにもかかわらず理研柏崎工場の責任者として扱われたことから、研究室や工場内の人たちの反感を買ったこともあったようで、西川弥平治自身、「私は大河内先生の君側の奸といわれたことがありますよ」と述懐するほどだった[60]。

　理研の進出を受け、ピストンリングを中心に生産が拡大するにつれて、理研直属の共同作業所や家内工場以外にも下請け企業が増大していく。それまで柏崎で日本石油傘下の新潟鉄工所の下請けを担っていた小規模工場にとって、もう一つの取引先として理研という選択肢も出現し、下請け企業群の裾野が拡大していくのである。また地域の労働需要の受け皿としても、理研は一定の貢献をしたといえる。それまで刈羽郡からは毎月3000人もの女子工員（女工）が各地の製糸工場に送り出されていたが、理研関連の鉄工業が盛んになるにつれ、その数は大きく減少していったのである[61]。

　一方、下請け企業群は、技術の研究交流、職工の争奪防止などを目的とし

て 1936（昭和 11）年に柏崎鉄工組合を結成し、柏崎における新興産業である鉄工業界の機運を盛りあげていくことになる。同組合は 1939（昭和 13）年に、任意組合から組合員出資の柏崎機械工業組合へと組織を強化し、戦時統制時代にかけて理研の星野一也が、その後は西川鉄工所の西川弥平治が組合の理事長に就任し、中小企業各工場への資材斡旋、配給を行っていくことになる。また、時をほぼ同じくする 1936（昭和 11）年 9 月には、新潟鉄工所、理研、さらには北日本製菓（のちのブルボン）や繊維工場など、大規模工場を中心に会員 64 工場、従業員 3000 人規模の新潟県工業協会柏崎支部が結成される。新潟県工業協会柏崎支部の幹事長にも西川弥平治が就任するなど、柏崎における大規模工場団体、中小工場団体のいずれもが西川を中心に、新興産業である工業関係団体の組織化がなされていくのである[62]。

「理研のまち」化する柏崎

日中戦争が勃発すると、自動車需要や航空機需要が増し、連動してピストンリングの需要も増大していく。また柏崎以外の地域でも各種各方面に事業を拡大していた理研は、1940（昭和 15）年頃には「理研産業団」と呼ばれる一つの企業集団（コンツェルン）を形成し、日産、日窒、森、日曹などとともに新興コンツェルンの一つに数えられることになる[63]。太平洋戦争が勃発すると、柏崎の工場は軍需会社の指定を受け、最盛期には学徒動員もなされて柏崎工場で働く人員はおよそ 1 万を数えた。また周辺住民は下請け工場や農村工業としての共同作業場で理研関係の仕事に従事し、柏崎はまるで「理研のまち」になったようだったとされる[64]。

戦後は GHQ の経済民主化政策のもと、理研は財閥の一つに指定されて解体された。柏崎工場は戦中は理研工業として、理研の各種重工業工場とともに統合された一つの工場となっていたが、戦後はそれが 11 社に分割され、1949（昭和 24）年に改めて理研柏崎ピストンリング工業株式会社（翌年「理研ピストンリング工業株式会社」に社名変更。以下、理研ピストンリング）として、改めて発足することになった。発足当初の従業員数は 850 人と、戦中のおよそ 10 分の 1 の規模での再スタートだった[65]。

その後、1950（昭和25）年に勃発した朝鮮戦争に端を発する朝鮮特需の時期には、先にも述べたように柏崎経済界はこの波にうまく乗れなかったのだが、理研ピストンリングは業績を伸ばすことに成功した。同社の主力生産品は自動車の部品となるピストンリングであり、米軍トラック、ジープ用のピストンリング、航空機用のピストンリング、さらには日産、トヨタ、いすずをはじめとする国内自動車メーカーなどからも注文が殺到する。さらにはリングの耐用年数延長に効果的なクロムメッキ技術の開発に成功して関連会社である日本メッキ工業株式会社を立ちあげるなど[66]、理研とその下請け工場は好景気の影響を受け、再度柏崎の中核企業へと成長していくのである。

理研と柏崎市政財界

　戦後財閥解体がなされた後も、理研ピストンリングは経済の低迷が続く柏崎で相当数の従業員を抱え、着実に成長を遂げていた。そのため理研ピストンリングとその事業を通じて結びつきのある関係者が、柏崎市の政財界に占める影響力も大きくなっていくことになる。

　その先駆けとなった人物が西川弥平治である。西川は理研の大河内の柏崎における番頭的存在であったことは先にも述べたが、理研が柏崎に根づいていくと同時に柏崎工業会を束ねる人物となっていく。1936（昭和11）年には県議会議員立候補の基盤づくりにもなるとされていた柏崎税務署の所得税調査委員に、1937（昭和12）年には柏崎町議会議員に、1939（昭和14）年には県会議員に当選というように、柏崎工業界の業界団体とともに、公職を歴任していった[67]。戦後は1947（昭和22）年、1951（昭和26）年の県議会議員選挙に当選、1951（昭和26）年の選挙後は議長に就任し、名実ともに新潟県の重鎮となっていった。そして1953（昭和28）年には参議院議員選挙に出馬し当選、国政では自身の支援者であった新興の工業界や中小企業の育成策、資源開発などの政策に関与した[68]。また、柏崎市議会には西川鉄工所の役員で西川弥平治の甥にあたる西川亀三をはじめ、理研協力工場協同組合推薦による議員などもいた[69]。他方、理研ピストンリング労組は柏崎における全日本労働総同盟（同盟）系の中核的労組となり、市議会にも議員を送り出すなど

138

市政との関わりをもつことになる[70]。また、後述するが、市長選挙において
は、理研ピストンリング労組を中心とする同盟系労組は表向きには中立を唱
えながらも、実質的に自民党系で原発推進の候補となる吉浦、小林、今井の
各市長を支持する側となる。加えて、原発誘致関係では慎重姿勢を表明する
こともあったが、反対運動には直接的には関与しなかった。

　市財界では、商工会議所幹部に理研ピストンリングの役員が名を連ねるこ
とはなかった[71]が、系列会社の日本メッキ工業の関矢章二社長は、1959（昭
和34）年に柏崎商工会議所副会頭に就任し、のちに会頭にも就任している。
なお関矢はその後、理研の系列企業や下請け企業群を主とした金属団地（柏
崎機械金属団地協同組合、1961〔昭和36〕年創立）の造成を果たすなどの成果
を残した[72]。また、1949（昭和24）年から1963（昭和38）年までの14年間、
理研ピストンリングの社長を務めた松井琢磨は、柏崎市荒浜の出身であり、
柏崎市内最大規模の工場をもつ会社の社長として、市の政財界の関係者に顔
の利く存在であった[73]。松井は柏崎での原発誘致の動きのなかで市内外の関
係各者との接点の役割を果たす人物の一人となる。

　また、田中角栄は一時期「理研三代議士」[74]の一人に数えられたが、彼に
とっても理研と大河内は切っても切れない関係にあった。田中角栄が上京し
て土建業で財を成し、政界に進出するきっかけには理研があったのである。

　田中と理研との関係は田中の上京をきっかけにはじまる。まず田中は、大
河内の書生として東京で学校に通わせてくれるという話が舞い込んできたこ
とをきっかけに上京した。そこで田中は、東京の大河内邸に赴いたが、話が
通っておらずに大河内邸の門前で突き返され、大河内の書生となることを諦
める。その後田中は故郷へ帰らず、同郷の知り合いのつてをたどって土建
業、保険雑誌記者など、職を転々としながら一時は海軍兵学校を目指して勉
強していた[75]。その頃、理研の仕事を請け負う建築設計事務所で働くことに
なり、その縁ではじめて大河内に会うことができた。その際、機会があって
田中が上京の経緯を大河内に伝えたところ、理研への入社を勧められるもの
の、その話は保留とする。そして田中は夜学の中央工学校を卒業後、共栄設
計事務所を設立して独立した。当初は知り合いの建築設計の仕事を請け負う

第2章　資源に踊らされる自治——新潟県柏崎市のガバナンス動態　　139

などしていたのだが、大河内との再会を機に、理研の那須のアルミ工場や新潟県内の諸工場の建設工事の仕事を受注、群馬県沼田のコランダム工場の買収を行った[76]。その結果、田中の事業は急成長するとともに、その過程で野村銀行から理研に入社していた大塚万丈専務や、日本興業銀行出身の松根宗一とも知己を得ていくことになる。

　その後、田中は一時徴兵されるも病気をきっかけに除隊、今度は田中土建工業株式会社を設立し、再度理研関係の仕事を請け負うようになる。終戦時には、田中は理研が軍の命令で行った韓国の大田への理研東京王子工場の移転を全面的に請け負っていた。終戦で大田を去る際、田中は韓国にある全財産を公開して寄付してきたとされる[77]が、実際のところは日本興業銀行から受けとった多額の前払い金をもとにかなりの資金をもっていたといわれている[78]。真偽のほどは定かではないが、田中が帰国後も相当な資金をもっていたことは間違いないようだ。その後、田中の会社の顧問をしていた進歩党の大麻唯男に総裁選挙の資金を提供したことをきっかけに政界入りを進められ、一度は落選するものの二度目の選挙から連続当選を続けていくことになる[79]。このように、田中もまた、金、人脈を理研関係で培い、それを武器に財閥や官僚などの既存勢力に割って入る形で台頭していったのである。

市政と原子力発電所の引き合わせ

　柏崎における原子力発電所誘致のはじまりは、1955（昭和30）年11月23日、旧比角村の出身で、高崎で呉服商として財を成した山田徳蔵が、当時の洲崎義郎市長に懇談したこととされる。山田は高崎で、中曽根康弘とともに原子力研究所の誘致運動に関与しており、その縁があって故郷の柏崎でも原子力産業誘致の話をもちかけてきた[80]。洲崎との話し合いの結果が詳しく報じられた資料は残っていないが、新聞報道などをみる限り、その後しばらくの間、原子力産業に関する話題は生じていない。洲崎市長は原水爆禁止運動に積極的に参加しており、原爆を連想させる原子力発電について積極的な姿勢を示さなかったのだろうか、市政のアジェンダにはならなかった。

　その後、原子力誘致の話が出たのは、吉浦栄一市長が東北電力新潟支店の

取締役支店長・館内一郎に会った際であるとされる。柏崎市側は 1961（昭和36）年に、廃止または大幅縮小を噂されていた日本石油株式会社柏崎製油所の存続のため、石油のまちである柏崎に火力発電所を設置することで、縮小していた石油採掘、精油に歯止めをかける起爆材になることを期待した。加えて、長らく柏崎地方に存在していた電力問題に起因する産業振興の課題解決のためにも、火力発電所を建設しようという意図があった。そこで当時の吉浦市長が、助役の小林治助と東北電力新潟支店へ陳情に訪れた折、「これからは発電の主流は原子力になっていくと思います。吉浦市長さん、柏崎で原子力発電所はどうですか」ともちかけられたという。陳情の際、吉浦市長は火力発電所の用地として、現柏崎市安政町の鯖石川河畔を、具体的な場所も含めて提案するつもりだったが、話題を原子力発電にすり替えられ、吉浦市長・小林助役は肩透かしにあった認識だったようだ[81]。

　小林治助が市長に当選した直後の 1963（昭和38）年 5 月、小林市長は当時の理研ピストンリング社の会長さらには東京電力の顧問でもあった松根宗一と、原発の建設地域となる市内荒浜出身の松井琢磨社長に会い、その席で理研ピストンリング社から電子力発電所誘致についての提案がされたという[82]。

　松根宗一は日本興業銀行に入行後、電力連盟書記長、電気事業連合会副会長、日本原子力産業会議副議長、経団連エネルギー委員長を歴任したエネルギーの専門家であり、日本の原子力政策に深く関与した人物である[83]。また、松根宗一と田中角栄は「深い交際」[84]のある間柄であった。もともと田中は土建業で成功したのであって、個人的に財界とのつながりは薄かったが、松根は田中を中川素平（日本興業銀行頭取、会長など）、今里広記（日本精工社長）と引き合わせるなど、田中角栄がいわゆる財界資源派の人脈を形成していくうえでパイプ役を務めた[85]。

　この時期に、理研ピストンリング社から小林市長のもとへ、原子力発電に関する調査を主として、給与は理研もちで、何でも申しつけて自由に調べさせたらいいと、のちに熊谷リケン社長になる千代正男が派遣された。その後、松根は小林市長に会うたびに原子力発電所建設はどうなったのかと催促する[86]など強い働きかけをしたこともあって、原子力発電所建設に向けた筋

道が切り開かれていくこととなる。

　しかしながら、当時、その実態が把握されていなかった原子力発電所の誘致が、すぐに具体的な動きとなったわけではない。誘致活動が本格化するのは4年後の1967（昭和42）年頃からである。その間、1967（昭和42）年に、小林市長は県に対しては通産省の立地調査の受け入れを、通産省に対しては調査地点に柏崎を入れることを要請する。そこで県と通産省は、同年11月に立地調査地点を荒浜に決定し、1968（昭和43）年から地質調査が開始されることになる[87]。1969（昭和44）年3月には柏崎市議会で原発の誘致決議がなされ、原子力発電所建設へ向けた外堀が着々と埋められていったのである。

第3節　柏崎市政をめぐる政治秩序

　これまでは地域の産業と電力との関係に特に着目してその動向を確認してきた。ここからは、柏崎市における市政の動向を確認し、それを通じて資源と地域政治との関係を浮き彫りにしていく。

1. 市長公選前夜

政友派、民政派による助役交代騒動

　柏崎市では1947年に第一回目の公選市長選挙が行われるが、その前年の、まだ公選ではなかった時代の最後の市長である三井田虎一郎の着任に際して、その後の市政界に深く関わる人物を含めた騒動が起こっている。まずはそれについて記しておきたい。

　1945（昭和20）年12月7日、当時の市長だった原吉郎[88]は、助役・松村正吉に「一身上の都合」を理由に辞表を提出した。その前段として、前助役で次期市長となる三井田虎一郎が、考えの相違から同年7月31日に辞職していた。ちなみに原、松村、三井田の三者はいずれもが民政派とされていた。三井田の辞職後、新しい助役として市議会からは政友会系の人物とされた吉岡熊蔵が推薦されたものの、原市長は党派の違いからこれを拒否し、同じ民

政党系の若手市会議員だった松村正吉を、議会の推薦を裏切る形で助役に就ける。吉岡熊蔵は政党には所属しなかったとされるものの、人脈的には政友会派の人物であり、戦前の柏崎政界で県議、町議、市議として活躍、西川鉄工所を創設する西川藤助とは懇意の仲で、複雑な境遇にあった西川一族の後見人的役割を果たしてもいた。西川一族は2004（平成16）年に西川正純が市長選挙で敗れるまで、新潟県選出の参議院議員、県議会議員、市議会議員と、ときに一族の複数の人物が常に柏崎市政に深く関与していく[89]。

松村一派の社会党入り

松村が助役に就任した直後、のちに市長になる小林治助が市の経済課長に抜擢される。小林は柏崎の乾物商店の出自で、東亜同文書院を卒業したのち、満州中央銀行に就職していたが、その職を辞して帰郷し、家業を継ぎ、戦時統制中は柏崎食品小売商業組合で専務理事などを務めていた。松村助役は柏崎ガス会社を市で買収し、ガス事業の市営化、小林その他市内の若手民間経済人を用いての柏崎産業調査を実施するなど、戦後の混乱のなか、新しい試みを行っていった。だが、原市長は結局のところ松村助役選任における市議会との意見の食い違いから政権維持に行き詰まり、1945（昭和20）年12月の辞職に至ったのである。

原の辞職により、市議会は次の市長を検討する選考委員会を設置、候補に三井田虎一郎、洲崎義郎、吉岡熊蔵の三氏があげられた、最終的に助役を経験していた三井田が適任者として認められ、1946（昭和21）年1月16日に公認市長推薦市会を開催した。三井田を推すことに決まった過程は表面上は円満なものに見えていたのだが、実際の推薦市会がはじまると、29名の議員のうち9名が欠席、出席20名のうち市長推薦の議題になるとさらに5名が辞表を提出し退場するという異常事態となった。最終的に議場には15名と、かろうじて議会の過半数を保つ議員が残り、満場一致で三井田が推薦され、内務省の認可を経て新市長として就任することになった。

三井田市長が就任したのち、助役にはバランスをとる形で、政友派の市会議員・吉岡熊蔵が就任した。それと入れ替わる形で、原前市長に推されて助

第2章　資源に踊らされる自治——新潟県柏崎市のガバナンス動態　　143

役になった松村は辞任することになった。松村の辞任は当然のこととされたが、それに呼応して松村人脈につながる、当時30歳前後で課長に就いていた栗林義治庶務課長、萩野秀雄厚生課長、小林治助経済課長、岡塚亮一ガス課長の4課長と松原賢治庶務課書記らが、連著で声明文を出して辞任した[90]。これらの人物に加え、彼らと同年代で親交があり、かつて名町長として旧柏崎町民から信頼を得ていた西巻進四郎の実子・西巻達一郎は、かつて柏崎の裏社会で浜田屋親分として名を馳せた酒井一徳のもとに集まり一派を形成（以下、便宜上この一派を松村一派[91]とする）した。この集団は既成の資産家を主な背景にした勢力である民政党、政友派の勢力に対抗する新興政治勢力としてのしあがろうとしていた[92]。その後、彼らは集団で社会党に入党するも、必ずしも党の方針と同一歩調をとらず、1947（昭和22）年の選挙では松村一派から市議会議員に5名が出馬、共同戦線を張って選挙を実施し、全員当選した[93]。

　また、松村一派は1949（昭和24）年に社会党が共産党との連携で救国民主連盟結成の動きを起こしたことに反発し、社会党を集団離党する。その後、松村一派はかつて目の敵にしていた相手でもある民政派の商工会議所会頭・小林多助から目をかけられ、小林治助が商工会議所副会頭に登用されるなど保守系の人材として、柏崎市の政財界の主役になっていく[94]。そもそもは旧来からの名望家を中心とした支配階層を割る勢力として出たものの、それらに包含されつつ、その中心勢力となっていくのである。

　また、この松村一派は若手の同年代グループとして、年長者に牛耳られていた政界に反発をもっていたことのほかに、もう一つ共通点があった。それは彼らの家業がいずれも食品業界であることにある。松村、西巻、小林はそれぞれ、米穀商、醤油醸造業、乾物食料品商を家業にした食料品に関わる商売人の出自であった。戦時中の総動員体制による統制経済の時代に、柏崎食料品小売商業組合を発足させた際、松村は理事長、小林は専務理事としてそれぞれ名を連ねている[95]。

　小林治助は、柏崎食料品小売商業組合発足当時まだ29歳だったが、大陸仕込みの管理経済の手腕を、柏崎食料品小売商業組合が担った企業整備で発揮

することになる。統制経済下の商業組合は、物資の配給統制機関という性格のものだったが[96]、柏崎食料品小売商業組合も同様であった。

配給統制機関の確立に際しては、その前提として組合員の各商店に廃業・転業を迫る形で行われた。そこで過去5年間に遡って全小売店の販売実績、仕入れ量を克明に調べ、円滑な配給実施のために各地区の世帯数、人口に対応する配給店の地理的配置を勘案して、適切と思われる小売店を残し、廃業してもらう人への実績買い上げ額の算出し、保証金を決定、一定のバランスを維持できるよう、残る人への配給金取扱量の割り当てなど、詳細な調査と計算が必要であった。柏崎ではこの作業は主に小林専務理事のもとで行われ、廃転業が進められていくことになった。また、残る人からは実績保留金を組合に納めさせることで組合に資金を留保させ、運営を安定させるとともに商店を維持する側に負荷をかけることで転廃業を促進させる仕組みを作った。この仕組みは「柏崎方式」として県の企業整備策にとり入れられ、小林は県の食料品小売部門の企業整備委員会の副委員長として、県内各地の配給機構確立を指導していく立場となった[97]。

また、松村一派の世代は、鉄道構築後の地域経済の構造変化の影響を直接肌で感じながら成長していった世代であった。彼らは明治後半から大正時代にかけて生まれ、柏崎の経済が鉄道敷設や日本石油本社の東京移転を機に、物流網が変化したことを目の当たりにしていった。物流網の変化で柏崎が直面したのは、海運中心に刈羽・古志・魚沼で生産された米や縮を京都・大阪へ運び、海産物・乾物を魚沼などの地域に売り歩く中継都市から、陸運による石油・米・鉄工製品の東京への輸出地としての変化である。中継都市としての役割は、港をもつ地域でなく、鉄道の経由地となる長岡に集約されることになる。小規模だが港をもっていた柏崎は、それまで長岡と比較して魚沼地域に対する商圏としての優位性をもっていたものの、鉄道が物流の主役になることで、その根幹が抜けてしまった。まさに米穀商や海産物・乾物など、卸商人は得意先をとって代わられるという直接的な打撃を受け[98]、衰退産業と化していくこにとなる。彼らは、鉄道を敷設し、石油業で財を築き、脱柏崎・刈羽化していった大資本家の影に隠れ、従来型の経済構造のもとにくみ

込まれ、自らが衰退産業のなかにあることを幼少期から感じとっていっていた、「陸の孤島」化する柏崎にとり残された中堅商家層だったのである。

そしてまたこの時期には、もう一つの新興勢力が台頭しはじめていた。同じ西川姓で市政に登場する西川弥平治、西川亀三らを中心にした鉄工業界関係の勢力である。彼らは日本石油株式会社の子会社として発足した新潟鉄工所や、1927（昭和2）年に柏崎に進出してきた理研の関係企業・下請け工場として発達してきた。これら鉄工業界は従来の柏崎産業構造のなかでは主流であったわけではなく、理研の進出、戦時増産体制など、柏崎では昭和に入ってから成長してきた業界であった。

2. 戦前・戦中秩序の継続——三井田市政

公職追放されなかった三井田虎一郎

柏崎における第一回の市長選挙では、1939（昭和14）年に県会議員となり、翌1940（昭和15）年に市会選任の原吉郎市長のもと、県会議員兼任で市助役を務め、1946（昭和21）年には市長に就任していた三井田虎一郎が立候補した。三井田はかつての民政派の流れを汲む民主党の支持を得て立候補した[99]。柏崎政界においては、戦前から市政に深く関与していた有力者の多くは、翼賛運動に参加していたことで公職追放によって立候補することできなかったが[100]、三井田は公職追放に該当せず立候補する権利を有していた[101]。

戦後の非公選時代の三井田市政の助役であった吉岡熊蔵は、戦前の政友派の流れを汲む自由党の支援を受けて立候補した[102]。その他の候補者としては、公職追放のため出馬できなかった旧比角村に強い地盤をもつ洲崎義郎の後援を受けて、無所属で立候補した医師の斉藤準次、社会党柏崎支部の幹部である松原伍一郎、共産党および刈羽民主連盟の推薦を受けた梅沢三代司が現れ、第一回の市長選挙は総勢5名で争われることとなった。

事前の情勢としては、戦前から市政に関わり政治的経験が豊富で、資産家階級の支持を広く集めていた三井田が有利とされていた。そのため焦点は、一回目の投票で三井田が決選投票を回避できる全体の8分の3を上回る票を

集めることができるかにあった。決選投票になった場合は三位以下の候補者支持者の動向により、一回目でトップの得票を得ていたとしても安泰ではなかったのである[103]。

　候補者間の主張は、政策を対決させるというよりも、社会階層間闘争の側面が強かった。三井田は「一方的な階級闘争等にとらわれることなく」と述べ、階級闘争を争点から外そうと試みた。また吉岡は「市民各層の融和」、斉藤は「市政における少数者の独占的運営からの解放」、松原は「寡頭特権階級の独占政治の打破」、梅沢は「市長市会をはじめとする行政経済団体を不断に監視し、悪徳者を引退にせしめ以って市民全体の利益を確保」などを主張した。一方で、選挙戦の実態は有力名望家の多くの支持を得た一強の三井田対その他一部地域・業界・運動団体の支持を得たほかの4名、という構図であった。

表2-4　第一回柏崎市長選挙

1947（昭和22）年4月5日執行			
氏名	得票数	属性	支持連合
三井田虎一郎	6,429	市長	民主党、資産家
斉藤準次	2,968	医師	旧比角村地域
吉岡熊蔵	2,073	歯科医師	自由党、鉄工業界の一部
松原伍一郎	1,873	社会党支部幹部	社会党、農民運動、労働運動関係者
梅沢美代司	501	不明	共産党、刈羽民主連盟

　結果は三井田が6429票で全体の8分の3以上の得票を集め、決選投票には至らずに、第一回の公選市長の座を射止めることとなった[104]。一方で、5月1日に行われた、当時定数1であった柏崎市選出新潟県会議員選挙では、民主党の支持を受けて出馬し、当選が有力視されていた岡部友平は3796票と振るわず、自由党の西川弥平治が6337票で当選し、次点に社会党の渡辺他蔵が5493票で次点となり、選挙前の新聞予想とは正反対の結果となった。新聞では「三井田市長を応援した6429の民主党系の票は岡部氏の場合、一体何処へ行ったのだろう」[105]と評された。内実としては、各者とも政党を背

景にした票ではなく、人物票を得ていたことから、このような結果になったと思われる。当時の柏崎市おける他の選挙の例としても、同年4月20日に行われた参議院議員選挙では、柏崎市内で専門学校を開校させていた社会党の下條恭平が柏崎で大量得票を得るなど、政党よりも個人への信任票的側面が強かったことが窺える。

　また、松村一派は全員一致しての行動や考えをとっていたのか定かではないが、少なくとも小林治助は、社会党に籍を置きながらも「柏崎の現状では、三井田氏の右に出る政治的手腕の持ち主がない」と新聞談話で述べており、市長選挙では社会党候補者の積極的な支援には回らなかったようである。

　また、同月行われた市議会議員選挙では、定数30のところに65人が出馬したなかで、先にあげた松村一派の5名は全員当選した。さらに、県議会議員となった西川弥平次の義理の甥にあたり、のちに県議会議員となる西川亀三も当選した。市議会の党派としては、民主党系が11名、社会党が7名、自由党が4名、無所属労組系が3名、共産党系が1名、その他無所属が4名となった。そのため民主党系の三井田虎一郎市長にとっては必ずしも安定的な運営が臨める議会構成とはならず、難しい運営が予想された[106]。

社会党籍小林治助助役起用の企て

　そこで三井田市長は、助役に30代の若手議員で社会党籍のあった小林治助を起用しようとする動きに出る。三井田市長は「経済人としての経験、知識、豊富に乏しい」と柏崎の経済界から評価されていた。小林治助は社会党に入っていたとしても、社会党主流の農民運動、労働運動家ではなく、本来は産業界の人間であり、かつての満州中央銀行、市経済課長の経歴とこれまでの行動から産業経済問題への見識があり、加えて今後小林のグループを引き込めれば議会での多数派形成にもなる、という意図から小林を助役に起用しよう声をかけたのである。しかし小林は固辞し続け、三井田市長の就任後、助役は3カ月半の間空席となった。

　助役の空席が長引いてしまったことへの批判が出はじめたことから、三井田は監査委員に任命されていた前川謙治を助役に据えることとした。小林治

助の助役就任はならなかったが、同時期に、柏崎市民主党の重鎮で商工会議所会頭でもあった小林多助が、商工会議所の幹部人事などに小林をはじめとする松村一派を重用していく動きに出る。このことが、のちに松村一派が社会党から離党し商工会議所幹部となり、柏崎の経済界を牽引する立場となっていくことにつながっていく[107]。

　三井田市政下では、戦後直後ということもあり、市民生活が安定しないなかでの市政運営を迫られたが、いくつか特徴的な施策もとられた。その一つが断続的な周辺農山村の合併であり、もう一つが柏崎港修築運動である[108]。柏崎市は明治の大合併期（1888〔明治 21〕年頃）、昭和の合併期（1953〔昭和 28〕～55〔昭和 30〕年頃）の折にも合併が促進され、市域の拡大がなされているが、それ以外の時期にも断続的に合併がなされており、三井田市長の時にも刈羽郡西中通村の一部（悪田地区）、中頸城郡上米山村、刈羽郡北鯖石村の一部（長浜地区、新田畑地区、田塚地区）、同郡西中通村の一部の合併がなされている[109]。とりわけ中頸城郡上米山村との合併は郡境を越えた合併であったが、柏崎市の増大する水道需要に対して、既存の前川水系による水道供給では限界が見えはじめていた最中[110]のことであり、谷根川水系の水源が確保されることで安定した水道供給がなされることになる。

　また、港については、柏崎は享保年間には県下で最も多くの船を所有していたが、近代化による船の大型化が進むと、柏崎の遠浅の港では船が入りきらなくなっていた。そのため明治・大正にかけて、柏崎では港の近代化を目指して港湾修築運動がなされ、1922（大正 11）年から 27（昭和 2）年にわたる修築によって人工港が完成した。しかしその後、修築によって設置された防波堤・防砂堤が原因で港内に土砂が堆積し、逆に小型漁船の出入りでさえ自由を失う状態となっていた[111]。そのような状況のなかで、柏崎出身で幼年期には柏崎港の栄華を見聞きし、自身は上京して東京で水産会社を設立して財を成した五十嵐与助が、柏崎港改修のために私財の提供を申し出た。それをきっかけに柏崎で柏崎港再改修の機運が高まり、1949（昭和 24）年に柏崎港期成同盟会が結成されたのである[112]。

　だが、海運・漁業で栄えた時代と当時の柏崎とでは、鉄道網や自動車の発

達により物流環境は劇的に変化していた。旧来からの海運による北海道や関西方面との交易から、陸運による東京方面との交易に流通網が変化していたのである。それにもかかわらず、海運で栄えた時代に財の基礎を築いた市の指導者層は、懐古的な港の建設にしか活路を見出せなかったといえよう。

3. 篤志家市長による市政運営——洲崎市政

篤志家・洲崎義郎の市長選出馬

第二回の市長選挙においては、前回市長選挙に出馬できなかった洲崎義郎[113]が出馬に向けて動き出した。洲崎は刈羽郡比角村（現在柏崎市比角）で、かつては質屋と縮行商、機織工場などを経営していた名望家一族[114]の出身で、実父の洲崎伝吉は刈羽郡での立憲改進党結成に参画していた人物である[115]。洲崎は柏崎中学を卒業した後、早稲田大学政治学科に進学するも家督を継ぐために1年で中退、帰郷後の1918（大正）7年に29歳で比角村長に就任し、柏崎町と合併する1925（大正15）年まで比角村長を務めていた。洲崎は当時から青年団活動、学校教育、スポーツ教育に力を入れ、私財を投じて各種設備の拡充を含めた振興を図るとともに、刈羽郡青年団長、刈羽郡体育協会会長、柏崎市教育会長、柏崎町会議員、市会議員、新潟県連合青年団副団長、新潟県体育連盟副会長などを歴任していた。洲崎義郎の政治的立ち位置は一定ではなく、比角村長時代には父親代わりでもあった近藤友一郎が民政派だったことから民政派の人物と目されていた。しかし、その後の戦前・戦中の柏崎町議会・市会議員時代は、のちの自由党につながる政友派に近い人物とされ[116]、戦後は平和運動への関わりから革新政党に好意をもち革新系の人脈を形成し、晩年は特に共産党の人脈とのつながりが深くなっていっていた。また、戦中に柏崎市翼賛壮年団長に就任していたことを理由に公職追放を受けており、そのため第一回の市長選挙では出馬することができなった。

一方、現職の三井田市長も再選に向けた動きをはじめていった。三井田市長は市政運営においては市議会と協調的に振る舞い、市議会の大部分を与党的立場とさせていた[117]。また、三井田市長は旧来からの民政派に通ずる人物

であったものの、当時の国政において社会党内閣が成立していたことから、柏崎を地盤とする社会党所属の衆議院議員・下條恭平が逓信政務次官に就任すると下條に近づき、社会党入りすら噂されるようになる。その後、自由党吉田内閣が成立し、同党の田中角栄の影響力が強くなったとみると田中に近づくなど[118]、日和見主義な行動から、かつての仲間が反三井田に転じる動きもあったようである[119]。そのような反三井田感情は表立ってはみえないものの市勢の底流に鬱積していた[120]。

表 2-5　第二回柏崎市長選挙

1951（昭和 26）年 4 月 23 日執行			
氏名	得票数	属性	支持連合
洲崎義郎	13,184	地主・各種団体役員	共産党、社会党、自由党
三井田虎一郎	6,182	市長	市内産業界（進歩党、自由党）

　事前の新聞報道では三井田有利とされていたが、結果を見れば洲崎1万3184票に対して三井田6182票で、洲崎の圧勝となった。戦前から県会議員や助役を務めていた三井田が、この時点ですでに飽きられつつあったのに対して、私財を投げ打つ篤志家であり、理想を語る洲崎が、一般の青年層、婦人層を惹きつけた結果といえよう[121]。

　また、長らく柏崎市職員として自治労委員長や各課長職を歴任することになる月橋会[122]によると、三井田は市職員からの反発が大きかったとされる。三井田市長のもとで、戦後新潟軍政部の指示によって労働組合の幹部3名が解雇されたことがあり、この事件をきっかけに三井田市政打倒に対する市職員の結束が強まっていったとされる[123]。

　前回選挙で躍進し既存の権力構造に食い込んでいった松村一派は、市長選挙とその直後に行われた市議会議員選挙では憂き目に遭う。市長選挙で支援した三井田が落選し、さらに市議会議員選挙では当選が有力視されていた現職議員の落選、体調不良による不出馬があり、五つあった議席は、小林治助と関矢尚三の二つを残すのみとなったのである。

第 2 章　資源に踊らされる自治——新潟県柏崎市のガバナンス動態　　151

厚生行政や平和運動への傾倒

　助役人事では、かつて南満州鉄道で安東駅長、奉天駅長などを歴任したのち、故郷の柏崎に戻っていた関憲治が就任した[124]。関は小林治助と中国・満州時代には同郷出身者として親交を深めた人物であった。そのため、政治的立場は異にしても、小林にとっては対抗しづらい相手であり[125]、結果的に洲崎からの小林治助への牽制となった。

　洲崎市長時代の特徴は、いわゆる革新市政で典型的とされる厚生行政や平和運動に力を入れたことにある。具体的には保育所の建設、公営質屋の創設、国民健康保険事業の再開、結核アフターケア事業、委託病院の建設などが新規事業として推進されていった。また都市計画学会に依頼し、小都市における都市計画のモデルケースとして、石川栄耀を委員長とした「柏崎市都市計画立案委員会」が1955（昭和30）年9月に設置された。そして1956（昭和31）年には「柏崎市都市計画立案報告書」が柏崎市に届けられ、これをもとに柏崎市の都市計画が作られることとなった[126]。平和運動としては市長就任直後から原水爆反対運動に深く関わるようになり、新潟県市長会、東北市長会などで原爆反対決議を提案していった[127]。

　一方で産業振興ついては「道路と電力の増強が不可欠」という認識で[128]、東北電力に送電線着工陳情を行い[129]、送電量の増大で電力需要を満たそうとする試みがなされたが、実現には時間がかかることになる[130]。市内の産業界との関係では、既存の大規模工場を有する企業との連絡不足が指摘されることがあった。例えば、1958（昭和33）年には、理研ピストンリングや藤村ヒューム管などが工場を拡張しようと近隣の土地を買収したにもかかわらず、買収後に公示された柏崎市都市計画地域指定で当該用地が住宅地域と指定されたために拡張が不可能になってしまったこともあった。この件については、最終的には市が都市計画の地域指定を変更し、それぞれの企業は買収した用地に工場を拡張することができたが、連絡調整の不備により企業側の不満が高まっていたことが伝えられている[131]。

　また、のちに市長となる今井哲夫が、洲崎市長の時代の1951（昭和26）年に衛生課長として採用されている。今井は陸上でベルリンオリンピックに出

場したこともあり、すでに市内で名の知られた人物であった。洲崎が村長を
していた比角村出身で、スポーツ・学業ともに優秀であったため、少年時代
からスポーツ振興に熱心であった洲崎と関わりがあったのである。衛生課長
就任の際には「君はスポーツの世話をしておればよい。衛生は坂井補佐にま
かせておきなさい」といわれたそうだが、洲崎市長退任時には総務課長に就
任しており [132]、そののちの助役、市長就任へ向けて、庁内の信頼を得ていっ
たようである。

退役軍人・吉浦栄一との一騎打ち

　第三回の市長選挙となる 1955（昭和 30）年の選挙に向けて、現職の洲崎市
長は再出馬の路線が自明となっていたが、自身の信念を優先する個性もあ
り、対議会関係では苦戦していた。また前回の洲崎陣営の選挙責任者だった
岡部友平が反洲崎の姿勢を明らかにするなど、大量得票で圧勝した勢いは弱
まり、楽観できない状態にあった [133]。

　そこで反洲崎陣営から対抗として出馬したのが、県議会議員であった吉浦
栄一である。吉浦はかつて陸軍の中尉であり、退役後は家業の金物商に携わ
るとともに民政派として町会・市会議員に当選するなど、市政との関わって
きた。戦中に元職業軍人として柏崎在郷軍人柏崎分会長、翼賛壮年団新潟県
総務として翼賛運動に関与していたこともあり、戦後は公職追放を受けてい
た。追放解除後は、柏崎市選出の県議だった西川弥平治が参議院議員選挙に
出馬したことで起きた、1953（昭和 28）年の新潟県議会議員補欠選挙で当選
し [134]、県議会議員となっていた。吉浦陣営には病気から回復していた松村一
派の西巻達一郎が選挙責任者に、総参謀に小林治助が就くなど、松村　派が
選挙戦の主軸を担う体制になっていた。同時にこの体制は、柏崎市での田中
角栄の後援会の面々と一体のものともなっていた。そこで当時自由党県支部
長であった田中角栄が、直接吉浦の応援演説のために柏崎入りするなどの支
援を行っていくのである [135]。

　そうした状況もあって、事前の情勢報道では吉浦がやや優勢とされた。ま
た革新系とされる洲崎市長は官公労組の支持を受けるものの [136]、支持を期待

第 2 章　資源に踊らされる自治——新潟県柏崎市のガバナンス動態　　153

していた柏崎地区労は自由投票を表明し、市議会議員の多くは吉浦支持に回ったとされた[137]。

表2-6　第三回柏崎市長選挙

1955（昭和30）年4月30日執行			
氏名	得票数	属性	支持連合
洲崎義郎	15,320	市長	共産党、社会党、進歩党支持者の一部、自由党支持者の一部
吉浦栄一	14,767	金物商、退役軍人	市内産業界（進歩党の一部、自由党の一部）

　結果、洲崎1万5320票、吉浦1万4767票で、洲崎が僅差で再選を果たした。吉浦陣営は産業界を中心に支持を広げて追い詰めたが、衰えをみせたものの大衆の人気がいまだ顕在であった洲崎市長が逃げ切った。また同時期に行われた市議会議員選挙では、前回選挙と今回選挙の間に行われた合併で周辺農村部に市域が拡大したこともあって、構成が大きく変わることになった。それまでの市議会は商工業者の議員が多数を占めていたが、改選によって農業を生業とする議員が多数市議会に入ることになった。かつての松村一派は、市長選挙や家業への注力などで1名も市議会議員選挙には出馬せず、市政界の表舞台から一時姿を消すことになった[138]。

　また、議会における市長派・反市長派は18対18の同数となり、議長・副議長人事は1年交代のたすき掛け人事となった[139]。助役には、現職助役の関憲治が辞意を表明し、市長による引き止め、議会からの反対論などが出るなど、選挙後5ヶ月間の空白期間が生じたものの、最終的には関が再任された。この助役人事を巡る議論のなかで、これまでの洲崎市政の課題とされた財政赤字解消への努力が約束されることになった[140]。

赤字財政自主再建の選択

　洲崎市長二期目の最大の課題は、財政悪化問題であった。市財政は1953（昭和28）年から連続して赤字となり、この問題をめぐって洲崎市長以下当局

は、常に議会から糾弾を受けていた。洲崎市長は議会に対して赤字解消の努力を約束するも良案があったわけではく、1955（昭和30）年になると財政再建団体化を考えていくようになる。地方財政再建団体特別措置法の適用については、市長の側近議員も巻き込んだ市議会での多数派工作がなされ、一時は可決されるかに思われたが、主に商工業者を支持基盤とする会派および労組出身議員らが反対に回ったことで否決され、自主再建の道を選ぶことになった[141]。

この問題については、その後の緊縮財政と地方交付税交付金の総枠の拡充も影響し、1958（昭和33）年度には黒字化に至り、解決することになる[142]。

柏崎での保守合同

中央政界では、1955（昭和30）年11月に日本民主党と自由党が合併し保守合同がなされたが、柏崎でも1956（昭和31）年に入ってから合同の調整が開始され、自由民主党柏崎支部が発足した[143]。元衆議院議員・貴族院議員の飯塚知信が支部長に、幹事長に現役参議院議員の西川弥平治が就任した。また衆議院議員の田中角栄は、最高顧問という肩書きで関わることとなった。

この柏崎での保守合同の意義はどのようなものであったのか、保守合同前後の衆議院議員選挙（1955〔昭和30〕年2月第27回衆議院議員選挙、および1958〔昭和33〕年5月の第27回衆議院議員総選挙）の様相を観察することで考察したい。

第27回、28回の選挙の間には合併による人口の変動があるため、単純に票数のみでは比較できないので、得票率にも着目することにする。総選挙時の田中角栄の柏崎市内での得票は4890票（得票率約17％）と上位ではあるが、特段多いわけではない。しかしながら第28回総選挙時には1万4563票（得票率約41％）と圧倒的な票を得ている。自民党他候補の得票が伸びないまま田中のみが大躍進を遂げた、いわば一人勝ちともいえる結果となっている。

この差を生んだ大きな要因の一つは、第27回総選挙に出馬していた「地元候補」の下條恭平が第28回選挙に出馬せず、地元候補として田中角栄が残ったことがあげられる。下條は柏崎の日本油機株式会社の社長であった一方、

第2章　資源に踊らされる自治——新潟県柏崎市のガバナンス動態　　155

表 2-7 旧新潟三区第 27 回、28 回衆議院議員総選挙結果

1955（昭和 30）年 2 月 27 日執行
第 27 回衆議院議員総選挙

当落	候補者氏名	柏崎市得票	3 区得票	党派	当回数
当	稲村隆一	3,690 （13%）	66,346	日本社会党（左）	4
当	田中角栄	4,890 （17%）	55,242	自由党	2
当	大野市郎	1,457 （5%）	48,330	自由党	5
当	亘四郎	4,361 （15%）	48,310	民主党	5
当	三宅正一	2,700 （11%）	45,653	日本社会党（右）	3
	小林進	2,465 （9%）	43,967	日本社会党（右）	
	高野雅臣	1,559 （6%）	37,637	民主党	
	下條恭平	6,541 （23%）	15,906	無所属	
	安藤義雄	530 （2%）	7,297	日本共産党	
	合　計	28,193	368,688		

1958（昭和 33）年 5 月 22 日執行
第 28 回衆議院議員総選挙

当落	候補者氏名	柏崎市得票	3 区得票	党派	当回数
当	田中角栄	14,563 （41%）	86,131	自由民主党	6
当	小林進	5,430 （15%）	55,399	日本社会党	3
当	亘四郎	4,034 （11%）	54,643	自由民主党	7
当	三宅正一	5,007 （14%）	52,377	日本社会党	5
当	大野市郎	1,882 （5%）	51,739	自由民主党	3
	稲村隆一	2,661 （7%）	44,542	日本社会党	
	高野雅臣	785 （2%）	18,968	無所属	
	安藤義雄	878 （2%）	8,092	日本共産党	
	棚村重信	461 （1%）	6,950	無所属	
	合　計	35,701	378,841		

柏崎専門学校（現在の新潟産業大学の前身）を立ちあげるなどで知名度が高く、
1947（昭和 22）年の参議院議員選挙新潟選挙区で社会党から出馬して当選し
ていた。地元候補かどうかを投票行動の要因として重視する有権者の投票先
が、第 27 回総選挙では、柏崎刈羽の地元候補が下條、田中と 2 名いたなか
で割れ、第 28 回総選挙では田中のみになったことで、下條に投票した有権者

が田中に流れたと考えられる。

　一方、下條は社会党内では西尾末広と懇意の右派の人物であり、社会党各種機関誌設立のための資金を提供するなど、社会党結成当初のスポンサー的役割を担っていた[144]。そのため、同じく右派社会党出身の三宅正一、小林進も一定規模の票数、得票率を伸ばしている側面もあり、単に下條票がそのまま田中に流れたと解するのは正しくはないだろう。しかしながら、地元候補が2名から1名へと減ったこともまた無視することはできない。

　ほかの要因として、第27回と第28回選挙の間の1957年（昭和32年）7月、第1次岸信介改造内閣で田中角栄は郵政大臣として戦後最年少入閣を果たしていた。これによって中央政界での実力を地元が直に感じられるようになり、そのことに対するご祝儀票もあったと思われる。

　また、田中は旧民政派を中心に運動がなされていた柏崎港期成同盟会の会長に就任し、改修費用の獲得、およびその他公共事業国庫支出の動向、さらなる予算の獲得を目指した方策検討やその解説を、柏崎に来訪するたびに記者会見などを通じて発表していった[145]ことで、「使える政治家」としての認知が広まっていったこともあげられる。

　このように、外的にもいくつかの要因が推測できるのだが、柏崎内部での変動もあった。この選挙を機に、これまでなかなか共同歩調をとってこなかった松村一派に代表される新興商業界と、西川一族に代表される新興工業界が、柏崎商工会議所として一丸となって田中角栄の支援に回るようになっていったのである。このことによって、柏崎では民政派・政友派にまで遡ることができる名望家由来の主導権争いが、概ね終焉を迎えることになる。その後は柏崎商工会議所を基軸に商業系・工業系を問わず田中を支援する体制となっていく。このように商工会議所全体で田中支援体制を構築することを発案したのは、理研出身でのちに越後交通相談役となる大橋次郎とされる。また、商工会議所の工業部会をまとめたのも、理研出身の人物であった[146]。

　柏崎における「保守合同」が意味するところは、田中角栄のもとでの商・工各勢主力の連合であり、それによって結果的に田中が中心となる勢力図が描かれることになる。これ以後、田中は衆議院議員総選挙において常に柏崎

市の 40％以上の票を獲得し続けていくのである。

洲崎市長贈収賄事件

　選挙を翌春に控えた 1958（昭和 33）年 12 月、洲崎市長および市議会での洲崎派議員が、収賄容疑で逮捕されることになった[147]。洲崎からはまだ三選目の出馬が表明されていない段階ではあったが、柏崎刈羽共闘会議などはこの逮捕について政治的陰謀説を訴えるなど、再度の出馬を促す動きは強くなっていった[148]。さらには助役の関憲治が、洲崎市長が不出馬の場合は市長選挙に立候補するとの説が流される[149]も、逆に洲崎市長のとり巻きを硬化させ、洲崎は三度目の出馬へと向かっていく[150]。さらに翌年 1 月に入ると、別の洲崎派の市議会議員も逮捕されるなど、洲崎派は混迷を極めることになる[151]。

4. 経済人脈による巻き返しのはじまり──吉浦市政

柏崎経済界による市政奪還

　自民党柏崎支部において「市長候補は経済人から出すべき」との方針が共有され、前回選挙で敗れたのちに柏崎信用金庫理事長に就任した吉浦栄一と、柏崎商工会議所会頭に就いた西巻達一郎の両人が起意を示したが[152]、その後、田中角栄立ち会いのもとに自民党としての候補者調整がなされ、吉浦栄一の立候補が決定した。選挙の体制としては小林治助が責任者となり、組織、政策、動員手配、指揮を一元化して背負う形で選挙戦を戦う体制がとられることとなった[153]。

　現職の洲崎市長は 12 月に贈収賄事件で一時処分保留として釈放となっていたものの、選挙のおよそ 1 カ月半前の 3 月に起訴される。社会党としては早期に洲崎市長支持を表明していたが、逮捕の影響もあって各労組の足並みが揃わなくなっていた。洲崎市長が起訴されるとの一報が入ると、官公系の労働組合は洲崎支持を覆さなかったものの、民間の各労組は態度を保留するところもあり、支持するか否かは各労組の自由意思に任されることにな

る[154]。洲崎市長はこれまでの選挙では大衆に訴え、比較的幅広い層の人らを動員しながら選挙を戦ってきたが、贈収賄事件の影響からこれまでの支援者の関心も薄れ、柏崎刈羽共闘会義派を中心とした選挙となっていった[155]。

　政策に関して、吉浦は「産業都市の建設」を重点的にアピールし[156]、洲崎市長は「平和、独立、民主主義」や「市民生活安定のための社会福祉施設の拡充」を主張した[157]。これは革新市政における典型的な主張と合致するもので、同じく革新系の支持を受けて当選していた当時の長岡市長の内山由蔵との協力も主張していった[158]。

表2-8　第四回柏崎市長選挙

1959（昭和34）年4月23日執行			
氏名	得票数	属性	支持連合
吉浦栄一	23,651	柏崎信用金庫理事長	市内産業界（自民党）、穏健派労組
洲崎義郎	16,470	市長	共産党、社会党

　選挙の結果、吉浦が2万3651票、洲崎が1万6470票となり、吉浦市長が誕生することになった。また、これまで私財を投じて社会奉仕活動を実施してきた清廉さを背景に、大衆に訴えかけることで浮動票を得てきた洲崎は、自身が汚職で起訴され、そのイメージが大きく損なわれたことが、大きな痛手になったといえる。市長選後、助役には吉浦の選挙責任者を務めた小林治助が就任し、政界の表舞台から去っていた松村正吉も公平委員の一人として市政に参与する[159]ことになり、一度は市政の表舞台から身を引いていた松村一派が、これを機に舞い戻ってくることになった。

　また、汚職事件で起訴されていた市議会議員も落選するなど、市議会でも旧洲崎派の退潮がみられ、さらに社会党・共産党ほか農民組合系議員などの革新系議員は計6名で、残りの30名の議員は選挙直後から概ね親市長的な立場をとり、安定的な市政運営ができる体制が形成された[160]。

　吉浦市政成立後の政策の基本的な動向としては、「産業都市柏崎の建設」を掲げたことにも示されるように、柏崎経済圏の拡大、基盤整備が主になって

くる[161]。市政においては、助役として小林治助、業界人の調整は商工会議所会頭の西巻達一郎、自民党柏崎支部での裏方的調整は田中派幹部が行い、田中角栄と柏崎市の政財界が強固に連結する時代の到来となる。

災害をきっかけにインフラ強化

　吉浦市政の時代、柏崎は毎年のように豪雨・豪雪被害を受けてしまう。吉浦市政時代の主な災害の状況をあげると以下のものがある（表2-9）[162]。

　吉浦市長は相次ぐ災害に対し、「禍いを転じて福となす」ことを強調していった[163]。柏崎を襲った雪害、風害、水害は、柏崎におけるインフラの脆弱性を露呈させ、市民にそれら整備の重要性を認識させる機会となったのである。これらに基づく柏崎市の後進性意識は、産業界のみならず、市民の共通の課題として明白になる。

　そこで吉浦市政では、災害復旧のみならず、恒久的な災害対策を名目にした市内の各インフラ整備が最大の課題となってくる。吉浦市政で初の予算編成となった1960（昭和35）年度予算では、予算市議会の施政方針演説で「産業発展を軸に市勢振興」「予算案では国・県費で行う公共事業の最大限の導入」が基本路線として提示される[164]。国や県費による公共事業は地元に負担金が課される場合が多く、それに乗じて投資的経費を増大することになる。4年間で総工費3億9000万円の治水工事となった鯖石川の全面的な改修をはじめ[165]、建設省による国道8号の改修工事が柏崎区間に入るなど、柏崎においても大型公共事業が展開されるようになってくるのである[166]。

　また産業界の様子としては、この時期、工業界の新工場建設および設備投資が増大し、柏崎においても高度経済成長時代に突入しはじめたといえる。設備投資額としては、概算で1959（昭和34）年に8億円、1960（昭和35）年に9億円、1961（昭和36）年に12億5600万円、1962（昭和37）年には16億5600万円、1963（昭和38）年には20億円を超すようになる[167]。柏崎では、1954（昭和29）年頃からはじまったとされる日本における一般的な高度経済成長の波に乗れず、経済的に停滞している状態だったが、この時期になって時代のキーワードとなっていた地域開発、高度経済成長がようやくスタート

表 2-9 吉浦市政時代の主な災害

年月	災害	被害概要
1959（昭和 34）年 7 月	集中豪雨、水害	梅雨末期の集中豪雨で鵜川、鯖石川が氾濫。市内南鯖石、中鯖石地区を中心に被害を受ける。浸水家屋約 3,000 戸、橋の流失・倒壊 12、堤防決壊 55 カ所。
1960（昭和 35）年 7 月	集中豪雨、水害	梅雨末期の集中豪雨で鵜川、鯖石川が氾濫。市内上条郷地区を中心に被害を受ける。浸水家屋 949 戸、橋の流失・倒壊 11、堤防決壊 18。
1960（昭和 35）年 12 月〜 1961（昭和 36）年 1 月	豪雪（三六豪雪）	市街地で積雪 2.18m を記録。12 月 31 日には荒浜中学校と米山中学校の一部が雪の重みで倒壊、北鯖石中学校体育館は倒壊。国鉄など交通機関は麻痺。自衛隊高田駐屯地から二個大隊が除雪救援を行う。学校、工場、寺院、民家の倒壊は 55。電線断線、ガスパイプ破損など生活直結の被害も生じ、市からの炊き出し 1 万 1000 食、柏崎商工会議所は柏崎税務署へ雪害約 12 億 5000 万円を報告。
1961（昭和 36）年 7 月	地滑り	米山峠上輪地区で地滑り発生。60m が決壊。迂回路のない米山峠は 1 カ月間交通不能に。
1961（昭和 36）年 9 月	台風（第二室戸台風）	市で風速 52m を記録。死者 6 名、負傷者 36 名、住宅全壊 161 戸、半壊 696 戸、山林、農作物被害続出。市は災害救助法の適用を受け、応急仮設住宅 15 戸を建設、約 600 枚の罹災証明を発行。
1963（昭和 38）年 1 月	豪雪（三八豪雪）	中越地方（特に長岡・三条）を中心に豪雪にて孤立集落が続出。交通網が麻痺し、1 週間後にかろうじて柏崎－長岡間で列車が一往復できる状況に。

したといえる。

5. 原発誘致への傾倒──小林市政

柏崎市長・小林治助の登場

　1962（昭和 37）年の選挙に向けて、当初現職の吉浦市長が再出馬の意向を示していたが [168]、喉の病気が悪化し、大きな声を出せなくなってしまったことで断念するに至った。助役として吉浦市政を支えてきた小林治助が後継者に指名され、支援体制もそのまま引き継ぐ形で選挙の準備が進められていった [169]。

小林に対抗する候補の動きとしては、前市長の洲崎義郎の甥にあたる県議会議員の近藤禄郎が、無所属での出馬の意向を示していった。近藤は当時落選中の元衆議院議員・旦四郎[170]、県知事・北村一男の柏崎での後援会[171]であった「亘峰会」[172]の支援を受ける形で、市長選挙への準備を進めていった。旦四郎は自民党であり、北村一男は保守系無所属とされていたが、自民党柏崎支部が田中角栄の支持団体としてほぼ一体となっていた柏崎では、それらの勢力は自民党非主流派であった。

　社会党および共産党の動向としては、革新を結集した市長候補を擁立することで意見が一致する[173]ものの、候補者選びは難航した。それを受けて、近藤は革新陣営との歩み寄りをみせ、政策協定を経て、小林対近藤の対決構図が明確となった[174]。

　政策面においては、小林は産業の発展、教育の振興、民生の安定を中心にアピールしていった。一方で、近藤も重点的にとり組むべき政策として基本的には同じような項目をあげていたが、社会党が推薦についたこともあってか、「市民の声の反映」といった点も掲げた。総じて、中央との連携・直結を志向するか（小林）、市民の声を重視しようとするか（近藤）という争点であったように思われたが、選挙戦においてはそれらの政策的争点はあまり明確にならず、各陣営の動員力合戦の様相を呈するようになっていった[175]。

表 2-10　第五回柏崎市長選挙

1962（昭和37）年 4 月 30 日執行			
氏名	得票数	属性	支持連合
小林治助	23,723	柏崎市助役	市内産業界、自民党
近藤禄郎	16,561	県議会議員	亘峰会、社会党、共産党

　事前の報道では接戦と伝えられていたが[176]、終わってみれば前回選挙とほぼ同程度の約 7000 票差で小林が勝利することとなった。このような大差となった背景としては、中小企業の従業員が小林支持へ傾き、また、市内最大規模の組合員を抱える理研ピストンリング労組に中立の立場をとらせること

162

に成功したこと、近藤の有力地盤と考えられていた比角地区の票の伸び悩みなどがあげられる[177]。助役には小林市長とは中学時代の同級生であり、洲崎市長時代に市職員に採用され、当時総務課長となっていた今井哲夫が就任した[178]。今井はその後も小林市政における女房役として、小林市長が退任するまで助役を務めることになる。

また、吉浦前市長は選挙から2カ月後の1963（昭和38）年7月2日、市長退任後に常務として勤務していた富国石油ガス株式会社の還元鉄製炉におけるタンク爆発事故によって死亡した[179]。

長岡追従型からの転換

就任早々、小林市長が真っ先にとりかかったのは、柏崎刈羽総合開発促進協議会の発足である[180]。これまでの柏崎市は、歴史的に長岡市の財界と結びつきを有しており、長岡市とともに経済圏を形成して成長していこうとする傾向にあった。しかしながら、協議会の発足を契機に、柏崎は長岡追従型では必ずしもない、独自の経済発展を目指す動きを進めていくこととなる。過去の市政では、長岡市との合併構想や長岡と連携した新産業都市指定の誘致などが話題に上ることがあったが[181]、合併については盛り上がりに欠け、新産業都市指定については柏崎が含まれる見込みは薄かった。小林市政が成立し柏崎刈羽総合開発促進協議会が発足して動きをはじめたことで、柏崎が周辺の刈羽郡を引き連れる形で国・県と連携をとって開発を主導としていく方向性に転換していくことが明らかになっていくのである。

これは柏崎刈羽総合開発促進協議会を受け皿として、柏崎市単独ではなく、刈羽郡各市町村の総意を形成して、共有する道路、河川などの公共事業を積極的に受け入れていこうという動きとなる。そのため、柏崎刈羽総合開発促進協議会の設立当初のテ　では鯖石川助成工事、藤井堰改修促進、刈羽平野用水事業、中ノ坪ダム調査、会津若松線（現国道252号）の国道昇格運動、国道8号線曾地峠、米山峠改修など、公共事業が主であった[182]。

なおこうした動きの背景には、開発が誘導される地域指定獲得の意図があったと考えられる。その代表的なものに、新産業都市建設促進法と低開発地

域工業開発促進法があるが、長岡と組んでも新産業都市指定は受けられないが、刈羽郡諸町村と連携することで低開発地域工業開発促進法での地区指定が受けられる見通しがあった。地方発展の中核都市を育成することが趣旨の新産業都市と、格差是正が趣旨の低開発地域とでは、それぞれの目的は全く異なるものの、柏崎では一方の適用が難しいのでもう一方に切り換えたら、地域指定を獲得できてしまったよう状態だった。国家予算の膨張を前提とした地域開発型利益誘導システムのなかで、柏崎・刈羽ではそのシステムをうまく利用する体制が作られた。地元選出国会議員として田中角栄の存在があり、県議会議員には田中派 [183] で柏崎・刈羽における名代的役割で陳情さばきを任されていた高橋重雄（刈羽郡選出）[184] がいる。市内では柏崎商工会議所会頭の西巻達一郎が業界関係の調整役となり、市政の表舞台では柏崎市長・小林治助が、開発を進める旗手となる。また、今井哲夫助役が市行政機構内の調整役となり、市議会は吉浦市政時代から連続 5 期（1960〔昭和 35〕年～67〔昭和 42 年〕）議長を務めた西川亀三を中心にとりまとめられる [185]。さらには地域における自民党内の政治調整役に元市議会議員の萩野秀雄がいるという、基盤整備、産業開発に向けた意思統一が、磐石の体制で整えられた。

中央との結びつき

産業面では、当時の商工会議所副会頭であった関矢昭二が理事長を務めた機械金属協同組合が結成され、理研ピストンリング下請け企業群の団地への集団化が進められた。これは通産省の中小企業近代化資金等助成法（昭和 36 年施行）の指定団地として、昭和 37 年 5 月に機械金属団地協同組合への助成第 1 号として認定されたものである。この中小企業高度化の助成を受けて団地を造成したことを皮切りに、のちの生鮮市場団地の形成、青果企業の合同、臨海工場団地や共同工場の設立など、企業のさらなる集合化も進められていく [186]。これらは柏崎での下請け企業群の連帯の強さを見せるものでもあったといえる [187]。

また、農業用ガソリン税の還元による農道舗装化の農免道路、縁故債を活

用した市道舗装、鯨波河内水源地奥の環境保全林、そして交通安全整備3カ年計画を商店街歩道やアーケードに拡大転用する手法などで、そのいずれもが第1号として各省から認定、適用を受けて事業が進められていった。

このように第1号事業認定が続いたこともあり、小林市政は中央省庁側から田中角栄へのパイプ役であると噂され、予算編成時に各省担当者側から逆に陳情を受ける場合もあったといわれる[188]。また、そのように中央省庁側から陳情を受けることを通して、新規政策に関する情報がさらに集まる状況となっていった。

これらの結果、1968（昭和43）年に、柏崎市は工業製品出荷額が商業販売額を追い抜くことになった。これによって、柏崎は商業都市から工業都市へ本格的に転換したといえるだろう。また、柏崎出身でのちに建設省の事務次官、日本道路公団総裁となる建設官僚の高橋国一郎が、建設省および中央省庁全般におよぶ「柏崎の窓口」役として、処々の課題で国の行政ベースに乗せる際に知恵を借り、糸口となる役割を果たしていくことになった[189]。

盛り上がりに欠けた市長選挙

出馬声明はなかったものの、現職の小林市長の再選出馬は早くから既定路線と目されていた[190]。一方で、社会党は現職市議会議員の名前があげられるものの結局は候補者を決めきれず、市長候補者選定・立候補はなされなかった[191]。共産党は小林市長の独走阻止を掲げ、元市議会議員の村山栄一が出馬を表明することになる[192]。共産党はその他革新系各団体に支援を求めるも、社会党系の地区労、民社党系の地区同盟が村山の推薦を拒否し、自主投票となった[193]。村山の選挙責任者には元市長の洲崎義郎が就く形で選挙戦を戦った。村山は誘致運動がはじまりつつあった状況に対して「自衛隊、原子力発電所の誘致反対」などを掲げ、小林批判票の受皿となろうとしたものの、選挙前から勝敗は明らかであり、盛り上がりに欠ける選挙となった[194]。

第2章 資源に踊らされる自治——新潟県柏崎市のガバナンス動態　　165

表 2-11 第六回柏崎市長選挙

1962（昭和 37）年 4 月 30 日執行			
氏名	得票数	属性	支持連合
小林治助	31,173	市長	市内産業界、自民党、民社、社会党系労組の一部
村山栄一	7,661	元市議会議員	共産党、社会党

　結果は小林 3 万 1173 票、村山 7661 票で予想通り小林市長の大勝となった。また市長選に先立って行われた県議会議員選挙では、自民党の現職佐藤幸作と、同じく自民党で市議会議長だった西川亀三とで、2 議席を独占した。

原発誘致のはじまり

　1966（昭和 41）年 1 月、柏崎刈羽出身の有力工業人と自民党幹事長だった田中角栄、柏崎市政界、産業界関係者によって開かれた懇談会の席上で、田中が 1966（昭和 42）年度から発足する防衛第 3 次計画による自衛隊の施設大隊を柏崎刈羽地方に置き、かつての旧高田十三師団を復活させ、消費人口を県内に増大させたいという旨を発表した[195]。

　また、1967（昭和 42）年の柏崎刈羽総合開発促進協議会では、長岡へのバイパスの誘致とともに、前年田中角栄に指摘された自衛隊の誘致や、通産省による原子力発電所建設をめぐる調査への協力、推進体制をとることなどが話し合われた[196]。

　翌 1968（昭和 43）年度の施政方針演説で、小林市長は自衛隊大隊の誘致と荒浜砂丘地帯での原発誘致について、それぞれ推進していく姿勢を表明した[197]。それまで公式の場では表明は避けてきたようであった[198]が、この年度から推進の姿勢が明確に示されていく。市議会には原子力発電誘致研究委員会が設置され、安全性などについて検討が進められることになった。市議会の原子力発電委員会は設置から 1 年後、原子力発電所は安全であり、原発設置によって多額の固定資産税を得られ、また関連産業の振興、道路整備の拡充などがなされるものとして、原発を誘致すべきと結論づけた。その結論に対して保守系会派、民社、公明党議員はこれに賛成、社会党は安全性をも

166

っと見極めるべきという態度をとった[199]。

1969（昭和44）年3月10日の市議会において「原子力発電所実現に関する決議案」が可決された。原子力発電所誘致にあたっては、市だけでなく県と共同歩調をとることが必要なことから、11日に小林市長は決議案とともに県に出向いて亘知事と会い、誘致にあたって県の協力と、今後県が窓口となって東京電力への交渉を進めていくことを要請した[200]。

また、原発誘致との直接的な関係性については明らかにされてはいないが、これとほぼ同時期の1969（昭和44）年5月には、長年の懸念事項であった東北電力による柏崎への送電線の強化がなされ、柏崎における電力事情が改善することになった[201]。

1969（昭和44）年9月16日には東京電力の柏崎原子力発電所構想が決定[202]し、市内に原発のPR館の設置が決まるなど、柏崎の誘致運動は新たな局面に入っていく。その後、用地の買収交渉がはじまるのだが、東京電力と地権者との直接交渉ではなかなか折り合いがつかなかったこともあり[203]、柏崎市長、刈羽村長、地元三県議（当時は3名とも自民党）が仲介して、地権者と東電の間の斡旋に入ることになった[204]。その結果、東京電力の当初想定価格よりもかなり値段が吊り上がったとされるが、用地の買収交渉が進んでいくことになる[205]。

一方で、反対運動はデモや集会などは、ある程度の数は行われていたものの、なかなか拡大していかなかった[206]。組織的な反対運動がはじまったのは1968（昭和43）年4月、社会党、共産党、社青同、民青、地区労、地区反戦が集まり、原発誘致反対市民会議が結成されてからである。しかし反原発のチラシ配布、署名活動のとり組みがなされていくものの、共産党系組織と社会党系組織との内部での対立が表面化していき、組織間対立の議論で時間を浪費してしまうことになっていく。そのため、1969（昭和44）年に柏崎市議会における誘致決議などで着実にプロセスを進めていった原発推進の動きを止めるまでの運動になることができず、周辺町村議会でも相次いで同様の誘致決議がなされていった[207]。

その後、反対運動は、組織単位の参加によるものではなく、個人を基本単

位とした組織を形成することで、それまでとやや異なる展開をしていく。そのはじまりは、1969（昭和44）年10月の「原発反対荒浜を守る会」の発足である。荒浜は発電所建設予定地に一番近く、また戸数も多い地域であり、最も早くに反対組織が結成された。これが契機となり、地域住民による同様の反対組織が近隣区域を中心に、宮川、椎谷、大洲、中央町、刈羽村刈羽、新屋敷、西元寺、正明寺、赤田北方、大塚と順々に誕生する。そしてこれらの連合体として「柏崎刈羽原発反対地区を守る会連合」（会長、宮川在住市議会議員〔社会党〕芳川広一）が発足し、住民運動の形が整えられていった。さらに1970（昭和45）年1月には、若者を中心とした「原発反対同盟」が結成されるなど、反対運動に参加する若者世代の動きも生まれてきた[208]。反対団体は、新潟県の主催によって柏崎市で開催された、県の長期計画「県政発展のための長期構想」についての意見を聞く「一日県庁」と称する県政懇話会の現場で、原発反対派の声やヤジとシュプレヒコールをあげ、会の開始後わずか10分で閉会に追い込むなど、直接的な行動もとるようになっていった[209]。

景物となる「原発」という争点

　自民党は次の市長選挙に向け、選挙前年の8月の時点で現職の小林市長の推薦を早々に決めた[210]。小林市長は前回同様、商工会議所の各部会、青年会議所など、産業界が選挙運動の中心となり[211]、加えて理研ピストンリング労組を中心に構成されている民社党の支持もとりつけ[212]、支持を盤石なものとしていった。

　社会党は前回議席をなくした県議会議員選挙での議席を奪還すべく力を注ぎ、市議会議員であった田邉榮作を県議会議員候補に立て、市長選挙での独自候補擁立の動きは遅れていた[213]。そこで共産党と共闘し、当時共産党柏崎市委員市民対策部長で、原水爆禁止柏崎協議会事務局長だった村山俊蔵を擁立することにした[214]。

　この選挙は当初から小林優勢とされていた一方、政策的争点は原発とされ、原子力発電所建設に対して市民が直接投票で賛否の決断を下すはじめての選挙でもあった。そのため村山の得票は小林市長の原発政策に対する批判

票して捉えられ、それがどの程度まで伸びるのかが主な関心事項とされた[215]。

表 2-12　第七回柏崎市長選挙

1971（昭和 46）年 4 月 25 日執行				
氏名	得票数	党派	属性	支持連合
小林治助	30,341	無所属	市長	市内産業界、自民党、民社党
村山俊蔵	14,524	無所属	原水爆禁止柏崎協議会事務局長	共産党、社会党

　結果は小林 3 万 341 票、村山 1 万 4524 票で選挙前の予想通り小林市長の大勝となった。小林は、前回選挙から得票数は伸びなかったが、対立候補は前回よりもおよそ 7000 票多く得る結果となり、善戦と称された。しかしながら、2 倍以上の票差をつけての小林市長の再選であったことから、原子力発電所建設の方向性は概ね信任を得たものとして、小林市長は市民・市職員への協力を求めて、さらに原発建設推進に挑む姿勢を示していった[216]。

　小林陣営の選挙の総括責任者となった西巻達一郎による「昭和四十六年市長選挙メモ」では、西巻はこの選挙の総括を以下のように記したとされる。

　　　今回の選挙は、その争点となるものは、第一に原子力発電所建設の可否にあったが、選挙民のこれに対する反応がみられず、争点がある意味では景物のような感じがすることも、ままあった。[217]

　一般の市民にとっては、原発の可否については現実感のないまま選挙戦が進み、終わっていったようなものであったと思われる。

　また、市長選挙と同時に行われた市議会議員選挙では、社会党系会派の社会クラブ、共産党、民社党系会派の民社クラブが議席を合計 4 名に増やし、その分、保守系議員の議席が減少した。そこでこれまで二つに分裂していた保守系会派は総勢 27 名の大会派を結成し、議会人事で各ポストを独占した[218]。議会側はこの改選を機会に小林市政の擁護、原発建設の推進を軸に結

第 2 章　資源に踊らされる自治——新潟県柏崎市のガバナンス動態　　169

束が強められていったのである。

一方、市長選挙に先立って行われた県議会議員選挙では、社会党の田邉築作が原子力発電所の建設への反対を掲げて当選し、自民党の2議席独占から議席をとり戻す形となった[219]。

反対派による原発工事延期策の成功と反対派の動き

選挙後の原発関連の動きについては、出足が遅く、なかなか地権者や市民を大がかりに巻き込むことができないでいた反対派が、亘四郎知事と小林市長の原発をめぐる意識のズレを突き、亘知事からの確約を得て、原発建設工事の実施を遅らせることに成功する。

事の概要としては次のものである。まず、1972（昭和47）年3月27日、反対同盟、守る会連合が県庁に原発建設に対する抗議に赴いた。この時、反対派は亘知事から「原子炉に対する国の安全審査委員会の許可が出るまでは、県の権限内にある原発建設にともなう関連事業の許認可は一切しない」旨の確約を迫り、知事からのサインを得た。知事の原発に対する考え方は「原発は柏崎市が誘致議決をしたのである。県は柏崎の要請を受けた手伝いの立場であり、したがって県は独自の調査をしていない」という考え方であったとされる。一方、柏崎市の小林市長は「巨大なエネルギーを新たに生み出す原発は、ただ単に柏崎という小自治体でやれる限度を超えている。誘致は柏崎でしたが、県が全ての窓口になって、県政全体の立場から促進してもらわねばならない」という立場であった。反対派はこの微妙な認識の違いのなかで、亘知事に対する追究を強めたのである。独自の調査、判断をしないままでの県による許認可権限の行使は不当であることから、確約へのサインをするように迫ったのだ[220]。

従来の他地域の原発計画では安全審査も完了せず設置許可も出ないうちに、敷地内にある原発建設に関連する県の許認可事項が全て出される手続きになっていた。しかし、この確約は、そのプロセスの変更を強いるものとなった。その結果、1977（昭和52）年9月に原子炉設置許可が出されるまで建設が先送りされることとなった。これにより工事の着手が5年遅れてしまう

結果となったのである[221]。

　その後、原発の建設予定地である荒浜地区の町内会長が、従来の原発推進派から反対派の人物に交代した。隣の宮川地区の部落長にも反対派の人物が就任し、荒浜地区では世帯ごとの自主的な住民投票を行うというように、原発の周辺住民が直接意思表示する動きが生じてきた[222]。また、反対派は地域の高齢者の証言をもとに「原発用地である荒浜の砂地は先祖から伝わった我々の共有地である」という主張を展開し、荒浜は共有地であるとして「団結小屋」「浜茶屋」の建設を行い、当地にまつわる里道を守ることを目的として「里道闘争」を開始する。一方、この共有地、里道問題に対して柏崎市当局は、1954（昭和29）年に旧荒浜村を合併した際に浜地は村有財産とされ、市有財産にくみ込まれた市有地とする立場を主張した[223]。また政府の電源開発計画のなかに柏崎刈羽原発を位置づけ、原発の認可を決定する電源開発調査審議会（会長・田中角栄首相）の妨害行動や抗議行動など運動を活発化させていく[224]。しかし、電源開発調査審議会が1974（昭和49）年7月7日の参議院議員選挙直前の7月4日に抜き打ち的に開催され、建設の認可が出されることとなった[225]。

　次に反対派は、原発建設予定地の地盤の疑義を訴えていく。1971（昭和46）年当初の建設計画は、敷地の中央部に8基の原発を建設するというものであったが、1974（昭和49）年の漁業者との交渉の場で提示された計画書では敷地北側に、7月の電源開発調査審議会では敷地北側に1号機を建設する計画が示されるなど、炉心の位置が二転三転していた。これに疑問をもった反対派は、原発誘致のためになされた地質調査や敷地周辺の西山油田関連で実施された地質調査を調べ、地盤の脆弱性を指摘し、東京電力側の資料のねつ造を訴え、詳細なデータの公表を求めていった[226]。東京電力側は資料のねつ造は否定したものの、柏崎市（小林治助市長）側や市議会からも独自にデータを再検査し、慎重な検討を要するとの声が大きくなってきた[227]。その後、小林市長側からも東京電力に対してデータの公表が求められ、東京電力は地盤調査資料を公開、一時は安全審査申請が当面保留となった[228]。その後、市長は県側にその経緯を説明し、県でも独自の分析調査体制を構築した[229]。そして

第2章　資源に踊らされる自治——新潟県柏崎市のガバナンス動態　　171

県では翌年2月に独自の調査に基づき、「小断層はあるものの、工学的に処理できる」として発電所設置は可能と結論づけ、市もそれに同調し、安全審査申請の保留は解除されることとなった[230]。その後も反対派は、安全審査の場面において再三、国、県、市に対して中止を要求、白紙撤回の申し入れなどの抗議が続けられていくことになっていく[231]。また、これらの論争を経て、柏崎刈羽原発は当初の設計を変更し、地下40メートルの西山層の泥岩を基盤とし、その上に厚さ7.5メートルのコンクリートを基礎に建設される半地下式原発となった[232]。

電源三法の成立

反対派が活動を活発化させる一方で、柏崎の地域内における賛成派は表立った動きが見えず、小林市長は孤軍奮闘の状態となっていく。そのような状況に危機意識が芽生えたのか、市内の青年会議所メンバーの有志を中心に「原子力発電所の建設と地域開発を推進する会」が、柏崎工業高校OBの青年工業事業者を中心に「ハグルマクラブ」が結成され、市内の若手経営者らによる原発建設推進運動が展開されていく[233]。これらの動きで一時原発建設への気持ちに揺らぎが生じていた小林市長は再度気力を奮い立たせ「原子力発電所建設こそ、柏崎の将来に大道を開く柱と信じている」と原発建設へ推進の意志を改めて表明する[234]。

また、小林市長は柏崎での建設推進の動きとともに、社団法人原子力産業会議の立地問題懇談会委員、日本原子力産業会議の理事に就任するなど、全国レベルの原子力発電建設誘致関係の諸団体をリードする立場になっていった[235]。

そこで小林市長は、1973（昭和48）年原子力産業会議年次大会で「地域社会からみた原子力発電」と題した講演を行い、原発立地自治体の地域からの要望を提言した[236]。そこでは「現地に対しての国の機関による直接の広報」「国の安全研究体制の強化」「環境審査体制の解決」「温排水問題についての国の窓口の一本化」を要望するとともに、「原子力地域周辺整備法を早急に立法化すべき」「立地市町村に対しては、地域振興に役立つ財源の付与を行うべ

き」という地域整備、市町村への財源付与という課題を突きつけている。後者二つは、翌1974（昭和49）年に成立する電源三法の早期成立を意図したものと考えられる。

　小林市長は、講演の2年前からこれらの具体的な構想をもち、国に対して積極的な働きかけをしていたとされる。小林市長にとって発想の原点となる二つの思いがあった。一つは、発電所建設にともなって増加する財政需要をまかなうために、自治体が協力金と称した電力会社からの寄付金を受けるのは本来とるべき姿勢でないということ、もう一つは、消費地のほうが発電地よりも税制上はるかに優遇されるのは不公平である、ということである。特に後者については、柏崎市の1972（昭和47）年時点の試算では100万キロワット原子力発電所1基が運転を開始し、それが7割稼働する場合、電力を送った先の消費地の自治体には年間23億円の電気消費税が入るのに対し、柏崎では原発稼働によって固定資産税が増える分、地方交付税交付金が減少するため、差し引き8500万円の収入増しか見込めないものとなっていた。「このアンバランスを是正するため、発電税などを創設して電源自治体が消費税に匹敵するよう改正せよ。自治体が電力会社に協力金をねだるのではなく、制度的に税でとって地方自治体に還元すべきである。そうでないと、自治体は姿勢を問われることとなる」と小林市長は述べるのであった。そのため、電気消費税を減らして発電地へ回す案を考えたが、それでは消費地の各自治体が賛同しないことは、全国市町村会理事を務めている立場からもわかっていた。そのため、新税創設の運動を行っていったのである[237]。

　小林市長はこの「不平等税制の是正」による新税創設案を、田中角栄が内閣総理大臣に就任した直後の1972（昭和47）年8月23日に、目白の田中邸を訪問し、直接説明、陳情していった。加えて日本原子力産業会議においても地帯整備財政問題検討会を設置させ、委員として参画し、原子力産業会議の側からも議論を形成しながら、新税創設の発案、調整推進していった[238]。その後、1973（昭和48）年10月にオイルショックが発生し、原油の高騰などこれまでの石油を中心とした電力エネルギー生産への不安が増大したことを背景に、1973（昭和48）年12月、田中総理は通産省資源エネルギー庁に対し

て、新税創設を含めた電源開発促進法案の作成を指示する。さらには 1973
（昭和 48）年 12 月 13 日の参議院議員予算委員会において、

> 　発電所が設置されるところに発電税というものをやらなければいか
> ぬ。（略）やっぱり少なくとも電気ガス税は消費者からいただいておるぐ
> らいのものは、その設置のところへ交付をしなければメリットがないわ
> けです。[239]

と発言するなど、新税創設に向けた動きが加速していくことになる。立法
の動きは急ピッチで進められ、同年 12 月 29 日には新たな税となる電源開発
促進税を賦課する電源開発促進法、その税を特別会計にプールする電源開発
促進対策特別会計法、それらの税を発電所周辺地域の公共施設の整備事業と
して実施する発電用施設周辺地域整備法の、いわゆる「電源三法」が閣議決
定された。「電源三法」は翌年 3 月には国会に提出され、6 月に成立した[240]。
　亘知事と反対派との間でなされた確約によって、原発の建設工事がストッ
プしている間、小林市長をはじめとする推進派は、反対派から「住民の目を
原発の危険性から札びらのほうに向けさせて、札びらでほおをたたくような
やり方」[241] という批判を受けながらも、財源を制度的に確保するために動
き、成果を得ていくこととなったのである。

繰り返す市長選挙での景物としての「原発」という争点
　現職の小林治助は、当初は四選出馬に慎重な態度を示しており、自身も多
選に否定的な考えをもっていたものの[242]、これまでの支持者らを中心にも
う一期と推される声を受け、出馬の意思を固めることとなる[243]。そのため前
回同様、自民党、産業界、および民社党が支持していく構図となった。
　社会党はこれまでの選挙で独自の市長候補を擁立することができていなか
ったため、今回の選挙では社会党から擁立する意向を示し早くから候補者探
しを行っていたものの、断念するに至った[244]。一方、共産党は、前々回市長
選挙に出馬した共産党の現職市議会議員・村山栄一が早くから予定候補者と

して運動を開始していた。当時は社会党と共産党の間で同和問題をめぐって対立が激化している最中であり、共闘体制がとられないなかでの選挙となった[245]。

さらに政策的な論点としても、原発問題は曖昧なものとなってくる。というのも、社会党は直前における県議会議員選挙で、議席奪還を目指して市議会議員であった田邉榮作を擁立して積極的な運動を行っていくなかで、市長選挙では小林陣営を支援するなど原発に対する態度はどちらかといえば推進派に属する民社党の支援を受けていた[246]。また、社会党は共産党候補を積極的には支援をしない姿勢を示し、原発をめぐる論争が必ずしも選挙において活発に行われない状態となっていた。共産党候補が論点として原発誘致の白紙撤回を求めるものの、それが題目上のものとなってしまっていたのである[247]。そのため選挙戦は現職小林市長の信任投票の様相を呈し、小林陣営は前回届かなかった7割の得票率を目指しての戦いとなっていた[248]。

表2-13　第八回柏崎市長選挙

1976（昭和50）年4月27日執行			
氏名	得票数	属性	支持連合
小林治助	36,154	市長	市内産業界、自民党、民社党（同盟）
村山栄一	12,795	市議会議員	共産党

結果、当初から予想されていた通り現職小林の圧勝で、得票率も73.9％と小林陣営が目標としていた全体の7割を超えた。ここで原発建設にかかわる市政としての山場は、原発敷地内にある市有地売却をいつ市議会に上程するかという点に絞られることになった[249]。

市議会については、小林市長を支持する保守系議員のみで22名となり、前回よりも議席数を減らしたものの多数派を形成した。社会党、共産党、公明党、民社党所属議員は計14名で、社会党と共産党が一つずつ議席を伸ばした[250]。

一方、小林市長は1975（昭和50）年8月12日から過労で入院する[251]な

第2章　資源に踊らされる自治——新潟県柏崎市のガバナンス動態　　175

ど、選挙の前後から体調面での不安が表面化していた。1976（昭和51）年には結核療養で100日間ほど入院し、1977（昭和52）年には4月に入院して以来手術を重ねるなど体調の悪化が明らかになり、五選出馬はありえないと思われる状況になってきた[252]。これら市長不在の期間は職務代理者として、助役の今井哲夫が原発関連も含めた各種の代理業務を行った。

原発建設の再開と電源三法交付金事業の開始

　1977（昭和52）年9月に原発1号機の安全審査が終了し、設置許可が出された[253]。柏崎市議会では国の安全審査終了後、議会の議決を経て売却する約束のもとに、保留していた旧荒浜村から引き継いだ発電所建設用地内の市有地の売却手続きが進められることとなった。そして1977（昭和52）年10月、柏崎市議会で原発用地の売却案が提出された。この時、小林市長は病気療養中で、今井助役が市長職務代理者として一切の責任を負う体制となった。反対派の柏崎・巻原発県民共闘会議は議会開催阻止を表明し、市議会議員、助役、企画調整課長、管理課長は昼夜問わずその行動を監視された。議会当日は反対派が庁舎をとり囲み、さらには庁内も人で埋め尽くされるなどの実力阻止行動があった。そのため、機動隊も出動し、市議や市幹部は機動隊の誘導を受けながら議場に入場し、その後議場で採決がなされ、売却案は可決された[254]。一方、この頃の一般の柏崎市民はといえば、この騒動は「局部騒動」として捉えられ、街中は平穏であったようである[255]。

　この市有地売却の騒動ののちに、原発建設は本格化する。同年10月には電気事業法に基づく電気工作物変更許可があり、東京電力はさらに体制を強化して原子力発電所建設を推し進める。1978（昭和53）年3月〜7月には原発予定地にある保安林の指定解除、伐採をめぐって反対派との攻防があった。またしても機動隊が出動する衝突が起き、反対派による逮捕者（3名）が出るなどの事態はあったものの、結果的に保安林の指定解除と伐採は完了し、原発建設工事は本格化していくことになる。なお、この後の反対派の行動は、5号炉のヒアリング阻止行動や団結小屋の撤去阻止行動、核燃料輸送阻止行動などの直接的な行動のほかに、住民監査請求、異議申し立て、民事訴訟や

原子炉設置許可取消請求訴訟などの行政訴訟も多くなされるようになってい
く[256]。

　他方、1977（昭和52）年から電源三法交付金を財源とする「発電所周辺整
備計画」の策定が開始される。これについては地域の要望などを受け、県と
の協議、国による承認を経て、1978（昭和53）年8月に、1号炉分の整備事
業である「発電用周辺地域整備計画」（計画期間：昭和53年度〜57年度、その
後59年まで延長）が成立した。これによって産業文化会館、健康管理センタ
ー、武道館、佐藤池運動広場や各地の集会場、道路の新設改良、舗装などの
公共事業が、1978（昭和53）年度の9月の補正予算から原発交付金事業が予
算化され実施されていった[257]。原発誘致と電源三法交付金が、市財政と各種
事業の実施に大きく寄与していくことが、日常生活と関わりの深いところで
目にみえるものとして現れていくのである[258]。

6. 小林路線の踏襲——今井市政

今井市政の誕生

　小林市長の体調面の問題が表面化するなか、保守陣営では小林市長の次期
市長選挙出馬の可能性は残しながらも、別の候補の絞り込みをはじめてい
た。候補者選定と市長選挙にあたっての方向性としては、候補の一本化、基
本的には現体制の維持、さらに民社党・同盟の協力を得られることが重視さ
れ、今井哲夫助役、西川亀三県議、飯塚正市議会議長、中村昭三市議、高橋
源治商工会議所会頭などの名前があげられた[259]。そして小林市長が1978（昭
和53）年8月に次期市長選挙に出馬しない旨を宣言すると[260]、後継候補の絞
り込み作業が本格化、後任候補として上記の中から民社党からも強い働きか
けのあった今井哲夫助役か、「小林路線の踏襲」を掲げて出馬することとなっ
た[261]。今井は小林治助とは中学校時代の同級生であり、小林市政の四期16年
にわたって助役として小林市長を支えてきた。小林市長も今井の立候補表明
の際には「これで有終の美を飾らせてもらえる」との談話を発表し、支援者の
構造も基本的に小林市長のものを引き継ぐ形で選挙戦を展開していった[262]。

社会党から今度こそ独自候補を擁立しようと田邉県議、金子市議会副議長の名前があげられた[263]ものの、またもや社会党からは候補者擁立をすることができなかった[264]。そして、この選挙では共産党との共闘体制が組まれ、前回も市長選に出馬した村山栄一が立候補することになった[265]。

　この時、すでに原発立地の荒浜地区や刈羽村では建設関連の土木工事が開始され、市内でも大量の雇用が生み出されていた[266]。一方、1979（昭和54）年3月28日にアメリカのスリーマイル島で原発事故が発生した直後でもあり、それをきっかけに、原発反対派による建設の即時中止を求める抗議活動が、再度盛り上がりみせていた時期でもあった[267]。そのため市長候補両者の政策的論点としても原発は対立点となっていたものの、勝敗は事前から明らかであり、今回の選挙でもどの程度の票差がつくのかが焦点となった[268]。

表2-14　第九回柏崎市長選挙

1979（昭和54）年4月28日執行			
氏名	得票数	属性	支持連合
今井哲夫	34,230	市助役	市内産業界、自民党、民社党（同盟）
村山栄一	15,915	元市議会議員	共産党、社会党

　結果は今井3万4230票、村山1万5915票と、村山が前回選挙より3000票程度伸ばしたものの、当初の予想通り小林治助の後継候補である今井の圧勝となった[269]。これまでの路線が信任されるものとなったのである。

　一方で市議会議員選挙では、新旧議員の入れ替えがあったものの、市長支持派の保守系議員が22名、民社党3名、社会党系8名、共産党1名、公明党1名と、改選前と同数の構成で、議会における原発推進派は保守系議員、民社党議員合わせて25名と、議会内での多数派が保持された[270]。また保守系会派はそれまで二つに分裂していたものの、改選と今井市長の就任を機に22名の大会派が誕生した[271]。助役にはこれまで市職員として総合計画、人事、原発問題などを担当してきた企画調整課長の長野茂が起用された[272]。市長、助役の二人とも市職員出身の体制ではあったが、これまでの小林市政を

継続していく姿勢が現れたものと考えることができるだろう。

　前市長小林治助は、退任からおよそ3カ月後の1979（昭和54）年8月6日に病気のために死亡した。市長の引退声明からちょうど1年後であった。後継市長を当選させ、6月21日には東電労組の定期大会でこれまで最も注力してきた原子力問題について「地域から見たエネルギー問題」と題する講演を終え、7月には田中角栄元首相と今後の柏崎の政治体制について会談したのちの死去であった[273]。

市長選挙での革新陣営の戦略変化

　1983（昭和58）年に行われる第10回市長選挙に向けて、現職の今井市長は自ら積極的に立候補のための動きは行わず、周囲からの支援が得られれば立候補すると述べていた[274]。ほかには保守系の市議会議員で、それぞれ議長経験者である飯塚正と中村昭三が立候補の意志を示していたものの、選挙前年1982（昭和57）年の6月に今井、飯塚、中村の3名で会談を行われたのち、現職の今井市長一本に絞られ、本人も再出馬の意思を表明した[275]。

　社会党は、共産党が今回市長選へ候補者擁立の動きが見せなかったこともあり、独自候補を擁立すべく動いていった。そのなかで、社会党でもやや右派と目される市議会議員の阪田源一の擁立の話がもち上がってくる[276]。そして阪田は市長選にあたって社会党を離党し、「対話と参加による市民参加の姿勢」を掲げて立候補することになった。阪田陣営の運動においては、共産党との共闘色をあまり明確にはせずに、保守系、無党派層に食い込もうとする戦略であった[277]。

　一方の今井陣営は、高橋源治元商工会議所会頭[278]を選挙対策部長に、実質的な後援会である確認団体「今井哲夫を励ます会」への入会や、推薦団体の拡大といった方策をとった戦いがなされていったか、基本的にこれまでの選挙と同様に、多数の団体からの推薦を受けて神輿に乗る形での選挙であった。

　今回の選挙では、原発問題は大きな争点にはならなかった。というのも阪田陣営は「反原発」を明確にせず、阪田の掲げた「市政に対する四つの柱」

の一つに「原発問題は市民の意志を尊重する市政」と加えた程度で、自身の原発に対する態度を明確にしなかったのである。また、これまで県議会議員在籍中、原発反対で主体的に運動を行ってきた田邉榮作陣営とも距離を置く形で選挙戦を戦ったことも関係しているだろう[279]。この時期、原発はすでに柏崎刈羽原発の1号機の着工がはじまっており、選挙同年の1月には2号機、5号機の公開ヒアリングが行われ、先述のように電源三法交付金による事業が開始されていたこともあり、原発建設はあと戻りのできない状態でもあったのである。

結果、現職の今井市長が3万195票、阪田が2万3906票と、共産党系の候補者が立候補した前4回の選挙に比べて非現職、革新系の支持母体をもつ阪田の得票数が大幅に伸びる結果となり、敗れはしたものの、阪田陣営が手応えを感じる結果となった[280]。

表2-15　第十回柏崎市長選挙

1983（昭和58）年4月28日執行			
氏名	得票数	属性	支持連合
今井哲夫	30,195	現職市長	市内産業界、自民党、民社党（同盟）、公明党
阪田源一	23,906	元市議会議員	共産党、社会党

他方、市長選挙に先立って行われた県議会議員選挙では、それまで二期連続で自民党の西川亀三、社会党の田邉榮作がほぼ無風状態で議席を分け合っていたのだが、変化が生じることになった。自民党の市議会議員であった西川勉と東山英機が県議選に名乗りをあげたのである。そこで自民党の現職の西川亀三は引退し、自民党が2名の候補者を擁立して2議席独占を狙うことになった。社会党は現職の田邉が立候補を行い、一時は田邉の当選が濃厚と見られたものの、共産党が独自候補を擁立したことで波乱が生じ、田邉陣営もかつての反原発の力を源にした運動員の動きはすでに鈍く[281]、2名立候補した自民党候補者同士の戦いのなかで埋没してしまうこととなる。結果、自民党が2議席独占、社会党が柏崎選挙区で議席を失う結果となった[282]。

市議会議員選挙では、定数がこれまでの 36 から 32 へと削減され、議員の内訳にも変化が生じた。社会党が前回の 8 名から 5 名へと大きく減らし、さらには保守系議員の数は 22 名から 19 名と削減数に比してもやや数を減らすことになった。一方、民社・同盟系列は 3 名から 4 名へと議席を増やし、公明党も前回の 1 名から 2 名へと議席を増やすことになった。なお、共産党は同数の 2 議席を維持した[283]。興味深いのは民社・同盟系列の議席が増えたことで、その背景には原発誘致のきっかけとなったリケン（理研ピストンリングから 1979〔昭和 54〕年に商号変更）のほか、東京電力や東芝などの労組があり、原発関連企業に通じる市議会議員が着実に増えた結果でもある。またこの選挙では、のちに柏崎市長となる、前県議会議員・西川亀三の息子である西川正純が、トップの得票数で初当選している。

今井市長の柏崎市政

今井市長時代における柏崎市政は、今井市長自身が「今井市政」と称されることを常々嫌がった[284]ように、基本的には前任の小林治助市政下で筋立てられた原子力発電所の建設推進を踏襲し、さらに「原発財源を極力駆使した」[285]公共事業を中心とするものであった[286]。

第一期においては原発関連では PR 施設である東京電力サービスホールの開館、2 号炉、5 号炉の一次ヒアリングの開催、反対派の拠点、団結小屋の撤去、原発からの送電線の着工を進めた。また、原発立地交付金を利用した事業としては、鯖石川河口の悪田自然緑地や、産業文化会館などの完成があった[287]。これら事業が完了していくなかで、市財政としては完成した施設の維持管理にかかる経費が増大していくこととなり、重くのしかかることになる。また、「柏崎市長期発展計画」での目標人口の達成を目指して、南部丘陵地帯の 50 万坪の土地を取得し、大学の誘致を行う「学園都市づくり」にも着手した[288]。

二期目には就任当初からとり組んでいた田尻工業団地の着工・完成がなされ、13 社の団地への企業進出がなされた。また軽井川地内に新潟産業大学の建設を進める動きもあった。原発関連では、1984（昭和 59）年に 1 号炉の完

成、運転が開始されていくこととなった。電源三法交付金を利用した事業としては、総合福祉センター、柏崎市立博物館の建設がなされたほか、市役所内事務電算化、防災行政無線システムの導入などがなされた。また、今井はスポーツ都市柏崎を象徴する人物であり、柏崎で陸上競技場をはじめ各種スポーツ施設の管理運営にあたった柏崎体育団（柏崎市体育協会の前身団体）の事務局長の任に就いていたこともあった[289]。そのためスポーツ施設の建設に積極的で、1万5000人収容の野球場などをもつ佐藤池運動広場の建設が、電源立地財源を活用して進められていた[290]。

　財政面に目を向けると、原発の稼働の本格化した1986（昭和61）年度には約57億1200万円の固定資産税が納付され、柏崎市は地方交付税交付金の不交付団体となった[291]。まさに原発依存の市財政となったものの、豊富な財政を基盤に各種事業を展開することができ、経済面でも原発建設や電気料金の値下げを機会とした大規模工場の進出など、雇用機会が増大した時代といえるだろう。

7. 原発関連財源の活用──飯塚市政

保守系新人同士の市長戦

　次の市長選挙に向けて、今井市長の二期目の任期が2年ほど過ぎた1985（昭和60）年6月頃から、市議会内の人物から動きを見せる者が現れてきた。同一会派（市民クラブ）に所属し、両者ともに自民党系で市議会議長経験を有する飯塚正と中村昭三の2名が市長選挙に対して意欲を示し、市内各地で支援団体の支部を作り市長選挙への準備を進めていったのである[292]。現職の今井市長はそれらの動きを受け、1985（昭和60）年7月の段階で次期市長選挙への不出馬の意向を表明した[293]。

　前回市長選挙に出馬した阪田源一は、市長選には出馬せずに、社会党が前回選挙で議席を失っていた県議会議員の一枠を奪還する候補として社会党に復党し、運動を展開していった[294]。その後、社会党は市長選挙については自主投票とし[295]、共産党は候補者擁立の動きをみせるものの、市議会での議席

の確保に全力を向けるものとして、最終的に候補者を擁立しなかった[296]。

　中村、飯塚の保守系候補による一騎打ちの様相が呈してきたところで、自民党柏崎支部による推薦候補者の指名争いの局面となる。選挙のおよそ11カ月前の1986（昭和61）年5月31日、に幹部による無記名投票の結果、多数となった飯塚正を自民党の推薦候補として決定し、中村昭三は保守系無所属の立場で選挙に臨むこととなった[297]。

　中村は柏崎商工会議所の元副会頭であり、商工会議所のメンバーを中心に結成した「商工政治連盟」という政治団体を結成して、特に市街地を中心に支持拡大を図っていった[298]。一方で、飯塚は市町村合併前の旧高田村地域に在住ということもあり、周辺農村部や建設業界を中心に支持の拡大を図っていった[299]。

　両者とも小林、今井両市政の継承を掲げ、円高不況対策の産業政策や教育、売上税（消費税）の反対など、政策としては似たようなものが並び[300]、実質的には2名の保守系候補による陣とり合戦の選挙戦となった[301]。また、原発に関しては原発のお陰で潤った財政をどのように活用していくかが争点となり、原発それ自体の是非については議論にならなかった。

表2-16　第十一回柏崎市長選挙

1987（昭和62）年4月26日執行			
氏名	得票数	属性	支持連合
飯塚正	36,391	市議会議員、農業	農村部兼業農家、建設業者
中村昭三	18,443	市議会議員	商工会議所

　結果、飯塚3万6391票、中村1万8443票で、選挙戦中は接戦の状況が伝えられたが、飯塚の予想外の圧勝となった[302]。大差となった要因としては、自主投票となった革新系の票が、商工会議所をはじめとする経営者団体を中心に支援を受けていた中村に反発し、農村部を中心に草の根的な活動をしてきた飯塚側に大きく流れた結果とみられた[303]。

　また、同年4月12日に先だって行われた県議会議員選挙では、市長選で

の中村と同様、市街地地域を地盤とし、商工会議所幹部（前会頭）を務めた西川勉が落選した。西川勉は当初トップ当選が有力視され、柏崎市選挙区議席2のうち、自民党の東山英機と社会党の阪田源一の二位争いが激しいと目されていた[304]。しかし、蓋を開けてみれば、西川勉と東山英機の二位争いで接戦となり、社会党の阪田がトップ当選し、西川勉が落選する結果となった。市長、県議会議員の双方に、商工会議所の支持を受けた人物がいなくなることとなった。

これについては当時売上税（消費税）導入をめぐる議論で、自民党の人気が低迷していたことも要因の一つにあげられる[305]が、原子力発電所の営業運転が開始となり、原発設置の是非をめぐる論点が風化しつつあったことも背景にある。原発を積極的に推進しようとすることでまとまっていた商工関係者らが、その目標点を喪失しつつあったといえるだろう。

なお、保守分裂の選挙であったが、同時に行われた市議会改選後の会派構成では、定数32のうち保守系議員が18名となった。保守系議員は市長選挙によるわだかまりで会派の分裂が危惧されたが、選挙前と同様全員が同一会派に加入する形となり、選挙後の市政の混乱は避けられた[306]。また、選挙後も「今井市政の継続」を明言していた飯塚市長は、助役に今井市政時代と同様、長野茂を選任し、さらに市政の継続が強調された[307]。

二期目の圧勝と病気による退陣

現職の飯塚市長は次の市長選の前年となる1990（平成2）年8月頃から周囲に再出馬を明言し、9月定例市議会で再出馬を正式に表明した[308]。

社会党は前回同様県議会議員選挙に集中し、市長選挙では自主投票の方針を決める[309]。

共産党から市議会議員四期を経験した藤巻泰男が立候補を表明する。藤巻は原発問題住民運動先刻連絡センター代表委員という肩書きをもつように、反原発運動のリーダーとして活動しており、原発の増設中止など原発問題を基軸に訴え、批判票のとり込みにかかろうとする[310]。

表 2-17　第十二回柏崎市長選挙

1991（平成 3）年 4 月 26 日執行			
氏名	得票数	属性	支持連合
飯塚正	42,258	市議会議員、農業	自民党、民社党
藤巻泰男	11,385	市議会議員	共産党

　結果は飯塚 4 万 2258 票、藤巻 1 万 1385 票で飯塚の圧勝となった。結果は当初から予想されていた通りで、飯塚市長の批判票と信任票がどの程度出るかが焦点の選挙とされた[311]。一方で、敗れた藤巻陣営としても共産党単独の支援で 1 万票を超え、また同時に行われた市議会議員選挙で共産党が 3 議席を維持したことで善戦として総括された[312]。また飯塚陣営は目標にしていた 5 万票には届かなかったが、大差での勝利に安堵する結果となった[313]。

　しかし、再選から 1 年も経ない 1992（平成 4）年 2 月に、飯塚市長は脳梗塞で倒れてしまう[314]。その後、半年にわたる入院を経て一時は登庁を再開したものの、体力的には厳しく、同年 10 月に辞任を表明した[315]。

原発由来財源の恩恵

　飯塚市政の時代はすでに交付がなされていた電源三法交付金に加え、稼働していた原子力発電所 1 号機のほか、5 号機（1990〔平成 2〕年 4 月）、2 号機（同年 9 月）が稼働し、固定資産税による収入で市財政が一気に増大した時期である。この時期は財政的な余裕もあり大学誘致をはじめとする大型プロジェクトが提示されていった。その結果、新潟短期大学を事実上改組させて開学した新潟産業大学、新設の新潟工科大学の誘致[316]など、市内に新たに二つの大学ができることになった。田尻工業団地やソフトパークなどの造成もなされ、企業誘致も進められた[317]。

　また、原子力発電所の稼働により、市内の電気料金の割引額が全国で最も高い水準となり[318]、一般家庭においても直接原子力発電所稼働の恩恵を享受することとなった。

　いずれにせよ、飯塚市長の時代は原子力発電所の稼働により莫大な固定資

産税による収入を受け、潤沢な資金で市財政を運営させることができたため、様々な投資的プロジェクトを行うことができた時代であったといえるだろう。

その後、柏崎市政は連続で市議会議員選挙にトップ当選していた西川正純市長の登場などの局面を迎えることになるのだが、本章においては原発建設・稼働までで、柏崎の統治構造、政策志向性の一定の変化の動態を観察できたものとして、ここまでで柏崎市のガバナンス過程の追跡を終えることとする。

第4節　小括

柏崎市のガバナンスあり方の変化はどのようになっていたといえるのだろうか。柏崎の場合は地域のあり方を大きく変えることになる原発誘致・建設に至る出来事をめぐる動態が、それを描く焦点とならざるをえない。これを①資源に翻弄される地域、②原発問題という争点の“景物”化として、柏崎の自治体ガバナンスを整理したい。

①資源に翻弄される地域

柏崎市は資源との関わり合いのなかで経済的な盛衰が形作られてきた。明治期においては石油噴出による関連産業の隆興や鉄道敷設など、地域にとって大きな変化がもたらされた。また、石油をきっかけに大河内の理研の進出もあった。昭和に入ると送電網の末端地域となったことが地域経済に大きな影響を与えることになる。送電網の末端地域となったことで電力供給が不安定となり、産業活動が打撃を受けて戦後の高度経済成長に立ち遅れた「陸の孤島」とも呼ばれる地域となっていった。その後、原子力発電所の誘致がなされ、建設の動きが本格化すると地域への資本流入の機会ともなり、遅れた高度経済成長をとり戻す新局面となっていく。そのなかで、まずは戦後から原発誘致に入る前までのガバナンスを確認する。

戦後柏崎市の市長になった三井田市長は、概ね戦前・戦中の柏崎市の政治

秩序を引きずる形で市長となった。一方で、実際の市政運営の局面において
は小林治助をはじめとする社会党に籍のあった若手グループを参加させるな
ど、よくいえばある程度の柔軟さをもった、悪くいえば日和見主義的な市政
運営であったといえる。ある程度各方面からの意見聴取のルートを確保した
協調的な体制であったといえるだろう。しかしながら、社会党籍をもつ若手
グループの意見をとり入れる一方で、市の労働組合幹部を解雇したことがき
っかけで、その他の労働組合との関係も悪化していたという側面もあり、全
方位的な協調体制を形成することはできなかった。また政策的には、町村合
併を通した水源の確保や柏崎港の改修運動などに積極的にとり組んだ。その
柏崎港の改修運動は、過去の海運による繁栄の懐古をきっかけとしたもので
あった。

　次の洲崎市長は、革新系の支援を受け、現職を破って当選した市長であっ
た。本人は理念先行の大衆政治家であったが、市内有数の名士一族の当主で
もあり、ある程度旧来からの名望家層との調整を図りつつ、市政運営をなし
ていた。一方で自身の理念を市政運営に反映させようとすることも多く、新
興の企業家層や、かつての名望家層の一部とは衝突し、調整が難航すること
も多く、協調体制は不安定なものであったといえる。

　洲崎市長時代の政策としては、当時まだ先駆的とされた厚生行政や平和運
動への注力があり、委託病院の建設や結核アフターケア事業の実施が行われ
るなど、当時としては先進的なとり組みもなされてた。一期目の後半から財
政悪化の問題が表面化し、二期目においては財政再建をめぐる問題が表面化
し、結果として自主再建の道をとることとなった。自主再建とはいえども、
財政赤字が継続している状態であるため、結局のところ全国標準よりも高水
準な事業を実施することは困難になっていく。

　次の吉浦市長は業界人を中心とした連合で選挙戦に勝利し、洲崎市長時代
とは市政をとり巻く面々が変わり、産業界中心の協調体制が構築された。吉
浦市長の時代は自然災害が多発することとなるが、それがきっかけで柏崎の
社会基盤の脆弱性訴え、河川や交通網の整備などが進行していくことにな
る。インフラの脆弱性への対応は保革の垣根のない共有されたアジェンダで

あり、労働組合などの意見聴取ルートが必ずしも確保されているとはいい難い不完全な協調体制ではあったものの、災害対応という共通の課題認識を前にして、議会などで混乱することはあまりなかったようである。なお、当時の吉浦選対は中央で飛ぶ鳥を落とす勢いで権力の階段を駆け上がっていた田中角栄の選対とほぼ同じであり、不完全な協調体制とはいえ、後ろ盾としての田中角栄の存在があった。

　災害の発生によって明白となったインフラの脆弱性をきっかけに、吉浦市長は「予算案では国・県費で行う公共事業の最大限の導入」を掲げ、主に田中角栄を通じて河川や道路の大規模事業の誘導を行っていく。柏崎は田中角栄の出生地にほど近い地域でもあり、田中の地元中の地元として、中央からの資源獲得を利用しながら、これまで高度経済成長から遅れていた地域を変化させていく。

②原発問題という争点の"景物"化

　原子力発電所の誘致・建設事業にとり組んでいくのは、次の小林市長の時代である。小林市長は吉浦市長と同様、不完全ではあるものの、協調体制が継続するなかでの政権誕生となった。柏崎刈羽における原発誘致については、その事実上のきっかけを作った松根宗一を忘れることはできない。松根は日本の原子力政策のほとんどに関与したといわれ、また田中角栄が「大将」と呼び、田中の資源関係人脈の核となった人物である。理研ピストンリング会長時代、さらにその当時は東京電力の顧問でもあったが、小林治助は田中角栄だけでなく、松根宗一との結びつきを強めることで、原発立地地域となるべく道を歩んでいった。原子力発電所誘致をめぐる柏崎市政は、小林治助、田中角栄、松根宗一という地方政界、中央政界、原子力産業界それぞれで鍵となる人物らの結びつきがあってこそのものと考えられる。

　その構図のなかで、権力論でいわれるところの非決定形成がなされていったと説明することができるだろう。ここでいう非決定とは、Bachrach と Baratz による定義である「決定者の価値や利害に対する潜在的な挑戦や直接表面化する挑戦を何らかの形で抑圧し、挫折させる決定」[319] である。市内の

政界と産業界、中央政界と原子力開発をめぐる中央政界とのネットワークの鍵となる人物が相互に連携しながら、彼らが推進する原発建設に対してその反対者を抑圧、挫折させて、原発誘致、建設が非決定の積み重ねのなかで進められていく。原発の誘致、建設という、本来ならば柏崎市の今後を大きく左右することとなるアジェンダが、市長選挙、市議会議員選挙など、本来事業の途中であっても却下させることのできる場での議論の俎上に上がらず"景物"のまま、実態の建設に向けた動きが着々と進められていくことになる。

　本章では小林市長やその次の今井市長の各選挙の情勢についても確認してきたが、原発誘致過程と建設過程におけるいずれの選挙においても、「原子力発電所の建設」というアジェンダは、市を二分するようなアジェンダとしては浮かんできてはいない。つまり、原発を誘致することで本当に産業の振興がなされるのか、地域の維持安全は保たれるのかという、素朴かつ根本的な課題が地域における大きな課題であるのは明白であるのに、選挙の争点にならず、原子力発電所推進の問題は、市長選挙においてほぼ勝ち目のない対抗馬が訴えるのみの名目上の争点にしか過ぎないものとなっていたのである。

　これがどのようにして行われたか。柏崎市のなかで反対派の結集を防いでいったことで成してきたといえるだろう。その結集を防ぐ原点には、原発誘致の論点を自衛隊大隊誘致の話と同時並行で提示したことにあると考えられる。この自衛隊の大隊誘致と原発誘致は、予定地として双方とも荒浜砂丘地が想定されたものであり、同時に話を進めていったとしても誘致案が二つ同時に成功するはずがない案であった。一方で、当時の柏崎の社会経済の状況を振り返ると、高度経済成長の波に出遅れ、柏崎の地域は近隣他地域、具体的には隣の長岡市や人口的に近い規模の三条市と比べて相対的に貧しい地域であるという認識が一般的であり、当時の新聞を見ると、経済的な停滞による悲壮感が漂っている。そのため、外部からの何らかの起爆剤となるものを誘致したいという願いが、既存の産業界、労働界、農業者らの間で、概ね共有されていたのである。そこで田中角栄の発言から飛び出した自衛隊の大隊誘致案と、松根宗一から話が出てきた原発誘致の案にいわば飛びつくことと

なる。そこで同時進行で市議会のアジェンダにあがり、二つの案の誘致決議が可決される。

　それら誘致決議において、当然のことながら決議の前には議論の対象となり、社会党と共産党は反発する。当時の社会党は、自衛隊の存在自体を違憲として、国政選挙などでも常に訴えてきた課題であり、自衛隊問題はほかよりも優先度の高いものになる。自衛隊の誘致案に関してはその後大きな進展もなく消えていくのであるが、原発誘致という課題からすれば反発勢力の結集の足並みが揃わない状況が生まれることになった。

　また、原発誘致の反対運動に関しては、当時社会党と共産党の関係が良好でなかったことも、運動の結集のタイミングが遅れる原因となる。原発誘致というアジェンダが表明されたあと、早い段階で「原子力発電所反対市民会議」が結成されたのだが、それに参加した社会党、共産党の両勢力間の運営方針などをめぐる内部対立で、直接的な反対行動や反対派の勢力拡大がほとんどなされないまま、市議会での誘致決議がなされることとなった。誘致決議後、組織ではなく個人資格を基本とした住民組織の設立、反対派連合組織の結集がなされていくが、出遅れの感は否めない。

　その後、反対運動は原発予定地の近隣地域の住民を中心に積極的になされていくのであるが、全市的な広がりには欠けるものとなった。当時の柏崎市内最大規模の企業である理研ピストンリングは、会長である松根宗一が柏崎への原発誘致の話をもち込んだ張本人の一人であり、その労組や系列企業、下請け企業は、松根による直接的な指示命令の有無を別にしても、不用意に反対運動に加わることは難しい。また、商工会議所や青年会議所、理研関係以外の工業界の多くも、原発誘致に対する賛成の態度を明確に示しはじめていく。産業の凝集性が高い柏崎では、それらの動きのなかで次第に反対派が勢力を拡大できる余地がなくなっていくのである。そして反対派は現場闘争、県知事への訴え、東京電力の地盤調査資料の闘争などに、矛先を変えていくのである。

　そして、先述のように、原発の課題が表出して以降も、原発問題は市長選挙の当落を決するような争点にはならず、市議会においても反対派が賛成派

を上回ることができないような状態が固定化するのである。なお、小林市長は原発稼働後の柏崎の姿を見届けることはできなかったが、小林市長時代の12年間を一貫して助役を務めた今井哲夫がこの体制をほぼそのまま引き継ぐこととなる。

この間、反対派が小林市長、田中角栄、松根宗一らとの関与が比較的薄かった新潟県知事の亘四郎に詰め寄り、安全審査が終了するまでは新潟県による工事の認可は出さないとする確約がなされ、長期間工事が進められなくなるという推進派にとっての想定外の出来事もあった。一方、その間にオイルショックの影響もあり、電源三法を成立させることができた。電源三法によって柏崎市、およびその周辺への電源三法交付金の支給、市内の一般家庭、企業の電気料金の値下げをもたらすことができた。また柏崎では財政的に余裕ができ、より多岐にわたる公共事業の実施が可能となった。加えて原発の建設が進められる過程で市内での土木事業者の存在感は過去にもまして大きくなり、また原発由来での施設建設や企業誘致などもあり、柏崎市の社会経済構造はかつての陸の孤島時代から大きく変貌していった。景物であった原子力発電所が実物化していくことで、市の産業界、中央政治家と中央財界は、それぞれの目的を達成していったのである。

原発が実物となってからは、それが所与のものとして市政が展開されていく。今井市長の二期目の1983（昭和58）年の市長選挙では、原発の営業運転を間近に控え、ついに原発問題を主張の論点から外した社会党系の阪田源一候補に、やや苦戦することとなるが再選を果たす。この頃には原発は完成間近でもあり、非決定形成の統治構造は変化を見せることになった。つまり、産業界中心の協調体制に戻りつつあったのである。原発建設の見通しがついたということは、固定資産税などを中心に、市に直接歳入となる原発財源を活用する見込みがつくことにもなる[320]。そしてその見込をもとに、市政は新たな分配政策が実施可能になる。その結果、各種公共施設の建設や大学の誘致による都市機能の充実、産業振興などが行われていく。

次の飯塚市長の時代となると、市長選挙においては保守分裂の選挙となり、中心部の商工業関係者を支持基盤とする中村昭三と、周辺農村部と建設

第2章　資源に踊らされる自治——新潟県柏崎市のガバナンス動態　　191

業者を支持基盤とする飯塚正の戦いとなる。結果、飯塚が勝利するものの、そもそも大きな争点がなかったこともあり、その後の議会運営ではさほど亀裂は生まれなかった。商工業者の有力者らは選挙で負けたとしても、意思決定の連合からは排除されることはなく、協調的な体制が組まれたのである。飯塚市長時代の実施事業としても、潤沢な財政をもとに積極的な公共投資が重ねられていくのであった。

成長主義の堆積構造

柏崎市は地域経済の成長を求めて原発誘致・建設に至る過程としてみれば、Pierreによるガバナンスモデルで示された成長主義に近いように[321]思われる。国レベルで原発を推進しようとする民間の勢力や国会議員と結びつく、いわば国策と連携していくなかで、地域にとって実利といえる公共事業の誘致や税収増につなげ、地元経済の成長をもたらしていったという点ではやはり成長主義に合致する。加えて、この点でいえば、前章の三条市では当てはまらないと考えらえたPetersonの*City limits*[322]の議論には合致するように思われる。

三条市と柏崎市でなぜこのような差異が見受けられるのだろうか。ここまで観察してきたことから考えると、それはやはり、それぞれの地域のもつ自然環境や資源、歴史的経緯によるものではないかと思われる。三条市と柏崎市の違いだけを考えてみても、物流網のなかでの位置づけの違い、地域の産業が大規模企業に依存傾向にあった時代の経験の有無などがあげられる。柏崎市という自治体における人材、地理、産業の配置とその積み重ねによって、地域開発への郷愁が再生産されていったと考えることができるのではないか。

注
1　刈羽村については、ほとんどの面積を占める部分が柏崎市にとり囲まれている。また油田集落が飛び地として存在しているが、その集落は長岡市と柏崎市にとり囲まれている。
2　柏崎刈羽地域合併協議会編（2005）『柏崎・刈羽地域建設計画』8頁。

3 柏崎商工会議所 50 年史編集委員会編（1990）『柏崎市商工会議所 50 年史——柏崎産業経済の歩み』5 頁。

4 その後、北越鉄道は 1907（明治 40）年に、鉄道国有法のもと国鉄の一部となる（柏崎商工会議所 50 年史編集委員会編〔1990〕前掲 9 頁）。

5 なお、越後鉄道は昭和に入って国有化運動が展開され、1927（昭和 2）年に鉄道省によって買収が完了して国有化となり、越後線となる（柏崎市史編さん委員会〔1990〕『柏崎市史下巻』292–293 頁）。

6 柏崎市史編さん委員会（1990）同上 779 頁。

7 1963（昭和 38）年に二級国道指定、1965（昭和 40）年に一般国道指定がなされている。

8 柏崎市史編さん委員会（1990）前掲 780–840 頁。

9 柏崎市史編さん委員会（1990）同上 836–840 頁。

10 柏崎市史編さん委員会（1990）同上 818–824 頁。

11 『柏崎日報』1956（昭和 31）年 12 月 1 日。

12 柏崎商工会議所 50 年史編集委員会編（1990）前掲 9–20 頁。日本石油株式会社調査課編（1914）『日本石油史』、日本石油株式会社・日本石油精製株式会社社史編さん室編（1988）『日本石油百年史』、広井重次編著（1934）『山口権三郎翁伝記』、新潟鉄工所社史編纂委員会編（1996）『新潟鉄工所 100 年史』。

13 芳川広一（1972）「新潟『原発』反対の戦い」『月刊社会党』通号 180 巻、104 頁。

14 柏崎市史編さん委員会（1990）前掲 491 頁。

15 東北電力編（1974）『東北電気事業史』。

16 山崎俊雄（1956）「電気技術史」加茂儀一編『技術の歴史』毎日新聞社、328 頁。

17 小竹即一編（1980）『電力百年史』政経社。

18 石川文三（1999）『日本石油誕生と殖産協会の系譜』石油文化社。

19 石川文三（1999）同上、伊藤武夫（1984）「第一次世界大戦期の株式市場と地方投資家——新潟県の場合（その 2）」『立命館大学産業社会論集』第 39 号、19–48 頁、松本和明（2000）「大正期の新潟県における産業発展と企業家グループ」『長岡短期大学地域研究——地域研究センター年報』第 10 号、61-90 頁。

20 石川文三（1999）前掲。

21 電力政策研究会（1965）『電気事業法制史』電力新報社、16 頁。

22 日本電気事業史編纂会（1941）『日本電気事業史』電気之友社、45 頁。

23 橘川武郎（2004）『日本電力業発展のダイナミズム』名古屋大学出版会、46 頁。

24 橘川武郎（2004）同上、日本電気事業史編纂会（1941）前掲。

25 日本電気事業史編纂会（1941）同上 45–46 頁。

26 山口聡（2009）「7　電力事業」国立国会図書館調査及び立法考査局編『経済分野における規制改革の影響と対策』83–107 頁。

27 北越製紙百年史編纂員会編（2007）『北越製紙百年史』65 頁。

28 北越製紙百年史編纂員会編（2007）同上 64–66 頁、長岡市史編纂委員会編（1990）『長岡市史下巻』415–416 頁。

29 長岡市史編纂委員会編（1990）同上 416–419 頁。

30 西野寿章（2008）「戦前における電気利用組合の地域的展開（1）」『産業研究』第 44 巻第 1 号、63–74 頁。

31 この峠は、市南部の旧柿崎町との市境にある米山峠程のような険しさではなく、途中に集落が点在している状態だが、長岡と柏崎の間にも西山丘陵地帯があり、そこに送電線を配置するにはある程度のコストがかかる工事が必要だった。

32 穴沢吉太郎編（1961）『守門村史』1448 頁。

33 2011（平成 23）年 11 月 9 日、東北電力への問い合わせ回答より。

34 柏崎商工会議所 50 年史編集委員会編（1990）前掲 112–113 頁。

35 『柏崎日報』1962（昭和 37）年 12 月 25 日。

36 なお戦後しばらくの間、柏崎市が送電線の末端地域で電力供給が不安定であった点について
は同問い合わせ回答より、「柏崎市および周辺地域は、山地が多く、道路、鉄道の整備が立ち
遅れていたことから、需要の伸びも低かったと推測され既存設備で供給可能であったことか
ら設備増強が遅れていたものと考えられます。」という回答を得ている（2011〔平成 23〕年
11 月 9 日東北電力問い合わせ回答より）。

37 株式会社リケン社史編集委員会（2000）『株式会社リケン 50 年史』18–25 頁。

38 吉田昭一（1986）『明日への飛翔──西川鉄工所八十年の歩み』112–115 頁。

39 柏崎商工会議所 50 年史編集委員会編（1990）前掲 128 頁。

40 『越後タイムス』1952（昭和 27）年 5 月 18 日、1955（昭和 30）年 10 月 16 日、1956（昭和
31）年 6 月 10 日。

41 理化学研究所史編集委員会（2005）『理研精神八十八年』1–25 頁。

42 財団理研から事業化が試みられた理研産業団一般を示す言葉として「理研」という表記を用
いている。

43 柏崎商工会議所 50 年史編集委員会編（1990）前掲 70–72 頁。

44 日本石油の株主で関連企業および周辺地域の金融機関の多くの頭取、取締役を占める横沢村
の山口、荒浜町の牧口、石地の内藤、新道村の飯塚の各一族がその中心である。

45 柏崎商工会議所 50 年史編集委員会編（1990）前掲 73–74 頁。

46 また、マグネシウム工場はのちに直江津よりも生産効率がよいとされた宇部に移転すること
になる（山田良平〔1961〕『西川弥平治伝』故西川弥平治殿遺徳顕彰会、117–119 頁）。

47 柏崎商工会議所 50 年史編集委員会編（1990）70–72 頁、山田良平（1961）同上 115–120 頁。

48 山田良平（1961）同上 117–119 頁。

49 日本石油の社長であった内藤久寛が理化学工業株式会社設立時に、発起人引き受け 8850 株の
うち 100 株の引き受けを行っているため、全く関係がないとはいえないが、決して大きな割
合の株式ではない（斉藤憲〔1987〕『新興コンツェルン理研の研究』時潮社）。

50 山田良平（1961）前掲 115 頁。

51 北越水力電気の電気化学工業部門の後継会社である北越メタルの社史によると、一時、カー
バイド生産は本業の電力供給事業よりも力点が置かれる事業となったとされる。そのため須
原・五十嵐沢両発電所の新設で水力発電の供給力は 4500kW となったが、増大した供給力の
半分以上がカーバイド工場向けに自家消費され、営業面での貢献が大きかった部門であっ
た。カーバイドをはじめとする肥料目的の電気化学工業製品については、昭和不況で生産が
減退するも、その代わりに電気化学工場を電気製鋼工場に転用し、それが軍部の着目すると
ころとなっていっていた（北越メタル株式会社〔1983〕『北越メタル四十年史』18 頁）。

52 山田良平（1961）前掲 126–130 頁、柏崎商工会議所 50 年史編集委員会編（1990）前掲 75–77
頁。

53 大河内の科学主義工業、農村工業の思想についてはここでは詳しく述べないが、詳細は、大
河内正敏（1938）『資本主義工業と科学主義工業』科學主義工業社、大河内正敏（1938）『農
村の工業と副業』科學主義工業社、大河内正敏（1938）『農村の機械工業』科學主義工業社、
大河内記念会編（1954）『大河内正敏、人とその事業』日刊工業新聞社、斉藤憲（2009）『大
河内正敏──科学・技術に生涯をかけた男』日本経済評論社、などを参照。

54 柏崎市史編さん委員会（1990）前掲 511–515 頁、柏崎商工会議所編（1990）前掲 75–76 頁。

55 柏崎商工会議所編（1990）同上 75-76 頁。

56 斉藤憲（1987）前掲 347 頁。

57 西川弥平治は西川藤助の義理の弟として西川家の養子となるが、藤助の娘が弥平治との結婚を拒み、弥平治はのちに市内の素封家であった柏崎郵便局長・藤田市郎兵衛の長女・茂子と結婚して、西川鉄工所を実質的に継承する。のちに市議会議員、県議会議員を経験する西川勉が弥平治の実子である。西川鉄工所は弥平治没後、勉が継承する。つまり当初の西川家と血族的なつながりのない一族による経営となっていくのである。また、同じ西川姓で柏崎市議会議員、県議会議員となる西川亀三は、西川藤助の実の甥にあたる。西川亀三は藤助が死去した時には西川鉄工所の社員だったこともあり、西川鉄工所の資産の一部を相続したが、のちに柏陽鋼機株式会社を興して独立する。また、1992（平成 4）年～2004（平成 16）年まで市長を務めた西川正純は西川亀三の実子である。このように微妙な関係の西川一族ではあるが、大正、昭和、平成にかけて常に柏崎市における政財界と関わりをもっている（山田良平〔1961〕前掲、吉田昭一〔1986〕前掲）。

58 吉田昭一（1986）前掲 1 頁。

59 吉田昭一（1986）同上 57-86 頁。

60 山田良平（1961）前掲 136 頁。

61 山田良平（1961）同上 164-165 頁。

62 柏崎商工会議所編（1990）前掲 76-78 頁。

63 戦中の戦時増産体制や会社経理統制令、銀行等資金運用令などにより理研ピストンリングは「理研重工業」に社名を変更し、かつて一工場一製品として多数の会社に分社化されていた周辺の理研関連会社と統合されることになる（株式会社リケン社史編集委員会〔2000〕前掲 8-14 頁）。

64 柏崎商工会議所編（1990）前掲 96-97 頁、株式会社リケン社史編集委員会（2000）前掲 10-20 頁。

65 株式会社リケン社史編集委員会（2000）前掲 10-20 頁。

66 柏崎商工会議所編（1990）前掲 126-127 頁。

67 山田良平（1961）前掲 165-173 頁。当時は市会議員と県会議員の兼職が可能であったため、西川弥平治は双方を兼職していた。

68 山田良平（1961）前掲 207-302 頁。

69 『柏崎日報』1959（昭和 34）年 4 月 18 日。

70 『柏崎日報』1963（昭和 38）年 4 月 20 日、5 月 6 日、7 日。

71 理研ピストンリングは設立時から本社住所を東京都に置き、主力工場は柏崎にありながらも、当初から全国展開を想定していた企業であったからと思われる。

72 『越後タイムス』1961（昭和 36）年 4 月 16 日、柏崎商工会議所編（1990）前掲 144-153 頁。

73 松井琢磨のあとは、日本興業銀行出身の車亘内雄次が社長に就任している。松井社長時代に会長だった松根宗一も興銀出身であるように、日本メッキ工業は戦後の財閥解体後は興銀の影響力を強く受けた企業であることがわかる。

74 田中角栄（1976）『私の履歴書』日本経済新聞社、112 頁。田中のほかの 2 名は、厚生大臣などを務めた神田博と、衆議院議員商工委員長、運輸委員長などを務めた小峰柳多である。

75 田中角栄（1976）同上 44-92 頁。

76 田中角栄（1976）同上 103-112 頁、戸川猪佐武（1972）『田中角栄伝』鶴書房、91-92 頁。

77 田中角栄（1976）同上 157-161 頁。

78 山岡淳一郎（2009）『田中角栄封じられた資源戦略』草思社、36-38 頁。

79 田中角栄（1976）前掲 162-172 頁。

80 吉田昭一（1976）『評伝 柏崎市長小林治助——燃える男の軌跡』208–210頁。

81 当時、東北電力は重化学工業都市であった直江津に火力発電所の建設を計画していたとされ、柏崎での火力発電所建設は構想外だったようである（吉田昭一〔1976〕同上210–211頁）。

82 吉田昭一（1976）同上210–211頁。

83 松根宗一は1932（昭和7）年4月19日に、三井、三菱、住友、日本興業銀行などの各金融資本が参加して創設された電力連盟で設立当初から書記長などを務め、財界・電力業界との関わりをもっていた。その縁もあってエネルギー問題を通して政界財界に顔が利いたとされ、電力業界のとりまとめ役として、アラビア石油出資問題、広域運営、原子力発電の導入問題など、直面する種々の問題についての筋書きを行う業界のフィクサー・寝業師呼ばれた人物である（大谷健編〔1991〕『激動の昭和電力私史』電力新報社）。

84 田中角栄（1966）前掲112頁。

85 新潟日報社特別取材班（2009）『原発と地震』新潟日報事業社、66頁、山岡淳一郎（2009）前掲138–173頁。

86 吉田昭一（1976）前掲212–213頁。

87 吉田昭一（1976）同上214–215頁。

88 原四郎は現在でも清酒「越の誉」を生産している老舗酒蔵（原酒造）の主人で、原自身、県会議員、批把島村長を経て、民政党から衆議院議員選挙に出馬し二度当選する。病のため惜しまれつつ退任した西巻進四郎町長のあとをうけ、1938（昭和13）年に柏崎町長に就任、ついで1940（昭和15）年の市政施行とともに柏崎市長に就任していた人物だった。なお、西巻町長、原町長、および原市政において、のちの市長となる三井田虎一郎は助役として政務の補助を行っている。

89 西川一族は西川という同姓をもちながらも、やや複雑な家族環境にある。詳しくは山田良平（1961）前掲、山田良平、西川鉄工所社史編纂委員会（1986）前掲を参照。なお、西川正純の実弟・西川考純も落選はしたものの、2012年11月の柏崎市長選挙に出馬した。

90 吉田昭一（1976）前掲75–80頁。

91 ちなみにこの「松村一派」という呼び名は『柏崎市史』711頁にも記載があるので、当時すでに一部ではこの呼び方がなされていたのかもしれないが、新聞紙上、あるいは柏崎政界関係者の回想録、回顧録、自伝での記載はほとんど見られない。集団的な行動をとりはじめた頃は、市議会議長や助役に就任した松村正吉が指導的立場にあったが、松村は公職追放を受けたあとは柏崎政財界での表立った行動を控えるようになる。その代わりに小林治助や一時結核療養することとなるものちに復帰し、商工会議所会頭などを務める西巻達一郎が、顔役として主導的立場になっていく。

92 松村正吉、西巻達一郎はそれぞれ柏崎で有力な名士一族であり、これ以前はどちらかといえば民政派寄りの人物とされていた。

93 三井田栄次郎、小林治助、西巻達一郎、萩野秀雄、関矢尚三の5名である。このうち萩野秀雄は社会党には入党しなかった。松村正吉は市長選出馬が待望されたが公職追放のため出馬できなかった。また、年長で後見人的存在であったかつての市会議員・酒井一徳は、当初市会出馬の資格申請は行ったものの、出馬をとりやめて県議選で社会党から立候補した渡辺他蔵、および市議会議員選挙での萩野秀雄の選挙責任者となり、5名当選に向けての票読み、票割分析にあたる参謀役に徹する。一方、市役所を同時に辞めた課長のなかでも、岡塚亮一元ガス課長は、のちに柏崎刈羽共闘会議のリーダーとなるなど社会運動家としての道を歩み、袂を分かつことになる（『越後タイムス』1947〔昭和22〕年4月13日、吉田昭一〔1976〕前掲124–130頁）。

94 吉田昭一（1976）同上124–151頁。

95 吉田昭一（1976）同上 85–100 頁。

96 岡田千尋（1984）「戦時統制下の中小企業」『彦根論叢』第 228・229 号、335–349 頁。

97 吉田昭一（1976）前掲 94–100 頁。

98 吉田昭一（1976）同上 89–90 頁。

99 日本進歩党は選挙時には日本民主党に改組されている（『越後タイムス』1947〔昭和 22〕年 3 月 25 日、4 月 6 日）。

100 例えば、初代柏崎市長の原吉郎、原市長時代の助役の松村正吉、三井田の次に市長に就任する洲崎義郎、洲崎の次に市長に就任する吉浦栄一などが、この当時、市長選挙、市会議員選挙に出馬する権利を得られなかった。

101 当時の主だった柏崎政界の人物は翼賛運動に関与しており、三井田の政治的な立場としてはむしろそこから締め出されて参加していなかったという形あったとされるが、それが時を経て幸運にも功を奏して、公職追放から免れることにつながったとされる（吉田昭一〔1976〕前掲 130 頁）。

102 市長選挙において自由党が候補者を擁立しない代わりに、定数 1 の県会議員選挙では進歩党は候補者を擁立しないというとり決めが、三井田虎一郎と西川弥平治の間でなされたが、進歩党系の人物である岡部友平が県会議員選挙に出馬の意向を示したため、その対抗として三井田への得票分裂を意図した助役の吉岡熊治が出馬するに至った（『越後タイムス』1947〔昭和 22〕年 3 月 25 日）。

103 『越後タイムス』1947（昭和 22）年 3 月 25 日。

104 『越後タイムス』1947（昭和 22）年 4 月 6 日。

105 『越後タイムス』1947（昭和 22）年 5 月 4 日。

106 『越後タイムス』1947（昭和 22）年 5 月 4 日。

107 『越後タイムス』1947（昭和 22）年 6 月 29 日、吉田昭一（1976）前掲 130–140 頁。

108 柏崎の海岸は遠浅で近代的な貿易港には向かない地形なのであるが、北洋漁業で財を成した柏崎出身の五十嵐与助の寄付もあり、過去の産業構造から抜け切れていなかった柏崎市政界は懐古的に港にしか活路を見いだせないのである。

109 刈羽郡西中通村の一部（悪田地区）は 1948（昭和 23）年 11 月 1 日、中頸城郡上米山村は 1950（昭和 25）年 4 月 1 日、刈羽郡北鯖石村の一部（長浜地区、新田畑地区、田塚地区）、同郡西中通村の一部は 1951（昭和 26）年 4 月 1 日にそれぞれ地方自治法第七条のもとで編入合併がなされている（柏崎市史編集委員会〔1990〕前掲、767–768 頁）。

110 柏崎市史編集委員会編（1990）前掲 577–578 頁。

111 柏崎港期成同盟会事務局（1966）『柏崎港改修運動九十年の歩み――さしあたり昭和 40 年まで 80 年の歩み』16–37 頁。

112 柏崎港期成同盟会事務局（1966）同上 37–38 頁、柏崎市史編集委員会編（1990）前掲 700 頁。

113 柏崎においてはこの姓を「すざき」ではなく「すのざき」と読む場合が多く、洲崎義郎も「すのさき」と読む。また、氏の名前の「義郎」は「よしろう」ではなく「ぎろう」と読む。

114 洲崎義郎（1984）「自伝記録――私の生い立ち」洲崎義郎回想録刊行会『洲崎義郎回想録――進歩と平和への希求』35 頁。

115 山田良平（1961）前掲 57 頁。

116 山田良平（1961）同上 180 頁。

117 『越後タイムス』1951（昭和 26）年 1 月 21 日。

118 『越後タイムス』1951（昭和 26）年 1 月 1 日。

119 1947（昭和 22）年の県議会議員選挙で民主党から出馬した岡部友平は、洲崎の選挙事務長として洲崎支持の選挙戦を先導するとともに、自身も市議会議員選挙に出馬した（『越後タイム

ス』1951〔昭和 26〕年 4 月 8 日）。

120 吉田昭一（1976）前掲 152 頁。

121 『越後タイムス』1951（昭和 26）年 4 月 29 日、吉田昭一（1976）前掲 152–154 頁、霜田穀（1984）「洲崎市政を顧みて」洲崎義郎回想録刊行会『洲崎義郎回想録——進歩と平和への希求』217–225 頁、月橋会（1984）「思い出の中の洲崎義郎市長」洲崎義郎回想録刊行会『洲崎義郎回想録——進歩と平和への希求』186–216 頁。

122 月橋会は柏崎市職員として、三井田市政の時代は自治労委員長であり、洲崎市政では長らく総務課長職などを務め、吉浦市政、小林市政ではガス、水道局長などを歴任する。

123 月橋会（1984）前掲、柏崎市史編さん委員会編（1990）前掲 762 頁。また、三井田虎一郎のほかに、中越地方で同じく軍政部の指示によって組合幹部を解雇した人物に、長岡市長の松田弘俊がいる。なお、奇しくもこの両者は再選を望んだ選挙で落選し、柏崎、長岡両市では革新系の支援を受けた市長が誕生している。このことから、組合幹部を解雇した市はそもそも組合による運動が積極的だったか、あるいは解雇を機に革新系勢力の団結が図られたかのいずれか、もしくはその両方が推測できる。

124 『越後タイムス』1951（昭和 26）年 5 月 6 日。

125 小林治助の実弟の小林喜八郎は関憲治の伝手で南満州鉄道に就職するなど、小林一家の大陸での親代わり的な存在でもあった（吉田昭一〔1976〕前掲 167 頁）。

126 柏崎市史編さん委員会編（1990）前掲 771–772 頁。

127 柏崎市史編さん委員会編（1990）同上 762 頁。

128 『越後タイムス』1952（昭和 27）年 8 月 24 日。

129 『越後タイムス』1953（昭和 28）年 5 月 4 日。

130 『越後タイムス』1956（昭和 31）年 12 月 9 日。

131 『越後タイムス』1958（昭和 33）年 2 月 23 日。

132 今井哲夫（1984）「追慕」洲崎義郎回想録刊行会『洲崎義郎回想録——進歩と平和への希求』144-146 頁。

133 『越後タイムス』1955（昭和 30）年 1 月 16 日。

134 この時の県議会議員選挙（1953〔昭和 28〕年 4 月 27 日投票）では、自由党公認の弁護士・佐藤彦一、社会党右派公認の大矢良雄、社会党左派公認の窪田泉之助と、無所属で改進党刈羽柏崎支部推薦の吉浦栄一が立候補した。当時の自由党は、直前の 4 月 19 日に田中角栄が柏崎市内で最高得票を得てトップ当選、4 月 24 日の参議院議員選挙では柏崎市議、柏崎選出県議出身の西川弥平治が当選するなど勢いに乗っていたが、弁護士で毛並みが違い、さらに吉田派に属する田中と西川に対して、鳩山派、旧新潟三区衆議院議員としては亘派から推される形となった佐藤彦一は、知名度の薄さもあり支持が広がらなかった。他方、吉浦は、1947（昭和 47）年に田中角栄が初当選した衆議院選挙の際に、柏崎刈羽での田中後援会（当時は越山会はまだ結成されておらず、この後援組織も越山会とは直接的なつながりはない）の結成に関与し、党派的な垣根はあれども田中角栄とつながりが深かった。また戦時中、出征軍人家族、遺族への献身的な援助を続けるなどで知名度が高かったこともあり、吉浦が圧勝した（『越後タイムス』1953〔昭和 28〕年 4 月 12 日、山田良平（1961）前掲 280–285 頁、吉田昭一〔1976〕前掲 158 頁）。

135 吉田昭一（1976）前掲 160–161 頁、『柏崎日報』1955（昭和 30）年 1 月 13 日、17 日。

136 『柏崎日報』1955（昭和 30）年 4 月 21 日。

137 『越後タイムス』1955（昭和 30）年 5 月 1 日、『柏崎日報』1955（昭和 30）年 4 月 5 日。

138 前回選挙に出馬して落選した萩野秀雄は、柏崎商業の同窓だった西川亀三と親しかったこともあり、自由党に入党する。その後、自由民主党柏崎支部結成時には政調会長となり、のち

に柏崎越山会会長を歴任するなど、参謀的役割を果たしていくことになる。また、関矢尚三は一時市政界から身を引くものの、小林治助市政の時代に公明党（当初は公明政治連盟）から市議会議員に出馬し当選している。

139 1年目には市長派の斉藤準次議長、反市長派の尾崎秀雄副議長、2年目には反市長派の岡部友平議長、霜田穀副議長が決定した（霜田穀〔1984〕前掲）。

140 『越後タイムス』1955（昭和30）年5月8日、15日、10月16日、『柏崎日報』1955（昭和30）年5月11日。

141 『越後タイムス』1956（昭和31）年6月3日、『柏崎日報』1956（昭和31）1月29日、4月10日、霜田穀（1984）前掲。

142 柏崎市史編さん委員会編（1990）前掲765-766頁。

143 『柏崎日報』1956（昭和31）年2月21日、3月6日。

144 吉田健二・三戸信人（1999）「証言　戦後日本の社会運動産別民同がめざしたもの——三戸信人氏に聞く（2）」『大原社会問題研究所雑誌』489号53-69頁。

145 『柏崎新聞』1956（昭和36）年3月7日、柏崎期成同盟会事務局（1976）前掲、50-53頁。

146 新潟日報社編（2004）『ザ・越山会』新潟日報事業社、212-213頁。

147 『越後タイムス』1958（昭和33）年12月21日。

148 『越後タイムス』1959（昭和34）年1月1日、18日。

149 『越後タイムス』1959（昭和34）年1月1日。

150 なお、もし関憲治が出馬した場合、小林治助は自身の満州滞在時代の親代わりである関を支援することを、商工会議所会頭の西巻達一郎に伝えていた（吉田昭一〔1976〕前掲166-167頁）。関の出馬の場合にはかなり様相が変化していたと考えられる。

151 『越後タイムス』1959（昭和34）年1月18日。

152 『越後タイムス』1958（昭和33）年9月1日。

153 吉田昭一（1976）前掲165-166頁。

154 『越後タイムス』1959（昭和34）年3月15日。

155 共闘会議は前年頃から警職法・勤務票反対運動、原水協などで運動が確立されてきたところであり、当時の洲崎市長はその勢力の精神的な主柱となっていた。共闘会議としては運動維持のためにも洲崎市長を担ぎ出さざるを得なかったという事情もあり、運動の中心であった洲崎市長の擁立にかたくなになり、それに乗じて洲崎は出馬意思を固めていった（『越後タイムス』1959〔昭和34〕年4月26日、『柏崎日報』1959〔昭和34〕年4月11日、5月5日）。

156 『越後タイムス』1959（昭和34）年4月5日。

157 『越後タイムス』1959（昭和34）年4月19日。

158 『柏崎日報』1959（昭和34）年2月14日。

159 『越後タイムス』1959（昭和34）年7月12日。

160 『越後タイムス』1959（昭和34）年）5月4日、10日、17日。

161 『柏崎日報』1959（昭和34）年5月28日。

162 柏崎市史編さん委員会編（1990）前掲、吉田昭一（1976）前掲よりまとめた。

163 柏崎商工会議所50年史編集委員会編（1990）前掲145-146頁。

164 『越後タイムス』1960（昭和35）年3月15日。

165 『越後タイムス』1960（昭和35）年10月9日。

166 柏崎市史編さん委員会編（1990）前掲782-783頁、柏崎商工会議所50年史編集委員会編（1990）前掲145-146頁。

167 柏崎商工会議所50年史編集委員会編（1990）同上147頁。

168 『越後タイムス』1962（昭和37）年10月4日。

第2章　資源に踊らされる自治——新潟県柏崎市のガバナンス動態　199

169 『越後タイムス』1962（昭和37）年12月9日。

170 この選挙の前後は浪人中だったが、1963年（昭和38）年11月21日の衆議院議員選挙で当選する。

171 北村一男は亘の実兄の堤清六が経営する日魯漁業の元社員で、政界進出後も亘と北村のつながりは深かった。

172 『越後タイムス』1962（昭和37）年7月29日。

173 『越後タイムス』1962（昭和37）年11月18日。

174 『越後タイムス』1963（昭和38）年1月20日。

175 『柏崎日報』1963（昭和38）年3月13日。

176 『越後タイムス』1963（昭和38）年4月28日。

177 『越後タイムス』1963（昭和38）年5月5日。

178 『越後タイムス』1963（昭和38）年6月23日。

179 『越後タイムス』1963（昭和38）年7月7日。

180 柏崎市史編さん委員会編（1990）前掲785頁、柏崎商工会議所編（1985）『小林治助市長胸像建立記念誌』20頁。

181 『越後タイムス』1962（昭和37）年1月17日、28日。

182 柏崎市史編さん委員会編（1990）前掲785頁。

183 柏崎刈羽地域においては、町村部を中心に田中派をとりまとめていた高橋重雄とともに、柏崎市部ではかつての松村一派の市議会議員・萩野秀雄が田中派をとり仕切る形となっていた。この2名の相談によって、「柏崎刈羽において越山会は作らない」ことがとり決められ、高橋が死去するまで柏崎刈羽地域において越山会支部は作られなかった。萩野は、「刈羽・柏崎では自民党連絡協議会の一枚看板で田中勢力を拡大していった。他の代議士系列の人は役につかせなかった。高橋がいたんでそれも可能だったと思う」と述べている（新潟日報社編〔1983〕『角栄の風土』新潟日報事業社、133–136頁）。

184 高橋と同時期に田中系列の県議会議員として長期間県議会議員の座を保っていた長岡市・古志郡選出の県議会議員・戸田文司は「田中は柏崎・刈羽のことは高橋に任せ切っていた。票も仕事もだ」と述べている。

185 西川亀三はその後1967（昭和42）年の選挙で県議会議員となる。

186 吉田昭一（1976）前掲198–201頁。

187 『越後タイムス』1965（昭和40）年1月1日。

188 吉田昭一（1976）前掲202–203頁。

189 吉田昭一（1976）前掲328頁。

190 『越後タイムス』1967（昭和42）年3月12日。

191 『越後タイムス』1967（昭和42）年2月26日、『越後タイムス』1967（昭和42）年3月12日。

192 『越後タイムス』1967（昭和42）年3月12日。

193 『越後タイムス』1967（昭和42）年3月26日。

194 吉田昭一（1976）前掲219頁。

195 『越後タイムス』1966（昭和41）年2月6日。

196 『越後タイムス』1967（昭和42）年10月22日。

197 小林治助「昭和43年度施政方針」『昭和43年度柏崎市議会会議録』1948（昭和43）年度柏崎市議会第二回定例会。

198 『越後タイムス』1968（昭和43）年3月10日。

199 『越後タイムス』1969（昭和44）年3月16日。

200 『越後タイムス』1969（昭和44）年3月16日。

201 『越後タイムス』1969（昭和44）年6月8日。

202 『越後タイムス』1969（昭和44）年9月21日。

203 『越後タイムス』1970（昭和45）年9月20日、10月4日、25日。

204 『越後タイムス』1970（昭和45）年10月25日、11月8日。

205 『越後タイムス』1970（昭和45）年11月8日。

206 『越後タイムス』1970（昭和45）年10月25日。

207 田邉榮作（1998）『泥田の中から──田邉榮作回顧録』159頁、自治労新潟県本部・柏崎市職員労働組合（1977）「柏崎原発阻止闘争における住民運動の経過と原状」『月刊社会党』通号253、117–122頁。

208 長野茂（1995）『柏崎刈羽原子力発電所誕生百話』フジショウ、22頁。

209 『越後タイムス』1971（昭和46）年1月24日、田邉榮作（1998）前掲161頁、長野茂（1995）同上32–33頁。

210 『越後タイムス』1970（昭和45）年8月30日。

211 『越後タイムス』1970（昭和46）年2月21日。

212 『越後タイムス』1971（昭和46）年4月11日。

213 『越後タイムス』1970（昭和45）年11月29日。

214 『越後タイムス』1971（昭和46）年3月21日。

215 『越後タイムス』1971（昭和46）年4月18日、4月25日。

216 『越後タイムス』1971（昭和46）年5月2日。

217 吉田昭一（1976）前掲263頁。

218 『越後タイムス』1971（昭和46）年5月2日、6月6日。

219 『越後タイムス』1971（昭和46）年4月18日。

220 『越後タイムス』1972（昭和47）年4月9日。

221 田邉榮作（1998）前掲162–163頁。

222 田邉榮作（1998）同上163–164頁。

223 『越後タイムス』1974（昭和49）年5月12日、田邉榮作（1998）同上165–166頁。

224 田邉榮作（1998）同上167–168頁。

225 『越後タイムス』1974（昭和49）年7月7日。

226 田邉榮作（1998）前掲168–169頁。

227 『越後タイムス』1974（昭和49）年8月25日、『越後タイムス』1974（昭和49）年9月29日。

228 『越後タイムス』1974（昭和49）年11月24日。

229 『新潟日報』1974（昭和49）年12月4日。

230 新潟日報社編（2009）前掲76–77頁。

231 長野茂（1995）前掲70–75頁。

232 田邉榮作（1998）前掲168–169頁。

233 「原子力発電所の建設と地域開発を推進する会」はその後、原発推進の会報・チラシの配布や「原子力平和利用展」などの広報活動、荒浜の他松浜、宮川、椎谷などの原発周辺地域の個別訪問を重ねるなどで原発の安全性のアピール、建設の推進を行っていった。柏崎商工会議所編（1984）『原子力発電所建設推進活動の経過概要』8–23頁、長野茂（1995）前掲45頁。

234 吉田昭一（1976）前掲296–297頁。

235 他には通産省シンクタンク委託研究開発評価委員会テーマ別委員会の委員の委嘱も受ける。

236 小林治助（1973）「地域社会から見た原子力発電」『第六回原産年次大会現行集』日本原子力

産業会議、53–54 頁。

237 吉田昭一（1976）前掲 302–303 頁。

238 長野茂（1995）前掲 50 頁。

239 田中角栄昭和 48 年 12 月 13 日『参議院議員予算委員会』発言。

240 これらの動きには、柏崎に具体的な原発の話をもち込んだ人物であり、当時通産大臣の諮問機関の総合エネルギー調査会原子力部会長であった松根宗一も推進役となり、財界の調整に一役買ったとされる（吉田昭一〔1976〕前掲 304–307 頁）。

241 芳川広一昭和 49 年 5 月 22 日『衆議院議員大蔵委員会』発言。

242 『越後タイムス』1974（昭和 49）年 10 月 6 日、11 月 3 日。

243 なお、総括責任者も前回同様商工会議所会頭の西巻達一郎だったものの、西巻は病気のため入院療養中で、代行は商工会議所副会頭の高橋源治が務めた。『越後タイムス』1974（昭和 49）年 10 月 6 日、吉田昭一（1976）前掲 315 頁。

244 『越後タイムス』1974（昭和 49）年 11 月 17 日。

245 『越後タイムス』1975（昭和 50）年 2 月 2 日、3 月 9 日。

246 『越後タイムス』1975（昭和 50）年 4 月 14 日。

247 『越後タイムス』1975（昭和 50）年 5 月 4 日。

248 『越後タイムス』1975（昭和 50）年 4 月 27 日。

249 『越後タイムス』1975（昭和 50）年 5 月 4 日。

250 『越後タイムス』1975（昭和 50）年 5 月 25 日。

251 『越後タイムス』1975（昭和 50）年 8 月 3 日。

252 盟友であった商工会議所会頭の西巻達一郎は、1975（昭和 50）年 10 月に 60 歳で亡くなった（『越後タイムス』1977〔昭和 52〕年 5 月 29 日、10 月 26 日）。

253 『越後タイムス』1977（昭和 52）年 9 月 4 日。

254 田邉榮作（1998）前掲 172–176 頁、長野茂（1995）前掲 98–100 頁、吉田昭一（1976）前掲 335–340 頁。

255 『新潟日報』1977（昭和 52）年 10 月 5 日。

256 田邉榮作（1998）前掲 175–184 頁、長野茂（1995）前掲 110–114 頁、吉田昭一（1976）前掲 340–342 頁。

257 『越後タイムス』1978（昭和 53）年 9 月 17 日。

258 『越後タイムス』1977（昭和 52）年 10 月 16 日、1978（昭和 53）年 1 月 22 日、9 月 17 日、吉田昭一（1976）前掲 343–344 頁。

259 『越後タイムス』1978（昭和 53）年 6 月 18 日。

260 『越後タイムス』1978（昭和 53）年 8 月 18 日。

261 『越後タイムス』1978（昭和 53）年 9 月 10 日。

262 『越後タイムス』1978（昭和 53）年 9 月 17 日、吉田昭一（1976）前掲 350 頁。

263 『越後タイムス』1978（昭和 53）年 6 月 18 日。

264 『越後タイムス』1978（昭和 53）年 10 月 29 日。

265 『越後タイムス』1979（昭和 54）年 4 月 15 日。

266 『越後タイムス』1979（昭和 54）年 1 月 1 日、3 月 4 日。

267 『越後タイムス』1979（昭和 54）年 4 月 8 日、4 月 15 日。

268 『越後タイムス』1979（昭和 54）年 4 月 22 日。

269 『越後タイムス』1979（昭和 54）年 4 月 29 日。

270 『越後タイムス』1979（昭和 54）年 4 月 29 日。

271 『越後タイムス』1979（昭和 54）年 5 月 20 日。

272 ちなみに長野茂は柏崎市役所に入職する以前に、理研の関係会社に勤務していた経験もあり、理研関係の人脈をもっていた。『越後タイムス』1979（昭和54）年6月24日、7月1日。

273 『越後タイムス』1979（昭和54）年8月20日。

274 『越後タイムス』1982（昭和57）年5月2日。

275 『越後タイムス』1982（昭和57）年6月27日。

276 『越後タイムス』1982（昭和57）年7月4日。

277 『越後タイムス』1983（昭和58）年1月1日。

278 柏崎商工会議所では選挙前年の1982（昭和57）年6月に市議会議員でもあった西川勉（西川鉄工所）が新しい会頭に就任していた（1982〔昭和57〕年6月13日）。

279 『越後タイムス』1983（昭和58）年4月17日。

280 『越後タイムス』1983（昭和58）年5月1日。

281 『越後タイムス』1983（昭和58）年4月3日。

282 『越後タイムス』1983（昭和58）年4月17日。

283 『越後タイムス』1983（昭和58）年5月1日。

284 『越後タイムス』1982（昭和57）年2月28日。

285 『越後タイムス』1985（昭和60）年2月17日。

286 例えば柏崎刈羽原発の1号機が首都圏に向けて送電をはじめることになった1985（昭和60）年度の柏崎市予算では、普通建設費は新潟県下20市総計ではマイナス2.9％の伸びであったのに対して、柏崎は13.6％の増を示すなど、他市の状況とは全く異なる様子であった（『越後タイムス』1985〔昭和60〕年3月27日）。

287 柏崎市史編さん委員会編（1990）前掲870頁。

288 『越後タイムス』1981（昭和56）年2月22日。

289 このことについては柏崎体育団（現在の柏崎体育協会の前身）による今井哲夫の評伝、柏崎体育団編（1988）『体育人今井哲夫』柏崎体育団に詳しい。

290 柏崎市史編さん委員会編（1990）前掲870–872頁。

291 その後、柏崎市は1990（平成2）年度に一度交付団体となるが、翌年から2000（平成12）年まで不交付団体となった（『柏崎日報』2000〔平成12〕年7月28日）。

292 『柏崎日報』1985（昭和60）年6月24日、7月6、10月26日。

293 『越後タイムス』1985（昭和60）年7月7日、『柏崎日報』1985（昭和60）年7月6日。

294 『柏崎日報』1985（昭和60）年6月24日。

295 『柏崎日報』1987（昭和62）年2月2日。

296 『越後タイムス』1987（昭和62）年4月19日、『柏崎日報』1987（昭和62）年2月2日。

297 『柏崎日報』1986（昭和61）年6月5日。

298 後援会長には小林治助（前市長の実子、前市長の死後「治助」を襲名）、顧問には高橋源治、選対本部長には松村保榱（松村正吉の実子）がつくなど、元市長小林治助の影がみえる体制であったといえよう（『越後タイムス』1987〔昭和62〕年3月1日）。

299 『越後タイムス』1987（昭和62）年5月3日。

300 『柏崎日報』1987（昭和62）年4月19日、21日。

301 『柏崎日報』1987（昭和62）年4月24日。

302 『柏崎日報』1987（昭和62）年4月22日。

303 『柏崎日報』1987（昭和62）年4月27日。

304 『越後タイムス』1987（昭和62）年4月5日。

305 『柏崎日報』1987（昭和62）年4月11日。

306 『越後タイムス』1987（昭和62）年5月10日。

307 『越後タイムス』1987（昭和 62）年 6 月 21 日。

308 『越後タイムス』1990（平成 2）年 9 月 9 日。

309 『越後タイムス』1991（平成 3）年 4 月 21 日。

310 『越後タイムス』1991（平成 3）年 4 月 14 日。

311 『柏崎日報』1991（平成 3）年 4 月 19 日。

312 『越後タイムス』1991（平成 3）年 4 月 28 日、『柏崎日報』1991（平成 3）年 4 月 22 日。

313 『柏崎日報』1991（平成 3）年 4 月 22 日。

314 『越後タイムス』1992（平成 4）年 3 月 1 日。

315 『柏崎日報』1992（平成 4）年 10 月 24 日、28 日。

316 『越後タイムス』1992（平成 4）年 3 月 22 日。

317 『越後タイムス』1990（平成 2）年 9 月 16 日。

318 電源三法交付金の一つで電気料金の割引がある（原子力立地給付金事業）。柏崎市は当時すで
に稼働した 1 号機、着工開始している 2 号機、5 号機に加え、1987（昭和 62）年 7 月から 3
号機、7 号機の着工が開始され、その分の電気料金割引が加わり、大飯町の割引額分を抜い
て全国一の水準（一般家庭一戸あたり 1120 円）となった（『越後タイムス』1987〔昭和 62〕
年 7 月 5 日）。

319 Bachrach, P. and Baratz, M. S.（1970）*Power and Poverty: Theory and Practice*, Oxford
University Press. p. 44.

320 電源三法交付金は公共施設の建設などに用いることができたが、直接市税として市の歳入と
なる性質のものではない。一方の原発稼働による固定資産税は市税として入ってくるため、
その使途の自由度が高いものとなる。

321 Pierre, J.（2011）*The Politics of Urban Governance,* Palgrave Macmillan.

322 Peterson, P. E.（1981）*City Limits*, The University of Chicago Press.

第3章
縮小する地域産業と恩顧主義的自治の展開
――新潟県栃尾市のガバナンス動態――

　栃尾市は上杉謙信が旗揚げをした地としても知られる地域で、2006（平成18）年の平成の合併の時代に長岡市に編入合併をするまで存在した自治体であった[1]。

　栃尾市の主要産業は繊維産業だった。栃尾の織物産業は戦後の衣料不足の時代には、作れば作っただけ売れるような好景気を経験した。その後も生産品の中心はかつての絹織物から樹脂加工や化学繊維織物に切り替わっていったが、内需のみならず輸出用織物の生産も伸びていった。しかし、1971（昭和46）年のドルショック以降、発展途上国の追いあげに加え、円高、対米輸出規制の影響も受け、栃尾の繊維産品は輸出産品としての競争力を失っていった。1967（昭和42）年以降、栃尾産地織物業者の有力企業を中心に繊維産業構造改善事業を実施して生産の拡大体制が整備され、生産量は一定程度伸びたものの、物価の上昇による影響も受け繊維産業の景気回復の起爆剤とはならず、織物業者の倒産が相次ぐようになる。政治的には1960年代初頭に、繊維産業の主流派が反田中角栄派から田中角栄派へと切り替わったことをきっかけに、市内各地で各種の土木事業や公共施設の建設が増大し、建設業の存在感が増していくことにもなった。

　本章では栃尾市について、栃尾の主要産業である織物産業の業界団体である栃尾織物組合が強大な力をもつようになっていった昭和初期から、合併し自治体としての栃尾市がなくなる2006（平成18）年までの期間に着目し、そのガバナンス動態を浮き彫りにする。

第1節　栃尾市の社会経済秩序

1. 人口・地勢・歴史

　栃尾市は1954（昭和29）年の昭和の合併を機に誕生し、2006（平成18）年に長岡市に編入されるまでの52年間存在した市である。西に見附市と長岡市、北と東は三条市（旧下田村）、南は魚沼市と長岡市（旧山古志村）に接し、その境界が全て山脈で隔てられた地域である。市街地は四方を山に囲まれた盆地状で、刈谷田川と西谷川の合流点に発展している。市の面積は204.92km²で、その約70％が林野、耕地は約12％、宅地は約2％、その他が16％であった[2]。

　地域としての栃尾市は、昭和の合併前から栃尾郷の名のもとに一体性を保ってきたとされる。昭和の合併前は、栃尾町ほか9村に「栃尾郷町村長会」が設置され、各町村共同で地域の課題に対処することも多く[3]、また「栃尾郷」として栃尾郷病院、栃尾町ほか9カ村公平員会などを共同設置し、終戦直後の不安定だった電力供給に対しては、東北配電の栃尾営業所管内の10カ町村・一部落を結集させて、一単位として電力供給を受けられるように共同運動なども行っていた[4]。

　昭和の合併で市政施行するまでの経緯としては、栃尾町長の皆川信吾が当初「栃尾郷が合併したオール栃尾も結構だが、必ずしもプラスとは考えられない」と表明するなど、栃尾町は合併し市制施行することに対して、必ずしも意欲的ではなかった。栃尾町は栃尾郷の中心として周辺農村部との結びつきが強い一方、町内は機織物業界関係者が多数を占め、周辺部を合併するとなると農業者住民が増加することになり、商工業者に対する施策と農政との調整が煩わしく、批判の的となることが危惧されたからである。そのため、当初は東谷村、荷頃村との合併のみで県下最大の町となって僻地のために経済的に苦しむより、機業地という優位性を背景にまちづくりをすべきという構想が存在していた[5]。

　しかし、当時の新潟県三古地方事務所長および総務課長に加え、古志郡選

出の県議会議員の佐藤松太郎と小林寅次、そして長岡市長の松田弘俊らが「市にならなければ栃尾郷の交通網整備はおろか十日町、見附といった県内の機業地に遅れを取ることになりかねない」と発破をかけ[6]、栃尾郷一体での合併の動きが進みはじめる。このように栃尾町においては、国・県からの圧力や、見附・十日町などの近郊の繊維産業を地場産業とする地域の町村合併・市制施行の機運を前に、「バスに乗り遅れるな」という言葉に代表されるような喧伝がなされたことが、合併へ向かうきっかけであったとされる[7]。また、1954（昭和29）年は不況で、栃尾町の主要産業である繊維業界が打撃を受け、不況・倒産のあおりによる町税の滞納も多く、かつて合併に意欲的な態度を見せていなかった栃尾の織物業界関係者が、単一産業地域としての不安定さから態度を軟化させてきたともいわれている[8]。

図3-1　栃尾市域と昭和の合併前の旧町村区域

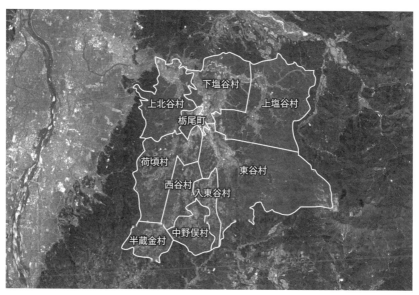

Google Earth Pro をもとに作成

図 3-2　2012 年旧栃尾市市街地航空写真

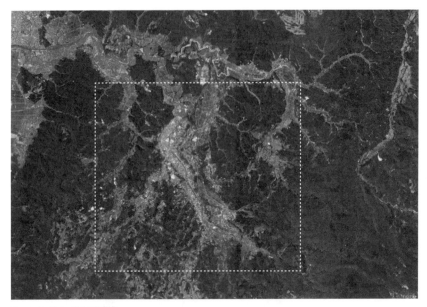

Google Earth Pro をもとに作成

　図 3-3 と図 3-4 で、旧栃尾町地域を中心にした昭和の合併以前の市制施行するより前の栃尾郷と、平成の合併後、長岡市に編入されたあとの栃尾郷の航空写真を比較することができる。開墾状況や道路の位置などに変化はみられるが、概ね刈谷田川と西谷川の合流点を中心に、川沿いのやや土地が低くなっている盆地状の地域に街が広がっている。外の地域との交流経路が限られていることも確認できる。

表 3-1　人口の推移

栃尾市人口	36,013	34,431	32,324	30,694	29,692	27,909	26,390	24,704
国勢調査年	1965	1970	1975	1980	1985	1990	1995	2000

出典：総務省（1960～2000）『国勢調査』

　人口の推移では、一貫して減少傾向にある地域である。1970（昭和 45）年

図3-3 1947 旧栃尾市航空写真

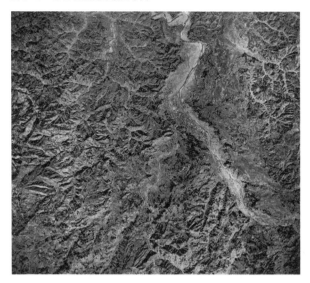

出典：米軍（1947）『USA-M640-172』。撮影高度6076m、撮影縮尺1：43971。

図3-4 2012年の旧栃尾市市街地（1947年写真とほぼ同位置）

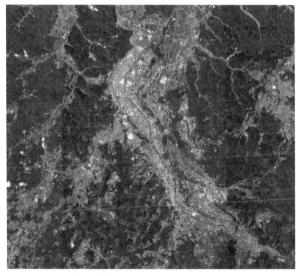

Google Earth Proをもとに作成

頃までは旧栃尾町地域には人口の増加が見られたものの、その後は旧栃尾町地域を含め、市内各地域で総じて減少している。人口減少の主な要因としてあげられるのは、若年層の流出である[9]。若年層を地域に留めておけるような雇用機会、生活環境の整備を十分になすことができなかったといえるだろう。

2. 気候・交通

　栃尾市の道路は、山井龍三郎市長の時代に県道からの昇格がなされた国道290号と、栃尾市街地と長岡市を直結する道路として、1988（昭和63）年に供用が開始された国道351号が基幹道路となっている。そこから一般県道、市道が配されて生活道路となり、山間集落と市街地がつながっている。

　栃尾市は積雪量の多い地域で、明治時代までは冬になると、道路はおろか隣の見附までの幹線が雪で閉ざされることも少なくなかった。大正時代に入って軽便鉄道の栃尾鉄道が開通したことで、見附を経由して長岡との連絡ができるようになり、線路の除雪が間に合わない状態にならなければ地域全体が孤立することはなくなった。しかし、栃尾鉄道以外のルートで市街地に入ることが困難になるという問題は残された。自動車が普及する時代になっても、冬は除雪能力の問題から他都市との交通が限られた状態がしばらく続く。見附につながる県道19号線が冬期間に除雪の入る唯一の動線であったものの、大雪で除雪が間に合わなくなってしまう場合は道路がふさがることも少なくなかったからである。図3-5の白丸で囲った箇所が、長らく栃尾と見附とを結びつけていた接合点で、県道も栃尾鉄道もこの地域を通過していた。この箇所が塞がってしまった場合、市のほぼ全域が孤立してしまう状態だったのである。

　この問題は、国道351号線新榎トンネルの開通によって変化する。トンネルの開通により、見附を経ずに直接長岡へ行くことができるようになった。加えて除雪能力の拡大もあり、現在では雪のため全域が孤立状態になってしまうことはほとんど起こらないようになっている。また、新榎トンネル開通

210

図3-5 栃尾市の旧町村区域と幹線位置

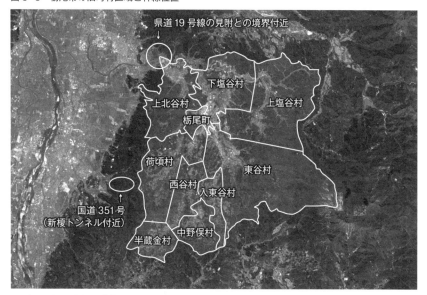

Google Earth Proをもとに作成

以後、栃尾地域の人や物の流れは長岡市と直接結びつくことになり、長岡市との関係がより接近していくこととなる。

3. 産業

栃尾における産業、主に製造業は、ほとんどが繊維関係の産業である。栃尾における繊維産業の動向は、市政や住民のあり方についても決定的に重要な意義をもつものとなってきた。ここでは業界の沿革と、業界団体である栃尾織物工業協同組合の形成と役割について、やや詳しく説明していく。

栃尾繊維産業の沿革

栃尾における織物産業が歴史的な意義をもつようになったのは、江戸時代中期、天明年間に先染めの縞織物が誕生してからである。その頃、天明の飢

饉があり、長岡藩の牧野候が、稲作以外に産業がなく凶作に見舞われると苦しまなければなければならない栃尾郷の状態を考慮して、織物の生産を奨励していった。それが当時町人らに人気のあった先染めの縞織物（のちに「栃尾紬」と呼ばれるようになる）の生産にと結びついて成功し、全国に市場を確保していった。それにともない農家の副業として、各家庭での家内工業で行われるようになっていく[10]。

　明治の末期から大正の初期にかけて、日露戦争をきっかけに家内工業から工場生産への転換、いわば栃尾における産業革命がなされていく。1904（明治37）年、1905（明治38）年は、日露戦争により全国各地の繊維産地は生産縮小を余儀なくされた状態であったが、栃尾郷はさしたる打撃を受けず、フランス製の撚糸機械の導入など近代的設備の導入に成功し、さらには電力網が地域に整備されていくことで、生産体制の大幅な強化に結びついていった。

　昭和初期、栃尾の繊維産業は昭和不況のあおりを受け一時不況に陥るものの、生産品と生産体制の変革によって復活することとなる[11]。従来、栃尾郷の織物業界は伝統的な先染め縞織物の栃尾紬が主であったが、京都で技術を学び、のちに栃尾産地の最大企業となる鈴倉（現・鈴倉インダストリー株式会社）の鈴木倉市郎が、従来の先染めという生産手法が流行を反映するにあたってリスクが高いことを指摘し、様々な活用のできる白生地の生産に注力すべく、生産プロセス、流通プロセスを変化させた。それには失敗のリスクも当然あったわけだが実行し、一時は製品のだぶつきなどを起こすも、白生地縮緬の生産額は1938（昭和13）年には栃尾における全生産額の90％以上を占めた。さらにその後、1941（昭和16）年には当時の組合組織である栃尾織物工業協同組合が主な出荷先であった京都に出張所を設けて全国で三位の生産額になるなど、「白生地の栃尾」と呼ばれるように、栃尾を代表する織物となっていくのであった[12]。

　先染めの栃尾縮から後染めの白生地への転換は1930（昭和5）年頃～1932（昭和7）年頃になされ、1933（昭和8）年には一時景気が底を突くものの、1934（昭和9）年からは急速に発展した。1935（昭和10）年以降は昭和恐慌突入以前の、1929（昭和4）年の2倍以上の生産高となるなど、栃尾に好景気が

表3-2 栃尾郷織物生産高推移

年度		数量（反）	金額（円）	反当り金額（円銭）
1928	（昭和3年）	471,139	3,908,760	8.3
1929	（昭和4年）	423,105	3,113,289	7.36
1930	（昭和5年）	495,945	2,517,343	5.08
1931	（昭和6年）	548,811	2,951,823	5.38
1932	（昭和7年）	572,198	2,867,723	5.01
1933	（昭和8年）	610,459	1,867,723	3.06
1934	（昭和9年）	809,659	4,934,990	5.43
1935	（昭和10年）	1,080,503	6,943,794	6.43
1936	（昭和11年）	1,201,494	7,406,348	6.16
1937	（昭和12年）	1,367,303	6,834,592	5.00
1938	（昭和13年）	1,464,975	6,558,934	4.48

出典：栃尾市史編纂委員会編（1980）『栃尾市史　下巻』66頁

もたらされることとなった。

　一方、当時の日本の対外関係としては日中戦争に突入し、その影響により国内の各種機構の変革がなされていった時期である。1938（昭和13）年には国家総動員法下において戦時統制体制が組まれていく。興味深いことに、統制体制突入の直前にかなりの好景気によって経済規模が拡大した状況から統制経済がはじまったため、栃尾としてはかなりの好条件で統制経済の構造が組まれていくこととなる。その様子を示すものとして、先述の鈴木倉市郎が後年に記した随想集に次の一節[13]がある。

　　　白生地産地として更生して、僅か十年にしかならなかったが、この間栃尾の生産量は巨大な産額にのしあがり、統制の基準が全て過去三カ年の実績に基づいて作成される仕組みであるだけに、栃尾産地は、極めて有利な条件のもとで統制のスタートを切ることができた。

　　　私はこの一連の作業を通じ、またその実態に触れるにつれ、統制というものの仕組みがどんなものであるか、またと得がたい体験を得ることができたと思っている。（略）

統制というのは指示された範囲にことを運び、支持されたとおりに処理し、若し間違ったら巧妙に誤魔化せばよい。そこからは心の充実や感謝を発動させる根元がなく、いつのまにか冷たい数字のやりとりだけがクローズアップされてゆく。

規格の範囲内で利益をあげようとすれば、限界すれすれの粗悪品をつくる以外に方策は無い。精緻なパターンや機能性などは規格にはなく、それらが一切の生産の対象外だとしたら、そこからファッションのイメージを想像することは難しい。

いかに手を抜いて粗悪品をつくるか、それが利益を生む唯一の手段だとしたら、私たちの考える社会への期待は一体何かということになる。
（略）

この統制続行中の機屋の実情は、この制度のお蔭で生活が保障され、造りさえすれば計算通りに利益を得ることができた。

私の体験では、私が昭和十七年に軍需に転換するまでの期間、統制中にあげ得た利益は、今考えても凡そ信じられないほど巨額な数字にのぼる。開発費も販売努力も要らない、ただ規格内につくりさえすれば、間違いなく計算通りの利益が計上される。その上、取引上のトラブルは全くないとしたら、その答えはおのずから察しが付くだろう。

このように、栃尾繊維業者の主導者らにとっては、戦時統制経済は統制経済突入の直前に急きょ拡大した生産規模を、ほとんど努力なしに維持させるものとなっていた。しかし、その後、戦争が長引くにつれて、戦時協力体制のなかで別の問題に直面することとなる。それは1940（昭和15）年に発令された「奢侈品等製造販売制限規則」（俗にいう7.7禁止令）に端を発するものである。栃尾の主要産品であった白生地が奢侈品に該当するということで、製造が禁止され、栃尾産地は生産品の転換を余儀なくされることとなる。また、1943（昭和18）年には戦争資材用金属回収の対象として繊維設備がやり玉にあがり、繊維機械が供出されることとなる。さらに地域の大規模工場は「企業整備」の名のもと荷工場を閉鎖、軍需関係の工場へと再編されていくこと

表 3-3　栃尾市における産業構造（就業者数）の推移

栃尾市	1960 年	1965 年	1970 年	1975 年	1980 年	1985 年	1990 年	1995 年	2000 年
就業者総数	19,502	19,727	20,048	17,746	16,927	16,025	15,141	14,575	12,817
農業	10,368	8,640	6,738	4,706	3,959	2,942	2,202	1,695	1,165
建設業	546	759	940	1,279	1,663	1,680	1,782	1,941	1,722
製造業	4,902	6,534	8,140	7,218	6,388	6,348	5,918	5,631	4,688
卸売小売業	1,581	1,675	1,913	2,051	2,254	2,204	2,200	2,133	1,966
運輸・通信業	320	348	332	392	442	515	514	518	507
サービス業	1,300	1,313	1,478	1,529	1,668	1,744	1,910	2,030	2,181
公務	220	244	253	270	264	299	329	313	328
その他	265	214	254	301	289	293	286	314	260

出典：総務省（1960～2000）『国勢調査』

となる[14]。

戦後栃尾市の産業動態

　次に、国税調査の統計データから栃尾における産業の様相を確認すると、栃尾市は「農業」就業者の減少を、「製造業」を中心に吸収してきたと推測できる。これは農村工業から工場労働へと織物の生産が変化してきた流れと合致する。合併前は栃尾町以外の周辺村部では農業が生活のための主たる活動だったのが、合併を機に織物工業へと吸収されていったものと思われる。1970 年頃までは主に「農業」就業者の減少を「製造業」（織物産業）の増加で受け止めてきたと推測できるが、その後は「製造業」が伸びず、「建設業」「サービス業」で吸収し、就業者数の減少もあいまって「建設業」就業者の割合がやや高くなってきている。

4. 栃尾繊維産業と業界団体

栃尾織物組合組織の変遷

　栃尾市では織物産業が基幹産業として圧倒的な存在であり、また次節で詳しく述べていくことにもなるが、政治に深く関与してきた。ここでは先に織物工業組合の歴史と栃尾織物業界の概要について、やや詳しくその過程を説

第3章　縮小する地域産業と恩顧主義的自治の展開——新潟県栃尾市のガバナンス動態　　215

明したい。

栃尾における織物業に関係する組合組織の変遷をみてみよう。栃尾地域には現在も栃尾織物工業協同組合が存在するが、その組織の変遷は図3-6のとおりである。

近代的な組合組織としては、1901（明治34）年に重要物産同業組合法に基づいて設立された栃尾織物同業組合が最初である。この組合の範囲は、栃尾町、東谷村、入東谷村、荷頃村、西谷村、中野俣村、半蔵金村、下塩谷村、上塩谷村、上北谷村の栃尾郷1町9村で、上北谷村の一部を除けば、昭和の合併で栃尾市に編成される区域とほぼ同一であった[15]。栃尾織物同業組合の組合員数は、1922（大正11）年の調べでは織物製造業者3971名、仲買業者63名、染色業者17名、撚糸業者130名、仕上業者9名、原糸加工糸販売業者28名、糊付業者22名、整理業者6名の合計4248名であった[16]。この数字はあくまで業者数であり、実際に織物業に関与していた人物はこの数倍に達すると考えられる。

1938（昭和13）年には戦時統制経済がはじまり、織物業界も統制組織にくみ込まれることとなる。そのため既存組織の織物同業組合と併存する形で、はじめに主要産品であった絹、人絹が統制下に入るべく、栃尾絹人絹織物工業組合が設立された。1941（昭和16）年には栃尾織物工業組合に名称が変更、1944（昭和19）年には戦争の苛烈化とともに戦時統制が強化され、物資動員計画に基づいて栃尾繊維工業施設組合として編成された[17]。この間の1942（昭和17）年には栃尾繊維同業組合が、主要業務としていた「織物消費税」の徴収に関わる業務とともに、併存していた栃尾織物工業組合に引き継がれた[18]。

戦後、繊維産業、とりわけ栃尾の主力生産品目であった絹織物は奢侈品として扱われ、GHQの統制下に置かれることとなった。そのため1947（昭和22）年に施行された商工会共同組合法によって栃尾織物工業協同組合が作られるも、それは名称こそ異なれど戦時下の延長的性格を帯びた組織であった[19]。その後、1949（昭和24）年に織物消費税が廃止されたことで組合に織物消費税の査定場としての役割はなくなり、また同年の中小企業協同組合法の制定にともない、新たに事業協同組合として1950（昭和25）年に任意加入

図 3-6 栃尾織物組合組織の変遷

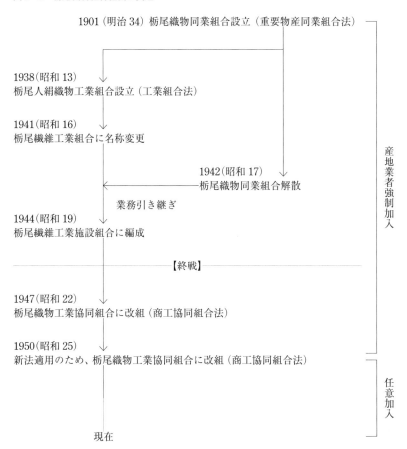

の「栃尾織物工業協同組合」に再編され、現在まで続いている（なお、本章ではこれ以後、これらの組合を総じて「織物組合」と呼ぶ）。

民間納税施設としての織物組合

納税補助に関する業務は本来、織物組合の業務ではなかったが、国の業務であるだけに組合員を結集する求心力としてはきわめて強力なものだったとされる[20]。織物消費税によって、織物組合は徴税機関の末端として、行政事

務の一端を担う役割を有するようになったのである。また、産地の各生産者は必ず組合での査定を経なければならないことから、組合員に対する組合組織の支配力を強めることにもなる[21]。ましてや産業が織物を中心に構成されている栃尾市のような地域では、組合が地域全体に対して強い影響力をもつようになる。そのような影響力をもたらすことになった織物組合経由での納税の仕組みについて、説明しておく必要があるだろう。

図3-7　織物消費税納入の仕組み

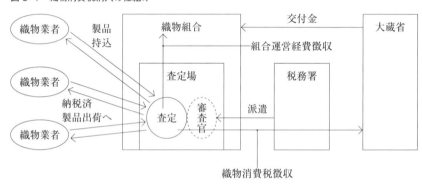

織物消費税は、日露戦争中の戦時財源確保を目的とした非常時特別法（1904〔明治37〕年制定）で導入された消費税の一つで、シャウプ勧告を受けた税制改正によって1950（昭和25）年1月1日に廃止されるまで、45年もの長きにわたって存在していた[22]。織物消費税の納入システムの特色は、民間納税施設、課税標準価格、納税事務補助、交付金制度の4点にあるとされる[23]。

民間納税施設には組合事務所といった施設が該当するが、そこに織物集合査定場[24]が設置された。織物集合査定場に地域の織物業者の織物製品が集められる。織物の集まった織物集合査定場では税務署から来た査定官がまとめて査定を行う。これによって、各織物業者にとっては査定官を各事業所で対応しなければならない手間が省け、査定官にとっても一カ所への移動で全ての業者の査定ができる仕組みにしていた。

査定においては取引される価格が常に変動するなかで、課税の公平性を確

保するために、課税標準価格表が作られ、その標準に従って一定率を徴収する課税標準価格方式がとられた。組合側は納税事務補助として納税施設に管理人を置き、織物の種類、数量、価格などを記帳して納税施設に出入りする織物を全て管理し、織物の移出に際しては織物消費税を徴収して税務署に納付、かつ納税済み証印の申請、移出事務、担保物の提供などの税法上の納税手続きを行っていた[25]。つまり、税務署の査定官の業務は査定の部分のみで、その他必要な諸手続きを組合に代行させていたということである。これにかかる事務は当初組合側にとって無償の事務だったが、日露戦争後の好況を背景に織物取引が活発化して事務量が増大したこと、納税事務補助の義務と責任を明確化すること、税務署による査定事務の削減、納税成績の向上につなげることを目的として、事務に対する代償が支払われる交付金制度が作られた。

栃尾においては栃尾織物同業組合が民間納税施設を用意し、納税補助事務の実施、および交付金を受けとる機関となり、同組合解散後は栃尾織物工業協同組合が織物消費税に関する業務を受け継ぐこととなった。組合においてはこのほかに製品の検査や共同作業施設の運営などを行っていたが、納税事務が加わることで組合に産地全域の織物業界に関する情報が一元的に集中することになったのである。

終戦直後の織物産業と組合

織物産業の経済統制と織物消費税の徴取は戦後になってもしばらく続いた。終戦直後の統制下において、織物組合は物資不足の状況にあって原材料の仕入れ、生産品の販売に際しての警察や県行政との交渉の窓口となるなど、産地の動向を決める中心的な役割を果たす存在であった。加えて、資金面でも織物組合は納税の過程で得られた収益をもとに豊富な資金力を有する組織となっていた。

一方で、戦後復興期における栃尾の繊維産業をめぐり、一つの事件が発生した。それは栃尾織物業界の好況を支えることになった和紡織物の生産と、その原糸の購入に関わる違反事件であった。その経緯を紹介したい。

第3章　縮小する地域産業と恩顧主義的自治の展開——新潟県栃尾市のガバナンス動態　　219

終戦直後は戦時供出によって織機が大幅に減少している状態であった。また栃尾の主要生産物である絹織物は、奢侈品として戦後も GHQ の統制を受けていた。さらに、絹織物の原材料である生糸の多くが輸出され、国内での糸価や生糸配給も統制されており自由に生産販売ができずにいた。そこで織物組合を中心に輸出用の織物の生産に試行錯誤するも、なかなかうまくはいかない状況にあった[26]。

　一方、戦後の物資窮乏のなか、繊維産品は原料不足も相まって需要過多・供給不足で、質を問わず作れば売れる状況、織機が「ガチャン」と一動きすれば万という金が儲かるといわれたガチャ万景気の時代を迎えていた[27]。そのような情勢のなか、のちに市長となる千野勝司を筆頭に、栃尾産地の有力業者らは戦時中軍がその保有を独占し、原材料統制の圏外にあった雑繊維（通称「ガラ紡」）を、軍の解体を契機に大量に仕入れ、秘かに 2 万数千貫ほど確保していた。処置を誤れば隠退蔵物資といった名目で没収される可能性も十分にあったが、彼らは「先制攻撃に出るに如かず」と、懇意の間柄だった栃尾警察署経済課の人物や、かつて栃尾での勤務経験のある県商工課繊維係の人物に、その雑繊維を原材料に織物の生産が認められないかと相談をもちかけた。当時の繊維配給統制規則第二条六項「繊維の在庫あるときは当該地方長官は長官の責任に於いて管理地区（都道府県）住民の衣料にあてる為これを使用することができる」という規定を適用、拡大解釈して、織物の生産に用いることができないかという相談である。織物組合はさらに県警経済保安課にも嘆願、地域の悲惨な状況の説明を重ね、最終的に二条六項の適用を受け、雑繊維を用いた繊維産品の生産許可を得ることに成功した[28]。雑繊維を原料にした織物は和紡織物[29] と呼ばれ、品質としては粗末だったが、繊維品が極度に窮乏している時期であったので、飛ぶように売れていくこととなる。当時織物組合の職員であった佐藤松太郎が次のように回想している点が興味深い。

　　ここまでの過程では、新潟県庁の職員連が、郷土愛の根本理念を基調に、最大限度に法の解釈を行ったことが如何に大きな力であったかを銘

記せねばならぬ（ママ）。更に、これを併せて、一方の需要者側に立つ各都道府県官僚も、新潟県官僚同様、殆ど連鎖反応的に、申し合わせでもしたかの如く、法の拡大解釈で、少しくらいの違法は意識しつつもそれを乗り越え、敢然として自分の行政区内にこの織物を導入したものと考える。[30]

　この点は法律を拡大解釈させ、利益誘導や資金創出を行った田中角栄のやり方と相通じるものがある。彼らがのちに田中の支持者となり「田中を利用して」地域への利益誘導を図っていくことになるが、彼らの思考の同質性はこの時点で存在したといえよう。

　和紡織物が生産されることになったが、保有していた原材料の雑繊維には限りがあるためすぐに底が尽きてしまう。また亀田や見附など、新潟県内の他の産地も同様に和紡織物の生産をはじめ、さらには県外でも生産がはじまったことから、原材料の確保が難しくなっていく。そのため、原材料の確保には法の網の目をかいくぐったルート、あるいは合法とはいえないルートを模索するしかない。栃尾産地としてはそのような危険を冒しても原材料を確保していくこととなる[31]が、産地内の業者のどこかで食い違いが生じて運営に齟齬を来すことになると、直ちに産地全体の死活問題となる。そこで組合当局は産地をあげて結束した集団行動をとり、緊迫状態のなかで生産を続けていく。佐藤松太郎の回想[32]に次のような記載もある。

　　　尚、本県職員の一人、当時の栃尾警察署長、最後は新潟東警察署長で勇退した田邨久松警視の強直にして高邁な人格に裏付けされたその寛厳よろしきを得た取締に負うところ寛大であったことも、ここに記載しておく。

　栃尾地域内においては公然の事実として、闇ルートからの原材料確保がなされていたことがわかる。また本来、繊維配給統制規則第二条六項規定では「管理地区（都道府県）住民の衣料にあてる為これを使用することができる」

第3章　縮小する地域産業と恩顧主義的自治の展開——新潟県栃尾市のガバナンス動態　　221

と生産した織物の流通については制限があることになっていた。しかし和紡織物の求評会には東京、京都、大阪、名古屋の四大集散地をはじめ全国から商社が結集し、その商社を通じて全国各地で販売されており、「管理地区（都道府県）の住民の衣料にあてる」ことは有名無実と化していた[33]。

このように、栃尾では統制下においてかなりの危険を冒しつつ和紡織物の生産にあたっており、組合としてはこれら一連のプロセスの違法性を認識していた一方、地域をあげて検挙された場合の対応を事前に考えていた。その内容は、当時の織物組合理事長の千野勝司が織物生産の大方針として述べたとされる次の言葉で把握できる。

この織物は正確には完全な硝子張りのものとは残念ながら申し難い。法規の前に立たされると相当濃厚に灰色の影を漂わしていることは無にとしても蔽い難い。随ってこの織物の生産に携わる業者は、この辺の関係を篤と考えて十全の策を講じてかかるべき多。具体的に例示するならば、俗にいう坊主丸儲けの挙に出でて、原料入手から製品の販売までの全てを統制違反の暗黒な密雲の中で行って、暴利をむさぼると、得てしてそれが逆の結果を生じて、大きな蹉跌を来たす因を生む、幸いに事なきを得ば、これ程割の良い、有難い仕事は無いが、不幸にして一朝法の網に引っかかったが最後、一瞬にして完膚なきまでに制圧されて息の根を止められて了う。こうなったら完全に処置なしだ。これに反し、全過程中どこか一方、法の命ずる線に沿って処理してゆく場合は、最後の土壇場に追い詰められても何等かの方法で局面打開の道は自ずと拓ける。法というものには必ず涙がある。その面での情状酌量の恩恵に浴し得る。[34]

この記述からは、基本的には法令に違反しているものであるが、部分的に法に従うことで、有事の際に情状酌量を請おうという思惑がみてとれる。そのために栃尾では、正規のルートで仕入れたとはいえない原材料で生産した織物全てについて、必ず織物消費税を支払うことを産地の全業者に対して厳

しく要請し、業者もこれに従った。闇から仕入れた原材料を使って生産した製品であったとしても、消費税納税の時点で正式なルートに乗せることで一定の正当性を担保しようということである[35]。

　そして、恐れていた摘発を受ける機会がやってくる。1948（昭和23）年8月、織物組合の幹部が新潟市で行われた繊維関係団体による野球大会に揃って出場していた際、栃尾に捜査が入り、原材料の入荷についての情報が詳細に記載されていた入荷元帳が差し押さえられてしまう。これは組合委員である糸商の一人が、亀田での商売につながる原材料の売買で話がもつれてしまったのをきっかけに、連鎖的に栃尾の組合事務所に飛び火したものとされる。

　証拠となってしまう元帳が押収された結果、この時点で犯している2種類の違反のうち、取り締まりの対象となるのはどちらか一つであることが予想できた。一つは物価統制令に基づく暴利として取り締まられる場合であり、もう一つは正式なルートを経ずに販売されたとするルート違反として取り締まられる場合である。前者の暴利取締違反として適用された場合は、総取扱金額の数倍の金額を罰金として徴収され、罰金総額は1億円をゆうに超えると想定された。後者の場合は最悪でも業者一人あたり10万円の罰金であり、予想される罰金総額は1000万円程度とされた。

　組合側はなんとしてもルート違反で済ませようと必死となった。組合理事長の千野勝司をはじめ、関係者が新潟検察庁に呼ばれ、取り調べを受けることとなる。織物組合は、長岡出身の元検事で戦時中司法大臣や内務大臣兼厚生大臣を歴任し、戦後は弁護士として活動していた小原直に、この件の弁護を依頼して臨んでいた。組合側としては、先述のように闇ルートで仕入れた原材料であっても産地をあげて織物消費税は必ず納入し、そのため栃尾の消費税納入額は巨額の数字となっていた[36]ことから、決して闇から闇へと暴利を貪ったものではないことを主張した[37]。また、法曹界の大御所である小原直は裁判官に対して、地域の窮乏時の統制違反は本来罪となるべきものではないと説いていった[38]。

　結果、関係者108人の大きな事件であったにもかかわらず、原料の入荷ルートの違反事件としてとり扱われ[39]、検挙されたものの当初の織物組合側の

目論見が成功したわけである。また、和紡織物はこの間栃尾産地に大きな利益をもたらしたが、その後生産は縮小、化学繊維織物へと移行していく[40]。

　資金面でも戦後の統制時代に織物組合は潤沢なものとなっていった。その源泉となったのが、織物消費税の税額をもとに手数料的に付加・徴収した組合運営費と、組合による納税事務の対価ともいえる政府からの交付金、さらに強制加入の工業組合として闇ルートに比べて格安で割り当てられる原材料の販売収入であった。織物消費税の税額をもとに政府から支払われた交付金の規模は徴税額の3/1000とされ、また栃尾の織物組合では運営経費として各事業者に対して織物消費税の4/100を徴収していた。この織物消費税の課税率は変動制で、織物消費税廃止直前の1949（昭和24）年には、栃尾の主軸となっていた絹織物などの高級織物の課税率は4割になっていた。そのため、運営費として徴収された金額や交付金収入もかなりの額になっていた。また、工業組合が安価で仕入れることができた原材料について、織物組合では業者規模に応じた配布や均等配布をとらず、競売形式で地域内の各業者に販売し、その収入も含めて組合は潤沢な資金を有する組織となっていた[41]。

　そして織物組合は、必ずしも直接的に織物業界の振興につながるわけではない事業も展開していった。例えば、県立栃尾実業学校が県立栃尾高校に改組する際、手狭になった教室の改造費の負担したこと、歳末細民救助のための民営救恤事業、文化事業、その他の公共事業に対する寄付などである[42]。すなわち織物組合は実質的な徴税を行い、その資金をもとに教育福祉など公共の利益に資するものを提供しており、民間団体ではあるけれども、栃尾地域における公共部門の一翼を担う組織だったのである。また一方で、そのような支出に加えて、戦中戦後の統制時代に関係の深かった栃尾警察署に対しては、庁舎の敷地、建物の寄付などを行っていた[43]。

統制解除後の織物業界

　かつて織物組合の会員企業だったが、組合を脱会し、アウトサイダー企業として栃尾産地の最大規模の企業に上り詰めた鈴倉の鈴木倉市郎会長は、回

顧録で統制解除直後の栃尾織物業界とその後について、以下のように批判的
に述べている。

　昭和二六年に曾ての繊維統制が全面解除（ママ）されたとき、突如と
して織機を規制（ママ）した残存業者と工連関連のボスたちの、忘れら
れない郷愁がよくわかる。
　現在存廃を巡って議論の焦点となっている織機の登録規制は、なんと
このような「からくり」によって既得権護持のためにでっちあげた策謀
であった。若し織機を規制するとしたら、統制の施行された昭和十三年
に遡って、同時に行われなければならない筈だった。それが逆に繊維が
全面的に統制から解放される段階を迎えて、規制をしなければならない
とは。[44]

　戦時中からつづけられたながい統制生活から解除されたのは、忘れも
しない昭和二十六年であった。終戦以来それまでの期間を闇時代と称し
ている。そしてそのころの業者の動向を厳密に詮議するなら、その悉く
が犯罪を背負い、司直の目をかすめながら行動していたと云ってよいだ
ろう。
　経済警察という世にも不思議な存在と、間接税という税務署員の厳し
い看視の眼を巧みにくぐり抜け、まるでどぶ鼠のように、闇のなかを躍
り周っていたのが、テキスタイル業者の偽りない実相だった。（略）
　ところが戦後六年を迎えて、ある日突如として繊維統制が全面的に解
除された。その実相はつまびらかでは無く、一部にはまだ存続の声もあ
ったようだが、われわれにはこれは素晴らしいニュースで業界はこの待
望久しい正常化に息つき、ようやく曙光を取り戻して、新たな活気が漲
りはじめた。
　私はあの統制解除の通報を知った瞬間を忘れることができない。法律
が特定の権益を擁護するため、人々の生活の自由を封じ込めることほど
不自然なことはない。そして庶民の九十九パーセントが、違反によって

第3章　縮小する地域産業と恩顧主義的自治の展開——新潟県栃尾市のガバナンス動態　　225

罪につながるような規則は法では無い。（略）

　前にも述べたが、この建設的な昭和二十六年の繊維統制の全面解除を
機会にして、なぜ逆に織機の設備統制をしなければならなかったのか。
それはギャンブル的発想と、業界ボスのたわけたトリックのもたらした
過失で、要するに、票におもねて政治をもてあそぶ輩の残した大変な汚
物である。

　現実の姿を構造不況と言っている。この混迷の基をなすものが織機登
録であり、この利権目当ての経営システムと、経営のギャンブル的発想
がその度合いを更に深め複雑にしている。なぜ織機規制を廃止しないの
か私には理解できない。[45]

　上記に示されているように、統制解除後、織物組合は会員企業の織機登録
を行って産地での生産調整、つまり、戦前戦後の統制時代の成功体験をもと
に、組合幹部主導で再度統制を行っていく[46]。鈴倉は織物組合とは異なる独
自路線をとって成功していた事業者であったこともあり、このような厳しい
批判を述べているのかもしれないが、栃尾産地としては、統制解除後の織物
組合が生産調整を主導した時代も一定期間好景気が続いており、栃尾産地の
主な事業者が長岡税務署管内の長者番付の上位にしばしば現れていた[47]。

　織物組合や役員は、長い間栃尾市のいわゆる名門によって独占され、一種
の特権意識が強く、資金力にも相当なもので、地域での影響力は強大であっ
たとされる[48]。1954（昭和29）年の栃尾商工会発足以後、1976（昭和51）年
までの22年間、織物組合の理事長が商工会会長を兼務する体制がとられて
いた[49]。また、商工会は事務所の位置としても、1974（昭和49）年に栃尾商
工会館が建設されるまで織物組合に間借りをしており、幹部の重複も多く、
両者はほぼ一体であったといえるだろう。

栃尾織物業労働組合

　栃尾では戦前にも一部で労働組合結成の動きがあったとされるが結成には
至らず[50]、戦後労働運動が高揚するなかで繊維業の従業員らが栃尾繊維従業

員組合（以下、繊維従業員組合と略す）を結成したのがはじまりとなる。この組合は 1947（昭和 22）年 8 月 21 日創立、組合員数は 101 の工場・事業場で働く 1134 名であり、日本に多い企業別労働組合ではなく、地域の織物業界が一体となって構成する産業別労働組合であった[51]。組合役員の大半は各工場の幹部であり、結成当初から労使協調が謳われ、実質的には親睦団体的な組合であったとされる[52]。

　1949（昭和 24）年に GHQ の指令を受けて改正された労働組合法では、使用者の利益を代表する者は組合に加入することができず[53]、そのため創立以来の役員らが大幅に抜けることになった。その後、織物業労働組合の体制が一新されるも、繊維業界の不況もあって活動は停滞していった。1954（昭和 28）年に結成当初の幹部らが最高顧問という位置づけで組合の立て直しを図り、幹部役員と組合規則を一新させて再建していく。同時に繊維職員組合の全国組織でもある「全繊同盟」（のちのゼンセン同盟、UI ゼンセン同盟）に加盟、全国組織と連動し、賃金や労働時間などの待遇改善を求める活動が進められることとなる[54]。

　このように当初から労使協調路線で結成され、再建の際も当時使用者側にあった人物らの協力を得てなされた。繊維従業員組合では経営者団体である繊維組合と対決姿勢があまり明確でないものとなっていった。組合事務所も設立からしばらくの間は事業主団体である織物組合の建物内に設置されていた[55]。

第 2 節　栃尾市政をめぐる政治秩序

　ここまでは、栃尾の主要産業で地域における影響力が大きかった織物業界について説明してきた。織物組合自体でも公共的活動にとり組んできたが、一方の町政、市政がどのようなものだったのか、業界とどのようなかかわりのなかで運営されてきたのかを確認する必要があるだろう。

　ここからは戦後栃尾市の市長（一部、栃尾町時代の町長）が、どのような勢力やそれらの連合によって誕生、運営されてきたのか、また、それぞれの政

策的にどのような方向性がとられてきたのか、どのようにして長岡市と合併し編入する道を選ぶに至ったのか。市政施行以後の 1954（昭和 29）年から 2006（平成 18）年までの動態を考察する。

1. 板挟みのなかでの町政・市政運営——皆川市政

合併前の町長選挙

1949（昭和 24）年の栃尾町長選挙では、織物組合の推薦もあり、町内の織物業主の一人であった皆川信吾が無競争で当選していた。しかしながら、1953（昭和 28）年になると、無投票に対する批判もあり、社会党右派の人物で町会議長を経験した鈴木正俊が、早くから出馬の表明をしていた[56]。

皆川町長はこの間すでに、織物組合の傀儡町長とみられていた。皆川町長は再出馬の意思を示していたが、織物組合は当時の県議会議員・佐藤松太郎を介して皆川町長を織物組合が支持しないことを伝え、皆川町長に引導を渡そうとしたとされる。織物組合の幹部の一部は、栃尾出身で元新潟県刑事課長を経験した丸山信次を擁立しようとする動きをみせていた[57]。しかし、丸山擁立案は調整がつかずに断念する。そこで織物組合は、丸山の代わりに町内織物事業者の一人で織物組合の理事であった佐藤熊太郎を擁立し、皆川町長に相対して選挙に臨んでいく[58]。

皆川町長と織物組合幹部との間に軋轢が生じた背景には、織物組合幹部とほぼ同じ顔ぶれである町内の比較的大規模層の織物事業者らが、当時高級品とされた W 巾の自動織機の固定資産税の減税を求めたのに対して、皆川町長が曖昧な答えではぐらかし、結果的に減税の動きに乗らなかったことにあるとされる[59]。この件について皆川町長は、当時織物業界は不安定で浮き沈みがあり、ちょうどこの話がもち込まれた 1952（昭和 27）年頃は、町民税の滞納が続出したが町財政が窮乏していたことに対する問題意識があったとされる[60]。

結果、現職の皆川町長が 2534 票を得て再選を果たした[61]。皆川町長は前回の町長選挙で織物組合に推されて出馬・当選した一方で、今度は織物組合に

表3-4　1953（昭和28）年の栃尾町長選挙

1953（昭和28）年5月15日執行			
氏名	得票数	属性	支持連合
皆川信吾	2,534	織物事業者、元町議会議員	織物組合反幹部派
佐藤熊太郎	1,913	町議会議員、織物組合理事	織物組合幹部派
鈴木正俊	1,125	町議会議長	社会党、日農の一部

見切りをつけられた形であったが、その様子への同情などもあったと伝えられている[62]。なお、この選挙では皆川のみならず、これまでの栃尾町政が事実上織物組合の傀儡であったことが暴露される選挙戦となった[63]。

　皆川町長のもとで栃尾郷9町村の合併がなされ、市政施行となったが、市長、助役、収入役の三役は栃尾町の面々が横滑り的に就任し、合併自治体の三役の一部も含め、職員は吏員として栃尾市に受け入れられて、栃尾市政がスタートした。

織物業界対新興勢力の第一回市長選挙

　1957（昭和32）年4月15日に商工会、織物組合、自由民主党栃尾支部役員らによる合同会議が開かれ、同年に予定されている市長選挙へ向けた候補者の選考協議が行われた。そこでは栃尾市織物組合理事長、および商工会会長であり、栃尾織物業界の首領ともいえる人物であった千野勝司を推薦することが決定したが、本人の説得に失敗してしまう[64]。

　保守系の候補者選定が難航するなか、地域に一定の勢力を有していた社会党、および日農は、前回の町長選挙にも出馬し、同栃尾支部の最高顧問であった鈴木正俊を候補者として擁立、単新市政を目指す動きを見せていった[65]。

　保守系の候補者選考は、千野の固辞を受けて現職の皆川市長と、前回町長選挙に出馬した市議会議長の佐藤熊太郎が候補にあがる[66]。その後、佐藤は出馬を断念し[67]、保守候補の一本化が成されるかと思いきや、前回選挙で皆川を推した人物や県議会議員選挙で革新系の小林寅次を推した人物らが、11

第3章　縮小する地域産業と恩顧主義的自治の展開──新潟県栃尾市のガバナンス動態　　229

年間校長を務めた栃尾小学校を退職した三浦政之丞を擁立する[68]。前回選挙において、皆川は織物組合の主要幹部に対峙し、織物組合理事の佐藤熊太郎と戦って勝利したのであるが、今回の選挙では逆に織物組合幹部らが皆川を支援し、前回皆川を推した勢力が今度は三浦を支援する構図となった[69]。

選挙戦終盤になると社会党支部・日農の一部の幹部らは自らが擁立したはずの鈴木正俊の支持をやめ、投票3日前の5月9日にはすでに立候補していた鈴木の公認も取消した[70]。そのため、社会党内、保守系それぞれが割れる形となり、市民のなかには2名の候補の推薦人になったり、親子親類、親しい仲間同士が敵味方となっていがみ合う泥仕合の選挙戦となった[71]。

表3-5　第一回栃尾市長選挙

1957（昭和32）年5月12日執行			
氏名	得票数	属性	支持連合
皆川信吾	8,309	栃尾市長（旧栃尾町長）	自民党（繊維組合、大野派土建業者）
三浦政之丞	7,871	元栃尾小学校校長	社会党（繊維従業員労働組合、日農の一部）、知識人層、田中派土建業者
鈴木正俊	1,286	栃尾新聞社社長	社会党、日農の一部

皆川8309票、三浦7871票、鈴木1286票で皆川が勝利したが、鈴木の対応次第では現職皆川市長の落選もありえた結果であった。三浦は当初は大きな支援組織もなく、個人的な人気に期待するだけではないかという見方が強かった[72]が、三浦の支援者には「栃尾市外で事業拡張の推進を目論む某交通会社」あったとされる[73]。その交通会社の社名は新聞紙上では伏せられているが、当時の状況を推測するに、1955（昭和30）年に田中角栄が社長に就任して中越地方での事業拡大を図っていた長岡鉄道（のちの越後交通社の母体）を指すものと考えられる。そのことを示唆しているものとしてあげられるのは、三浦が選挙時に政策の第一点として用いていた「①新農村建設の推進」という言葉である[74]。農村部における三浦の知名度が低いといわれていたことから、その梃入れとして第一に掲げられたものでもあると推測できるのだが、基幹産業である織物や農業、あるいは自身がそれまでの人生で没頭して

230

きた教育ではなく、田中角栄の得意とする「農村建設」を第一に掲げていることから、田中に関わる人物が三浦の背後に存在するであろうことが考えられるのである[75]。

市長選挙に引き続く泥仕合の県議会議員選挙

市長選挙が行われた 2 年後の 1959（昭和 34）年、栃尾市で定数 1 を争う県議会議員選挙が行われたが、これも市長選挙に続いて泥仕合となる。この選挙では、市議会議長であった佐藤熊太郎と、栃尾市東谷出身で長岡市在住、長岡市議会議員を務めた経験のある土建業者の役員・馬場肆一の二人が名乗りをあげた[76]。

佐藤には織物組合、織物業従業員組合など、栃尾における町方の業界関係者が付いていた。一方の馬場は自身がいわゆる田中系土建業者であったこともあり、田中派が推す体制となった[77]。この県議会議員選挙における佐藤と馬場の戦いは、旧新潟三区選出の自民党衆議院議員の大野市郎を支持する大野派・佐藤熊太郎、田中派・馬場肆一の代理戦争の様相を呈していたとも伝えられている[78]。選挙の前に行われた自民党公認指名争いでは、当時自民党栃尾支部では佐藤が支部長、馬場が副支部長の立場にあったが、町方の支援者が多く、佐藤が自民党の推薦を得た[79]。また、革新系では日農栃尾支部が現職の小林寅次を推薦しようとするが、小林は出馬を固辞して候補者を擁立することができなかった[80]。そこで日農は自民党指名を得られなかったのちに離党して無所属候補となった馬場の支持を表明した[81]。政策的にはそれぞれの支持者、各人の背景に由来する利害が反映されたものとなり、佐藤は織物業を中心とする中小企業の振興と福利増進、馬場は農村部での土木事業の推進を中心に訴えた[82]。

選挙戦ではデマや怪文書、現金・商品券、恫喝が乱れ飛び、公職選挙法違反で 100 名以上の逮捕者が出る選挙となった[83]。結果は佐藤 1 万 399 票、馬場 8590 票で佐藤が勝利することとなったが、後味の悪い結果となった。

また、翌週に行われた市議会議員選挙では、定数 30 のところ、佐藤派 14、馬場派 14、中立 2 名が当選し、県議会議員選挙の遺恨もあって議長人事など

で揉めると思われたが、当時の新潟県知事・北村一男の親戚にあたる山井龍三郎を議長に据えることで落ちついた[84]。

栃尾政界勢力図の変化

県議会議員選挙において田中派の馬場は負けはしたものの、二度の選挙を経て、農村部を中心に栃尾での越山会の組織化を進めた[85]。当時の栃尾における越山会の会員は農村部の住民や土建業者などで、基幹産業である織物業者のほとんどが国政選挙では大野市郎を支持する立場であった。

しかしながら、その様相に変化をもたらす出来事が生じた。それは1960（昭和35）年10月の越後交通株式会社の設立である。田中は以前から親密な関係にあった東急電鉄の協力を得て、田中が社長を務める長岡鉄道、中越自動車、さらには電車の払い下げなどでかねてから東急との関係が深かった栃尾鉄道の三社を合併させ、越後交通株式会社を設立した[86]。長岡鉄道は旧来からバス路線による栃尾の進出を画策していたが、栃尾には栃尾の織物業界と関係の深い栃尾鉄道の存在もあってなかなか食い込むことができずにいたのだが、越後交通の設立を機に栃尾鉄道を吸収し、栃尾の公共交通を手中に収めることとなった。そして越後交通設立の際に、栃尾鉄道と関わりの深かった織物組合理事長・千野勝司が取締役の一人に選任されることとなる[87]。

これをきっかけに、それまで交わることのなかった旧農村部中心の越山会と町方の織物業者の旦那衆らが結びついていく。越後交通の設立が決定的になって以降、これまで衆議院議員選挙では大野派が大勢だった織物組合幹部の一部が越山会に合流する話が本格化する。越後交通が設立されたあとの最初の衆議院議員選挙である1960（昭和35）年11月30日の選挙を前にして、実際に織物組合幹部の一部が越山会入りする。栃尾越山会の会長には、町方の旦那衆の顔を立てたこともあって織物組合の常務理事であった稲田正三が就任することとなった。なお、千野はこの時、栃尾越山会の顧問に就任している[88]。

織物組合理事長の千野は、かつて田中角栄に対して「田中の野郎は若いくせにヒゲなんぞ生やしやがって何の気になってるがらろ。あんげん若造に何

ができるってがら」（原文ママ）と公言[89]、衆議院議員選挙の際も織物業者の
ほとんどは大野を支援し、田中は栃尾の町方では選挙活動もままならなかった
といわれる[90]。なぜそのような人物が大野派から田中派に転向したのか。戦
後、いち早く田中支持を強めた魚沼地方の山間部の国道が見事に整備されて
いるのを見て、当時まだ国道、国鉄など、「国」という字のつく施設が一つも
ない栃尾の現状を憂い、田中の力によって地域の整備にとり掛かろうとする
ことがその理由だったといわれる[91]。結局のところ、田中に近づくことで道
路整備や各種施設整備などを引き寄せようとする利をとったのである。また
田中側からすれば、過去何度も挑戦しつつも壁として立ちはだかった栃尾の
織物業者勢力をとり込みにかかったといえる。その甲斐もあってか、同年11
月30日の選挙では田中は栃尾での得票を大きく伸ばすことに成功し[92]、栃
尾は田中を介した中央政府とのルートを確保していくことになる。

皆川市政下の意思決定

　皆川市長は優柔不断であったと評価されることもあり、最後まで事の成り
行きと状況を観察し、自身の意図を通そうと、時間をかけ、時には論点を曖
昧にしながら既成事実を積み重ねて、決定をしていこうとする手法をしばし
ば用いる人物であったようである[93]。また、議会との関係においても、意見
が対立しても事を荒立てず、のらりくらりと意見や質問をかわしながら性急
に結論を出さず、問題を先送りしながら争点を曖昧にして結果的に自身の構
想を実現するようなこともあったとされる。例えば先にも述べた議会や織物
組合が主張したW巾自動織機の固定資産税の減税の動きに乗らなかったこ
とでは、その煮え切らない態度が選挙で対抗馬を擁立されてしまうきっかけ
となったが、結果としては先送りしたのち市内の景気は好転し、その後問題
は終息した。市役所の改築問題では、合併で手狭になってしまった市庁舎を
増築するか移転新設するか、議会で数カ月間審議するもどのようにするか決
まらなかった。皆川市長は、議会が想定している市庁舎建設用地では建設に
対する反対運動[94]も起きていたことから移転新設には消極的であった一方、
議会は新市庁舎を建設せよと幾度も皆川市長ほか市当局に迫っていた。そこ

で皆川市長は財政難を理由に予算をつけるのが難しいと、議会側の新市庁舎建設の熱意が冷めるよう、結論を先送りにしていたのである。そして先送りにしている間、議会が意図していた新市庁舎建設予定地の一部に電話局設置のための用地売却の申し入れがあったことを機に、市当局は売却の申し入れを議会に提案することとなる。その頃には議会からの新市庁舎の建設熱がやや冷めていたこともあり、反対意見はあったものの結果として用地を売却、市庁舎もそこには建設せず、既存の市庁舎の増設という皆川市長の当初の思惑通りになったということがあった[95]。

　しかしながら、このように時間をかけて機が熟すの待つ手法では、好機をとらえ強引でも早急に解決しようという試みや、他に先んじて事業を誘導しようという動きにはやや疎くなってしまう。例えば、北村知事らの働きかけもあって 1956（昭和 31）年度から政府の調査費予算が付いたダム開発や農地開拓、観光開発が意図された守門総合開発構想があった[96]。一時農林政務次官に就任した大野市郎の視察などを経て、開発への期待は高まるものの[97]具体的な開発事業とはならず、ダム計画も千野市政の時代になってようやく多目的ダムから防災ダムという計画の変更を経て、建設の動きが進んでいった[98]。

2. 織物業界の首領、市政の表舞台に立つ──千野市政

千野市長の登場

　1961（昭和 36）年 5 月の市長選挙にあたって、二人の候補者が名乗りをあげることとなる。一人はこれまで市長選挙や県議会議員選挙のたびに候補にあげられながらも出馬を固辞していた千野勝司である。千野は当時自らが社長を務める企業に加え、織物組合会長、商工会会長、越後交通取締役と栃尾越山会の顧問などに就いていた。今回の選挙では、千野は越山会・田中角栄の支援もあり、出馬の意欲を示すようになる[99]。また千野が取締役を務める越後交通本社も、会社をあげて千野の支援を行う体制となる[100]。さらに繊維業従業員組合が千野支持を表明、主に同組合員で構成員される地区労は地区

234

労自身の分裂を避け千野の支持に回っていく[101]。千野派は現職市議会議員の三分の一である 20 名が、千野の支援に回る形で選挙戦が進められた[102]。

　もう一人の候補は市議会議長であった山井龍三郎である。山井は大野派の人物とされたが、当時の新潟県知事・北村一男と親戚関係にあることから、県とのパイプを期待されて市議会議長に就任していた人物である。また、その北村を介して当時衆議院議員落選中であった亘四郎とも縁があり[103]、大野派、亘派の支援体制を作っていく。さらには革新派の日農は、同時に行われる定数 1 の市議会議員補欠選挙で山井派による日農系候補支持と抱き合せる形で、山井を支持する体制が作られる[104]。

　千野と山井は、以前は同じ大野派の幹部として、かつては織物業者と材木屋の違いはあれども共同歩調をとることが多かったが、千野が大野派から田中派に鞍替えしたことに加え、1960（昭和 35）年の暮れから 1961（昭和 36）年に栃尾を襲った豪雪の対策をめぐって確執が生じていたとされる[105]。

　こうした事態によって県議会議員の佐藤熊太郎は微妙な立場に追いやられるこことなる。自身が前回支援を受けた織物組合の主流派が千野支持に回る一方で、佐藤はこれまで大野派として活動していた。佐藤はこの当時自民党栃尾支部長であり、自民党栃尾支部に関与する市議会議員などでは千野派が多数を占めている状況であった。そこで一時は支部長として千野と山井の調整、つまり選挙候補者を千野一本に絞る調整役の役割を任されたのであるが、それも山井派の支援体制が構築されたあとの動きとなってしまっており、失敗に終わっていた。結局、佐藤は親族らを山井に引き合わせて支持するように申しつけて、ソ連へ視察旅行に旅立っていった[106]。心情的には山井を支援したいが、立場上、また今後の政治生命を考慮した上で、直接表立って選挙戦には与しないことを選んだのである。

　政策的には、両者ともに守門総合開発や道路交通の整備拡張などをあげていた。あえて違いをあげるとすれば、山井は商業都市としての栃尾の発展、千野は農村部への工業分散による農業者の現金収入の道を図ろうとする旨の主張をしていたことがある[107]。とはいえ選挙戦においては政策論争というよりも、両者運動員らによる感情的な個人攻撃、デマ、ヤジによる演説妨害、

織物業者の従業員募集と称した小包つきの個別訪問が横行し、さらには同時期に起こった連続放火事件に乗じて、これ幸いと近隣地域に両陣営が近火見舞いと称して酒の供与が行われるなど[108]、選挙の際の泥仕合の様相は引き続き、選挙後はまたもや多数の逮捕者が出るに至る有様であった[109]。

表3-6　第二回栃尾市長選挙

1961（昭和36）年5月12日執行			
氏名	得票数	属性	支持連合
千野勝司	10,363	織物業、織物組合長、市商工会長、越後交通取締役	自民党（越山会）、織物組合、商工会、地区労
山井龍三郎	9,223	市議会議長、土建業	自民党（大野後援会、亘四郎後援会）、反組合の織物業者、日農

　結果は千野1万363票、山井9223票で千野が勝利する。さらに市議会では議長であった山井が辞職して市長選挙に臨んだため議長ポストが空席になったこともあり、申し合わせで同時に議長、副議長その他各委員長ポストの選挙がなされることになる。その際に市長選挙で千野を推した議員らで構成する総勢20名の会派、守門クラブが議長、副議長ほか全委員長ポストを独占し、数年前まで田中派が主要選挙で負け続けていた状況が一変、「田中越山会市政あり」[110]とまで言われるようになる。

　また千野市長の就任後、市制施行・町村合併以来、総務課長の任についていた旧荷頃村長でのちに市長となる渡辺芳夫は、この時市長補佐役となるポストが新設され、渡辺は総務課長と兼任で市長補佐に就くことになった。その役割としては市長の政治的任務の補助とされ、各所への陳情活動をより主体的に行っていくこととされた[111]。渡辺は田中角栄と親戚関係にあり、その縁を期待して市政と越山会・田中との連携強化、情報収集、個別陳情を積極的にしていく意図があったと考えられる[112]。

千野の無投票再選（1965.5）と病気による辞任

1965（昭和40）年市長選挙へ向けて、千野市長は任期中に起こった雪害や水害対策を中心として河川改修、災害復旧を最重点にすると述べて再出馬する[113]。

一方、県議会議員の佐藤熊太郎は前回市長選挙で敗れた山井龍三郎の再度出馬させようとする動きをみせる[114]。しかし、千野市長就任以後、支持者を拡大していた越山会勢力に対抗するのは難しかった。旧村部の越山会会員の一部で強引な手腕をとる千野を好まない者もいる一方、山井がまた立候補したとして反越山会、反千野の勢力を結集できるかどうか難しいとされ、結果として山井は市長選挙に不出馬を表明することとなる[115]。その結果、市長には千野勝司のみの立候補となり、千野市政が継続することとなった[116]。

無投票で成立した第二期千野市政であるが、任期を全うせずに終了することになる。1966（昭和41）年7月に千野が病気で倒れてしまうのだ。これによって戦後の栃尾において織物業界だけでなく、市政をも掌握していた顔役が、栃尾政財界の表舞台から姿を消すこととなる。千野が倒れた当初、当時助役になっていた渡辺芳夫が職務代理に就き、しばらくの間様子をみることになったものの、入院治療に入った千野市長の容体は思わしくなく、次第に市長として再起不能な状況が明らかになってくる[117]。そして、各種の調整の結果、市議会改選が翌年4月にあるということで、市議会議員補欠選挙の実施は不急のものとして市議会議員補欠選挙を行わなくてもよいとされる市議会改選6カ月前となる1966（昭和41）年11月に辞表を提出、市長選挙が行われることとなった[118]。

土建政府化する市政

千野市政の時期は自然災害が多発し、災害復旧と災害対策としての社会基盤整備が施策の最重点となっていた。この時期の主な被災としては、1961（昭和36）年の集中豪雨、1963（昭和38）年の三八豪雪、1964（昭和39）年の集中豪雨があげられる。1961（昭和36）年の集中豪雨では、人的な被害はそれほど多くはなかったものの、栃尾市内の212の橋梁が流失し、道路・堤防の

第3章　縮小する地域産業と恩顧主義的自治の展開——新潟県栃尾市のガバナンス動態　237

破壊、送電線の倒壊など社会基盤の被害が大きかった[119]。1963（昭和38）年の三八豪雪では年明けから雪が降り続き、最高積雪量が市街地で4メートル、山間部では7メートル以上に達するなどで、市のあらゆる機能が麻痺し、越後交通栃尾線では22日間不通状態が続くなど、一時は市域全体が孤立状態となった。これによる建物などの物損被害は約4000万円、商工農林業などの産業関係被害は約15億円に達するなど、大きな被害となったのである[120]。また、1964（昭和39）年の集中豪雨では市内のあらゆる河川が氾濫し、道路39カ所、橋梁33橋、堤防138カ所、砂防35カ所もの公共土木施設が損壊し、公共土木施設は壊滅的な状況となった。それだけでなく、市内の田畑なども流され、被害総額は30数億円にも上るものとなった[121]。

　そこで、千野市長は田中角栄とのパイプを用いて災害復旧にとり組むとともに、自身を道路市長と銘打ち「栃尾の全ての発展は道路交通の整備から」[122]と述べ、市内幹線道路の改修補修の費用獲得を試みていく[123]。千野市長は織物組合の元理事長であり、後任の理事長も自身の意中の人物を充てるなど、産業界も掌握していた。そのため、当時の地域における既存の権力を統合していた人といえるほどで、千野市長はほとんどの市政に関する課題対応について独断即決が可能となっていた。田中との関係においては、親戚関係にある渡辺芳夫を側近とし、抜け目なく目白の田中邸と各省への陳情、調整を行っていく体制を作りあげていた[124]。

　このような千野市長の体制に対して地域内で不満を抱く者もいなくはなかった[125]が、田中角栄と結びつくことで以前と比べて次々と地域に道路や橋梁をはじめとする公共事業が実施されていく様子を目の当たりにするなかで、千野市長に対する反発の動きは顕在化しなかったようである。

3. 野心家市長の県への接近——山井市政

野心家元議長、市長の座に

　千野市長が再起不能であることが明らかになって以後、市長候補としては三人の名前が上がった。一人は前々回の選挙で千野に敗れ、その後自民党非

田中系の大野派、亙派、村山派の連合を目論んできた山井龍三郎であり、もう一人は栃尾越山会長の稲田正三、最後はのちに栃尾市助役となる越山会幹部でもあった渡辺芳夫である[126]。この当時の栃尾の各派の基礎票は、田中派：大野派＋亙派＋村山派：革新≒２：２：１程度の比率として想定されており[127]、市長選挙が行われた場合、それぞれの勢力が票に直結するかは別にしても、これまでの市長選挙と同様の泥仕合が行われることが予想された。

　稲田はこのとき自民党栃尾支部長、栃尾越山会会長で、さらに市議会１期目でありながらも市議会副議長に就任していた。稲田は自身が千野市政の後継者として最適であると自称し、市長の容体が明らかになりはじめた当初から自薦して活動にとり組むも、越山会のなかでは新参の部類で十分に内部を掌握できておらず、ほかの越山会幹部や千野市長からも距離を置かれつつあった[128]。

　渡辺芳夫には稲田を冷視しはじめた越山会幹部らによって待望論が浮上していたが、本人は財力がなく、泥仕合の物量戦となった場合の資金の見込みが立たないことから出馬の決断をなかなかできずにいた[129]。一方で千野市長の意志としては、千野のあとを継いで織物組合理事長、商工会会長となった市議会議員の石田務を担ぎ出したいということが伝えられ、越山会の足並みが乱れことになる[130]。

　最終的に越山会勢力の足並みが揃わないまま、復帰の難しくなった千野市長は11月に辞表を提出し、非越山会を中心に足固めをしていた山井のみが出馬して無投票当選となった。ここで栃尾市においてはじめて繊維業者ではない市長が誕生することになったのである。

　また、助役人事においては千野市長が倒れたあと市長職務代理となっていた渡辺芳夫は３月に助役を辞し、４月の市議会議員選挙に出馬してトップ当選を飾り、市議会議員として市政に参与することになる[131]。

県への接近の試み

　昔からの大野派で、田中嫌いとして知られていた山井市長は、千野市政下で構築された中央（田中）直結ルートと異なる路線の構築を試みる。それは

かねてから懇意であった県議会議員の佐藤熊太郎を介し、新潟県知事となっていた亘四郎や新潟県庁との結び付きを強めようとすることであった。そして助役には県職員で直前は長岡財務事務所直税第一課長であった竹内正文を選任することとなった[132]。

　政策的な特徴としては、保育所増設など福祉施策への注力や小学校を統合するなど、千野市長時代には大きな動きのなかった子ども関係施策も行っていく。その一方で、やはり政策的な目玉となったのは栃堀ダムの建設推進、県道の国道昇格（国道290号）運動のほか、栃尾—長岡間の無雪道路の構想という土木開発事業であった[133]。

　国道昇格問題については成功を収めていた。昇格運動を行っていた群馬県沼田市から守門村、栃尾市、下田村、加茂市を通って新発田市に通じていた道路が、1969（昭和44）年12月に国道290号線として昇格が決定したのである[134]。この道路については皆川市長時代に当時の衆議院議員・亘四郎を介して発案がなされ、いくつかの路線案が提示されて運動が開始されたが、実現には至っていなかった。そして千野市長時代に田中角栄を会長とした沼田～新発田国道昇格運動期成同盟会が再編され、田中側主導で推進された路線案をもとに運動が展開されていた。そのような経緯もあって、昇格した道路の経路については田中の発案に近い案で決定した[135]。確かに山井市長の時代に昇格決定がなされたものではあるが、千野市長時代の田中角栄を介した運動が実を結んだともいえるだろう。

　一方で国道昇格となった290号線は、主に山間部の市町村を結ぶ道路であり、近隣の中心的な商業地である長岡市と直通になるものではなかった。そのため、住民生活に必要な道路として長岡市と結ばれる幹線道路を強く要求する声も大きかった。それが栃尾—長岡間の無雪道路の構想である。山井市政時代のこの構想は、完全に田中を介さないものとして計画されてきた。これは山井市長と佐藤県議によって、当時新潟県知事となっていた亘四郎に申し入れをし、亘と関係の深い日魯漁業を介して三菱商事からの融資の申し入れを受けて建設が構想されていた[136]。しかし、このような計画がもち上がり地元からの期待も高まるも、当初の想定通りの資金的工面がつかずに着工が

されないままとなってしまった。

　また千野市長の時代に、栃堀地区に治水目的のダムの建設運動が展開され
たが、当時の織物業界では工業用水の不足という課題が生じつつあったこと
もあり、治水に加えて工業用水の確保という目的を加えられて誘致活動が展
開されていく [137]。

　山井市長は就任直後から越山会をあまりにも敵対視しているという評判だ
った。市長選挙から 5 カ月後に行われた市議会議員選挙でも公用車を使い、
あからさまに自身を支援する議員の応援に回るなど、越山会系議員との間で
感情的対立が明らかなものとなっていく [138]。そのようなこともあり、二期目
の選挙を前にして、越山会から市長選挙における対抗馬擁立の動きが活発化
していくこととなる。

4. 越山会市長による長期政権──渡辺市政

越山会の逆襲

　1970 年 11 月の市長選挙に向けて、現職の山井市長は再出馬の意欲を示し、
大野派を中心に足場固めを行い、また自由民主党新潟県連による公認の現職
優先の方針もあり、選挙の約 5 カ月前の 6 月 25 日には公認を受けた [139]。山
井市長は 1961（昭和 36）年の選挙と同様、日農の支援も受け、これまで自身
が関わってきた大和会（大野派）に加え、非越山会系の繊維業者・土建業者、
日農、さらに立正佼成会も支持団体として加わる [140]。

　自民党県連が公認決定をする一方で、市内の自民党の足並みは揃っていな
かった。自民党県連による公認決定と同時期に、市議会議員議長の渡辺芳夫
と自民党栃尾支部の平林与一郎が、市長選挙への名乗りをあげていたのであ
る [141]。渡辺芳夫は前回も越山会から擁立の動きがあったが、今回も越山会か
ら擁立の動きが本格化する。栃尾市において、田中角栄および越山会は 1969
（昭和 44）年 12 月の衆議院議員総選挙でこれまでの市内の得票を大きく伸ば
して 7000 票余りを獲得していた。そのため、越山会だけで選挙戦に打って
出たとしても、市長選挙に勝利する見込みがあるものと計算していた [142]。渡

第3章　縮小する地域産業と恩顧主義的自治の展開──新潟県栃尾市のガバナンス動態　　241

辺は選挙にあたって織物組合幹部層と繊維労働組合が共闘する「繊維産業政治連盟」体制を作り、運動を行っていった[143]。また、越後交通も推薦団体名「越後交通労働組合」として、実際は専務・片岡甚松など経営陣も直接運動に動員する形で支援していった[144]。渡辺は栃尾の基幹産業である繊維産業が山井市政では有効な振興策が成されてこなかったと強調し、さらには越後交通幹部、田中角栄秘書らが栃尾入りして渡辺の中央直結（実質的には田中直結）をアピールするなど、「繊維振興プラス土建事業」の布陣で公共事業の誘導に有利であること主張して選挙戦を展開していく[145]。革新系の社会、民社、共産党は各党で代表者会議を開いたものの、具体的に候補者を擁立せず、支援する候補を決定せずに選挙に臨むこととなった[146]。

　主な候補者である山井龍三郎と渡辺芳夫の二人に政策的な違いはあまりなく、どちらがより県や国から事業を誘致できるかが選挙の争点となった[147]。

　また、越山会に所属していた若手の市議会議員・平林与一郎も立候補の意思を示した。平林は越山会に加え、大和会にも縁故者が多いとされながらも山井対渡辺の構図で選挙戦が盛り上がるなかでめぼしい支援を受けられず、「市政に新風を」をスローガンに若さを武器に青年層にアピールしていった[148]。

表 3-7　第四回栃尾市長選挙

1970（昭和 45）年 11 月 29 日執行			
氏名	得票数	属性	支持連合
渡辺芳夫	11,221	市議会議長（元荷頃村長、元栃尾市助役）	自民党（越山会、山紫会、春秋会の一部）、繊維産業政治連盟、繊維労働組合
山井龍三郎	8,540	市長	自民党（大和会、山紫会、春秋会の一部）、日農
平林与一郎	637	農業	親戚、友人

　結果は渡辺 1 万 1221 票、山井 8540 票、平林 637 票で渡辺の勝利となった。山井派は各派の混成部隊となったことで指揮系統が定まらず、運動員の士気が盛り上がらなかった一方、渡辺は越山会を中心に安定した運動が展開

されていた[149]。山井市長はもともと材木商で、土木工事は自らの商売の関連分野でもあり、工事にかかる費用に精通する人物であった。そのことから公共工事の発注に対する管理が厳しく、土木業者にはあまりうま味のない市長であったという声もあった[150]ことも、求心力をもつに至らなかった要因の一つとなったのかもしれない。

渡辺市長の助役人事は年度の空ける4月まで据え置かれ、4月1日づけで渡辺市長の市役所勤務時代の後任総務課長であった田辺喜作が就任し、山井市政のもと、県庁からの出向で助役に就任していた竹内正文は、県庁へ戻ることとなった[151]。ここで渡辺市長は、県を介した利益誘導を重視していた山井市長とは異なり、県を介さずに直接中央から利益誘導を狙おうとしていたことが推測できる。

1971（昭和46）年4月に行われた市議会議員選挙では、定員30名のところ越山会系が19名を占め、議長人事では越山会歴も長く、田中角栄の軍人時代の同僚でもあった今井光隆が就任した[152]。これによって栃尾市議会では、首長・議会ともに越山会系の人物に担われる体制が整った。以後、議会の主要ポストのほとんどが越山会系によって占められることが慣例化していくこととなる。

非共産党オール与党体制の構築

1974年の市長選挙では、自民党からは早い段階から現職の渡辺市長の再出馬が当然とされていた。任期中は議長の改選をめぐって越山会は一時分裂するも、基本的には越山会が議会で圧倒的な多数派であり、越山会を支持基盤とする渡辺は、無投票となることが噂されていた。対して、社会党や共産党では革新共闘で対立候補を立てるべく調整を試みるも、結局のところうまくいかず、共産党単独で候補者を擁立する動きが進められた。そこで共産党は党歴も長く、当時栃尾市農業委員を務めていた大崎栄を擁立することとなる[153]。

政策的には、渡辺市長は任期の4年間で行った道路整備や、市内各地に建設した各開発センター、着工に至った市民会館の建設などを主張し、織物業

界対策としては染色団地の造成を掲げた。一方の大崎栄は中央直結に対して市民直結を訴えるほか、生活福祉の充実、無担保無保証低額融資の実現などを公約とした[154]。

表3-8　第五回栃尾市長選挙

1974（昭和49）年11月10日執行			
氏名	得票数	属性	支持連合
渡辺芳夫	13,082	市長	自民党各派、民社党、地区労、公明党
大崎栄	3,822	農業委員	共産党

　当初から勝敗は明らかであり、選挙としては盛り上がりに欠けるとされたが、75.1％の投票率となり、現職の渡辺市長は1万3082票、大崎栄は3822票であった。栃尾市での共産党の基礎票がせいぜい2000弱といわれるなかで[155]、その倍近くの票を得たことは、現体制に対する一定の批判票の受け皿となったと思われるが、共産党を除くオール与党体制が組まれたこともあって大差となった。

1975（昭和50）年4月の県議会議員選挙での県議会議員の交代

　1975（昭和50）年4月の県議会議員選挙栃尾選挙区では変化が生じてくる。これまで自民党の佐藤熊太郎が連続四期、うち三期を無投票当選してきており、四期目には県議会副議長、五期目も当選すれば県議会議長を狙えるといわれていた[156]。佐藤は織物組合、織物買継商業組合、糸商組合、栃尾市建設協会などの推薦を受け、自民党の公認も早くとりつけていた[157]。

　それに対して、当時34歳の馬場潤一郎が出馬することとなる。馬場は長岡工業高校卒業後、稲正織物、栃尾ニットでの勤務を経て、家業である撚糸業を継いだ。栃尾撚糸組合理事でもあった。しかし知名度はなく、当初は「無名候補」と称された[158]。政治家との血縁関係では、叔父に過去に革新系の県議であった小林寅次がいるものの、小林の支持基盤はすでに途切れており、それを受け継いだわけではない[159]。「青年層に支持」[160]といわれ、推薦団体

244

もまた全国撚糸青年協議会、栃尾撚糸青年部など、青年団体が主立ったものとなっていった。選挙期間中は佐藤熊太郎を「マンネリ化」と称し、それに対比させる形で選挙戦を進めていった。また、選挙ポスターの掲示責任者には越山会の元市議会議員の名が書かれ、越山会系の大多数が馬場を支持し、事実上、越山会系の候補者となった。加えて前市長・山井龍三郎率いる大和会も馬場側を支援したとされる[161]。

　結果、馬場潤一郎9725票、佐藤熊太郎9180票で、545票差で馬場が勝利することとなる。佐藤は織物組合の推薦は受けていたが形式的のものであり、実際、組合傘下の織物業者のかなりの票が馬場に流れたとされる[162]。四期16年もの間、定数1の栃尾市選出県議会議員選挙では風見鳥的に支持者を変え、ある時は支持した市長候補の当選に重要な役割を果たした県議会議員・佐藤熊太郎は、これをきっかけに政界の表舞台から去ることとなる。また、馬場潤一郎の県議会議員当選によって、栃尾では定数1の市長、県議会議員の双方が越山会系で占められることとなった。

活発化する公共事業と対称的な繊維産業

　渡辺市長就任直後から経済企画庁の国庫補助事業（豪雪地帯対策特別事業費）[163] による克雪管理センター事業で、西谷、東谷、塩谷の各地域に地域開発センター、中央部には市民会館が建設されるなど、田中角栄との結び付きを強め、市内各地で公共事業を多数実施していくことになる。山井市長時代に構想が打ち出された長岡―栃尾間の道路については長岡市と協調して期成同盟会を結成し、在来線の改修を含めた現実的な路線にルートを変更、さらには田中角栄を期成同盟会の会長に据えて建設運動を開始した。結果、運動再スタートから半年ほどで調査費予算がつけられ[164]、建設実現に前進することとなる。なお、この道路は当初は県道としての整備だったが、のちに国道351号として道路幅を拡大して整備されることとなる。また、千野市長、山井市長の時代に建設を熱望されていた栃堀ダムについても着工が開始されていく。それだけでなく、市内道路の舗装などにとり掛かるなど、土木工事、開発事業が次々に着手されていった[165]。なお、栃堀ダムは最終的に97億円

第3章　縮小する地域産業と恩顧主義的自治の展開——新潟県栃尾市のガバナンス動態　　245

の費用と7年の歳月をかけて1980（昭和55）年5月に、正式名称「刈谷田川ダム」として竣工した[166]。

　しかし、基幹産業である繊維業の対策については、就任当初から議会に無策であると追及されるなど苦しい立場に置かれていくこととなる[167]。栃尾市では産業政策、特に繊維産業に関することについて、市は業界や企業から支援が必要な時に要請を受けて動くという受動的な関係にあった。一方で当時の社会経済状況としては繊維不況の時代が到来しており、有力とされた市内業者をはじめ、倒産や人員整理が相次いで発生していった。そして1974（昭和49）年10月には市、および市議会、繊維労働組合、金融、織物組合からなる繊維不況対策特別委委員会が設置される[168]。繊維不況対策特別委員会では繊維業対策として、繊維業者の倒産防止を目的とした融資について織物業者側から申し入れがなされ、市としては金融機関や国に対して金融支援を要請していく議論がなされていった[169]。

　繊維産業以外の産業政策では、1975（昭和50）年5月に工場設置奨励条例が成立し、同年9月には新設工場の固定資産税の免除なども定めた工場設置奨励条例が制定され、さらに市議会に「工場誘致特別委員会」が設けられ、議会の一部では工場誘致を進める声が上がってきた[170]。そして同年11月にはテレビの組立て業者のサンエス社が、誘致に応じて栃尾で操業をはじめ、ほとんどが織物一色だった栃尾の産業界に、新しく機械工業事業者が生まれることとなった[171]。しかし、その後もいくつかの工場が進出することはあったものの、栃尾の産業界の地図を大きく変えるような波にはならなかった[172]。

若手市長候補を退ける

　1978（昭和53）年11月の市長選挙にあたって、まず3月18日に田中角栄元首相を迎えた栃尾越山会大会で現職の渡辺芳夫が立候補を表明した。続いて1975（昭和50）年の市議会議員選挙でトップ当選をした青年議員の林欣治が出馬表明を行った[173]。林はそれまで社会党所属の市議会議員であったが、市長選挙に臨むにあたって同僚の社会党議員などから「勝ち目がない、社会党を離党されると困る」として反対されるも、社会党を離党して立候補し

た[174]。

　さらに 1976（昭和 51）年の衆議院議員選挙で初当選した栃尾市出身の渡辺
秀央の後援会である秀央会も、市長選挙での候補者擁立の準備をはじめてい
った。秀央会からは林と同世代の青年市議会議員であった杵渕衛が立候補の
動きをみせていく[175]。秀央会陣営は、選挙にあたって反渡辺芳夫勢力の結集
を狙い、秀央会系の市議会議員複数名が林欣治のもとを訪れ、「秀央会で市長
候補を出すから応援してほしい」「秀央会で杵渕衛を出馬させるので協力を
頼む」と相談したとされるが、林が断りを入れ[176]、反渡辺芳夫派を結集して
の候補者調整は不調に終わった。秀央会による候補者調整は失敗したもの
の、杵渕衛は秀央会に加え、かねてから越山会と対決姿勢をとってきた元市
長の山井龍三郎らによる大和会の一部から支援を受ける形で「栃尾を愛する
会」を結成し、選挙に臨むこととなった[177]。

　選挙戦は繊維不況の最中、産業振興策の行き詰まりを見せるものの公共事
業などでの開発の実施してきた渡辺市長と、当時 70 歳の現職市長に対して
若さを売りに刷新性を強調する杵渕[178]、企業誘致による産業振興を訴える林
の三つ巴の構図となった[179]。

表 3-9　第六回栃尾市長選挙

1978（昭和 53）年 11 月 29 日執行			
氏名	得票数	属性	支持連合
渡辺芳夫	10,924	市議会議長（元荷頃村長、元栃尾市助役）	自民党（越山会、山紫会）繊維労働組合
杵渕衛	6,419	市議会議員	自民党（秀央会、大和会の一部）
林欣治	3,195	市議会議員	社会党、公明党、共産党各党の支持層（組織的支援無）

　結果、現職の渡辺 1 万 924 票、杵渕 6419 票、林 3195 票で、これまでの実
績を訴え、各種団体を手堅くまとめた渡辺陣営が杵渕・林の合計票を上回る
得票で当選した[180]。なお、この選挙ののち杵渕衛は秀央会から越山会へと鞍
替えしていく[181]。

第 3 章　縮小する地域産業と恩顧主義的自治の展開——新潟県栃尾市のガバナンス動態　　247

また約半年後の県議会議員選挙では、市長選挙で渡辺陣営に入り、市長選挙で渡辺市長の支援と同時に自身の地盤固めを行った現職の馬場潤一郎が無投票で当選した[182]。さらに市長選挙に出馬した杵渕、林の両氏は市議会議員選挙に出馬しともに上位で当選し市議会議員に返り咲くこととなる[183]。

織物業界分裂の市長選挙

1982（昭和57）年の選挙を迎えるにあたって、現職の渡辺市長は当時すでに74歳となっていたが、健康面に大きな問題はなく、四選目の出馬の意思を示した[184]。越山会では幹部の一部に渡辺の四選出馬に批判的な空気があり、別の人物の立候補準備を進める動きを見せたものの、最終的には現職の渡辺芳夫で選挙に臨むこととなった[185]。渡辺陣営には、越山会だけでなく、山紫会、一新会[186]、馬場潤一郎県議の後援会が支援に回った[187]。

前回選挙に出馬した林欣治は再度出馬する意向で準備をしていたが、秀央会からは織物工業組合副理事長で、協和織物社長でもあった辺見孫四郎を擁立する動きが生じてくる。辺見はかつて栃尾織物従業員組合の設立に関与し、この当時は新潟県繊維協会労働委員長を務めるなど労働問題にも関わった人物であった[188]。そのような背景もあり、林と政策協定を結ぶなどの調整を行い、林が辺見を支援する形で反渡辺の統一候補として一本化がなされる[189]。辺見の支援体制は秀央会に加え、衆議院議員選挙では社会党の小林進を支持する人物の多かった林の支持基盤が中心となって選挙戦が進められていく。そのなかには中小の織物業者もあり、織物業界が分断される選挙となっていくことになる[190]。

渡辺市長が出馬宣言をした7月から11月の選挙に至るまでの間、国道290号線の梨ノ木トンネル、人面トンネルの完成や、見附市とつながる主要地方道（県道）バイパスである楡原トンネルの起工、栃堀地区での特別重要水源産地整備事業の起工、栃尾市文化センターの着工などが相次ぎ[191]、渡辺市長はそれらの事業の実績を含めて、国や県からの援助と人脈を強調して選挙戦を戦っていった[192]。

表 3-10　第七回栃尾市長選挙

1982（昭和 57）年 11 月 10 日執行			
氏名	得票数	属性	支持連合
渡辺芳夫	11,791	市長	自民党（越山会、山紫会、一新会）
辺見孫四郎	8,742	織物組合副理事長、織物業者	自民党（秀央会）、社会党、公明党、共産党の支持者

　社会党に近い勢力と秀央会が結びついたことで選挙中は接戦と報じられていたが、蓋を開けてみれば、渡辺が 1 万 1791 票、辺見が 8742 票と、大差で渡辺市政が継続することとなった[193]。

さらに衰退する繊維業界の衰退と染色団地事業の失敗

　1977（昭和 52）年に繊維不況が本格化し、栃尾でもその年だけで廃業、倒産、規模縮小を行う業者が 10 社以上に上るなど、繊維業界の構造的な問題が明らかになってくる[194]。そのような織物業界の衰退のなかで、栃尾市では局面を打開すべく織物の染色団地の造成事業を行っていく。

　栃尾では 1967（昭和 42）年の国の構造改善事業の受け入れを実施したことで新鋭機械の導入がなされ、繊維業の生産性は向上していた。それにともない産地では染色の需要も増加していたが、一方でそれによる工場用水の不足問題が表面化してきた。加えて当時は環境問題が社会課題となっており、染色加工の汚水処理についても適切な方策を考える必要があった。

　そこで栃尾市においては、1973（昭和 48）年に工場用水確保と汚水処理問題に複数の事業者が共同して対応することで効率性を高めることを目的に、染色団地を造成すべきとの話がもち上がった。しかし、染色の需要元の一つとされた大規模染色業者の紺藤整染は、急増していた染色加工の需要にいち早く答えるため、水と土地を求めて隣の見附市内に染色工場を建設し、染色団地計画から撤退した。またもう一つの大規模需要元である鈴倉織物は、工場用水は必要とするものの、汚水処理に関しては自社処理の方針で当初から染色団地計画には加わっていなかった[195]。また、栃尾の織物業界も不況のあ

おりで倒産が相次ぎ、染色団地へ参加できる余力を残す企業も減少していた。

このように染色団地の計画が需要に合わない状況となっていながらも、事業計画は進んでいく。1974（昭和49）年に、栃尾市の出資する長岡土地開発公社（栃尾事業所長・渡辺芳夫市長）と栃尾織物組合理事長の間で染色工業団地用地の土地売買契約が交わされ、土地の取得が開始された。そして当初の計画のとおり土地の売買契約が進行していった[196]。しかし、繊維業界は衰退を続けており、染色団地用地の買収が渡辺市長の二期目も公約に盛り込まれたことでさらに市としても引くに引けないものとなってしまい、いつの間にか主客が逆転し、当初は織物業界の要望からはじまったものが、市が織物業者に団地への進出をお願いするような状態になってしまう[197]。なお、土地の買収については当初約10万平米の買収予定であったが、7万平米を買収した時点でストップした。

最終的に織物組合との契約は、1978（昭和53）年の市長選挙の直前に、織物組合と染色業者の一団体六企業連名で契約履行できない旨の陳情書が提出され、消滅することになる[198]。残った土地は市が土地開発公社から購入し、当該土地の購入を申し出た鈴倉織物の工場新設用地として大部分を売却し、残りは市の下水道処理施設の用地として使われることになった[199]。

織物組合側は、土地を自分たちで買わなくても、どうせ市がなんとかするだろうという発想だったとされる[200]。このような慣れあい体質が、結果的に膨大な利息の支払い[201]と、政策目的を達成できず土地取得に関わる事務や議会審議などで多大な労力を無駄に費やしてしまう結果をもたらしたといえよう[202]。また、産業政策における市と織物業界との連携という側面でも、見直しを迫られることとなった。

染色団地問題が片づきはじめた頃、通産省の工業開発指導団が栃尾を訪れて、栃尾市の企業誘致について視察と指導助言を受ける機会があった。工業開発指導団は通産省の官僚に加え、主に東京の製造業関係の大規模事業者の経営陣らで構成されていた。そこでは栃尾産地に対して現実的で非常に厳しい指摘がなされることになる。指摘された内容は、栃尾は土地が高く、雪が降り、昔に比べて良くなったとはいえ交通網の整備が不十分で、労働力が確

保されないなどのマイナス要因が多く、企業誘致は難しいというものであった。そうしたことから、市の産業政策の今後の方向性としては、地場産業である繊維産業を盛り立てていくことと、当時建設がはじまっていた長岡ニュータウンでの住宅需要や産業需要を吸収するよう発展を図ったらどうかという、見通しが決して明るくない助言がなされた[203]。

これらを踏まえて、栃尾市は必ずしも助言に従うのではなく、当時流行りつつあった観光開発に起死回生の期待を寄せていく。栃尾市には有名な景勝地や文化財があったわけではなかったが、刈谷田川ダムの周辺整備などをはじめとして、観光開発による地域振興の期待を高めていくのである。そこで市では観光開発公社を設立し、観光開発の準備を整えていく[204]。

5. 観光開発への期待散り、栃尾市政終了の道へ——杵渕市政・馬場市政

四度にわたる同候補者対決の始まり

1986年11月の市長選挙にあたり、現職の渡辺芳夫はなかなか引退を明言しなかったものの、1986（昭和61）年9月の定例市議会で不出馬を表明する。当時市議会で二大会派となっていた越山会と秀央会は、当初両派で話し合いによる候補者の一本化を図ろうとしていたが不調に終わった[205]。越山会と秀央会による候補者調整では教育長であった人物の名があがり、一時は渡辺市長の了解が得られたとされた。しかし、県議会議員の馬場潤一郎が懇意であった市議会議員・杵渕衛を強烈に推したことで渡辺市長は杵渕の支援に回り、越山会と秀央会の協調路線はなくなったとされる[206]。そこで前々回の選挙で秀央会の支援を受けて出馬し、その後越山会に移った杵渕が渡辺市長から後継指名を受け、越山会主体での支援体制で出馬する[207]。杵渕陣営は総括責任者に渡辺芳夫、選対本部長には県議会議員の馬場潤一郎が決定し、自民党栃尾支部、山紫会、一新会と、さらには公明党の推薦をとりつけた「栃尾を創る会」を発足し、選挙戦を戦っていく[208]。

また、秀央会は前回選挙に出馬した辺見孫四郎の擁立に動くも、辺見に固辞される形で擁立はならず、繊維業界からのまちを二分し遺恨が残るような

状況になるのは避けたいという要望を受け、候補者の擁立を断念した[209]。一方、市議会で秀央会会派に属していた林欣治は、あくまで秀央会の支援ではなく個人後援会である「明日を開く会」を主体に選挙戦に出馬することとなった[210]。

　杵渕陣営は多くの団体からの推薦を受け、既存の渡辺市長・馬場県議体制の踏襲として、国、県からの援助を要望していくことを訴え、一方の林はかねてから市議会議員の新産業振興特別委員会の委員長として新産業の誘致を積極的に推進すべく運動をしてきたように、織物産業以外の企業誘致による市井の活性化を主張した[211]。支持構造や政策内容としても、前回の渡辺対辺見の選挙と近い構図であったといえる。

表 3-11　第八回栃尾市長選挙

1986（昭和 61）年 11 月 16 日執行			
氏名	得票数	属性	支持連合
杵渕衛	9,882	市議会議員	自民党（越山会、山紫会、一新会）、公明党、織物組合、建設業協会、繊維労働組合
林欣治	8,094	市議会議員	自民党（秀央会）、社会党、共産党の支持者

　結果、杵渕衛 9882 票、林欣治 8094 票で杵渕の勝利となる。杵渕市長は就任後も「前市長と政策が違うわけではない」と渡辺市政の踏襲路線を明確にしていくこととなる[212]。助役には、越山会、秀央会の調整により、一時は市長候補として名前があがった教育長の橘仁三郎が指名され、全会一致で同意を得て就任することとなる[213]。これによって選挙によって生じたわだかまりを解消しようとする思惑があったと考えられる。なお、林は翌年 4 月の市議会議員選挙に出馬して当選している。

国道 351 号線の開通と機械産業の誘致
　栃尾と長岡を 20 分で結ぶ夢の快速道路という触れ込みで、鳴り物入りで

着工が開始された道路は、完成予定時期が数度にわたって延期になっていた。1972（昭和47）年に県と建設省によって法線が決定されたときには1976（昭和51）年に完成予定であったものの、途中、県道から国道351号線への格上げがなされ、道路幅が6メートルから9メートルへと拡大変更されたこともあって竣工予定時期が先延ばしになった。さらに、1982（昭和57）年にはトンネル以外の道路部分は完成したものの、東山のトンネル工事の途中で明治時代に長岡繁栄のきっかけとなった東山油田の石油開発の鉱区権が残存していることが発覚し、トンネル建設は一時ストップすることとなった[214]。その後しばらくの間、工事ができなかったのだが、1984（昭和59）年9月になってようやく土地収用法を適用し、同年11月に工事が再開できることになった[215]。その後、1987（昭和62）年2月にようやくトンネル（新榎トンネル）が開通[216]し、諸整備の完了した1988（昭和63）年8月、供用が開始される[217]。着工からおよそ15年かかった長期事業となってしまった。

この国道351号線長岡—栃尾間道路が開通したことで、1989（平成元）年に入って地域の様相に変化が生じてくることになる。新潟県の企業立地課の仲介などで男子雇用型企業の昌和輸送機（エレベーター）、東海鉄工所（自動車関連機械）、矢崎総業関連会社の新潟部品（自動車組立用電線）の進出が決まる[218]。一方で、誘致した企業が従業員の募集を新聞の折り込みチラシで募ろうとした際、市側が直前でそれをやめるように要請するようなこともあったようで[219]、進出企業に対する嫌がらせともとれる行為があるなど、決して良好とはいえない地域との関係性からスタートする企業もあったようである。

この時期に進出した企業の一つである矢崎総業の専務である八島氏は、進出にあたって次のように述べている「自動車内にある配線全てを束ねたワイヤーハーネスの一貫生産ということで作業が機械化というよりも労働集約型のため、多くの人の手を必要としており、4年後には400人、下請けまでを含めて1000人体制にしていきたい」[220]。栃尾における主要産業は労働集約型産業の典型とされる繊維産業であり、栃尾の低廉で豊富な労働力に期待していたことが窺える。

一方、企業進出による影響で繊維産業の労働力不足がもたらされたとし

て、繊維労組は年末ボーナスの引き上げを求めて交渉を行い、繊維業界の全業種で前年を上回る額が締結された[221]。織物業界側が避けようとしていた賃金の上昇が発生してしまうことになった。また、栃尾では人口の減少傾向が続いており、高卒の就職希望者も次々と就職を望まずに市外に流出する状態で、労働力不足の問題も生じてくることになる。

強固な現職市長の牙城

その後、1990（平成2）年11月、1994（平成6）年11月、1998（平成10）年11月の市長選挙は三度続けて現職の杵渕衛と林欣治の対決となり、いずれも杵渕が勝利する結果となる。以下三つの選挙戦の動向をまとめて確認する。

1990（平成2）年11月の選挙に向けて、現職の杵渕は1990（平成2）年の3月議会で早々と次期市長選挙への出馬表明を行い準備を進めていった。陣営は表向きには渡辺秀央の秀央会も含め、旧新潟三区の自民党四代議士全てと馬場県議後援会の支持をとりつけ、加えて織物組合、農協、建設協会などの業界団体の支援もとりつけた[222]。また、越山会の一部を引き継いだ星野行男の後援会である越星会は自由投票を決めた[223]。

前回市長選挙に出馬した林欣治も杵渕が出馬宣言した後、すぐに大企業の誘致、大型ショッピングセンターとスキー場の建設、大学の誘致などを公約に市長選挙に立候補した[224]。

選挙戦において杵渕市長は組織を中心に支持固めに努める一方、林欣治は政党組織を表面に出さず、自身の後援会組織である「明日を開く会」を中心に草の根で今後の栃尾市政の流れを変えようと訴える戦いとなった[225]。しかしながら選挙戦の支持勢力、政策の構図としては、前回選挙と概ね同様のものであったといえる。

結果、現職の杵渕衛が9976票、林欣治が8710票と前回選挙より差は詰まったものの、杵渕の勝利は揺らがなかった。

表 3-12　第九回～第十一回栃尾市長選挙

1990（平成 2）年 11 月 10 日執行			
氏名	得票数	属性	支持連合
杵渕衛	9,976	市長	自民党（越星会、山紫会、一新会）、公明党、織物組合、建設業協会、繊維労働組合
林欣治	8,710	市議会議員	自民党（秀央会）、社会党、共産党の支持者

1994（平成 6）年 11 月 12 日執行			
氏名	得票数	属性	支持連合
杵渕衛	10,035	市長	自民党（越山会、山紫会、一新会、秀央会）、公明党、織物組合、建設業協会、繊維労働組合
林欣治	8,012	市議会議員	自民党秀央会系の一部、社会党、共産党の支持者

1998（平成 10）年 11 月 15 日執行			
氏名	得票数	属性	支持連合
杵渕衛	9,115	市長	自民党（越山会、山紫会、一新会）、公明党、織物組合、建設業協会、繊維労働組合
林欣治	8,112	市議会議員	新進党（秀央会）、社会党、共産党の支持者

　1994（平成 6）年 11 月の市長選挙を前にして、前回選挙に出馬した林は同年 4 月に早々に出馬表明を行う[226]。再選出馬濃厚とみられていた現職市長の杵渕とともに、前回と同じ顔ぶれでの選挙となった。前回選挙で票差を詰められたことに危機感を抱いた杵渕陣営は、杵渕衛後援会を中心に馬場県議の後援会、商工会、織物組合、農協、建設協会などの推薦を受け、積極的な地盤固めを行うこととなった[227]。

　政策的には杵渕は前回同様、国・県とのパイプを強調し、都市計画道路の整備、産業振興会館や武道館の建設、上・下水道の建設など、従来と同じく土木行政、公共施設建設の推進を訴える。一方の林は過疎脱却に向けた産業振興、市民スキー場、温水プール建設などを示し、さらには高齢者福祉施設

の建設などを訴えた[228]。

　結果、現職の杵渕衛が1万35票、林欣治が8012票で、またもや杵渕の勝利となった。杵渕陣営は前回接戦となった反省から代議士を呼んでの応援演説を辞め、市内各地でミニ集会を多数開催していく選挙戦に出て、前回とり逃がした町部の商店街票のとり込みに成功したとされる[229]。

　また、1995（平成7）年度第三回栃尾市議会の最終日には、収入役に織物組合副理事長（前理事長）の箕輪真一が選出された[230]。箕輪は織物組合事務職員出身ではじめて織物組合理事長になった人物であったが、これまでの通例では市職員、県職員経験者が助役・収入役に就任してきた栃尾市において、非公務員の助役・収入役就任は市制施行以後はじめてのことであり、市と織物組合の関係性を重視したものと考えられる[231]。

　1998（平成）10年の市長選挙では、まず現職の杵渕が1998（平成）10年の3月議会で四選出馬を表明する[232]。対抗馬としては再度林が出馬を表明し、四度目の一騎打ち選挙となった[233]。

　林は「税金の無駄遣い」と「福祉」を政策の柱とする。無駄使いの象徴としては物産館の建設反対を、さらにはこれまで杵渕同様、推進の立場をとってきた守門スキー場について、もはや建設の見込みが薄いとして見直し主張し立候補を行う[234]。また、杵渕の主張は前回同様、道路、各種公共施設の建設整備が中心であった[235]。

　結果は杵渕衛9115票、林欣治8112票で、前回からその差は縮まったもののまたもや現職の杵渕の勝利となった[236]。

杵渕市政とレジャー施設開発計画

　杵渕市長時代の栃尾市政では、国の総合保養地整備法（リゾート法）の動きにも乗じて観光開発に動き出す。議会でも観光開発特別委員会が発足し、観光開発推進に向けた動きが生まれてくる[237]。観光やレジャー施設の開発については渡辺市長時代の後半に観光開発公社が設立され、スキー場建設の話が上がるなどの動きはあったが、具体的な動きはあまりみられなかった。杵渕市長になり、環境庁の名水百選に選ばれた「杜々の森」周辺整備の土木事

業のほか、CM やパンフレット制作などのソフト事業にも予算が付けられるようになっていく[238]。

このような一連の流れのなかで、西武鉄道系列の国土計画（のちにコクドに社名編変更。以下、コクド）によって市内の守門岳に大規模スキーリゾートを建設する話がもち上がることとなる[239]。コクドのスキー場建設計画については、杵渕市長をはじめとして市側がコクドに要請して建設計画が作られたもので、市としては建設予定地域の国有林の利用許可など、必要となる国や県の許認可の場面で支援していく予定であった[240]。しかし、数年経ってもスキー場の建設計画について、コクド側で本格的な動きが進むことはなかった。そのため杵渕市長はコクドの計画を促進させる方策として、スキー場までの輸送道路を市が先行着工する計画を実施しようとする。この件については県から前例がなく、のちのトラブルが心配される旨の声が出たことで道路建設は中止となるが、一部道路は家屋移転もなされて着工された[241]。そして当初の開発計画がもち上がってから十年経っても具体的な計画にはならず、その後、2002 年の市長選挙での杵渕市長の落選、2005 年の西武グループ・オーナーである堤義明の逮捕によって、スキーリゾートの建設構想は自然消滅することとなった[242]。

また一方、栃尾市は 1990（平成 2）年に過疎地域に指定され、過疎債を利用して公共施設建設を進めていくこととなる。具体的には約 3 億円の市庁舎の増設、約 5 億円の道院地区の観光施設建設（ふるさと交流会館）、約 28 億円の産業交流会館建設などである[243]。1991（平成 3）年 2 月には第四次栃尾市総合計画が決議され、芸術文化や奨学金など、これまでになかった新規分野の施策が盛り込まれていく[244]。その一環として市では芸術文化基金が創設され、その基金をもとに市立美術館の建設が市長から構想されていくこととなる。一方、美術館についてはその建設位置が問題になった。建設予定地とされたのは秋葉公園七曲りで、幼少期を栃尾で過ごした上杉謙信を祀る謙信廟（1915〔大正 4〕年建設）の位置する場所だったのである[245]。そのため一部で建設反対運動が巻き起こり、5000 名以上の署名が市長に提出されるものの、謙信廟を美術館敷地内で移転することで建設がなされることになった[246]。

合併を巡っての市政変動

　現職の杵渕市長は 2002（平成 14）年の 3 月議会で出馬の意思を示していたが、対抗馬となる候補にこれまでとは異なる動きが生じてくる。当時自由党の参議院議員となっていた渡辺秀央が、林欣治と県議会議員の馬場潤一郎の間で候補者調整の話をもちかけてきたのである。その背景には、平成の合併をめぐる動きに対して杵渕市長は必ずしも積極的でなかったのに対して、県議会議員であった馬場は合併推進の立場でありそれがきっかけとなって、両者の間で亀裂が生じはじめていたことがあるとされる。林は基幹産業である繊維産業が衰退してしまったいま、栃尾地域を維持するには平成の合併の期限内で長岡市と合併するしかないという考えをもっていた。林は合併問題に対する態度を馬場に問い、合併特例法の定める起源内に合併を果たすよう努力するということ、また馬場が自民党を離れて無所属で立候補することで同意が形成され、林が馬場を支援する形で候補者の調整がなされ、馬場の立候補が決まった[247]。

　馬場陣営は杵渕市長の多選による市政のマンネリ化批判に加え、平山征夫新潟県知事や渡辺秀央、および当時渡辺秀央とつながりの深かった自由党参議院議員の森裕子、前年の衆議院議員選挙新潟 4 区で敗れた菊田真紀子の支援を受け選挙戦を進めていった[248]。一方、現職の杵渕市長は市議や繊維業界、建設業界関係者の支援を受け、これまでと同様にミニ集会を各地で開催するなど、市政の継続を訴える選挙戦となった[249]。

表 3-13　第十二回栃尾市長選挙

2002（平成 14）年 11 月 17 日執行			
氏名	得票数	属性	支持連合
馬場潤一郎	9,212	市議会議員	自由党（秀央会）、民主党、自民党の一部、公明党
杵渕衛	8,012	市議会議員	自民党、織物組合、建設業協会、繊維労働組合

　結果、馬場が 9212 票、杵渕が 8012 票となり、馬場が杵渕の五選を阻むこ

とになった。中央政治での政界再編とともに、1970（昭和45）年の渡辺市政の誕生以来およそ30年間変わることのなかった織物組合主流派と建設業界によって生み出されていた市政の構造に変化が生じたといえよう。一方、馬場市長を生み出した支持連合は、長岡市を中心とする広域合併の旗印のもとで結束したものであり、その後栃尾市議会での法定合併協議会への参加を否決したのち、住民投票を経て合併協議会への参加となるなど紆余曲折を経て2006（平成18）年1月1日に長岡市と合併し、栃尾市は消滅することとなった[250]。

第3節　小括

　栃尾市の社会経済秩序と政治秩序がどのように相互に作用しガバナンスを形成してきたのか。栃尾市においては支配的な影響力を有した地場産業とその衰退が、ガバナンスに大きな影響を与えていたことが特徴といえる。以下、①存在感の大きすぎた織物業界、②織物業界依存から建設業依存へ、という二つの論点にまとめ、栃尾市のガバナンス動態を整理する。

①存在感の大きすぎた織物業界

　栃尾市では織物組合の統率が非常に強かったという特徴がある。栃尾においては織物産業が江戸時代から地域の地場産業として支配的であったとともに、織物組合の統率力の強化については戦前から戦後しばらくまで行われていた織物消費税の徴収システムと、織物業界の組合を通じた原材料の統制、生産調整にその源泉があった。特に栃尾市の場合は製造業のほとんどが織物関係で占められており、兼業農家世帯の働き口の多くは市内の織物業者であり、その影響を受ける住民の割合も非常に高かった。そして織物業は戦後の物資不足と円の安値固定相場の時代に内外需ともに大きく成長していった。戦後に統制の枠組みが解除されて以降、織物組合の統率力は徐々に低下し、反織物組合の姿勢を見せる織物業者なども出現していくのであるが、織物業界が地域の基本的な社会経済秩序を生み出す主体となっていた。

政治をめぐる動態に目を向けても織物業界の動向が大きく影響してくる。市制施行前の選挙で、結果的に初代栃尾市長を決める選挙となった1953（昭和28）年の栃尾町長選挙では、織物組合が幹部派、反幹部派に割れる選挙となっていた。結果として反幹部派の推した候補の皆川信吾が勝利することとなったが、この選挙は、比較的大規模な工場を有する者の多い織物組合幹部の求める税制優遇策をとる方向で進むか、中小織物業者にとって得とならないその税制優遇策を拒否するかが争点となっており、業界内の利害争いが表面化した選挙であった。

　結局のところ幹部派につくかつかないかにかかわらず、選挙以前と以後も、皆川市長時代は地域の織物業者の顔色窺いの町政、市政運営であったとされ、第一回市長選挙となった1957（昭和32）年は皆川市長のもとで織物業者が結束して、主に土建業者を中心とする新興勢力に推された形となった候補に勝利している。1958（昭和34）年に行われた県議会議員選挙栃尾選挙区においても連続で、当時の新興勢力であった田中派土建業者の候補を、織物業者の候補がはねのける結果となっている。この当時、栃尾では織物業界は好況を謳歌しており、織物業界の旦那衆らとそれに連なる多くの一般住民らとの間には恩顧主義という言葉で示される庇護と追従の交換関係の追認と考えられる状態がみうけられた。また、そのような庇護と追従の交換関係は、織物業界の旦那衆と地域住民の関係だけに止まるものではなく、織物業界の旦那衆と上位政府や広域圏の権力者との間でも同種の関係が成立していた。それが現れるのが、本章で述べた戦後の和紡織物の生産過程の話であり、織物消費税の納税と闇ルートからの原材料確保の話である。

②織物業界依存から建設業依存へ

　織物産業は低賃金労働集約型の産業であり、発展途上国型産業の典型ともいえる産業である。そのため、物価の上昇による賃金水準の上昇や円高の進行によって直接打撃を受ける産業であり、日本が先進国へと発展していく過程で競争力が低下していく産業である。栃尾は、織物業界の生み出す地域の社会経済秩序のもとで、全国的な物価上昇に比して地域内のそれを抑えるこ

とができてきた地域である。他業種の流入を水際で阻止することができれば、一部の倒産寸前の織物業者などを一定期間、倒産まで延命させることが可能であった。さらなる全国的な物価の上昇、円高の進行で、織物業界は景気循環による不況ではなく、経済社会環境の変化にとり残される構造不況に陥っていくが、栃尾においては織物業界の衰退とともに、公共事業に関連する建設業が相対的に成長していくこととなる。

　もともと織物産業は女性の雇用の場としての側面が強く、女性労働者が多かったため、栃尾では男性雇用の場が少なく、農業ができない冬期間は男性労働者が出稼ぎにいくこともよくあった。建設業は現金収入を求める地域の男性労働者を吸収していく役割も担ったのである。そして公共部門では道路の整備や修繕、河川の改修、ダムの建設、各種公共施設の建設などが相次ぎ、また除雪の面でも冬期間の除雪道路の拡大がなされていったことで地域における建設業の存在感は増していったのである。このように、産業では織物業界は衰退する一方、一定の公共事業を多く実施していくことでなんとか一般市民をある程度の水準の生活で支えているような構造であり、地域の社会経済秩序を構成する要素に変化が生じた。

　政治秩序の側面においても、そのような時代の変化に合わせて、それを追認し、再生産する動態が観察できた。そのはじまりといえるのが、織物組合の理事長でもあった千野勝司の市長への就任である。千野は市長就任の前に、衆議院議員選挙で支援する相手を、織物業界の主流派幹部とともに大野市郎から田中角栄に鞍替えしていた。千野は栃尾と同様、中山間地域にある旧新潟三区内のほかの自治体が田中を支持していくことで道路などの社会基盤の整備が見違えるように進んでいることに驚き、大野よりも田中のほうが利用できる人物であるとみなしたのである。以後、田中との関係で庇護と追従の交換関係を構築していく。その過程で栃尾における田中票は増大し、栃尾にかつてなかったような公共事業が到来するようになる。織物業界とともに市政も掌握し、田中とも結びつきを強めることとなった千野市長の時代に、栃尾市政は土木事業に大きく傾斜し、市役所は「千野土建」と揶揄されることになるが、遅れていた道路の整備などが周辺自治体並に整備されてい

第3章　縮小する地域産業と恩顧主義的自治の展開——新潟県栃尾市のガバナンス動態　　261

くこととなる。

　千野市長が病で政治の表舞台を去ったあと、市長に就任したのは自らが土木関係の企業を経営する山井龍三郎であったが、山井は田中角栄と相いれなかった。千野市長時代に公共事業が増大したことで栃尾の地域内で建設業者が成長し、存在感を見せるようになっていた。

　次期市長選挙では、主に越山会系の土建業者の支援を受けた渡辺芳夫が山井を破って市長の座に就くことになる。渡辺市長は、はじめて田中が選挙に出馬した終戦直後からの支持者であり、また田中と親戚関係を結ぶ間柄で、千野市長の時代は市総務課長、助役などを経験していたが、事実上は田中担当の人物とされていた。渡辺市政は 20 年もの長期政権となるのだが、その間、織物業界は徐々に衰退し、織物業界の保護が政策アジェンダの一つになっていく一方、建設業はますます存在感を増していく。

　次の杵渕衛市長の時代になっても、基本的にその構図は変化しない。杵渕市長に対しては、織物業界以外の産業の誘致、振興を唱える林欣治が何度も市長選挙を挑むこととなったが、基盤整備と既存の織物産業の保護を柱に固い支持基盤を抱える杵渕市長を破ることはできなかった。杵渕市長の時代には道路、河川などの基盤整備もかつてに比べれば非常に良くなっていたことから、バブル景気に乗じた観光開発や文化施設、福祉施設の建設なども進むこととなる。なお、開発に対する態度としては、概ね国や県などに対して従属姿勢をとり、後進性、条件不利地域であることを強調し、したたかに事業の誘導を行おうとしていくものであったといえる。

　しかしながら、その後はバブル経済が崩壊し、国全体の公共事業費が削減されていくなかで建設業に依存度の高い地域経済となってしまった栃尾地域は袋小路に陥ることになる。一方で、バブル崩壊前の 1988（昭和 63）年に国道 351 号線新榎トンネルが開通したことで、以前に比べて栃尾市街と長岡市街との時間的距離が大幅に短くなったこともあり、栃尾の物流、人の流れは大きく変わるものとなっていた。そのようななかで長岡市との合併を目指す市長が当選し、合併が果たされた結果、栃尾市としての自治体ガバナンスは終焉を迎えていくのであった。

恩顧主義の連鎖のなかで維持されてきたもの

　栃尾という地域は、繊維という衰退していく産業を地域の主要産業として維持しようとつつも、地域経済の維持のために、有力政治家への強固な支持を媒介に公共事業への依存を増していったといえよう。一方でこの地域は、必ずしも抜本的な経済成長を目指して公共事業誘致や観光事業の活性化などにとり組もうとしていたようには思えない。公共事業誘致を喫緊の課題とし続けたことは前章の柏崎市と似ているが、その渇望のあり方は大きく異なるように思われる。栃尾の場合は、織物業界のいわゆる旦那衆と一般の大衆との間で、恩顧主義的な庇護と追従の交換と考えられる期間が長期間観察できたからである。

　労働集約型で低賃金の労働力の確保によって競争力が大きく左右される繊維産業が、戦前戦中だけでなく戦後もこの地域の支配的な産業となり、それらを中心に統治連合が構成されていた。そのような構造では、地域経済の抜本的な変化は、既存の統治連合を構成するメンバーにとって大きな痛みをともなうものとなる。そこでこのように歩んできた栃尾という地は、良し悪しは別にして一定の合理性があるとも考えられる。

注

1　現在、栃尾市は消滅しているが、ここで栃尾市と表記するものは、特段の記述がない限りは合併以前の旧行政区域と、市の政治行政機構を示すものとする。

2　栃尾市（2003）『第六次栃尾市総合計画基本構想』、ちなみに1990（平成2）年の『第四次総合計画基本構想』においては約64%が林野、耕地は約18%、宅地は約2%、宅地は約2%、その他が約16%となっており、林野が増加、耕地面積が減少傾向にあることがわかる（栃尾市〔1990〕『第四次総合計画基本構想』）。

3　例えばこの「栃尾郷町村長会」は会長を栃尾町長が担い、会費を10町村均等割および人口割で出し合い、支出は会議費、事務所費、事務研究費、雑費と簡素なものであり、会議は定例会でそのときどきの問題を検討したほか、供出米や供出食糧の各町村への割当て量の決定、役場が使う公用紙や公用自転車の配給があったり、衣料の特別配給があったりした場合など、この町村長会で配分が決定された（栃尾市史編纂委員会編〔1980〕『栃尾市史下巻』318頁）。

4　栃尾市史編纂委員会編（1980）同上320–321頁。この背景には地場産業である織物業界の意向が強かったとされる。

5　『栃尾タイムス』1964（昭和39）年6月5日。

6　『新潟日報』1954（昭和29）年4月6日。

7　新潟県総務部地方課（1962）『新潟県市町村合併誌下巻』463 頁、栃尾市史編纂委員会編（1980）前掲 487-490 頁。

8　栃尾市史編纂委員会編（1980）前掲 494 頁。

9　栃尾市（1990）『第四次総合計画基本構想』。

10　栃尾織物工業協同組合（1962）『栃尾織物工業協同組合創立 60 周年記念誌』39-41 頁、池田庄治（1984）『新潟県の伝統産業・地場産業下巻』第一法規、79-81 頁。

11　栃尾市史編纂委員会編（1980）前掲 66 頁。

12　栃尾市史編纂委員会編（1980）同上 64-79 頁、鈴木倉市郎（1978）『テキスタイルと私』91-94頁。

13　鈴木倉市郎（1978）前掲 106-108 頁。

14　栃尾市史編纂委員会編（1980）前掲 201-216 頁、佐藤松太郎（1968）『栃尾と織物』8-14 頁。

15　栃尾織物工業協同組合編（1961）『栃尾織物組合 60 年のあゆみ』。

16　設立当初の組合員数のデータを発見できず、確認できる最も古いデータがこの数値であった（栃尾織物工業協同組合編〔1961〕同上）。

17　施設組合の特徴としては、それまで産地別に組合が組織されていたところ、都道府県別に組織が再編成され、産地における組合はその下部機関の位置づけとなったところにある。それによって産地による自由、独自性が制限されることになった。また、上位団体となった「新潟県織物工業組合」の理事長には、栃尾織物工業施設組合の石原裕助理事長が兼任する形で就任しており、県内産地でも栃尾が有力産地であったことがうかがえる（栃尾織物工業協同組合編〔1961〕前掲 14-16 頁、佐藤松太郎〔1968〕前掲 63-65 頁）。

18　栃尾織物工業協同組合編（1961）前掲 9-10 頁。

19　栃尾織物工業協同組合編（1961）前掲 16 頁。

20　合田昭二（1994）「戦前期日本織物業の産地組合組織」『経済学研究』（北海道大学）43 巻 4号、93-108 頁。

21　合田昭二（1994）同上。

22　「織物消費税」は第一次非常時特別税法（1906〔明治 37〕年 3 月 31 日公布）における新設税目（当時は毛織物消費税）としてはじまり、第二次非常時特別税法（1907〔明治 38〕年 12月 31 日公布）では毛織物消費税の課税範囲を織物一般に拡大し「織物消費税」と改称、非常時特別税は平和回復後の翌年末日限りで廃止される約定となっていたが、終戦後の帝国議会で恒久的な継続が決定、1910（明治 43）年 3 月 25 日には個別の税法として織物消費税法が制定され、独立税目となった（鈴木芳行〔2001〕「織物消費税納税システムの構築と交付金制度」『税務大学校論叢』第 37 巻、税務大学校、161 頁）。

23　鈴木芳行（2001）前掲、159-190 頁。

24　民間納税施設の名称については、当初の非常特別税法や織物消費税法では「共同貯蔵場」「共同蔵置場」と呼称され、1914（大正 3）年に改正された間税事務規定では「納税場所」「納税所」と呼称、また 1919（大正 8）年の間税事務規定改正では「織物集合査定場」とされ、1945（昭和 25）年織物消費税の廃止まで同名で呼ばれた（鈴木芳行〔2001〕前掲 168 頁）。

25　鈴木芳行（2001）前掲 179 頁。

26　佐藤松太郎（1968）前掲 14-21 頁。

27　池田庄治（1984）前掲 81 頁。

28　これは許可といえども行政手続き上の許可ではなく、この件についての取り締まりを不問に付すようにとりはからった、事前協議としての許可であると思われる。

29　和紡織物は当時の十日町織物組合理事長・阿部隆二が、平和の織物という意味を込めて命名したとされる（栃尾市史編纂委員会編〔1980〕前掲 391 頁）。

30 佐藤松太郎（1968）前掲 27-28 頁。

31 栃尾市史編纂委員会編（1980）前掲 392 頁。

32 佐藤松太郎（1968）前掲 28 頁。

33 佐藤松太郎（1968）同上 26 頁。

34 佐藤松太郎（1968）同上 30 頁。

35 栃尾でこのような違法行為が公然と行われることで、競争相手である亀田や見附向けの原材料でさえも、違反の指摘を免れようと、先ず栃尾を経由して出荷され、しかるのちに亀田や見附に発送されるようになる。栃尾はあたかも統制の影響を受けない別天地のようであったとされる（佐藤松太郎〔1968〕同上 31 頁）。

36 県内の有力織物産地である見附、加茂の両産地の消費税納入額を合わせても、栃尾の消費税納入額には及ばないほどの膨大な納入額であったとされる（佐藤松太郎〔1968〕前掲 31 頁）。

37 佐藤松太郎（1968）同上 29-31 頁。

38 佐藤松太郎によれば、小原直は「統制経済」のことに話が及ぶと「あんな法は、法というに値しないよ、人間の本能をゆがめた一種の暴力が現在の統制であり、随って、こんな法に悖るゆえに罰するなどあり得べきことではない。真に人間社会に於ける罪というものは矢張り殺人、放火、窃盗等々の如きものである。これ等の罪は謂うなれば人間生命の最深部が意識する罪である。

随ってこれは絶対に呵責をゆるめてはいかぬ。それに対し、現行統制法の違反の如きは原論的に罪ではない。但し、現実の世界に於いては、現に国民が主食（米）の欠乏に苦しんでいるとすれば、それの救済のための「食管法」は矢張り必要であるが、この場合くれぐれも誤解してはならぬことは、食管法はどこまでも相対的の方であって、決して絶対的の方ではない。即ち―あった方が、無いよりも社会のために良い―というところにその生命がある。前者の殺人、放火等が絶対主義に立脚してのことと比較してよく玩味しなさい」（原文ママ）と説いたとされる。さらには小原が栃尾の織物業者の経済違反に関する弁護を引き受け、新潟地裁長岡支部の法廷に立たれた際には、弁論を聞こうと法廷の端まで傍聴のために人が詰めかけ大入り満員となり、しかも小原の弁論は法廷内の判検事全員に対して、あたかも教師が生徒に講義をするかのようであったとされる（佐藤松太郎〔1968〕同上 227-230 頁）。

なお大阪商工会議所編（1941）『統制経済遵法座談会並講演会速記録』をみると、戦時中の小原は司法大臣経験者として統制経済順守を説く側であった一方で、元来自由主義者であり、その論法は戦時の状況から社会を安定させるために避けざるをえないものであったようである。

39 規模としては、1949（昭和 24）年頃は組合の収入のみで年額 2000 万円程であったという（佐藤松太郎〔1968〕前掲 31-50 頁、栃尾市史編纂委員会編〔1980〕前掲 392-393 頁）。

40 栃尾市史編纂委員会編（1980）前掲 393 頁。

41 佐藤松太郎（1968）前掲 54-57 頁。

42 佐藤松太郎（1968）同上。

43 佐藤松太郎（1968）同上。

44 鈴木倉市郎（1978）前掲 100 頁。

45 鈴木倉市郎（1978）同上 161-165 頁。

46 これは栃尾産地のみに限ったことではなく、通産省による政策的側面もある（渡辺純子〔2009〕『通産省の需給調整政策――繊維産業の事例』京都大学大学院経済学研究科・経済学部 Working Paper、J-69）。

47 例えば 1950（昭和 25）年の長岡税務署管内（長岡市、三島郡、古志郡）の高額納税者公示（長者番付）では、栃尾町の千野勝司が長岡の大原鉄工所や北越製紙などの大規模工場をもつ

企業の経営陣をおさえ、長岡税務署管内の一位となり、また栃尾町の主だった織物業者の多くが長者番付に掲載される様子であった（『越後経済新報』1951〔昭和26〕年6月1日）。

48　『刈谷田新報』1983（昭和58）年12月7日。

49　『栃尾新聞』1976（昭和51）年6月5日。

50　栃尾市史編纂委員会編（1980）前掲413頁。

51　栃尾市史編纂委員会編（1980）前掲324頁、413頁。

52　栃尾繊維従業員組合『栃尾繊維従業員組合報』1947（昭和22）年9月21日、栃尾市史編纂委員会編（1980）前掲324頁。

53　労働組合法（昭和二十四年六月一日法律第百七十四号）第二条一に「役員、雇入解雇昇進又は異動に関して直接の権限をもつ監督的地位にある労働者、使用者の労働関係についての計画と方針とに関する機密の事項に接し、そのためにその職務上の義務と責任とが当該労働組合の組合員としての誠意と責任とに直接に抵触する監督的地位にある労働者その他使用者の利益を代表する者の参加を許すもの」とある。

54　栃尾市史編纂委員会編（1980）前掲324-327頁。

55　『中越民報』1952（昭和27）年5月25日。

56　『中越民報』1953（昭和28）年4月5日。

57　『中越民報』1953（昭和28）年4月25日。

58　『中越民報』1953（昭和28）年5月5日。なお、織物組合の算段では、佐藤熊太郎を今回の選挙で当選させ、丸山を助役に就ける。そして2年後の町議会議員、県議会議員改選を機に佐藤が辞職し、今度は丸山を出馬させて町長にするということであったと噂された。しかしながら結果としては佐藤町長誕生もならず、一方の丸山はその後長岡市に助役として招かれることとなった。

59　『中越民報』1953（昭和28）年5月5日。

60　栃尾においては1951（昭和26）年中頃までは好況であったが、翌1952（昭和27）年になると織物業界は不況となり、前年度の所得を基準に徴収されていた所得税をはじめ、滞納者が続出していたのである（『中越民報』1952〔昭和27〕年2月26日、3月6日、3月16日、8月3日）。

61　『長岡新聞』1953（昭和28）年5月18日。

62　『中越民報』1953（昭和28）年5月5日。

63　『中越民報』1953（昭和28）年5月25日。

64　『栃尾新聞』1957（昭和32）年4月21日、28日。

65　『栃尾新聞』1957（昭和32）年4月28日。

66　『栃尾新聞』1957（昭和32）年4月28日。

67　ここで佐藤熊太郎が次期県議会議員選挙に出馬した際に、皆川が佐藤の当選を支援する密約がなされたとされる（『北越広報』1958〔昭和33〕年10月1日）。

68　『栃尾新聞』1957（昭和32）年5月5日。

69　栃尾市史編纂委員会編（1980）前掲511頁、『栃尾新聞』1957（昭和32）年5月5日。

70　この事情を『新潟日報』1957（昭和32）年5月10日は次のように伝えている。「鈴木候補を公認として戦ってきた社会党栃尾支部は、終盤の九日になって公認を取り消すと同時に、三浦候補を推すという全国に類例のない処置に出た。同支部では当初三浦、皆川両候補が保守派を基盤としている点から革新一名という有利な立場を利用して戦いを進めてきたが、市内各労組が中立または静観の態度である一方、三浦候補に革新的な色彩が出てくるという情勢の変化から、幹部は鈴木候補に事態を求めた。これに対し鈴木候補は「出馬した以上あくまで戦うべきだと思う。世論もだんだん社会党に向かってくるので党員として戦う」として辞

意がなく、ついに同支部では八日県連に対して公認取消を申請、九日県連もやむなくこれを
認めた。このため同支部では三浦候補と政策協定を結び、同候補を支援することとなった」。
またこの問題に対して社会党県連の談話として『栃尾新聞』1957（昭和 32）年 5 月 12 日に
次のようにコメントが掲載されている「支部長が公認申請したものであり、再び支部長が公
認取消を申し出たのであるから我々は支部の意向を尊重する以外にない。ただ三浦候補を社
会党が推すということは他に社会党候補が出ている以上有りいない。今後の運動は支部の良
識を待つより他ない」（原文ママ。ちなみに新潟県の方言では「え」と「い」の区別をつけ
ず、当時の新聞表記でも区別なしに用いていると思われる）。

71 『栃尾新聞』1957（昭和 32）年 5 月 12 日、『新潟日報』1957（昭和 32）年 5 月 10 日。

72 『栃尾新聞』1957（昭和 32）年 5 月 5 日。

73 『栃尾新聞』1957（昭和 32）年 5 月 26 日。

74 『栃尾新聞』1957（昭和 32）年 5 月 5 日。

75 なお、この時の選挙について報道されているであろう『栃尾新聞』以外のローカル紙として
『長岡新聞』や『中越民報』『北越公論』などが存在したはずだが、長岡市立図書館では、こ
の時期の各紙は欠番となっており、複数紙による確認はできなかった。なぜいずれの紙面も
この時期のものが欠番となっているかは不明である。

76 馬場は前回の 1955（昭和 30）年の県議会議員選挙に出馬し、落選して臨んだ二度目の挑戦で
あった。1955（昭和 30）年の選挙時には馬場は自民党の推薦を得て、実質的に田中角栄派の
輸入候補として土木行政の推進を掲げて出馬した。一方、織物組合は当時タクシー会社の専
務であった石田賢一を擁立、また社会党左派の支援を受けて織物業者の小林富次が立候補、
さらには日農系（右派社会党）の支持を受けて町議会議員選挙にも出馬した鈴木正俊も立候
補した。織物業者やその他保守系農民層の支持が割れるなかで、革新系のみならず、小規模
織物事業者層の支持も受けた小林富次が当選し、この選挙では、組合幹部派、田中角栄派も
負けることとなった（『長岡新聞』1955〔昭和 30〕年 3 月 28 日、4 月 4 日、11 日、28 日）。

77 『栃尾新聞』1959（昭和 34）年 4 月 12 日、栃尾市史編纂委員会編（1980）前掲 514 頁。

78 選挙前には佐藤熊太郎が自民党栃尾支部長、馬場肆一は同副支部長であったこともあり、公
認争いも生じたが、当時自民党栃尾支部長であった佐藤熊太郎が公認を得た（栃尾市史編纂
委員会編〔1980〕前掲 513 頁）。

79 『栃尾新聞』1959（昭和 34）年 3 月 8 日、『北越広報』1959（昭和 34）年 3 月 21 日。

80 『栃尾新聞』1958（昭和 33）年 11 月 30 日。

81 『栃尾新聞』1959（昭和 34）年 3 月 15 日。

82 『栃尾新聞』1959（昭和 34）年 4 月 12 日。

83 『新潟日報』1959（昭和 34）年 4 月 26 日、『栃尾新聞』1959（昭和 34）年 5 月 10 日、5 月
17 日、1961（昭和 36）年 4 月 16 日。

84 『栃尾新聞』1959（昭和 34）年 5 月 10 日。

85 『刈谷田新報』1983（昭和 58）年 10 月 27 日。

86 新潟日報社編（2004）『ザ・越山会』新潟日報事業社、75–77 頁、163–168 頁。

87 『栃尾新聞』1960（昭和 35）年 6 月 12 日。

88 朝日新聞新潟支局（1982）『深層の構図』山手書房、111–112 頁、『栃尾新聞』1960（昭和 35）
年 11 月 6 日。

89 『刈谷田新報』1983（昭和 58）年 12 月 7 日。

90 朝日新聞新潟支局（1982）前掲 107 頁。

91 朝日新聞新潟支局（1982）同上 111 頁。

92 とはいえ、1960（昭和 35）年 11 月の衆議院議員では大野市郎が 4530 票に対して田中角栄は

4125 票と、まだ大野が田中を上回っていたが、次の 1963（昭和 38）年 8 月の選挙では田中が 6086 票、大野が 2992 票と、田中が大野を引き離すこととなった。また、1960（昭和 35）年 11 月の選挙では、これまで選挙の折に従業員も含めて引き締めにかかっていた機屋の旦那衆らが大野派、田中派に別れたことで、労働組合は経営者側からの締め付けが緩くなり、栃尾市においても民社党、社会党などの候補の票が伸びることにもつながった。その結果、栃尾だけが要因とはいえないが、旧新潟三区全域でも亘四郎の票が伸びず、これまで自民党 3、社会党 2 の議席を守ってきた構図が、自民党 2、社会党 3 と逆転される結果になった。

93 『刈谷田新報』1983（昭和 58）年 11 月 27 日。

94 この反対運動は、予定地が中学校の敷地と隣接するものであり、そこに市庁舎が建設されると学校用地が手狭になるということで近隣の子供をもつ保護者らが反対の声をあげていたのである（『北越広報』1957〔昭和 32〕年 9 月 21 日、『栃尾新聞』1957〔昭和 32〕年 2 月 24 日）。

95 『北越広報』1957（昭和 32）年 9 月 21 日。

96 『栃尾新聞』1957（昭和 32）年 1 月 20 日。

97 『北越広報』1958（昭和 33）年 10 月 1 日、『栃尾新聞』1959（昭和 34）年 7 月 26 日、8 月 9 日。

98 『栃尾新聞』1964（昭和 39）年 1 月 15 日、29 日。

99 『栃尾新聞』1961（昭和 36）年 3 月 26 日。

100 『北越広報』1961（昭和 36）年 4 月 21 日。

101 『栃尾新聞』1961（昭和 36）年 4 月 23 日。

102 『北越広報』1961（昭和 36）年 4 月 21 日。

103 北村と亘四郎は親戚関係にあった。

104 『栃尾新聞』1961（昭和 36）年 4 月 16 日、23 日。

105 『刈谷田新報』1983（昭和 58）年 12 月 7 日。

106 『北越広報』1961（昭和 36）年 4 月 21 日、『栃尾新聞』1965（昭和 40）年 4 月 7 日。

107 『栃尾新聞』1961（昭和 36）年 5 月 2 日。

108 『北越広報』1961（昭和 36）年 5 月 11 日、『栃尾新聞』1961（昭和 36）年 5 月 14 日。

109 『栃尾新聞』1961（昭和 36）年 5 月 28 日。

110 『栃尾新聞』1961（昭和 36）年 6 月 18 日。

111 『栃尾新聞』1961（昭和 36）年 6 月 11 日。

112 『栃尾新聞』1961（昭和 36）年 12 月 17 日。

113 『栃尾新聞』1964（昭和 39）年 12 月 16 日、『栃尾タイムス』1965（昭和 40）年 5 月 5 日。

114 『栃尾新聞』1965（昭和 40）年 4 月 7 日。

115 『栃尾新聞』1965（昭和 40）年 4 月 14 日。

116 『栃尾新聞』1965（昭和 40）年 5 月 5 日。

117 脳梗塞（当時の新聞では「脳軟化症」と伝えられる）により言語障害が発症してきたと報じられた（『栃尾新聞』1966〔昭和 41〕年 7 月 26 日、8 月 10 日、8 月 31 日）。

118 『栃尾新聞』1966（昭和 41）年 11 月 2 日。

119 『栃尾新聞』1961（昭和 36）年 8 月 13 日。

120 栃尾市史編纂委員会編（1980）前掲 618-619 頁。

121 栃尾市史編纂委員会編（1980）同上 619-622 頁。

122 『栃尾化繊だより』1963（昭和 38）年 1 月 15 日。

123 『栃尾新聞』1962（昭和 37）年 1 月 21 日、1965（昭和 40）年 4 月 14 日。

124 千野市長の時代は田中角栄が自民党政調会長、大蔵大臣、自民党幹事長に就任していた、い

わば日本の権力の中枢を闊歩していた時代であり、役に立つ政治家には票を与え、その票が増えればより国の事業や補助金による事業が多く実施されるということが実現していた時代であった（『栃尾新聞』1961〔昭和36〕年8月27日、『刈谷田新報』1984〔昭和59〕年1月17日）。

125　1961（昭和36）年の市長選挙で敗れた山井龍三郎や県議会議員の佐藤熊三郎は、この頃の千野市長に対して決して良い印象ではなく、1965（昭和40）年の市長選挙時も立候補の姿勢を見せている。

126　『栃尾新聞』1966（昭和41）年9月21日。

127　『栃尾新聞』1966（昭和41）年9月7日。

128　『栃尾新聞』1966（昭和41）年10月12日。

129　当時政界では田中彰治事件から始まる「政界の黒い霧」事件をきっかけに政治不信が高まっており、田中角栄も長岡市での信濃川河川敷問題を追及され始めた頃であり、そのために渡辺への資金的援助が容易ではなかったとされる（『栃尾新聞』1966〔昭和41〕年11月2日、26日）。

130　『栃尾新聞』1966（昭和41）年11月2日。

131　なおこの時の選挙から、栃尾市では市長選挙が市議会議員選挙の約5カ月前に行われることになった。その後の栃尾市政においては、現職の市議会議員が職を辞して市長選挙に出るケースが多くなっていくが、そのようになっていく大きな要因の一つとして、このような選挙の時期となったことが考えられる。

132　『栃尾タイムス』1967（昭和42）年7月5日。

133　『栃尾新聞』1968（昭和43）年1月1日、5月29日。

134　『栃尾新聞』1969（昭和44）年12月3日。

135　『栃尾新聞』1969（昭和44）年12月3日。

136　『栃尾新聞』1968（昭和43）年9月4日。

137　「栃尾新聞」1970（昭和45）年1月1日。

138　『栃尾タイムス』1967（昭和42）年5月9日。

139　『栃尾新聞』1970（昭和45）年7月8日。

140　『栃尾タイムス』1970（昭和45）年11月25日。

141　『栃尾新聞』1970（昭和45）年7月8日。

142　藤草弘蔵「クタバレ自民党栃尾支部——市長選挙レポート（1）」『栃尾新聞』1971（昭和46）年1月6日。

143　栃尾市史編纂委員会編（1980）前掲641頁、『栃尾タイムス』1970（昭和45）年11月15日。

144　『栃尾タイムス』1970（昭和45）年11月25日。

145　渡辺芳夫は実次女を、田中角栄の実家（当時西山町）に居住していた田中の甥である田中哲雄に嫁入りさせており、姻族関係でもあった（『栃尾タイムス』1070〔昭和45〕年12月3日）。

146　栃尾市史編纂委員会編（1980）前掲641頁。

147　両者の態度は、栃尾ではじめて開かれた立会演説会に対する栃堀ダムに関する発言からもよくわかる。

　　山井龍三郎「（前略）繊維産業の振興には特段の努力を払っていきたい。その一環として工業用水を確保するための栃堀ダムの建設には渾身の力を打ち込む。何かこのダム建設が今回の選挙の争点になっている様ですが、先般も私の市政報告演説会に亘知事がおえでになり、立派なダムを造ると言われております。私が市長になったらダムが出来ないと云う様なことは絶対にありません（後略）」。

　　渡辺芳夫「（前略）栃尾の繊維産業は年産二百五十億円に達しておりますが、この繊維産業

の飛躍的発展を期す為に、ダムの問題がありますが、県営ダムとは云いながらその基を成すものは国からの公共投資であります。市、県道の舗装も早急に実現いたします。これらの為に、公共事業費を一番沢山もってこられるのは私であります。どうぞよろしくお願い致します」（原文ママ）。

（『栃尾新聞』1970〔昭和45〕年11月25日に掲載された同年11月24日市内上塩小学校で開催された立ち合い演説会での発言録より）

148 栃尾市史編纂委員会編（1980）前掲641頁。
149 『栃尾新聞』1970（昭和45）年12月2日。
150 『刈谷田新報』1984（昭和59）年2月17日。
151 『栃尾新聞』1971（昭和46）年4月7日。
152 『栃尾新聞』1971（昭和46）年6月9日。
153 『栃尾新聞』1974（昭和49）年10月16日。
154 『栃尾新聞』1974（昭和49）年11月6日、25日。
155 『栃尾新聞』1974（昭和49）年11月13日。
156 『栃尾新聞』1975（昭和50）年3月5日。
157 『栃尾新聞』1975（昭和50）年4月2日。
158 『栃尾新聞』1975（昭和50）年3月5日、『栃尾タイムス』1975（昭和50）年4月5日。
159 『栃尾新聞』1975（昭和50）年3月5日。
160 『栃尾新聞』1975（昭和50）年4月2日。
161 『栃尾タイムス』1975（昭和50）年4月5日。
162 『栃尾新聞』1975（昭和50）年4月23日。
163 これに関して経済企画総合開発局山村豪雪地帯振興課長・岩渕道生は、次のように発言した記録がある。「この機能としては、第一に豪雪地帯におきます非常に条件の悪い生活条件を改善することがある。これについては集会室、保育室あるいは生鮮食品の貯蔵庫というものをこのセンター内に設置するということで機能を果たそうとする。第二点は、雪上車による冬季交通の確保で、このため車庫、乗務員の宿泊室、それから情報管理室などを設置することになっている。このうち雪上車の基地としての機能は必須条件だが、生活環境の維持向上については、その地域の実情に応じまして地元住民が選択をして作ることができることになっている。生活環境の維持向上の意図に重きを置いた作りとなればコミュニティーセンター的な性格をもつことにもなる」（第72回参議院災害対策特別委員会5号〔1974（昭和49）年3月6日〕）。また、この事業費は1/2国庫負担、1/4県負担、1/4市負担である。
164 『栃尾新聞』1972（昭和47）年4月5日、1973（昭和48）年1月1日。
165 『栃尾新聞』1974（昭和49）年11月6日。
166 『栃尾新聞』1980（昭和55）年5月25日。
167 『栃尾新聞』1971（昭和46）年9月29日。
168 『栃尾新聞』1974（昭和49）年10月30日。
169 『栃尾新聞』1974（昭和49）年10月30日、1978（昭和53）年8月25日。
170 『栃尾新聞』1975（昭和50）年10月1日。
171 サンエス社は誘致を受けて操業をはじめた一方、操業当初は冬期間も工場入り口付近までの除雪がなされず、工場が自費で除雪したとしても、除雪した箇所に自動車の路上駐車がなされて荷捌きの面で問題が発生するなど、豪雪地域ならではの問題に対応しきれない面があったとされる。サンエスの場合は次年度以降、近隣の商店街との協力でその問題はある程度解消されたとされるが、企業誘致に関しては課題が多く残ったといえるだろう（林欣治〔2008〕『栃尾の落日』新潟日報事業社76-85頁）。

172 1985（昭和60）年に三条市の内田製作所（現コロナ）とアンテナ製造の原田工業が栃尾に進出した（『刈谷田新報』1985〔昭和60〕年6月27日）。

173 『栃尾新聞』1978（昭和53）年5月5日。

174 『栃尾タイムス』1978（昭和53）年5月15日。

175 『栃尾新聞』1978（昭和53）年6月25日。

176 林欣治（2008）前掲118–120頁。

177 『栃尾タイムス』1978（昭和53）年6月25日。

178 渡辺芳夫市長は当時70歳、杵渕衛、林欣治は共に当時45歳であった。

179 『栃尾タイムス』1978（昭和53）年11月5日、林欣治（2008）前掲118–120頁。

180 『栃尾タイムス』1978（昭和53）年11月5日。

181 林欣治（2008）前掲121頁。

182 『栃尾タイムス』1979（昭和54）年4月5日。

183 『栃尾新聞』1979（昭和54）年4月25日。

184 『刈谷田新報』1982（昭和57）年2月25日。

185 『刈谷田新報』1982（昭和57）年6月25日、『栃尾タイムス』1982（昭和57）年11月5日。

186 当時衆議院議員となっていた桜井新の後援会である。

187 『栃尾タイムス』1982（昭和57）年11月25日。

188 『栃尾タイムス』1982（昭和57）年11月5日。

189 男子雇用型の非繊維産業企業誘致という側面で一致し、政策協定が締結された。『刈谷田新報』1982（昭和57）年2月25日、6月25日、7月25日、林欣治（2008）前掲124–125頁。

190 中小の事業者は辺見を、大規模事業者は渡辺を支持する傾向があったとされる（『刈谷田新報』1982〔昭和57〕年11月17日）。

191 『栃尾タイムス』1982（昭和57）年9月25日、10月5日、10月15日、25日、11月5日。

192 『刈谷田新報』1982（昭和57）年11月17日。

193 『刈谷田新報』1982（昭和57）年11月17日。

194 『栃尾タイムス』1977（昭和52）年12月15日。

195 林欣治（2008）前掲97–99頁。

196 この契約については、織物組合理事長の稲田正三は織物組合で審議もしておらず、文書に押印した覚えもないまま用地買収が進行していた、というように真相が最終的にはうやむやになったままであった（『栃尾新聞』1978〔昭和53〕年6月25日、林欣治〔2008〕前掲97–99頁）。

197 『栃尾新聞』1978（昭和53）年8月5日、10月5日。

198 『栃尾新聞』1979（昭和54）年1月5日、11月25日。

199 林欣治（2008）前掲97–99頁。

200 『栃尾新聞』1980（昭和55）年3月25日。

201 土地売却が進まず、留保していた3年間で合計約1億5000万円の利息になったとされる（林欣治〔2008〕前掲97–99頁）。

202 この件について渡辺市長は、1978（昭和53）年の9月議会の質問で責任追及を受けた際、次のように回答している。「栃尾織物産地の将来展望に立った時には団地計画は無謀であったとは思わない。随って私一人の失政とは思っていないし一人でやったのでもない。責任がどこにあるかといえば織物組合、染色業者、経済情勢が悪いのであり市長として私の責任は何かと言われれば、議会や織物組合に何といわれようともあの土地を買わなければ良かったのだと思う、強いて責任を問われるなら染色団地の相談に乗った責任であると思う」（『栃尾新聞』1978〔昭和53〕年10月5日）。

第3章　縮小する地域産業と恩顧主義的自治の展開——新潟県栃尾市のガバナンス動態　　271

203 『栃尾新聞』1979（昭和54）年12月5日。

204 一方でこれらの観光地化を目指す動きは住民の意識改革を巻き込むようなものではなかった。地域を観光地にすることが目的ではなく、開発事業をこれまでと同様に行うための方便として観光という題目が手軽なものであったようである（『栃尾新聞』1979〔昭和54〕年12月5日）。

205 『刈谷田新報』1986（昭和61）年9月27日、11月27日。

206 『栃尾タイムス』1986（昭和61）年11月25日。

207 『栃尾タイムス』1986（昭和61）年10月5日。

208 『栃尾タイムス』1986（昭和61）年10月15日、11月25日。

209 『栃尾タイムス』1986（昭和61）年10月15日。

210 『栃尾タイムス』1986（昭和61）年10月25日、11月25日。

211 『栃尾タイムス』1986（昭和61）年11月25日。

212 『刈谷田新報』1986（昭和61）年12月17日、『栃尾タイムス』1986（昭和62）年1月15日。

213 橘仁三郎は栃尾市職員出身で企画調整課長、議会事務局長、総務課長を歴任したのち、1980（昭和55）年から教育長に就任していた。『刈谷田新報』1987（昭和62）年3月27日。

214 一時は工事を受託した福田組がトンネル工事現場の工事事務所を閉鎖するまでに至った。（『刈谷田新報』1982（昭和57）年2月5日、6月25日）。

215 『刈谷田新報』1984（昭和59）年9月17日。

216 『刈谷田新報』1987（昭和62）年2月7日。

217 『刈谷田新報』1988（昭和63）年6月27日、8月17日。

218 『刈谷田新報』1989（平成元）年8月7日、9月7日。

219 『刈谷田新報』1990（平成2）年1月7日。

220 『栃尾タイムス』1989（平成元）年9月5日。

221 『刈谷田新報』1989（平成元）年12月17日。

222 『栃尾タイムス』1990（平成2）年3月15日。

223 『栃尾タイムス』1990（平成2）年10月15日。

224 『刈谷田新報』1990（平成2）年4月7日。

225 『刈谷田新報』1990（平成2）年11月17日。

226 『刈谷田新報』1994（平成6）年4月7日、『栃尾タイムス』1994（平成6）年4月5日。

227 『栃尾タイムス』1994（平成6）年11月15日。

228 『栃尾タイムス』1994（平成6）年4月5日、11月5日、11月15日。

229 『栃尾タイムス』1994（平成6）年11月15日。

230 『栃尾タイムス』1995（平成7）年7月5日。

231 箕輪真一はその後、杵渕が選挙で敗れる2002（平成14）年11月25日まで収入役を務めることになった。

232 『栃尾タイムス』1998（平成10）年9月25日。

233 『栃尾タイムス』1998（平成10）年10月25日。

234 林欣治（2008）前掲14頁、『栃尾タイムス』1998（平成10）年11月15日。

235 『栃尾タイムス』1998（平成10）年11月15日。

235 『栃尾タイムス』1998（平成10）年11月25日。

237 『刈谷田新報』1987（昭和62）年7月17日。

238 杜々の森に関しては、その後も杜々の森公園の整備や名水会館の建設、駐車場や道路整備など周辺整備が続いていくこととなる（『刈谷田新報』1988〔昭和63〕年3月7日、1991〔平成3〕年6月17日）。

239 なお、このスキー場は 2016（平成 28）年現在も存続している「とちおファミリースキー場」のことではない（『刈谷田新報』1988〔昭和 63〕年 9 月 7 日）。

240 『刈谷田新報』1988（昭和 63）年 9 月 27 日。

241 林欣治（2008）前掲 128–137 頁。

242 当初市側の資金のもち出しはほとんどないと説明されていたが、実際には約 1 億 8000 万の諸経費と、一時は用地買収や許認可に数名の職員をつけていたことや、議会で守門総合開発特別委員会が設置されて長期にわたって審議が続くなど、労力は膨大なものとなった（林欣治〔2008〕前掲 144–166 頁）。

243 林欣治（2008）前掲 139-140 頁。

244 『刈谷田新報』1991（平成 3）年 2 月 7 日。

245 『刈谷田新報』1993（平成 5）年 10 月 27 日。

246 『刈谷田新報』1994（平成 6）年 3 月 27 日。

247 林欣治（2008）前掲 155–164 頁。

248 『栃尾タイムス』2002（平成 14）年 11 月 25 日。

249 『栃尾タイムス』2002（平成 14）年 11 月 25 日。

250 この経緯については林欣治（2008）前掲に詳しく述べられているが、本書では分析の対象としないところであるため説明を割愛する。

第4章
加齢する自治
——新潟県加茂市のガバナンス動態——

　加茂市は経済大臣指定の伝統的工芸品の一つである桐簞笥の産地として全国70％のシェアを誇るといわれている。そのため木材加工製品が主要産業と思われることがあるが、実際のところは多様な産業構造を有する地域である。木材加工製品以外にも、繊維、食料品などの戦前からの地場産業とともに、戦時中に東京から疎開工場として移転して操業をはじめた電気機械器具、金属製品、革靴製造などの外来型産業が到来した。それによって小さな都市ながらも多様な業種が存在する複合型産業都市となっている。

　本章は加茂市については産業をはじめとする地域経済の面では戦後の市経済の形成過程で重要な意義をもつ戦中の疎開工場到来の時代から、政治的側面では初代加茂市長となる金田綱雄が合併前の加茂町長選挙で当選する1951（昭和26）年から小池清彦市長が登場しこれまでの市政のあり方を大きく変えていく2004（平成16）年頃までを目安にその動態をまとめていく。それによって加茂市におけるガバナンスを浮き彫りにする。

第1節　加茂市の社会経済秩序

1. 人口・地勢・歴史

　加茂市は新潟県の中央部に位置し、北に新潟市（旧白根市）、北東に田上町、東に五泉市（旧村松町）、南に三条市（旧三条市、下田村）と隣接している。土地面積は133.13km²で、そのうちの約70％が山岳丘陵部であり、平野

部は狭あいな地形となっている。越後山脈の一つをなす粟ヶ岳から流れる加茂川が越後平野に入り込む扇状地に中心市街地が形成されている。

　加茂市は現在のまち並みが京都に似ているということは必ずしもないが、平安時代には京都の賀茂神社の領地であったとされ、賀茂別雷神社、賀茂御祖神社から勧請して設立された青海神社を中心とした門前町となった。地名の加茂、加茂山、加茂川もそれに由来する。

　昭和の合併では、1954（昭和29）年2月に南蒲原郡下条村を編入し、人口要件を満たして市制施行を果たした。続いて、同年11月に面積の大部分が山地である中蒲原郡七谷村を編入合併、さらに1955（昭和30）年9月には中蒲原郡須田村を合併し、おおむね現在の加茂市の姿となった[1]。加茂市は平成の合併の機運が盛り上がりをみせた当時は合併しなかったが、昭和の合併の時代には、加茂町は合併に非常に積極的であった。そのため加茂町の属していた南蒲原郡の村だけでなく、加茂川の水源のある中蒲原郡の七谷村や、加茂川と信濃川の合流点で信濃川対岸の須田村と越郡との合併を試み、それを果たした地域であった[2]。

　図4-2が2012年時点の加茂市域全体をとらえた航空写真で、図4-3、4-4は図4-2において白点線部で囲った住宅、工場、商業施設が比較的多い地域の航空写真である。1946（昭和21）年時点の航空写真である図4-3をみると、当時は山の谷間となっている加茂川周辺の狭い地域に住宅、あるいは工場と思われる建物が集中していることがわかる。加茂市の場合は山間部と平野部の境目に鉄道が敷設され、人・物の輸送において鉄道交通が主流であった時代は、鉄道の周辺に人口や街の機能が集中していた。

　また、図4-4の2012（平成24）年時点のものと比較すると、住宅地や工場などと思われる建物が平野部の地域に進出してきていることがわかる。この地域は現在では「西加茂」と呼ばれ、1970年代に行われた加茂川の河川改修による宅地移転の代替地となったことや、1982（昭和57）年に当該地域を通る国道403線の指定施行をきっかけに、街が広がっていくことになった。

　人口の推移としては、1965（昭和40）年の時点から一貫して減少傾向にある。参考として表4-2に加茂市の隣の田上町の人口推移を掲載するが、田上

図 4-1 加茂市域と旧町村区域

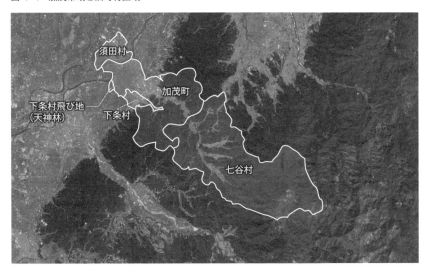

Google Earth Pro をもとに作成

図 4-2 2012 年加茂市航空写真

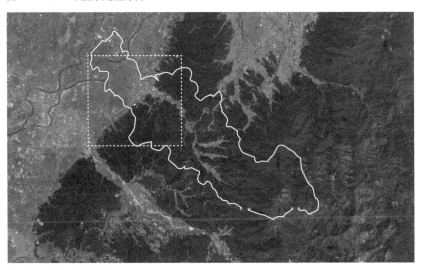

Google Earth Pro をもとに作成

第 4 章 加齢する自治——新潟県加茂市のガバナンス動態 277

図4-3 1947年加茂市航空写真

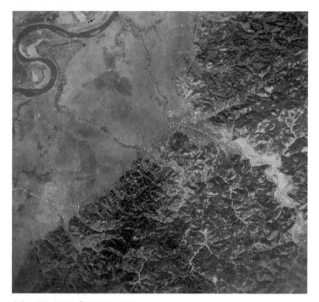

出典：米軍（1947）『USA-M633-123』

図4-4 2012年加茂市航空写真

Google Earth Pro をもとに作成

表 4-1　加茂市人口の推移

加茂市人口	38,937	37,890	37,085	36,705	35,959	34,863	33,800	33,083
国勢調査年	1965	1970	1975	1980	1985	1990	1995	2000

出典：総務省（1965～2000）『国勢調査』

表 4-2　田上町人口の推移

田上町人口	9,195	9,534	10,442	11,396	12,083	12,761	13,523	13,643
国勢調査年	1965	1970	1975	1980	1985	1990	1995	2000

出典：総務省（1965～2000）『国勢調査』

町の人口は増加傾向にあった。これは加茂市と田上町は市街地が連続している地域であるが、主に 1970 年代に進められた加茂川の河川改修時に、川幅拡張のために移転を余儀なくされた住民が、先述のように加茂市内の西加茂地区にも移転したが、加茂市よりも地価がやや安く、また加茂市の勤務先に十分通勤可能だったこともあり、田上町に移転した住民がある程度いたことにも要因があるとされる。また、加茂市・田上町の地域圏として加茂市の人口をとらえたとしても、加茂・田上地域の人口は 1985 年の調査まではほぼ横ばいであり、その後減少傾向となる[3]。

2. 気候・交通

　加茂市は山間部である旧七谷村地域の積雪量は多いが、市街地や河川改修ののちに宅地化がなされていった西加茂地域の積雪量はそれほどでもない。1963（昭和 38）年の三八豪雪の際は、数日間交通網が麻痺することはあったが、70 年代以降、主要道路は除雪されるようになり、現在ではそのような事態となることはほとんどない。

　鉄道については石油資本家らが北越鉄道の敷設を進めた際に、加茂の町は積極的な誘致運動を行った。これは隣の三条地域では鉄道敷設の反対運動が巻き起こり、当時の中心市街地部に駅舎が建設できない事態が発生していたことと大きく異なる態度であった。加茂では鉄道による物流の変化を産業発

第 4 章　加齢する自治──新潟県加茂市のガバナンス動態　　279

展に利用しようという機運が醸成され、鉄道敷設に対して土地の提供や工事への協力の約束がなされていった。その結果、市街地中心部と加茂川にも近い位置で加茂駅の駅舎ができ、鉄道網で三条および新潟、長岡とつながった[4]。また 1930（昭和 5）年には、当初五泉から村松間を運行していた蒲原鉄道が加茂駅まで延線され、加茂市街地から当時の村松町、七谷村が鉄道網でつながった[5]。このようなことから鉄道交通が物流の主流になっていく時代には、加茂市は交通至便な地域となっていたといえよう。

　なお蒲原鉄道は、自動車の普及や加茂川改修をきっかけとした大規模な宅地移転による利用者の減少、国道 290 号の拡張整備などにともない、1985（昭和 60）年 5 月に廃止された[6]。

　自動車交通が一般化し、さらには関越自動車道と上越新幹線の開通があった 1970 年代から 80 年代になると、加茂市は物流の利便性は相対的に低くなる。新潟県内の主要都市を結ぶ主要幹線である国道 8 号線、関越自動車道 IC、上越新幹線駅[7]からやや離れたところに位置する地域となったからである。

3. 産業

「木工のまち」の実態

　本章冒頭でも述べたように、加茂市は特産品である桐箪笥をはじめとする「木工のまち」として知られているが、実際のところ地場産業としては木工関連産業に偏重しているわけではない。加茂市では確かに歴史的な地場産業として木工関連（主に建具、タンス）が位置づけられているが、それ以外にも戦前からこの地域では産業とし、繊維産業、和紙製造、瓦（陣ヶ峰瓦）の製造、製粉業なども盛んであった[8]。特に昭和の初頭から高度経済成長突入する時代には、繊維産業が市内の有力な産業の一つであった。加茂市の繊維産業としては、1930（昭和 5）年頃の昭和恐慌の時代に主に輸出用として当時の新興繊維であった人造絹繊維（人絹）の生産に力を入れ、恐慌を乗り切った。それをきっかけに繊維関係の事業に関わる人物が県会議員や加茂商工会議所の

要職に就くなど、この地域における代表的な名望家となっていった。

　織物業界は戦後に「ガチャマン景気」といわれる 1950（昭和 25）年前後の好景気の時代を経験し、その後、高度経済成長期にはニットの生産に転換するなど、1980 年代初頭までは [9] 市内の女性労働者の受け皿となっていた。なお、現在では繊維業の構造不況により事業者数は減少し、加茂織物工業協同組合やニット工業協同組合は解散している [10]。また、和紙生産などは機械の発達により斜陽産業となり、現在稼働している企業はほとんどない [11]。

　地場産業である木工建具産業は、戦時統制で軍需産業への転換がなされたが、戦後の復興需要で好況を迎えた。さらに高度経済成長のはじまりから、各地で家屋、店舗の新改築が盛んになり、活況を呈していくこととなる [12]。また桐簞笥については、純民需品であったため軍需由来の好況の恩恵を受けることはあまりなかったが、田中角栄が郵政大臣に就任した翌々年の 1959（昭和 34）年のお年玉つき年賀はがきの特賞に採用されたことで全国的な知名度となる。それによって桐簞笥市場における加茂製品のシェアは上昇したものの、市場規模の拡大には苦戦が続いていった [13]。

戦時軍需工場・疎開工場の誘致と定着

　加茂地域においては戦時統制の時代に積極的に軍需工場の誘致運動が展開した。それよって千人規模から数百人規模の比較的大規模な軍需工場が到来した [14]。具体的には、1942（昭和 17）年に電気用の配線器や船舶用電装品の生産を主体とする東芝工場、翌年には新潟鉄工所の陸用内燃機械製造の工場、さらにその翌年にはワイヤーロープなどを生産する興国鋼線索工場と、亜鉛版やアルミ板の製品を製造する高橋工業の工場、ラジオ製作のじ欧無線の工場、また終戦前年の 1945（昭和 20）年にも靴を製造する千代田機械製靴の工場が到来した [15]。

　これら軍需工場・疎開工場の誘致の過程においては、当初町内の有力者の一部は必ずしも歓迎していたわけではなかった。当時の町議会内にも町の既存産業である木工業者や繊維業者の人物がおり、彼らは賃金上昇やそれにともなう物価の上昇などを危惧し、誘致に対して反対の声をあげていた。その

第 4 章　加齢する自治——新潟県加茂市のガバナンス動態　　281

ような状況のなかで誘致の推進役となったのは、当時の加茂町長の田下政治であった。田下は1942年（昭和17年）4月30日の衆議院議員選挙において大政翼賛会推薦で衆議院議員にも当選していた人物だった。彼は加茂町の将来の繁栄を考え、前新潟県工場課主席で当時加茂町助役に就任していた久須美裕次郎と相談した上で軍需工場の誘致を進め、まずは新潟県にゆかりのあった東芝幹部と接触を図るなど、積極的な誘致運動を展開した[16]。

また一方で、誘致の成功に関しては上記の政治家が主導した誘致運動以外の要因もあったと考えられる。それは加茂市の気候や物流など、経済環境をめぐる地理的、地形的要因である。当時の加茂市は山の谷間の狭い地域を中心に街が発展していた。そのため、たとえ米軍のB29航空機が9000〜1万メートル上空から爆弾を投下したとしても工場の所在地域に命中させることは難しく、山中に落下する可能性が高いと考えられた。戦略的に比較的安全な地域であると考えられたのである。また、物流の鍵となる鉄道が工場立地地域近くに所在しており、ある程度利便性が高かったという側面もある。労働力の面については、町内の既存の業界人の反発によって不足が予想されたが、当時の町長・田下政治が責任をもって工具確保を行うことを確約した[17]。

それら誘致によって到来した、外来型の軍需工場、疎開工場は、当時転用するよう至上命令を受けていた織物工場を買収し、それらの工場施設を活用し稼働させていった。加えて、戦争による本土決戦が現実味を増してくると、都市部の工場の地方への疎開も加速し、上記のような工場の移転が続々と進められていったのである[18]。

これらの工場は加茂においては戦後への遺産となる。工場は戦後も加茂から撤退せず、地域に根づいていくことになるのである[19]。もとは軍需工場であったことから、戦後は平和産業の工場に転用する必要があったが、機械や金属製品を生産する工場への転用が進められていくこととなった。そして、これらの工場は地域の男性を雇用する場として重要な意義をもっていく。一方、既存産業の一つであった繊維産業は、加茂の地域においては主に新制中学卒業から結婚退職に至るまでの女性が多く雇用される場であった。そのため加茂という地域においては、外来型工場とその下請関連工場が男性雇用の

受け皿となり、既存の繊維工場が女性雇用の受け皿となるという、男女ともに地域内で一定規模の労働力需給の受け皿が存在する地域になった。

この点が近接都市である三条市や栃尾市と産業に起因する地域事情が大きく異なるところである。金属加工や機械産業が地域内の有力産業であるという点では三条に近いが、三条は中小零細企業が多い一方、加茂は比較的大規模従業員を有する企業が主力である。地場産業として繊維産業が有力であるという点では栃尾に近いが、栃尾は男性雇用の場が少ない一方、加茂には少なからずその場があるということである。これはこの地の地域性を特徴づける大きな要因となっていると考えられる。

兼業農家化と可処分所得

また水田をはじめとする農地も存在していたが、加茂においては工場などで働く男性も農業の繁忙期に業務量を調整する兼業農家化が、比較的早期から進展していった。農村社会学者の福武直は「専業的な農家は都市勤労者並みの家計費を支出できないのに対し、むしろ他に主となる職をもつた兼業の零細農家が勤労者をまさに凌ぐ家計費を賄っている」[20] と述べているが、戦後の加茂市は機械・金属や繊維という工場労働に加えて農地を有する、まさしく福武のいうような工場勤務兼業零細農家となった世帯が多い地域となっていた。そのような地域では富裕層はそれほど多くならないが、各世帯の可処分所得は比較的高くなる[21]。また、工場労働者をもつ兼業農家が多いということは、必ずしも冬期間の出稼ぎや、公共事業に従事せずとも地域で通年生活ができる世帯が多くなるということでもあった[22]。加茂市はこのようなある程度多様な産業構造を有した地域であったことで、戦後の高度経済成長時代からバブル崩壊までの間、比較的安定した可処分所得の基盤の上に、全国的な社会経済の変化の波に同調可能な地域となっていた。

存在感を見せる労働者勢力

先に、戦中に軍需工場、疎開工場として到来した外来型企業が戦後加茂市に定着したことについて述べたが、その定着の過程は労働運動の機運の高ま

りとともにあった。

東芝の労働争議は日本の戦後初期の代表的な労働争議の一つにあげられることも多く[23]、東芝の全国各地の工場閉鎖をめぐって労働争議が起こっていたが、東芝加茂工場でも同様に労働争議が発生した。次にその東芝加茂工場での労働争議について少しまとめておくこととする。

東芝加茂工場は戦後比較的円滑に平和産業への生産に転換することができ、需要の増大に支えられ、1946（昭和21）〜47（昭和22）年頃は順調に成長し、東芝七大工場の一つとして活況を呈していた。しかし、1948（昭和23）年に入ると主力の配線器具の売り上げが減少しはじめる。また照明器具、自動車用灯器も不振で業績は低調となっていった。さらに、原材料の入手の不円滑と運転資金の枯渇で生産性が低下し、不採算工場へと転落してしまった。これに対して組合は、このままでは工場の衰退をもたらすとして組合側から賃金の一割の供出を決定、これを事業資金として工場に貸し付け、工場再建を図ろうとした。しかしながら、経営陣はこれを受け入れず、1948（昭和23）年11月16日に、工場の独立採算制への提案がなされ、労組に協議の場の開催を申し入れた。労組側がこの申し入れを拒否した結果、経営陣から工員510名のうち197名に帰休命令が出されることとなった。労組はこれに反発し、団体交渉も決裂、それを受けた経営側から工場閉鎖が宣言されることとなったのである[24]。

これに対して、労組側は工場を占拠して生産管理を行っていたが、司法の手が入り、工場占拠に対する仮処分がなされ、占拠に加担していた組合員から大量の検挙者が出る[25]というかなり激しい労働争議が発生した。この争議については、東芝労組側から加茂町議会に東芝工場存置の請願書が提出され、加茂町議会で可決された。その後地区労からも工場存置に対する要望書が提出されたものの、この時町議会は訴訟問題に突入してしまっていたことから不介入の方針としたが、ただし加茂工場の存立については、町と町議会として従来通り工場存続について協力をするという旨の決議がなされた[26]。このように東芝の労働争議は町内の他労組や町議会までをも巻き込む騒動となった。

284

最終的に工場占拠と生産管理の実施に対して経営側の勝利となる判決が下された。この労働争議によって組合が分裂し、経営側との妥協による工場再建を図る第二組合が結成され、労使協力のもとで工場の存続、再建を目指すこととなった。また、独占禁止法および集中排除法に準拠して、東芝加茂工場は1950（昭和25）年に東芝本社から分離して東芝電気器具株式会社（現・東芝ホームテクノ）として再スタートすることで解決が図られ、加茂工場の閉鎖は免れた[27]。

　また、この労働争議の過程で提出された市議会に対する地区労の要望書には、次の組合が名を連ねている。全日通労働組合加茂班、千代田製靴従業員組合、加茂町役場職員組合、七欧無線加茂工場従業員組合、全逓信労働組合加茂市部、興国鋼線索株式会社、新潟工場従業員組合、須賀製作所従業員組合、エビメール従業員組合、新潟鉄工所加茂工場労働組合、阿部精麦従業員組合、大亜機械従業員組合、電産東北配電新潟県支部加茂班、加茂建具職労働組合、高橋工業労組、国鉄労働組合加茂班である[28]。官公労系、外来工場の労組に加えて、既存産業である建具業界については、地域の中小零細企業の職人的労働者による職種を中心とした建具職人の労働組合も結成されていることがわかる[29]。また、その後も既存産業であったタンス業界（加茂タンス職従業員組合）や製瓦業界（加茂地区瓦労働組合）、織物業界[30]などで労働運動が巻き起こる[31]。このように加茂では運動の規模に大なり小なり違いはあれども、概ねいずれの業界でも労働組合が結成され、労使交渉や政治への関与がなされていくこととなる。

　加茂市では活発な労働運動が行われていった背景には、それを率いるリーダーの存在もあった。例えば、戦時中徴兵されたものの大陸で捕虜となり、さらに捕虜としてシベリアで共産主義教育を受け、帰国後は国鉄に復職し、国鉄新潟闘争を指揮した人物の相田一男や、新潟県下で労働問題や人権問題を専門とする弁護士となった渡辺喜八である。彼らはのちに加茂市議会議員や新潟県議会議員に選出されるのみならず、その後の市長と深いかかわりをもつ人物である。

　このように加茂市においては終戦時の青年層が、出稼ぎのために他地域へ

働きに出なくとも、ある程度地域に留まることができ、またその層を積極的にリードする地域人材を有することで、外来企業の経営者層や地元の名望家層に果敢に挑戦していくことのできる素地をもっていたといえるだろう。また、このような激しい労働運動と地域におけるリーダーの存在は、本書で扱った他都市にはない特徴といえる。

4. 学閥

　第2節でも詳しく述べることとなるが、加茂市の市長や定数1[32] の加茂市選出県議会議員となる人物は、市内の学校教員、同窓会役員、あるいは労働組合の役員経験者がそのほとんどを占めてきた。加茂市が合併して市制施行する前、加茂町時代の戦後第一回町長選挙に当選した坂内龍雄は加茂農林高校の教員を経験していた人物であるし、合併した時の町長である金田綱雄は加茂朝学校（のちに加茂暁星高校に改称）の教員、校長、および学校法人理事長を経験した人物であった。次の吉田巌は加茂農林高校の校長だったし、その次の皆川良二も加茂農林での教員経験を有する人物であった。また、その次の市長となる太田大三郎は、教員経験はないが加茂朝学校の卒業生で金田綱雄と関係が深く、加茂暁星高校同窓会の役員であった。また、市議会副議長や市監査委員を経験し市長候補に名乗りをあげたことのある相田一男はのちに加茂暁星高校の学校法人理事長を経験する人物である。県議会議員においては、県議に移った坂内龍雄については触れたとおりで、坂内を破って県議となった渡辺喜八は加茂暁星高校の学校法人理事長を経験する人物である。また、先に述べたように渡辺は新潟県内の労働問題など人権問題を扱う弁護を主に担当する弁護士でもあり、労働界での知名度もあった。

　このように、加茂市では特に加茂朝学校（後の加茂暁星高校）と加茂農林高校の学校関係者が政治の代表者としての神輿に担がれやすい地域であった。これら学校、およびその関係者らの集団が、労働組合や商工会議所や農協などの産業界の各種団体などと並行的に、時にはそれらを包摂的に融和するものとして、その象徴的な役割を果たす存在となることが慣例化されていたの

である。

　なぜ加茂市ではそのような学閥といってもよいであろうネットワークが作られていったのか。それについては、加茂朝学校と加茂農林という二つの学校について、少し説明する必要がある。この二つの学校は、特に 1946（昭和21）年〜50（昭和25）年に行われた旧学制から新学制への学制改革周辺の時代までにそれぞれの学校に通った者は、地域のなかでやや異なる社会階層をもつ者であった。

　加茂朝学校は、その名のとおり当初は早朝に授業を行う学校であった。昼間は各自の仕事に戻れるよう時間割りが組まれ、そこで学んだ者の多くはいわゆる庶民層の出自で、その後も加茂に残って工場労働や家業の農業を営む者などが多かった。加茂朝学校関係者で市政と深いかかわりをもっていく主な人物としては 4 名あげることができる。初代加茂市長になった金田綱雄、先に名をあげた弁護士となった渡辺喜八、国鉄労組のリーダーとなった相田一男[33]、そして工場労働者から中小企業主となり、さらに加茂市長になる太田大三郎である。

　金田綱雄は最後の加茂町長でもあり、初代加茂市長でもあるが、加茂朝学校卒業後、同校で教鞭を執っており、戦時は学徒動員で加茂朝学校の生徒が動員された木製のグライダー工場会社の社長も務めていた。市長引退後は加茂暁星高校校長、および同学園理事長を長らく務めた。渡辺喜八は加茂朝学校中退者ではあるが、戦前、のちに仙台市長となる弁護士・島野武の法律事務所で働き、戦中疎開で加茂に戻ってからは新潟県で数少ない労働問題や人権問題を扱う弁護士として活躍した。具体的には松川事件や新潟水俣病の弁護団のに加わり、法律面で労働者や社会的弱者を支える活動を行った人物である[34]。相田一男は国鉄に入社し、その後、大陸に従軍、シベリア抑留で共産主義の教育を受け[35]、抑留した同僚を巻き込んで反軍闘争を行うなどの活動をしていた。1949（昭和24）年に帰国後、国鉄に復職して国鉄労組のリーダーの一人となり、1954（昭和29）年には解雇処分を受けるが、新潟本部労組委員長に就き、1957（昭和32）年の国鉄新潟闘争ではストライキを指揮した。太田大三郎は加茂朝学校卒業後も加茂に残り、同窓会役員を務めつつ、

いくつか職を変えながらも市内の中堅企業の社長となり、市長選挙の参謀や村山達雄の後援会である加茂山紫会の役員として、幾度も選挙に携わった。

　彼らは加茂朝学校を卒業または中退したのち、市や県の政財界、教育界、法曹界、労働界でリーダーとなり、特に立身した人物であるが、その同窓生や中退者らの多くは市内に残り、工場労働者や家業を継いでいった[36]。

　加茂農林は戦前は四年制の専門学校、高等専門学校の位置づけであり、入学者の多くが寮で過ごし、戦後の新潟大学農学部の前身となった学校である。戦前の入学者は県内各地のなか、小地主の子弟が中心で[37]、卒業後も多くは新潟県内に残り、県庁、市町村役場や農業団体の職員、学校教員など新潟県全県にわたって地域の中核的存在となる人物が多かった[38]。

　戦後は新制の加茂農林高等学校として再スタートした。加茂農林のネットワークとしては、1955（昭和55）年の県知事選挙の際に、元長岡市長で加茂農林OBの松田弘俊を中心に、同窓生の一人である新潟県知事候補・北村一男を当選させるために、加茂農軍団と呼ばれる運動を展開し[39]、全県にいるOBらが党派を超えて活発な支援を行い[40]、北村一男知事を誕生させる原動力ともなったとされる動きもあった。また、加茂農林同窓生でのちに長岡市長になる当時の県職員組合書記長の日浦晴三郎も、北村支援に駆けずり回ったとされる。加えてこの選挙当時の加茂農林高校の校長はのちに加茂市長となる吉田巌であり、吉田もまた加茂農軍団の指導者の一人として選対で活動したとされる[41]。このような性質の学校であったため、戦前戦中の卒業生は地域の庶民層とはやや溝があったが、戦後学制改革を経て、その地で新潟県立加茂農林高等学校として改組されてからは定時制が開設され、昼間は労働者として勤務しつつ働く者も生まれてくるなど、地元との密着度が高まっていった。

　この二校の学校関係者が市政界と深く結びつくようになったきっかけとしては、加茂町時代に町長となった坂内龍雄や金田綱雄の存在があったいえる。坂内が町長になったのは20代半ばであったし、金田も40代で町長となっており、当時の若手、青年世代の代表ともいえる存在であった。加茂市においては戦中から戦後しばらくの間、大地主に由来する企業家やその番頭、

市内にある古くからの歴史をもつ青海神社や長瀬神社の神職者一族[42]など、いわゆる名望家らによる地域支配が確立していた。

　ところが、地方自治法が制定され、公選首長の時代となると状況が変わる。かつての地主や明治・大正時代に企業家となった一族、それらの番頭など、既存の名望家層による政治支配の脱却を訴えて坂内が当選し、その後も既存の名望家層からは距離を置き、中立的な立場を主張した金田が町長に当選するなど、加茂町ではすでに昭和20年代（1945〜55年）の段階で、選挙において既存の名望家層が多数派を形成することが難しくなっていく。そのなかで教育関係者が連続して町長の座に就き、そして市町村合併等市制施行や、当時の課題であった上水道の敷設などを果たしていったことから首長として市内を上手く調整する役割を教育関係者に求めていく風潮が形成されたと考えられる。

第2節　加茂市政をめぐる政治秩序

　ここまでは加茂の産業や政界めぐる地域的特徴について述べてきたが、ここからは加茂市政におけるガバナンスの様態変化をとらえていく。それを把握するための手掛かりとなるのが首長選挙と、加茂市の場合は全市で一つの議席の選ぶこととなる県議会議員選挙である。それらの選挙と各市長時代の市政運営をめぐる動向を確認することで、加茂市のガバナンスを浮き上がらせる。

1. 旦那政治からの脱却——金田市政

金田綱雄の戦略勝ち——合併直前の町長選挙

　加茂市が市政施行を果たすのは、1954（昭和29）年に南蒲原郡下条村を合併した時である。しかしこれは編入合併であったため、当時の加茂町長の金田綱雄が市長の役を担った。そのため、初代加茂市長となった金田がはじめて加茂町長に当選した1951（昭和26）年の町長選挙から、加茂の市政をめぐ

第4章　加齢する自治——新潟県加茂市のガバナンス動態　　289

る動態を追っていくことにしたい。

　そのためにはまずこの選挙の経緯から確認する必要がある。この時の町長選挙は現職であった坂内龍雄が、約半年の任期を残して辞任したことに端を発する。坂内は「私の最終目標は国会議員である」と抱負を語り、辞職はその前段として県議会議員選挙に挑むためであった[43]。

　候補者としては前町長である坂内龍雄の後継として、税理士であり、町議会議長を経験した長谷川均が立候補した。長谷川は町内の機屋（織物業者）の大勢力の一つであった皆川家の番頭格の人物で、坂内派町議会議員や織物業者の支援を受け、選挙の準備を進めていった[44]。また、商工会議所会頭を務めた川崎捨吉も立候補を表明した。川崎はかつて加茂の庄屋の一族であった市川家[45]の支援を受けた自由党系の町議会議員らに推されていた。両者ともに戦後の復興需要、朝鮮特需で好況を呈していた織物業界の出身であり、業界が二分される状態となっていた[46]。

　この二名の戦いは、前回（1947〔昭和22〕年11月）、前々回（1947〔昭和22〕年4月）の二度にわたって選挙を戦った坂内龍雄と、もう一人の候補者であった市川長助の代理戦争と呼べるものであった。ちなみにこの二回の選挙ではともに坂内が当選している。坂内龍雄という人物は東京帝大法学部卒業後、地元に戻って実家の双璧寺で仏門に入るとともに、加茂農林の教員をしていた、1947（昭和22）年4月当時26歳の青年であった。坂内は町内の青年団体関係の若者や双璧寺の檀家、さらに一部町議会議員をはじめ青年層や主婦層に支持を呼び掛け、「一部有力者によるたらい回し政治をやめる」「町政公聴会というようなものを終始開いて議員や委員でなくとも発言を認める」「町会はガラス箱のなかで多数の傍聴者を前に行う」など[47]、旧来型名望家構造の打破を掲げて支持を集めて当選した。坂内の町政運営は一部議会との調整がうまくいかずにトラブル[48]も発生し、町長の辞職と出直し町長選挙が行われるなど、決して順風満帆とはいえないものであったようである。その過程で、当選当初は市内では新興勢力とされたが、その後は結果的に当初自身が批判した一部の名望家層と連携した町政運営となった。そして1951（昭和26）年の県議会議員選挙の機会に打って出たのである[49]。

話を町長選挙に戻すが、このように因縁のある二名の候補者が早くから出馬を表明して舌戦を繰り広げるなか、第三の候補が登場した。元加茂町議会議長の金田綱雄である。金田は1947（昭和22）年4月の町議会議員選挙で当選後、議長の任にあったが、坂内町長の辞職と出直し町長選挙のトラブルの最中、抗議の意を表して議員を辞職していた身であった。金田は自身の出身校である加茂朝学校の教員だったが、加えて若い頃から加茂町の青年団活動に参画し、戦時中は加茂朝学校の生徒50名を学徒動員として働かせることとなった加茂滑空機株式会社の社長に就任するなど[50]、地域の青年層とのつながりの深い人物であった。金田は長谷川、川崎両候補とともに保守系と報じられてはいたが、主な支持者は当時工場などで働いていた青年労働者層であり、選挙参謀には加茂朝学校の後輩で弁護士の渡辺喜八が就いていた。

　渡辺喜八は社会党籍をもったことはなかったようであるが、当時すでに新潟県内で労働問題を扱う人権派弁護士として活躍しており、社会党に非常に近い人脈を有していた。それは社会党で衆議院議員を経験する小林進の後援会である星々会の最高顧問を長らく務め、新潟水俣病裁判の原告弁護団長や松川事件の弁護団にも入り、小林の後継者としてのちに衆議院議員となる坂上富男弁護士と関係が深かったことからも窺える[51]。また、革新市長の代表的人物の一人で仙台市長となる島野武とのつながりも深かった。渡辺はかつて加茂朝学校を中退し、仙台育英中学に進学したのであるが、その折にはすでに弁護士であった島野の実兄宅で書生として学んだ。さらに渡辺は中央大学法学部卒業後、先に弁護士になっていた島野の法律事務所の事務を手伝いながら試験勉強を行い、法曹資格取得後もしばらくの間、弁護士として島野法律事務所で働いていた[52]。

　金田陣営は資金力や運動規模において明らかに後れをとっていたものの、渡辺喜八参謀のもと、金田の教え子で国鉄労組新潟地域本部のリーダーとなっていた相田一男や、相田と同級生でのちに市長となる太田大三郎が選挙の実働部隊として、加茂朝学校関係者を中心とする青年労働者層に支持を広げていった[53]。

　金田陣営は立候補表明が遅くなればなるほど、川崎・長谷川両派の戦いが

激しくなり、両者が個人攻撃を開始するのでその様子に町民が辟易すること
を予想していた。また、長谷川・川崎両者が舌戦を繰り広げるにつれ、坂内
町長が当初批判していたはずの昔の町政、つまり、「有力者によるたらい回し
政治」に戻るのではないかといった不安が、市民の間で高まっていくのでは
ないかということも予想していた。その状況下において、金田陣営は徹底的
に「厳正中立」という一点を訴えて選挙を戦った[54]。金田陣営としては一位
の候補者に法定得票数[55]をとらせずに、一回目の投票で二位を勝ちとること
ができれば、三位になった候補者の大部分の票を獲得することができ、結果
として勝利することができるだろうという算段だった。当時の公職選挙法で
は法定得票数が有効投票数の過半数に設定されており、それに至らなかった
場合は決選投票となる。そのため、現在よりも決選投票が発生しやすい制度
であった。

表 4-3　1951（昭和 26）年の加茂町長選挙

1951（昭和 26）年 5 月 15 日執行			
氏名	得票数	属性	支持連合
長谷川均	4,634	町議会議長、税理士、織物業者	織物業者他産業界（やや新興）
金田綱雄	4,384	元町議会議長、元教員	加茂朝学校関係者、労働者層
川崎捨吉	4,337	織物業者	織物業者他産業界（やや旧来型）、坂内派

1951（昭和 26）年 5 月 30 日執行 ［決選投票］			
氏名	得票数	属性	支持連合
金田綱雄	7,668	元町議会議長、元教員	加茂朝学校関係者、労働者層、川崎（反坂内）派
長谷川均	5,358	町議会議長、税理士、織物業者	織物業者他産業界（やや新興）

　結果、第一回目の投票では長谷川が 4634 票を獲得するものの法定得票数
には至らず、金田が 4384 票で二位となり、決選投票となった。決選投票で
は金田陣営の思惑通りに、他陣営の敵対関係が強く、金田が川崎派の受け皿

となる。金田陣営の当初の目論見どおりとなり、金田町長が誕生した。

同時期に行われた県議会議員選挙では、南蒲原郡選挙区では前町長の坂内龍雄以外の候補者は現れずに、坂内の無投票当選となった。

金田の町長就任後は、議会では坂内支持の議員とは微妙な関係ではあったようだが、その関係は長くは続かなかったようである。当時金田市長が掲げ、実施しようとしていた事業や政策課題は業界との利害関係が衝突するような類いのものではなく、対立も表面化せず、議会でも協調的な体制がとられ、結果としてオール与党に近い体制となっていった。

金田市長の安定した市政運営と無投票当選

現職の金田町長は任期途中に目標としていた下条村との合併を果たし、市制施行を経て市長となっていた。1955（昭和30）年に行われる次期市長選挙へ向けて、もう一期との声が上がり、再出馬は決定的となっていった[56]。一方、対立候補擁立の動きも存在していた。県議会議員の坂内と金田市長との関係があまり良好でないことを危惧し、坂内派の一部から市政と県政をつなぐことへの必要性を説き、市議会議長で市の産業界の重鎮でもあった人物を擁立しようとする動きであった[57]。しかし、その動きも立候補までには至らず、金田市長の独走が決定的となった。金田市長は、下条村と合併して市政施行を成し遂げ、その後、最大の課題とされていた上水道の敷設について水源のある七谷村との調整に成功し、さらにはその七谷村との合併も成し遂げることができていた。また、市庁舎の建設なども手掛けたこともあって、市内の多方面から政治的手腕を評価されてもいた[58]。

同時期に行われた県議会議員選挙においても、現職の坂内龍雄以外に候補者擁立の動きはなく[59]、坂内が無投票で当選した。

無投票の第二回市長選挙（1959.4）と革新県議の登場

第二回の市長選挙へ向けて、県議会議員の坂内龍雄の支援を受けた、当時市議会副議長で元七谷村長の関根栄昭が出馬の動きを見せたことが報じられた[60]。しかしながら、最終的には出馬断念に至り、再選を目指した現職の金

田市長の独走態勢が築かれていった。

　金田市長については、市の産業発展に力が弱い、庁内ではワンマンである、といった不満の声はあったが、特段の失政もなく過ごしており、市政運営について一定の評価がなされていた。そのため市長選挙では自民党、社会党両党とも候補者擁立に関しては沈黙を守った。地区労については市長に対して労働会館の建設や授産所の設置など11個の要求を突きつけたのち、金田市長より実現に努力する旨の回答を得た、ということで推薦を決定した。市長選挙においては独走を阻む者はなく、坂内派からは直前まで候補者擁立の牽制はあったものの結局擁立できずに、金田市長が無投票で再選した [61]。

　県議会議員については現職の坂内龍雄が早くから再出馬を表明し、当初は独自に運動を展開していた。一方、1957（昭和32）年6月にようやく加茂市でも自由民主党加茂支部が結成され、自民党加茂支部としての候補者を擁立すべきとの動きがはじまった [62]。それによって現職で党籍をもたない坂内に自民党としてどのように対応するかという課題が浮かび上がることとなった。自民党加茂支部では当初は独自候補擁立を目指して、坂内以外の幾名かの名前があがっていたものの決め手に欠け [63]、当時の自民党加茂支部長であった長谷川均元加茂市議会議長が、自身と関係の深かった坂内の選挙責任者となることを表明するに至った。そこでかつての選挙戦の遺恨などで自民党として坂内を推すことに反対意見があったものの、坂内が自民党入りして長谷川の代わりに新たに支部長に就任し、自民党公認で坂内龍雄が出馬することで話は治まった [64]。

　この県議会議員選挙については一時、坂内の独走態勢と報じられた [65] ものの、しだいにその雲行きが怪しくなってきた。県議会議員の連続無投票への批判もあり、革新系から坂内の対抗馬擁立の動きが生じてきたのである。南蒲原郡選出の県議会議員であった鶴巻辰次郎の加茂市部への転出出馬や、市議会議員一期の相田一男、日農の支援を受けた市議会議員であった有本甚作の出馬が噂されていった [66]。

　また、金田市長の近くからも候補者擁立の動きが生じてきた。金田市長は市議会との関係では協調的な体制を構築して安定的な市政運営を行っていた

ものの、現職県議会議員の坂内龍雄とはほとんど接触がない状況となっていた。坂内は市長、市議会議員やその他市民に対して「用があるなら伺候せよ」という態度であったとされ、金田市長のみならず、多くの市議会議員から不満の声が生じていた[67]。加えて、坂内に対する評判は加茂市内に留まらず、三条市の新聞などでも批判的な論調で報じられていた[68]。

　そこで金田市長の門下生である太田大三郎をはじめとする加茂朝学校の教え子などは、金田市長の懐刀でもある弁護士・渡辺喜八に出馬の説得を行う。渡辺は持病の心配があり出馬を渋ったとされるが、なんとか本人の了承をとりつけ立候補に至った[69]。

　渡辺の選挙活動は、地区労や文化団体、青年団体などを手はじめに支援を広げていった。渡辺は当時の全国の革新市長のなかでも代表格の一人であった仙台市長・島野武との関わりや、労働関係、人権関係の弁護を受けもつことの多かったことから当然のごとく革新系候補とみなされたが、無所属として選挙戦を戦った。また、坂内との関係が良好ではなかったとされた北村一男前新潟県知事なども渡辺の応援に駆けつけ、坂内に反発する一定の保守層をとり込んでいく形で支持を広げていった[70]。

表4-4　1959（昭和34）年の県議会議員選挙（加茂市選挙区）

1959（昭和34）年5月23日執行			
氏名	得票数	属性	支持連合
渡辺喜八	9,952	弁護士、元町議会議員	地区労、青年団体、労働者層、自民党反坂内派
坂内龍雄	9,051	県議会議員	自民党

　結果、渡辺9952票、坂内9051票で、渡辺喜八の勝利となった。新聞では坂内が自身を過大評価し市民から反発を受けた一方で、渡辺の人柄が評価された結果と報じられた[71]。

第4章　加齢する自治——新潟県加茂市のガバナンス動態　295

金田市長による保革調整の町政・市政運営

当時の市政で、大きな課題としてあげられていたのが、公衆衛生の問題（上水道）、町村合併で約束した編入合併村での道路整備、学校建設、そして災害に対する安全性対策であった[72]。

そのなかでも金田市政が積極的にとり組んだ課題が、上水道をはじめとする公衆衛生の問題であった。歴史的に加茂郷は水に恵まれた地域といわれてきたが、人口が増加し、近代的な工場が出来、いわゆる都市化が進行していくに連れ、衛生環境が悪化していった。それまで生活用水としていた川の水の汚染や井戸水の枯渇などの問題が浮かびあがってきたのである。水については市内各地で簡易水道組合が設立されるも、市民の多くは生活用水を川や各自の井戸から直接汲みとって利用している状況であったため、衛生処理は不完全で、市内では赤痢や腸チフスの伝染病が頻発していた[73]。

市制施行を果たした1954（昭和29）年の時点でも、加茂市には上水道がなく、市制施行直後の広報を見ても、市内の感染病・感染症の状況を知らせるものや、それに対する予防対策方法の実施・呼びかけなどが盛んに行われていたように、主要課題として認識されていた[74]。

上水道に関しては、水源に適切な場所として加茂川上流の権ノ神岳、粟ヶ岳の山間があげられ、そこに貯水池・取水塔を作る必要があるとされた。しかしながら、その土地は当時の加茂町内ではなく、隣の七谷村に所在していた。七谷村とは昭和29年（1954）に合併することになるのだが、この上水道敷設の申し入れをしたときにはまだ合併の話が本格化していない状態であり、加茂町と七谷村の間で水源となる土地確保にあたっての条件交渉が行われた。その際、当時の七谷村は政治勢力が保革で大きく対立していたことで有名で[75]、そのなかでも革新系の有力勢力であった日本農民組合から、加茂町への水源提供について反対運動が展開された。加茂町としては金田町長のもとで交渉委員が任命され、金田町長も反対運動を行っていた日農陣営に乗り込み、七谷村の日農のリーダーで、県議会議員でもあった鶴巻辰次郎ら幹部と直接交渉を行って同意を願い出るなどの説得、交渉を進めていった。そして最終的には七谷村議会でも満場一致で同意がなされ、水源地ダムが着工

に至ることとなった[76]。この上水道施設は合併後の昭和31年（1956）に完成する[77]。なお、この上水道の建設については金田市長を先頭に、当時加茂町に支持者の多かった衆議院議員・亘四郎に幾度となく陳情を行った末、国庫補助や起債許可を得ることができたとされる[78]。

　また、合併については、話が具体化する以前から加茂郷として加茂町、下条村、七谷村の三町村で、土木農政について振興対策協議会が設置されていた。それに基づき共同で加茂川・下条川の河川改修の問題、家畜保健所や和紙試験所の誘致、道路新設、雪寒法による補助獲得に向けた共同陳情、伝染病対策などの課題について協議されていた経緯があった[79]。市制施行し、市域を大きく拡大していくことについては、県議会議員の坂内龍雄を中心に、病院、交通網整備などの都市機能整備、加えて精神的利益として地域の信用の向上、教育文化として高校への施設増強がなされるといった内容が積極的に宣伝され[80]、合併に向けた世論が形成されていった。また、須田村については最終的には一部分村することとなったが、加茂市と合併し、大部分の地域は加茂市となった。須田村との合併に際しては、加茂町・市側から須田村住民に対して、非常に積極的な合併への宣伝活動がなされた記録がある。当時須田村は純農村といえる地域であったが、合併を宣伝した加茂町・市側としては、須田村と合併することでより市域、人口を拡大することができること、須田村の農民としては、加茂市で4と9のつく日に開かれる朝市（六斎市）に須田の農民を加茂市民として積極的に受け入れ、一定の現金収入を確保できるようにするといったことで宣伝がなされていった。須田村の去就としては、白根町と加茂市との間で綱引き状態になったが、これらのことから加茂との合併に傾いていったのである[81]。

　金田市長時代の行政をめぐる問題・課題でもう一つ重要なものは災害対策であった。ほかの自治体同様、災害は確かに自然現象によるものではあるが、当時の基礎的なインフラの脆弱性という問題を明らかにした契機でもあった。金田市長の時代に受けた災害をあげると、1961（昭和36）年1月の三六豪雪、同年8月の集中豪雨、同年9月の第二室戸台風被害、1963（昭和38）年1月の三八豪雪などである。特に1961（昭和36）年は三つの大規模な災害

が連続したこともあり、市としては水害対策本部を設置し、自衛隊へ除雪の協力要請を行い、さらには国への陳情などで災害対策救助法の適用を受け、早期復旧を目指して対処していった[82]。しかし、金田市長時代の災害対策としては、緊急対策以外、抜本的な対策までは実施することができなかったといえる。それは町村合併の際に約束した旧村部中学校の増改築を果たしつつも、黒字財政維持を努力した市政財政運営の結果でもあり、災害に強いインフラの整備に着手することが難しかったと考えられる。

また、金田市長は市議会との関係としては、保革の支持基盤を問わず集まった当時、30代から40代を中心とする若手市議会議員グループを重用したとされる。例えば、その中の一人である市議会議員の相田一男は、自身の回想録で次のように述べている「金田市長は私を重用し、ときには私の意見と違うことがあったが、大筋で私の提案を支持した。私の立場は革新系無所属であった。しかし、坂上宇一郎、住吉富一、小林松三郎、渡辺正一などと組み、多数派となり、金田市政、吉田市政を支えた」[83]。ここに名前があがっている人物は旧村部の農業者の支持基盤をもつ議員[84]や、朝市（六斎市）運営のまとめ役として行商人や出店農家を支持基盤としていた人物であった[85]。また相田一男は金田市政の時代から、吉田市政の時代にかけて、三期12年間、議会の重要ポストの一つである議会選出の監査委員に任命された[86]。またその他の人物も、議長や副議長をのちに経験していくことになる。議会で特に重視していたのは当時の若手議員勢力ではあったのだろうが、市長選挙としては二期連続無投票で当選したように、市内の名門一族などの利害にも目配りをしながらの市政運営であったと考えられる。

2. 災害対応市長の市政運営——吉田市政

産業界対学閥の第三回市長選挙

金田市長は町長時代を含め「行政の長は長きに失するな。長すぎると行政の停滞につながる」「物事には潮時がある」などとほのめかし、勇退する意思を示したことで、次期市長選挙への動きが活発化していくこととなる[87]。

自民党は金田市長の出馬にかかわらず、多選阻止を掲げて対抗となる候補者の擁立に動いていった。そこでは元須田村長の萱森久義や元七谷村長の関根栄昭らの自薦や、旧加茂町部からは加茂商工会議所専務の渡辺忠平の声があったが[88]、最終的に自民党幹部による会合の結果、自民党推薦者が当選した場合、萱森を助役とすることで調停がなされ、渡辺忠平が公認候補に決定した。しかし、この決定に関しては、十分な党内調整を経た上での決定といえるものではなかったようである[89]。

　自民党の公認候補となった渡辺忠平は村松町の出身で、県立村松中学を卒業後、旧制福島商業高校を卒業し満州国政府に従事するも、戦後は新潟に戻り、北越商業高等学校の教員を経たのち、加茂商工会議所の専務理事に就任していた人物である[90]。加茂の市長候補者に多い教員経験者であった。渡辺本人としては市長選挙にあまり乗り気ではなかったとされるが、恩義のある商工会議所幹部からの推薦を受け[91]、商工関係団体や越山会が支援に回り、活発に選挙運動を展開した。

　自民党の動きに対して、無投票ではいけない、また、事前のとり決めで助役人事を決定するヒモつき市政は好ましくないという声があがり、対抗馬を擁立する動き生じてきた。そこで加茂農林高校の校長であった吉田巌が、同窓会有志らの出馬要請を受けたということで立候補を決めた[92]。なお、この背景には選挙戦の表には出てこないものの、吉田に対する金田綱雄の支援の確約があったとされる[93]。

　これで選挙戦は渡辺忠平と吉田巌の一騎打ちとなった。吉田陣営には金田の命を受け、のちに市長になる太田大三郎が選挙参謀として参画した。選挙責任者は、かつて加茂農林で教鞭を執り、のちに吉田の次の市長となる皆川良二が就任した。そして県庁職員や県議会議員、周辺自治体の首長をはじめとする多数の加茂農林の関係者や同窓会が前面に出た選挙活動が行われていった[94]。太田の動きもあって吉田陣営は加茂朝学校同窓生にも支持を広げ、さらには地区労の支援もとりつけた[95]。

表 4-5　第三回加茂市長選挙

1963（昭和 38）年 4 月 30 日執行			
氏名	得票数	属性	支持連合
吉田巌	12,546	加茂農林校長、元新潟県教育委員会委員長	地区労他青年労働者層、加茂農林関係者、商工業者の一部
渡辺忠平	8,953	商工会議所専務	商工業者

　結果、吉田が 1 万 2546 票、渡辺が 8953 票と吉田が大勝した。政治的主張としては革新系を重視したアピールが主眼では必ずしもなかったが、革新勢力が吉田の支持連合に加わった末の勝利であった [96]。金田市政時代に概ね近い支持構造であったといえる。選挙後、渡辺派は運動員の買収による逮捕者が続出した。渡辺を支援した商工会議所会頭の川崎捨吉らその他商工会議所幹部は、選挙の責任をとって一斉辞任し、商工会議所の幹部が一掃されることとなった。そして新しい商工会議所の幹部陣は吉田市政への協力を表明する [97] など、商工業者と協調する体制がとられていった。

　また、市議会との関係では、選挙直後は渡辺支援に回った長老議員を中心に吉田市政に協力しないと宣言する者もいた [98] が、吉田市長が議員報酬引きあげ問題で反対運動を実施していた革新系ではなく、保守系議員に歩み寄りを見せることなどを経て融和路線となる [99]。このように、吉田は金田市政時代と同様、青年層、労働組合などを中心に推される形で市長になったものの、ある程度各方面に目配りをした市政が展開されることになっていく。

　県議会議員については、自民党では、前回の選挙後、県議会議員への再出馬を予定していた坂内龍雄の去就が問題となる。坂内に対しては当時加茂でも勢力を伸ばしつつあった越山会を中心に党内での評判が悪く、加茂の自民党がなかなか一枚岩になれない原因ともなっていた [100]。また、この頃、坂内は自民党の支部長でありながら栃尾に所在する、かつて上杉謙信が創建した常安寺 [101] の住職に就任し、栃尾と加茂の二重生活を送っていた。こうしたこともあり、市内の幹部との意思疎通もあまりうまくいっていない様子であったとされる [102]。そのため、坂内は次期の県議候補としては自民党が公認する

ものの、支部長の座から退任させられることとなった[103]。

　一方、現職県議会議員の渡辺喜八は、体調を崩したこともあって時期県議会議員選挙に再出馬しない見込みとなった。渡辺の県議会議員擁立に関しては、もともと金田市長が県とのパイプ役となる県議会議員を必要としたという経緯もあり、金田が市長選挙に出馬しないことから積極的な再出馬の要請はなかったようである。県とのパイプという観点であれば、吉田巌市長自身が新潟県教育委員会教育委員長や県の緑化推進委員長を歴任するなど、当時の県教育界の第一人者であり、特定の県議会議員を介さなくとも教え子の多い県庁をはじめ個人的な人脈を有していた。そして同年の県議会議員選挙では、ただ一人出馬した坂内龍雄が無投票で三度目の県議会議員に当選した。

無風の第四回市長選挙（1967.4）と保革対決が明確になる県議会議員選挙

　吉田市長は就任以来、市内の道路舗装や雁木通りの拡張計画なども順調に進めていった。また、災害対策として進めていった下条川ダム建設事業についてもたび重なる陳情の末、事業化の目処をつけていくなど一定の評価がなされ、次期選挙は無投票当選となるのではないかという噂が大きくなっていった[104]。そして、政争の舞台は早々に同年行われる県議会議員選挙に移り、吉田市長は無投票で再選を果たした[105]。

　県議会議員選挙に向けては、まず自民党内で不穏な動きが生じていた。現職の坂内龍雄に対する党内の評判が悪くなっていったのである。坂内は再選に向けて動いていたが、かねてから関係が良好ではなかったとされる自民党田中派（越山会）だけでなく、当時加茂市内で最も支持者の多かった亘派（春秋会）との関係を悪化させる出来事が生じるなど、市内の自民党支持者の反発が大きくなっていった[106]。そのため、自民党の側からは坂内を支援せず、ほかの候補を擁立する動きも生じていた[107]。しかし、新候補を擁立し、保守分裂選挙となった場合に、既に候補者擁立の動きをみせていた社会党に議席をとられる可能性も高いということで、結局のところ現職の坂内が、自民党内部に反発を抱えながらも公認された[108]。

　また、選挙前年の1966（昭和41）年には、当時の新潟県知事・塚田十一郎

が、塚田を支持する自民党県議会議員に対して現金20万円の中元を贈った
ことが問題（二十万円中元事件）となり、場合によっては知事の辞職だけでな
く、県議会も任期を待たずして解散、選挙が行われるかもしれないというこ
とが噂された。それを受けて社会党加茂支部では、同年3月の段階から市議
会議員であった勝又一郎を次期県議会議員選挙での公認候補として選挙にい
つでも臨めるよう準備を進めていた。なお、同事件において坂内龍雄は中元
20万円を受けとった人物の一人であったとされ、その点についても一部から
批判の声が上がっていた[109]。

　県議会議員の選挙戦では、直近の衆議院議員選挙や知事選挙で自民党が有
利な結果であったため坂内優勢とみられてはいたが、勝又は日農や地区労な
どの組織を固め、なおかつ自民党内で少なからず存在していた反坂内感情を
突いて、保守票の切り崩しにかかっていった。そこで「党より人物」を強調
し、当選後、党派を問わず加茂市のために働くことを訴えていく。一方、坂
内陣営は天下の自民党県議でないと事業誘導の面で不利になることを強調し
ていった[110]。

表4-6　1967（昭和42）年の新潟県議会議員選挙（加茂市選挙区）

1967（昭和42）年4月15日執行				
氏名	得票数	党派	属性	支持連合
勝又一郎	10,487	社会党	市議会議員	地区労他青年労働者層、越山会、春秋会
坂内龍雄	9,765	自民党	県議会議員、栃尾常安寺住職	商工業者

　結果、勝又一郎1万487票、坂内龍雄9765票で勝又一郎が現職を破って
勝利した。この結果について、新聞は坂内側が自民党内の信頼を失ったと報
じている[111]。

無投票の第五回市長選挙（1971.4）連続する県議会議員選挙での保革対立構造
　1971（昭和46）年に行われる市長選挙に向けて、社会党からは、農民運動

のリーダーであり加茂農協理事長となっていた市議会議員の人物を擁立する動きがあったが[112]、1969（昭和44）年の大水害を経て、その動きは消失していった。自民党関係者からは、かつて名町長と謳われた田下政治の息子を擁立する動きがあったものの、一部グループの独断専行的な行動として問題となって立ち消えた[113]。結果、新しい候補者は現れず、現職の吉田市長が無投票で再選を果たした[114]。

　一方、同年に行われる県議会議員選挙に向け、現職の勝又一郎は再選を狙って活動を続けていた。これに対して、自民党は議席奪還を目指して、元加茂小学校校長の増井悌三郎を保守系無所属として擁立した[115]。増井本人は県議の座に対してあまり積極的な熱意はなかったようで、一度は辞退を申し入れたとされるが、自民党加茂支部から幾度も要請が続けられ、最終的には受諾し選挙戦に突入していった[116]。県議会議員選挙においても教育関係者が神輿として担がれたのである。

　すでに加茂市では加茂川・下条川の改修の推進が優先すべき政策事項であると共有されており、両候補とも河川改修事業の推進と「国や県につながるパイプは私」と称していたため、政策的争点は特段生まれず、県議会議員選挙に対する市民の関心も薄かったとされる[117]。選挙戦も中傷合戦にはならず、それぞれの人脈と人格をアピールしての支援者の獲得争いとなった[118]。

表4-7　1971（昭和46）年の新潟県議会議員選挙（加茂市選挙区）

1971（昭和46）年4月11日執行				
氏名	得票数	党派	属性	支持連合
勝又一郎	11,732	社会党	市議会議員	地区労他青年労働者層
増井悌三郎	11,002	無所属（自民党推薦）	元加茂小学校校長	自民党、商工業者

　結果、現職の勝又一郎が1万1732票、増井悌三郎が1万1002票で現職の勝又が勝利した。前回も約700票差での勝利であり、今回も同程度の票差となった。加茂市においては議席一つの県議会議員選挙で、自民党が連敗することになったのである。

第4章　加齢する自治——新潟県加茂市のガバナンス動態　303

表4-8　加茂市を襲った主な災害

年月	災害	被害・対応概要
1960（昭和35）年12月～1961（昭和36）年1月	豪雪（三六豪雪）	12月29日から降り出した雪が休むことなく降り続き、31日夜には平野部でも約2m、山間部では4mに達する。雪はなお降り続き、交通機関や通信施設が麻痺。自衛隊高田駐屯地に除雪復旧作業のための派遣を要請。死者3名。除雪は進むものの操業ができない工場などが続出したこともあって経済的に打撃を受けたことから、国や県に対して復興のための中小企業向け長期低金利融資の斡旋がなされる。
1961（昭和36）年8月	集中豪雨、水害	加茂川、下条川の堤防の各所が決壊、溢水した濁流が市街地を渦巻き、床上浸水家屋が続出、加茂神殿地区に避難命令も発令される。また送水管の切断流出によって水道が断水し、水田地帯が泥水に埋まり、道路の各所が寸断される。具体的な被害は、土崩れ道路26カ所（404m）、棟梁流出・破壊22橋、堤防決壊9カ所（154m）、床下浸水2450戸、床上浸水204戸、非住家浸水44戸。加茂市も災害救助法発動10市町村の一つとなる。
1961（昭和36）年9月	台風（第二室戸台風）	市内で最大風速40.5mを記録、負傷者6名、住宅全壊38戸、半壊314戸、非住家418棟、山林、農作物被害続出。市は災害救助法の適用を受ける。
1963（昭和38）年1月	豪雪（三八豪雪）	加茂市の中心部はもとより、周辺部も雪で埋まり、市内の主要道路から降ろされた雪で街路がさらに埋まる状態になる。自衛隊高田駐屯地に除雪復旧作業のための派遣を要請し、地元消防団や市職員、市民とともに除雪作業を行う。公共交通機関は何日にもわたってストップすることとなった。豪雪による具体的な建物被害は全壊4棟、半壊4棟。

頻発する災害と河川改修の始動

　吉田市政期の課題としては、金田市政期に十分な解決の道筋をつけることができなかった災害対策があげられる。金田市長時代のものも含めて、主な災害を次の表4-8にまとめてある[119]。

　吉田巖市長は、一期目早々から就任前に起きた豪雪（三八豪雪）の後始末の仕事が残されていたが、議会や市民の協力もあり、対応は順調に進められていたとされる[120]。

　二期目になって、吉田市政には本腰を入れてとり組まなければならない事件が発生する。1967（昭和42）年8月の水害と、69（昭和44）年8月の水害

年月	災害	被害・対応概要
1967（昭和42）年8月	水害	加茂川上流地帯が集中豪雨に襲われ、加茂川、下条川をはじめ市内の各河川が氾濫。市内全戸が断水具体的な市内の被害は負傷者67人、家屋半壊7世帯、床上浸水2017世帯、床下浸水2643世帯、道路流失90ヵ所、橋の流失17橋、堤防決壊57ヵ所、上水道送水管流失3ヵ所（190m）、送水管露出4ヵ所（120m）、山林、農地被害多数で被害総額36億円。
1969（昭和44）年8月	水害	8月初旬から降り出した雨が一向に止まず、さらに8月12日未明から降雨は一段と強まり、同日午後6時頃、加茂川、下条川が氾濫し2年前よりも大きな被害が引き起こされる。市内の具体的な被害は死者9名、負傷者1014名、家屋流失8戸、全壊15戸、半壊52戸、床上浸水5440世帯、床下浸水1107世帯、橋の流失24橋、道路流失143ヵ所（8702m）、護岸堤防202ヵ所（2万1889m）、送水管流失破損2ヵ所（190m）、送水管露出3ヵ所（295m）、排水管流失破損6ヵ所（151m）ほか、山林農地被害多数で被害額総額約178億円。
1970（昭和45）年7月	水害	7月17日より降り続いた雨で加茂川、下条川が洪水となる。この水害では主に加茂川の支流の大皆川と下条川の氾濫により、その周辺地域に被害が多く出た。具体的な被害は負傷者2名、床上浸水406戸、床下浸水1451戸、道路流失11ヵ所、堤防決壊13ヵ所、橋の流失11橋、被害総額約4.5億円
1971（昭和46）年7月	水害	7月18日の豪雨により、加茂川が洪水となる。具体的な被害は浸水家屋241戸、道路流失3ヵ所、堤防決壊3ヵ所、被害総額約8000万円。

である。この二件が特段大きな被害をもたらしたものだったが、その後も毎年のように水害が発生した。このように災害続きとなるのは基本的なインフラに問題があると、国や県への陳情を重ね、国会審議でも加茂川・下条川の問題は、党派を超えて対応すべき問題としてとりあげられた[121]。そして、応急措置的な災害復旧ではなく、抜本的で大規模な河川改修を行う対策の必要性が認識され、大型公共事業実施の方向に進んでいくこととなる。

応急的な復旧がまだ完全には終わっていない1969（昭和44）年度中から加茂川、下条川の改修計画が作成され、加茂川は1970（昭和45）年度から、下

条川は 1971（昭和 46）年度から河川改修事業がスタートする。なお、これらの改修は一般的な河川の災害復旧として実施される災害復旧事業（1969〔昭和 44〕～72〔昭和 47〕）に加え、1970（昭和 45）年からは中小河川改修事業として実施されていった[122]。

　最大の事業となったのは加茂川の河川改修だが、その特徴は、多くの住宅や商店の移転を必要とするものであったことである。加茂川は市街地を流れる川であり、川沿いには市街地の一部として多くの住宅、商店が存在した。加茂川河川改修事業はそれらを移転させ、川幅を約二倍に拡張するものであった。これは工事自体も容易ではないが、最も重要な問題は、住民の協力による用地の買収であった。具体的には買収を要する用地が 64.6ha、移転を要する建物が 1276 棟と膨大なものとなっていた。

　そこで用地取得関係の業務も膨大なものとなるのであるが、それに関わる業務は主に加茂市が担った。具体的には、市に代替地対策、生活再建措置を担当する部門を設け、用地の確保と移転者との交渉を主に担当していったのである。住宅問題は生活の根幹に関わるものでもあり、それに関連する借地借家の権利関係、相続関係、境界紛争、家庭内の諸問題など、住民にとって切実な問題について個別の交渉が必要で、それに対応していったのである[123]。このように、河川改修事業にかかる各種費用面での要望、陳情活動、および移転交渉、それにともなう市と住民との衝突、住民間のトラブルへの対応も含めて、この大きな問題に対応していくことが、加茂市政において重要な課題となった。時には吉田市長が直々に地権者への説明・交渉に乗り出して、説得に関わっていくこともあったようである。

　河川改修による土地収用にともなう主な移転先となったのは、それまで水田地帯だった加茂駅西側の西加茂地区であった。その地区に住宅、商業地をはじめ大規模な造成が行われていった。加えて移転者の半数が借地、借家人であったことから公営住宅の需要も高まり、これもまた西加茂地区を中心に、市内各地に県営・市営合わせて計 15 棟、382 戸の新規公営住宅が出来あがった[124]。一方で、第 1 節で述べたように加茂市は比較的土地が高い[125]ことから田上村に移転していく住民も少なくなく、加茂市における人口減少の

要因の一つとなったという側面もある。

　また下条川に関しては、1967（昭和 42）年の水害後から上流で治水ダムの調査が開始され、用地買収が進められた。一時は地権者から、水害対策としてのダム建設自体は賛成だが、農地の代替用地が欲しいという意見で反対運動が起こることとなった [126]。そこで用地交渉は難航したものの、1969（昭和 44）年に再度大水害が発生したことで地権者も態度を軟化させ、用地取得は 1970（昭和 45）年 3 月に完了し、具体的な工事が開始されていった [127]。その後、加茂川・下条川の中小河川改修事業の一つとしてダムの建設がなされ、1974（昭和 49）年 3 月に治水ダムとなる下条川ダムが完成した [128]。

　また、吉田市政期の 1970（昭和 45）年には、1969（昭和 44）年の地方自治法改正によって基本構想の策定が市町村に義務づけられたことを受け、『加茂市振興整備計画（基本構想・基本計画）』が策定されている。この計画において基本的な態度として以下のことが掲げられている。

　　　この振興整備の基本的態度としては、加茂川・下条川および大皆川など各支川の抜本的改修事業を促進し、併せて市民生活が等しく国民的標準以上となるよう、生活環境の整備をすすめるものであります。

　このように、基本構想・基本計画のなかにも河川改修に対する推進の意図が明記され、当時の政策の中心が河川改修の円滑な遂行であったことが窺える。

　また吉田市長は、河川改修事業とともに「政治生命を賭して駅前、その他の市街地化を成し遂げる」ことを公言し、駅前広場の設置，駅前通りの拡張事業を区画整理事業で実施することも同時に手掛けようとした。そこで、市街地と西加茂を結ぶ道であるのにかかわらず、開かずの踏切となってしまっていた番田地区の踏切を移転し、地下横断道路の設置と自動車の立体交差の建設を目指していく。そこで、1971（昭和 46）年 9 月に議会で長い間継続審議となっていた都市計画税案が通過し、駅前と周辺整備にとりかかりはじめるが [129]、都市計画地域指定がなされた一部の住民から反対運動が巻き起こ

り[130]、吉田市長の在任期間中は駅前の開発を進展させることはなかなかできなかった。

　一方、産業の発展策や人口減対策に関しては、吉田市長時代は金田市長時代と同様に、具体的な措置をとることができなかった。市議会などで、市の発展策については時折話題にはあがるものの、市内は加茂川河川改修の用地取得のため、西加茂地区を中心に土地の確保が積極的に行われていたこともあり、地価が高騰している状態であった。そのため工場誘致には適さないとされ、産業発展策については本格的な動きにはならなかった[131]。また、田上と合併して安い土地を求め、そこで工場誘致をすべきとの声があがったこともあったが[132]、それについても具体的な話が進展することはなかった。

　産業の発展と密接に関係する交通網に関しては、当時東京と新潟を結ぶ関越・北陸自動車高速路建設の話がもちあがっていた。すでに三条市を通ることは確定していたが、そこから新潟までのルートは未確定であった。そこで加茂を通るように運動を開始すべきとの声があがりはじめる[133]。しかしながら、これについても具体的な誘致運動に発展しないまま、高速道路のルートは結局三条から西蒲原郡方面へ延びることとなり、加茂市内は通らないルートになった。

　このように、産業の発展、人口減少の課題認識はなされていたものの、大水害からの復旧と災害対策を目下の課題として、加茂川・下条川の両河川改修事業が優先事項として推進されてきた。また、それらの課題の重要性は市民に認識されつつも、今後どのような問題が引き起こされるか実感のない課題であり、現状の生活を維持することのほうが優先されていったと考えることもできる。災害などの問題はあったが、平時の住民の生活経済としてはこの地域はそれほど困窮していたわけではなかった。そこで地域の災害からの安全対策が優先され、経済発展について市政としての課題意識が地域内で十分に共有されなかったと考えられる。

3. 疑似開発志向の時代——皆川市政

はじめての保革対立市長選挙

次期市長選に向けて、当初現職の吉田市長は懸案事項としていた加茂川河川改修の途中であるとして、健康さえ許せば次回の選挙に再出馬することを表明していた [134] が、体調の悪化もあって 1974（昭和 49）年 9 月議会の最終日で次期選挙への不出馬を表明した [135]。

当時、市議会副議長であった相田一男は、同年の 7 月頃には吉田市長の動向を見極めつつ立候補の準備をはじめていた。そして地区労や加茂暁星高校同窓会（旧加茂朝学校同窓会）を中心に後援会の組織づくりを行うなど積極的な動き出し [136]、同年 9 月には吉田市長に対して出馬の意を表明して、活動を本格化させていった [137]。この相田の出馬声明と吉田市長の引退表明直後の状況において他候補の動きはなく、無投票になることが噂されていた [138]。なお、相田一男という人物は冷戦下の当時、世界労働大会の代表団の一人に選ばれ、首相・岸信介の許可を得て特例で参加し、その後も数度ソ連や東欧諸国の訪問を行う [139] など、冷戦の真っ只中にあっても東側諸国と交流をもち続けていた。

一方、自民党は相田の独走を阻止すべく候補者の擁立を図る。当初は市議会議長であった坂上宇一郎、前々回の県議会議員選挙で敗れた坂内龍雄、前回県議会議員選挙で敗れた増井俤三郎、あるいは相田一男の同級生で「最も親しい友」[140] である太田大三郎の名もあがっていた [141] が、しだいに出馬の噂は消えていった。そこで最終的に候補者として浮上してきたのが、民間選出の加茂市監査委員であった皆川良二である [142]。皆川は加茂町時代に元南蒲原郡選出の県議会議員であった皆川正蔵の長男で、戦前から終戦直後の加茂の主要産業の　つであった織物業の、市内最大企業の出目だった。また政界の親戚関係としては、大地主の一族にありながら新潟県で農民運動を率い、社会党衆議院議員を経験し、社会党公認の新潟県知事候補にあがった弁護士・玉井潤次の孫にもあたり、加えて当時の田上町長であった坂内淑男の従兄弟 [143] でもあるという、市内有数の名望家一族の人物であった。また長ら

く吉田巌市長の後援会幹部でもあり、吉田市長が退任を決めたときには後援会の副会長でもあった。

　皆川の選挙参謀には吉田市長時代に長らく市議会議長を務め、一時は市長候補者として名前があがった市議会議員の坂上宇一郎が就任し、保守系市議会議員の結束を図られる体制を構築していった[144]。表向きには皆川の擁立については、皆川がかつて教員をしていた加茂農林高校の同窓会有志と、皆川が会長を務めていた前市長の吉田巌後援会が中心となってあと押ししたこととされた。吉田は1974（昭和49）年12月より入院療養中であり、病床から皆川の支持は伝えられた[145]ものの、実質的には自民党勢力による擁立であった。

　選挙責任者を務めた坂上宇一郎は無所属であったが、かつては革新系に近い立場をとることがあったとされ[146]、金田市長時代や吉田市長時代の市議会では、相田一男と比較的親しいグループの人物であった。しかし、吉田市長時代に議長を経験し、議会の側から吉田市政を支える立場をとったことから吉田後援会とのつながりが深くなっており、この選挙では吉田後援会が皆川を後継候補としたことで、皆川候補の側に就いた。なお、皆川は立候補に際して、坂上宇一郎が選挙責任者、あるいは後援会の会長に就いてくれるならば要請を受諾するという、条件つきでの立候補要請の受諾であったとされる。坂上はこれを受け入れ、自身は次期市議会議員選挙には出馬せずに、皆川当選のために全力を尽くす姿勢をとっていくこととなる[147]。

　これによって、相田支持を明確にしている加茂暁星高校同窓会会長でありながら、皆川の実質的な後援会に移行した吉田巌後援会の幹事長でもあった太田大三郎は、微妙な立場に立たされることとなる。太田はそれまで公職政治家としての経験はないものの、市内の政界関係者のなかでは十分顔の知れた人物となっていた。相田対皆川の構図となった時点でどちらを支援するかはただでさえ難しい選択だったが、それに加えて実兄である坂上宇一郎が皆川陣営に就いたことによって、いっそう判断の難しい立場に追いやられることとなった。結果、太田は中立を宣言して選挙を黙して見守ることとなった[148]。

市民のなかから誰が市長になっても変わりがない、という声があったように、両者とも吉田市政で取り組んだ市政の最重要事項である加茂川・下条川の改修工事の推進と移転者対策、河川改修と併せた駅前の区画整理にともなう駅前広場やアーケードの問題などを掲げていた。このように政策的な争点は曖昧であったが、皆川良二は商工業界の発展を、相田一男は生活困窮者、労働者など弱者救済を訴えるなど、それぞれの支持基盤に合致する政策を掲げており[149]、背景にどのような支持者がいるのかという立場の違いが垣間見られるものであった。

表4-9　第六回加茂市長選挙

1975（昭和50）年4月27日執行			
氏名	得票数	属性	支持連合
皆川良二	14,960	市監査委員、元加茂農林教員、織物業界名家	自民党各派、商工業者、加茂農林高校同窓会
相田一男	8,637	労働運動家、家具製造販売業	地区労労働者層、加茂暁星高校同窓会関係者、一部保守系無所属議員

　選挙戦は出足の遅れから、当初皆川陣営が劣勢だったとされるが、皆川は自民党各派や加茂農林高校同窓会の支援などから着々と巻き返しを図っていた。結果、皆川1万4960票で、相田8637票で、皆川が大差で当選することになった。皆川は商店街や中小企業、婦人団体、医師会、加茂農林同窓会などから幅広い支持を集め、地滑り的勝利となった[150]。

　助役人事には皆川後援会の会長を務めた元市議会議長の坂上宇一郎の名前があがった[151]が、先に市監査委員にほかの後援会幹部を就任させており、さらに坂上を助役に就けることは議会から論功人事と反発を受けるとされ、その案は白紙となった。半年ほど助役が決まらない空白期間ののち、吉田前市長と当時の市議会議長との懇談のもと、市総務課長であった遠藤義男を就けることで方針が決定し、議会の承認を受けて決定した[152]。

　同時期に行われた県議会議員選挙では、自民党を中心とする保守系勢力は市長選に集中したため、候補者を擁立せず、再選を目指して市長選挙に出馬

第4章　加齢する自治——新潟県加茂市のガバナンス動態　　311

した相田とともに、早くから運動を行っていた現職で社会党の勝又一郎が無投票で当選した[153]。また、社会党の勝又は加茂川改修の移転者への説明会に出席し、河川改修をめぐる財政状況と移転促進のための住民への説明に協力するなど、加茂川改修と移転の問題に関しては超党派でとり組む姿勢がみられるなど[154]、選挙後は市長選の遺恨もなく、協調的な体制で目下の課題であった河川改修の残務にとり組んでいった。

越山会対社会党——県議会議員選挙（1979.4）

次の市長選挙については、社会党から皆川市長に対抗する人物を擁立する動きの噂が流れるものの実現せずに現職の対抗馬が現れなかった[155]。社会党とすれば、県議会議員選挙で自民党が本格的に対抗候補の擁立の動きをはじめたことから、県議選での現職勝又一郎の議席維持に集中させたようである[156]。そのため、市長選挙は早々に無投票の雰囲気となり、現職の皆川市長以外の候補者は現れず、無投票再選となった。その結果、政治の勢力争いは市長と同じく一つの席を争う県議会議員選挙の場に移っていった。

県議会議員選挙における自民党の候補者としては、前回市議会議員選挙で上位当選を果たした、若手で越山会系の市議会議員・菊田征治の擁立を求める声が大きくなっていった。菊田は親戚の片岡甚松が越後交通幹部で、大学時代は目白の田中角栄邸に出入りしており、まさしく若手の越山会直系の人物であった。菊田自身も、田中角栄が選挙区に帰郷の折に、田中に直接出馬の意を表明するなど意欲十分[157]で、自民党加茂支部は菊田を公認候補として選挙戦に挑むこととなった[158]。この選挙戦では、自民党とすれば連敗を防ぎたいという思いがあってか、田中角栄自身も応援に駆けつけ、そのほか君知事夫人や皆川市長をはじめ、当時の県内、市内の名士がこぞって応援に駆けつけたという記録もある。また、皆川良二後援会、加茂商店街協同組合、加茂木工品連合会、加茂鉄鋼連合組合、加茂建設業協会など各種業界団体の支持をとりつけるなど、組織固めも進められていった[159]。

菊田のアピールポイントは、まさに越山会である。そこで、田中角栄との関係が前面に出され、それら人脈を活用した国、県とのパイプ役となって各

種事業を誘導していくことにあった[160]。選挙戦でも、田中以外に塚田十一郎元知事（当時自民党県連本部長）、長谷川信参議院議員らが直接激励に訪れるなど、大掛かりな選挙戦となっていった[161]。

政策的には皆川市政と同様に、両者とも加茂川・下条川の河川改修の促進を第一に掲げており、違いをあげるとすれば、菊田側が基幹道路整備や工場用地、住宅用地の造成を掲げていたことなどである[162]。明確な政策的争点がないなか、これまで社会党に所属しながらも積極的に加茂川・下条川の改修に協力し、人格的にも市民に評価されていた勝又[163]と、若いながらも田中とのに太いパイプを有し、公共事業の誘導などを訴える菊田とが、それぞれの組織を固めつつ、政策と人柄をアピールしていく選挙戦となった。

表4-10　1979（昭和54）年の新潟県議会議員選挙（加茂市選挙区）

1979（昭和54）年4月8日執行　県議会議員選挙				
氏名	得票数	党派	属性	支持連合
勝又一郎	12,533	社会党	県議会議員	地区労他労働者層
菊田征治	10,560	自民党	材木・建設業者	商工業者（越山会中心）

結果、勝又1万2533票、菊田1万560票で勝又が四選を果たした。社会党所属であったことから、公共事業の協力を得ようとする際に差し障りがあるといわれながらも、連続三期の実績を訴え、これまで河川改修等にともなう各種調整にも積極的に参加して人柄が知られていた勝又が、自民党の新人候補を振り切る形となった[164]。

一方で、菊田陣営は8年前の市長選挙での敗戦の反省から、支持組織を拡大し数多くの組織に支援を求める策に出たが、実態の運動においては越山会が中心となっていた。この当時の加茂市内の自民党勢力は、有力ではあったが圧倒的ではなく、衆議院議員・渡辺秀央の後援会である秀央会や、衆議院議員で1977（昭和52）年に大蔵大臣に就任した村山達雄の後援会である山紫会の勢力も有力であった。市内の非越山会系の市議や支援組織は、この選挙に対してあまり真剣にならないまま運動が展開されていった。また、同年秋

に衆議院議員選挙の解散総選挙が行われたが、4月の時点ですでに解散が噂されており、選挙中も各陣営で牽制し合っていたようである[165]。

やはり、加茂では国政選挙と市議会議員選挙になると自民党、あるいは保守系候補者の票が多数派となるが、県議会議員選挙では自民党系候補が伸びないという状況は継続した。

また、この選挙後に、民間選出による市の監査委員に、次の市長となる太田大三郎が就任した。

越山会の逆襲──県議会議員選挙 (1983.4)

1983 (昭和58) 年の市長選挙は、前回同様現職の対立候補が現れず、無投票で皆川市長が再選を果たした。加茂市における政治勢力の争いは、またもや県議会議員選挙が舞台となる。

次期県議会議員のおよそ1年9カ月前となる1981 (昭和56) 年7月の自民党加茂支部定期総会にて、前回落選した菊田征治を勝つまで推薦するという声があがり、菊田の再出馬が決定的となった[166]。

社会党は現職の勝又一郎が健康を理由に引退を表明していた。そこで当時社会党の若手市議会議員の一人であった高橋誠一が、勝又の後継として出馬することとなった[167]。高橋は勝又と同様新潟コンバーター労組の出身で、勝又自身が高橋の後援会会長に就き、名実ともに後継候補といえる存在であった。

菊田陣営は加茂川・下条川の河川改修にもとり組んできた社会党陣営に対抗すべく、主張の柱に企業誘致を掲げ、県政、国政とのパイプを生かして、優良企業の誘致や加茂山公園の観光事業の推進などを掲げていった[168]。また選挙直前には、田中角栄、村山達雄、渡辺秀央、小沢辰男 (旧新潟1区) の各衆議院議員、長谷川信参議院議員のそれぞれ本人参加の激励大会を開催するなど、前回にも増して積極的な運動が展開された。事前報道では菊田がやや優勢と見られており、一方の高橋陣営は現職の市議会議員で前回は上位当選したとはいえ、現職県議の勝又に比べて知名度の低さが課題とされた[169]。

表 4-11　1983（昭和 58）年の新潟県議会議員選挙（加茂市選挙区）

1983（昭和 58）年 4 月 10 日執行				
氏名	得票数	党派	属性	支持連合
菊田征治	13,182	自由民主党	建設会社役員	自民党、商工業者
高橋誠一	9,970	無所属	市議会議員	地区労他労働者層

　結果、菊田 1 万 3182 票、高橋 9970 票で菊田が勝利した。菊田陣営は前回の反省を踏まえて自民党内各派の積極的な引き締めを図り、保守票の結集に成功し、久しぶりの自民党の議席奪還となった[170]。一方で、選挙後、菊田征治後援会の結成の場ともなった菊田征治を励ます会総会では、皆川市長や自民党各派の代表とともに、地区労の代表も招かれて出席するなど、革新勢力との融和を試みる姿勢もみられた[171]。

疑似開発志向の構図

　皆川市長は就任後「加茂川河川工事が完遂しない限り他の仕事は何もできない。先ず加茂川河川工事を早く終了するよう市民の協力を求める」と述べ、加茂川河川工事に集中していく態度を示した[172]。特に加茂川河川改修によって移転を必要とする住民のための住宅の確保、つまり、市営住宅の建設と用地確保が喫緊の課題であった[173]。基本的に皆川市政下では吉田市長時代の政策の踏襲が多かったといえる。

　河川改修の工事については、工事途中で用地買収に応じない地権者が現れるなど、時折事業に遅れはみられたものの、結果的には同意を得られて事業は進展していった。そして昭和 58 年度（1983）末までに，加茂川、下条川、大皆川の川幅、堤防の拡張や河状の直線化に加え、ついに強制執行なしでの住民の移転が完了した。中小企業河川改修事業として実施された加茂川・下条川を中心とする河川改修工事は、約 15 年の工事期間を経て概ね完了するに至ったのである[174]。なお、この河川改修については約 15 年という長期にわたって工事が行われたことも、この事業の特徴の一つといえる。この特徴とは、約 300 億円という巨額の費用が投じられた事業であったにもかかわら

ず、長期間の工事となったために、工事を請け負う建設業界がこの地域で急成長しなかったことにある。一般に、大規模な公共事業が行われると、工事期間は多くの雇用を必要とし、一時的に地域における建設業従事者が急増して地域におけるそれまでの雇用バランスに変化がもたらされる。極端にいえば、地場産業＝公共事業となり、その後も公共事業を求め続けざるをえない産業構造となってしまうのである[175]。

　加茂においては、工事の早期完工は確かに題目的に常に唱えられてはいたが、結果的に長期にわたる工事となった。そのためこの地において、地域外の新規業者の参入や地域における建設業従事者の急速な増加を防ぐ結果となったのである。県議会議員選挙では革新系が勝つことが多かった一方で、建設業および産業界の面では、結果的に地域内の既存の建設業者の利益がある程度確保されつつ、他業種の仕事から建設業に従事する人がそれほど増えることにもならなかった。その意味では、地域の産業構造は「保守」されていたのである。

　また、皆川市長時代の末期には、市職員による加茂川河川改修のための用地買収にかかる裏口座と横領の発覚事件が発覚した。そしてその後の皆川市政は、この事件を契機に新規の投資的事業に対して自粛の雰囲気が漂っていくこととなる[176]。この事件によって、当初は市長辞任の声も上がったが、当時庁内を掌握していた人物とされる助役が引責辞任することで幕引きが図られた。とはいえ、それでも市当局に対する疑念の声があがり、市民は行政に対して厳しい見方をするようになっていった。そのため、その後の皆川市長は苦しい市政運営を迫られることとなったのである。

　加茂市の職員が汚職事件で逮捕された出来事はこれがはじめてではなかった[177]が、吉田市長の時代から皆川市長の時代の大半をかけて手がけてきた大事業である加茂川河川改修事業の絡みの事件であり、また当事者の横領もあったとされるが、用地交渉にかかわる組織ぐるみの裏金事件でもあったことから、大きくとり沙汰されることとなった。そのため、当時は中央との関係や日本社会全体の経済状況から見ても、ほかの開発事業などを実施することができた可能性の高いとされる時期ではあったものの、事件発覚以後の皆川

市長の残りの任期では、目立った事業の展開はなされなかった。

4. 全方位調整による市政運営——太田市政

はじめての無投票での新市長誕生

　汚職事件発覚後、皆川市長には体調不良が現れ、次期選挙への不出馬が決定的となっていった。そして 1986（昭和 61）年 8 月に、後援会の役員会議の席上で次期選挙への不出馬を宣言した[178]。

　12 年ぶりの市長選が決定的となったなかで、立候補の動きを見せたのは加茂市監査委員となっていた太田大三郎であった。太田は当時、監査委員のほかに、新潟紙器株式会社社長、加茂暁星高校同窓会会長、加茂山紫会副会長、東芝協力工場協同組合理事などの肩書きを有していた。太田は 1987（昭和 61）年 12 月に次期選挙の出馬表明を行い、自身が社長を務める企業である新潟紙器社内での労使協定のもと、選対本部を発足させ、選挙の準備を進めていった。太田の後援会の拡大世話人会では、山紫会系の市議会議員、秀央会系の市議会議員の出席があり、越山会、一新会（衆議院議員桜井新の後援会）系議員は欠席した。そういったなかで越山会が対抗馬を擁立するのではないかと噂となり、その動向が注目された[179]。

　太田後援会は出馬宣言以後、着実に地盤を固めていった。1988（昭和 62）年 1 月 20 日の時点で、有権者数の半分程度の 1 万人の会員署名を達成し、その後も 2 万人の署名を目標に運動を続けるとともに、各種の業界団体、商店街振興組合、さらには旧新潟三区の自民党各代議士後援会の推薦をとりつけていった[180]。

　一方、越山会の一部からは皆川後援会会長などを務めた市内建設業者の人物擁立の動きがあった[181]。しかしながら、本人が同意せずに不出馬を宣言した。その後、太田が自民党加茂支部としての推薦もとりつけ独走態勢となり、結果、無投票で当選した[182]。

　太田は、この当時加茂暁星学園の理事長であったかつての市長候補者・相田一男とは親友関係にあり、青年時代は労働運動に与したこともあった。自

身で会社を設立したのち、その企業内での労組設立にも自ら協力するような人物であり、労働問題にも理解と人脈があった。そのため、対抗勢力を擁立しようとしたグループは、それらとの関係を快くなく感じていたと思われる一方、若い頃から全方位的に市政界に関わってきた太田が、保革ともに地盤とすることに成功した結果、無投票にもち込むことができたといえる。市長就任前から、また市議選でどのような候補が当選したとしても、ほぼオール与党の体制を組むことに成功していたのである [183]。

　政策的には、「健全財政をたてまえとした財政運営」「市役所機能の効率化、減量化と市民サービスの向上」、「地場産業の活性化」「農業の団地、集団化の研究」「都市環境の整備と観光開発」などがあげられた [184]。加茂市監査委員の8年の経験とともに、加茂川河川改修工事などの関係で公債費比率が上昇しており、企業経営で成功した経験を生かしたアピールで、健全財政、市民サービスの向上などが、基本政策のなかでもまず先に出てきたものと思われる。

　そして、保革の直接的な対決は、またもや県議会議員選挙で行われることとなった。現職で再選を狙う菊田征治に対して、前回同様、高橋誠一が挑む構図となった。高橋は前回と異なり社会党から離れ、無所属候補として、業界団体も含めた各種団体に推薦依頼を行い、積極的に保守票の切り崩しにかかっていった [185]。

　政策的には菊田、高橋両候補とも、加茂市の人口減への対策が主で、論点に大きな違いはなかったが、高橋は「保革の枠を超えて各業界、団体の協力会合の実施」というような、経営者団体と労働界の融和的な方向性を示したのに対して、菊田は地場産業の振興や企業誘致、観光開発、宅地造成などにより力点を置いた主張となっていた [186]。また、当時話題となっていた売上税（消費税）については両人とも反対姿勢を示してはいたものの、非自民党候補である高橋が、より明確な反対態度を示していたという違いもあった [187]。

表 4-12　1987（昭和 62）年の新潟県議会議員選挙（加茂市選挙区）

| 1987（昭和 62）年 4 月 12 日執行 | | | | |
氏名	得票数	党派	属性	支持連合
高橋誠一	12,527	無所属	会社員	地区労他労働団体、商店街その他いくつかの業界団体
菊田征治	9,668	自由民主党	市議会議員	商工会議所、建設業界

　結果、高橋 1 万 2527 票、菊田 9968 票で、高橋が勝利した。高橋による保守系組織の切り崩しとともに、社会党に近い人物であったことは明白であり、当時全国的な政策課題として話題となっていた売上税（消費税）に社会党は明確に反対しており、その点からも支持を集めることができたと考えられる[188]。

無投票の第十回市長選挙（1988.4）

　太田市長は議会運営その他において各勢力に目配りをしつつ、特に各勢力で意見対立が起きるような事案もなく、実質的にオール与党の体制で一期目を過ごすことができていた。そして選挙前年の 1991（平成 2）年 9 月の市議会定例会において出馬宣言を行った[189]。また、当時は日本経済の好景気に支えられ、加えて皆川市政後期が投資的事業の緊縮ムードであったことによる積み立てもあり、加茂山の観光開発事業や加茂産業センターの建設、新市庁舎の建設、新図書館の建設などを進めることもできていた。選挙においては対抗馬擁立の噂すらほとんどなく、無投票で二選を果たすこととなった[190]。

　そこでまたもや市内の政治勢力の争いが表面化すると考えられたのが、県議会議員選挙であった。現職の高橋誠一は選挙前年 9 月の後援会総会において、県政とのパイプ役となることと、当時市内で話題となっていた四年制大学の設立に向けて、近隣自治体の設立資金拠出のためにも働きかけを進めるとし、再度無所属、社会党推薦で立候補することを表明した[191]。

　一方、自民党は短期決戦を掲げ、高橋誠一に勝てる候補を合い言葉に新しい候補者の擁立を急いだ。その過程で旧越山会[192]の幹部の名前があがり、一時決定しかけたものの、党内調整が失敗に終わり、候補者選定は難航し

た。高橋誠一は前回選挙では売上税反対の波に乗って勝利したとみられており、今回選挙では自民党が有利と報じられていた[193]。

　しかし、結局のところ最後まで自民党は候補者を擁立できず、無投票で高橋が当選することとなった[194]。加茂市においては、これまで統一地方選挙の機会には毎回、市長選挙、県議会議員選挙のいずれかが行われてきたが、この時はじめて定数1の両選挙が無投票となった。

太田市長下における市政

　太田市長は教員出身ではなく、紙器製造業で自ら起業した民間企業家出身のはじめての加茂市長である。そのため、行政課題に対するとり組みにも民間的な考えが反映された側面もある。

　特にその効果が現れたのは財政問題への対応といえる。皆川市長時代は、日本経済は好景気であり、金利が高いなかで公共事業の実施のための借入れがなされていた。それが市財政に影響し、1987（昭和62）年度には加茂市の公債費比率は17.5％にまで上昇していた。これを改善することが太田市長の第一の公約でもあった。太田市長はこれに対して、借入金利の引き下げ努力、入札制度改革、事務経費の削減、市単独事業の削減が試みられた[195]。これらによって、太田市長の就任後2年という短い期間を経て、1989（平成2）年度決算で公債費比率を11.6％まで引き下げることに成功した。その後、公債費比率は市庁舎の建設などで再度増加することになるが、太田市長の時代では14％前半を超えない水準で推移させた。

　また、太田市長の親友であり、前市長と1975（昭和50）年の市長選挙で戦った元市議会副議長の相田一男のアイディアも、市政にとり入れられていく。その代表的なものに四年制大学の設立と、ロシアのコムソ・モリスク・ナ・アムーレ市との友好都市関係の締結がある。

　四年制大学の設立はもともと三条、燕を含めた県央地域で誘致、設立の要望があげられていた事案であった。それを加茂暁星学園に属する新潟中央短期大学を母体として四年制大学に昇格させる案を具体化させていった。加茂市は加茂暁星学園の理事長である相田一男[196]と連携をとり、設立に向けて

本格的に動いていくこととなった[197]。加茂市おいては、加茂市議会でも新潟中央大学（大学設立構想当初の名称、現・新潟経営大学）設置特別委員会が設置され、加茂暁星学園とともに設立のための調査および市としての支援体制の構築がはじまった。さらには設立に必要な資金を確保するための基金条例を制定し、資金的な支援体制も構築していった[198]。当時大学設立のための資金は40億円ほどが必要とされた。加茂暁星学園で用意できそうな額は5〜6億円であり、実現のためには県や周辺自治体の協力が不可欠とされた。

　当初、設立資金負担金としては、加茂市が10億円、三条市が10億円、燕市が4億円を負担し、周辺市町村にも負担金を募るという話であった[199]が、資金はなかなか思うようには集まらなかった。加えて、計画途中で追加資金が必要になるなど、資金調達の面で苦労はあったものの、太田市長と相田学園理事長を中心に、県への負担金支出の願い出や周辺自治体への交渉が行われ、ようやく資金面の目途をつけることができ、1996（平成6）年に大学設置審議会での審査を通過し、1998（平成8）年度からの開学に至った[200]。

　加茂暁星学園の理事長であった相田は、自身の回顧録でこの大学の設立について「親友で学園理事でもある太田加茂市長との相談が第一であった。加茂市長に太田氏がいたことはこの事業の出発にとって、最大・決定的なことであった」[201]と述べたように、太田市長の協力は大きかったようで、自治体のみならず市内や周辺都市の企業を回って寄付金を集め、市長および三役が直接駆け回ったとされる[202]。

　また、ロシアのコムソ・モリスク・ナ・アムーレ市との友好都市関係の成立については、そもそも同市は、相田がシベリア捕虜となって共産主義教育を受けた捕虜教育が行われた地であった。相田はその後も何度か同市を訪ねる機会があったようであるが、ちょうど四年制大学の設立運動の最中に訪問した際に、加茂暁星学園と現地の工業大学、教育大学との交流をはじめていた。当時の日本の自治体は海外都市と姉妹都市・友好都市の交流関係を結ぶことが流行していた背景もあり、それに乗じて太田市長がコムソ・モリスク・ナ・アムーレ市に対して、友好・交流関係を築いていきたい旨のメッセージを相田経由で渡し、その後両市長が相互に正式訪問するなどの手続きを

経て友好都市関係となっていった[203]。これに関係する現在までの主な市の事業としては、毎年中学生の交換交流が行われており、これは現在の若い世代にとっても知名度の高い事業となっている。また、中国山東省の淄博市とも1993年に友好都市提携を結んでいるが、これについても、加茂暁星学園が淄博市内の山東工程学院と友好協定を結んだことがきっかけとなっている[204]。

　一方で、公共事業の実施など市政全般については、基本的に吉田、皆川市政の継承、そこから派生してきた課題への対応という側面が強かったといえよう。例えば、産業政策としては加茂産業センターの建設はあったものの、具体的な企業誘致や工業団地造成などは行わず、むしろ、市内企業の活性化を強く主張していた[205]。太田市政の後半は不況の波が襲いはじめた時期であり、既存事業者向けの制度融資を充実させていった。

　また、大田市長着任直後に加茂では一時、西武による大型スキー場建設の構想がもち上がった。これは加茂七谷地区中大谷奥地の宝蔵山（標高897m）に、第一期事業費総額約20億円を投じてスキーリゾートを建設しようとするものであった[206]。なお、スキー場に関しては構想が立ち上がっておよそ一年、地権者との交渉がなされたとされるが、市としての積極的な姿勢もなく、また地権者の同意が得られる見込みがないとして、西武による構想は早々に画餅に終わった[207]。

　しかし、この計画自体は実を結ばなかったものの、これきっかけに、以前から話の出ていた加茂山公園の観光地化や下条川ダムの整備、改修した加茂川の河川敷の整備など、観光行政の推進の課題に対して大きく光が当てられるようになってきた。その結果、加茂山公園の観光地化への動きが本格化し、地域総合整備事業債で75％財政負担、残りを一般財源負担の中から15％の交付税措置、10％の自主財源で実施ができる、ふるさとづくり特別対策事業に申請し採択された。これによって3年間で3億円の事業費で加茂山公園の観光化整備が実施された[208]。

　そのほか課題としてあげられていた人口増加対策としては、1989（平成元）年に定められた農地の転用を認める農村活性化土地利用構想の仕組みを用い

て、農地の宅地転用をきっかけにした住宅政策によって人口増を狙った[209]。市内の平野部で雪も比較的少ない国道403号線近くで住宅用地の造成を行い、県内外の他都市から人口の呼び込みを行うこととなる。目標としては市街から50％の入居を見込んでいたものの、最終的に30％弱の入居となり目標の達成には至らならなかった[210]。宅地を用意したとしても、働く場など、それにともなう受け皿がなければ外部からの人材流入が難しいのは予想されうることで、市内移動が多くなってしまったのは当然の成り行きといえるだろう[211]。

5. 緩和ケア型資源調達——小池市政

新市長の誕生——第十一回市長選挙（1995.4）

1995（平成7）年の選挙に対して、太田市長は1994（平成6）年10月に高齢と健康面の不安を理由に時期選挙への不出馬を宣言した[212]。ここから次期市長選挙への動きが表立って現れるようになる。この選挙では最終的に3名が立候補することとなるが、実質的な争いを演じたのは、元防衛庁のキャリア官僚であった小池清彦と、市議会議員であった川崎一維の2名である。

まず1995（平成7）年1月に、それまで水面下で立候補の動きを進めていた小池清彦が立候補表明が報じられた[213]。小池は防衛研究所長や防衛庁教育訓練局長を歴任した人物で、市内で最も歴史のある神社の一つ、長瀬神社の神職家系の人物である。立候補のきっかけとしては、小池が防衛庁時代に自衛官募集などに協力していた市内有数の実業家が、防衛庁退官を機に加茂に市長として戻って来ることを期待したことにあるとされる。市内に住む同級生らを中心に後援会を組織する動きを進め、選挙への準備を整えていった。

一方の川崎　維も、小池が立候補を表明した同月に、自民党の一部の市議会議員の支援を受け、無投票の阻止と太田市政の継承を掲げて立候補を表明した[214]。

小池、川崎の両候補とも、自民党加茂支部と社会党加茂支部に推薦願いを提出した。当時は中央政界では自社さ連立政権の時代であり、いずれも国政

与党の2党に推薦願いをしていったということである。結果としては、小池候補に上記の2党の推薦が出され、加えて公明党も小池を推薦した[215]。川崎は当時44歳であり、政党の推薦は得られなかったものの、自民党籍を有していた保守系の市議会議員であり、一部の自民党の市議会議員の支援を受けて、主に青年層に焦点を当てて支持拡大を図っていった[216]。

　政策的な違いとしては、両者で対立し投票の争点となるようなものはなかったが、川崎は太田市政の継承を掲げ、太田市政で作られた第二次総合計画をもとに、健全財政を維持した市政運営を主張した。一方で、小池は第二次総合計画の見直し、市民との直接対話の「よもやま話」の実践や、温水プールの早期着工、福祉事業の充実などを掲げており、その後の独自路線を垣間見ることができる主張であった[217]。

表4-13　第十一回加茂市長選挙

1995（平成7）年4月23日執行				
氏名	得票数	党派	属性	支持連合
小池清彦	12,189	無所属（自民、社会、公明推薦）	元防衛庁官僚	自民党、社会党、公明党
川崎一維	9,102	無所属	会社役員	自民党系の一部、若手、青年層
市川年栄	454	無所属	塾経営	特になし

　結果、小池1万2189票、川崎9102票で小池の勝利となった[218]。なお、助役には小池市長の中学時代の同級生であり、後援会の会長でもあった、吉田巌元市長の次男・吉田淳二が就任した。吉田は選挙戦に入るまで、加茂市の助役としてははじめての民間からの登用であったが、市議会の一部からは論功人事との批判の声があがった[219]。

　なお、この時の選挙では、これまでの市長選挙で表立った活動を見せてきた加茂暁星高校系、加茂農林高校系の学校勢力の動きは特になかったとされる。前回の市長選挙から20年が経過しており、それまでの選挙などで主役であった青年層や壮年層は、もはや高齢者に数えられる年代となっている者が

324

多かった。

また、無投票の市長選挙が続いた 20 年間は、日本経済は低成長からバブル経済、そしてその崩壊に至った時代であった。加茂市内においてはその間、大きな企業・工場の進出などはなく、高度経済成長時代を担った青年層、壮年層は、定年退職や現役として地域に残っているものの、その下の若い世代としては地域での雇用機会が限られるようになっていた。そのため、加茂市内の人口のバランスとしては若手者の流出が続き、青年層が少なく、高齢者に近い層が多くを占めるようになっていた。

川崎は若い世代に支持を広げていったとしても、20 年間市長選挙が行われなかった加茂市の政・財・労働会のリーダーたちは、すでに年齢的には川崎よりも小池に近い者が多く、若い世代に訴えても限界があった。加茂市における小池市長誕生の構造的な要因としては、まず保守分裂はしたものの、一応太田市長時代のオール与党体制の支持連合を受け継ぐ選挙戦を展開できたこと、次に人口構造として昔の社会党、地区労の支持を受けた市長や県議を誕生させた世代である「かつての青年世代」が高齢期に近くなり、彼ら／彼女らに則した政策を提示し、その年代の支持を得ることができたことがある。

小池市長は就任後、すぐに市民との直接対話「よもやま話」を開催し、「福祉のまち加茂」というキャッチフレーズを掲げ、介護関係を充実させるとり組みを進めていこうとする[220]。また、直後の市議会議長人事では議長に自民党系の議員が、副議長に社会党の議員が就くというように、選挙の時と同様、中央政界に合わせた保革相乗り連立体制での議会人事が組まれることとなった[221]。

また、県議会議員選挙では、現職の高橋誠一が早くから出馬表明を行い、擁立が予想された自民党候補との対決になると思われたものの、自民党は内部の混乱でまたもや候補者を擁立できず、高橋が無投票で当選した[222]。

旧社会党勢力の対抗——第十二回市長選挙（1999.4）

現職の小池市長は選挙を 1 年後に控えた 1998（平成 10）年 5 月に、介護保険制度導入が 2000（平成 12）年に予定されていることをきっかけに、そ

の誤用がないよう福祉の水準を維持することを主な理由として出馬を表明した[223]。その後、小池市長は自民党、公明党からの推薦を得て、また、当時自由党参議院議員であった渡辺秀央の支援も得て、選挙戦を戦っていくこととなる[224]。

また、対抗としては現職県議会議員であった高橋誠一が名乗りをあげる。高橋は「小池市長の政治手法が問われており、市民から要請され決断した」と述べ、「官僚型市政運営」から「市民参加型の市政運営」などを掲げて市長選への出馬の意思を表明した[225]。小池市長による市政運営は、当時すでに一部から独裁的という声もあがっており、それら反発の声を受けての出馬であった。高橋の支持基盤としては、前回選挙で小池市長を支持しながらも任期途中で対抗姿勢となっていった社会民主党を中心に、地区労や太田前市長、皆川元市長など、市長経験者や市役所OB有志らが支援していった[226]。

具体的な政策的争点をあげるとすれば、小池市長は温泉施設の建設を優先し、老朽化の進んでいた加茂西小学校の建替えを後回しにする方向であったが、高橋は西小学校の建替えを先に行うというような事業の優先順位だ。しかしながら、具体的な政策の違いというよりも、やはり出馬の際に述べていたように、小池市長による市政運営方法の是非が事実上の争点あった。一方で、一般市民にとっては小池市長の議会や市庁内での政治行政の運営は縁遠いものであり、小池市長は「よもやま話」の懇談の際や、その他会合などで市民に接するときは基本的に常に笑顔で話を聞くということで、市民と政治関係者との間で認識のズレがあったことは否めなかった[227]。

表4-14　第十二回加茂市長選挙

1999（平成11）年4月25日執行				
氏名	得票数	党派	属性	支持連合
小池清彦	14,534	無所属（自民、公明推薦）	元防衛庁官僚	自民党、公明党、自由党
高橋誠一	7,863	無所属	元県議会議員、市議会議員	社民党、地区労の一部、過去の市政関係者

結果、小池清彦1万4534票、高橋誠一7863票で小池が勝利した。高橋は
市民にとってわかりやすいとされた小池市長に大差をつけられる結果となっ
た。

　また、県議会議員においてはかつて加茂農林高校の教員であり、当時加茂
市教育委員会委員長であった金谷国彦が、自民党加茂支部からの要請を受け
て出馬を決めた[228]。しかし、当時の自民党加茂支部は選挙制度改革後、組織
として不安定な状態であった。そして金谷は自民党の推薦を受けず、当時参
議院議員であった渡辺秀央の率いる自由党の推薦を受けて選挙戦を戦ってい
った[229]。

　もう一人の候補となったのは、前回市長選挙に出馬した川崎一維であっ
た。川崎は自民党に推薦要請を行うなど、自民党の推薦を獲得した。川崎陣
営は当時の自民党新潟四区選出の衆議院議員であった栗原博久を支援してい
たグループが主体となって選挙戦に臨んでいった[230]。

表4-15　1999（平成11）年の新潟県議会議員選挙（加茂市選挙区）

1999（平成11）年4月11日執行				
氏名	得票数	党派	属性	支持連合
金谷国彦	11,829	無所属（自由党推薦）	元加茂農林高校教諭	自民党の一部（旧越山会系）、自由党（秀央会）
川崎一維	9,068	無所属（自民党推薦）	元市議会議員、会社役員	自民党の一部

　結果、金谷が1万1829票、川崎が9068票で、金谷が勝利した。この時の
選挙での金谷の主だった支援は、加茂農林高校関係者に加え、自由党、秀央
会系の人物であったが、任期途中で自民党に入党し、その後の選挙では自
民党から出馬している。

　その後、加茂市においては2003（平成15）年、2007（平成19）年、2011
（平成23）年、2015（平成28）年に市長選挙、市議会議員選挙、県議会議員選
挙が行われているが、定数1の市長選挙、県議会議員選挙においてはいずれ
も小池清彦、金谷国彦が当選し、両者とも2018年12月現在も現職である。

第4章　加齢する自治——新潟県加茂市のガバナンス動態　　327

緩和ケア型の資源獲得と配分

　小池市長時代の市政を一言で説明するとすれば緩和ケア型の資源獲得・配分政治といえよう。加茂市においては小池市長が就任して以来、日本経済の全体的な停滞の潮流もあるなかで、一般市民は高齢化が進み、市内の企業の多くは長引く不況によって倒産や規模縮小など、弱体化が目に見えるようになってきている。

　そのため小池市長自身は「よもやま話路線」と称している[231]が、市長就任当初から行っている市長との「よもやま話」の場などで個別陳情を受け、可能な限りその場で結論を出して対応策を実行する[232]方針をとっている。「よもやま話」は非常に個人的な話を含んでいるとして会議録の作成もされていないため、公式な記録はないが、少年野球大会の開催の陳情、障害者関係の補助に関する陳情、税金・社会保険料・水道料金滞納の相談までなされ、概ね寛大な対処[233]がなさいるといわれる。また、文部科学省の「登校時の安全確保にかかる取り組み事例集」[234]でも紹介された「スクールバスの運行領域の拡大」の政策も、きっかけはこの「よもやま話」だったといわれている。また、市民との関係では「よもやま路線」で直接的な対話を重視していると強調する一方、庁内においては強烈なトップダウンによる運営がなされているとされる。元防衛官僚であることからか組織運営のあり方として命令系統の一元化にこだわりをもっているようである[235]。

　また、「福祉日本一のまち」という表現を使い、福祉交流センター美人の湯の設立、スクールバスの増設、保育料の低価格据え置きなどを行ってきた。さらに、介護保険制度の導入をきっかけに、加茂市が介護保険事業者の設置主体となって在宅介護・看護支援センターを設立し、在宅介護・看護の事業を実施している。ヘルパーなどの職員の所属としては社会福祉法人加茂福祉会に委託という形をとるものの、センターの運営に関しては加茂市の指揮統括下となる。特徴的なものはホームヘルパー利用者負担の無料化などを行い、在宅介護・看護支援センターが市内の介護保険事業の80％ものシェアを占めていることである[236]。無料化よって市内のホームヘルパーの利用率は高くなるのであるが、介護保険事業であるので、利用が多ければ多いほど、

市の負担も大きくなる。一方で、国全体で集められた介護保険料、国からの負担金、県からの負担金が、加茂市の介護保険特別会計に入ってくる。無料化して利用が増えることで、市の負担も大きくなるが、同時にこの地域で行われるサービスに利用される外部資金の獲得にもなる。制度の仕組みを利用した資金調達を行っているという側面もある。

市内の中小企業対策として制度融資の充実、活用支援も積極的に行われた。例えば、1998（平成10）年には中小企業金融安定化特別保証制度が作られた。これはその制度を活用した市内の中小企業が金融機関から融資を受ける際、市が預託金を相手先金融機関に預け、また、信用保証協会に支払う信用保証料についても市が負担することとなる制度である[237]。この制度を用いた融資先が倒産した場合、最終的に踏み倒しとなる可能性があるが、その場合のリスク保証は信用保証協会から補塡される。融資に際して、市の直接的な負担は信用保証料と預託金であるが、預託金は必ず返金されることになっている[238]。そのため、融資先企業がたとえ倒産したとしても融資された資金は市内企業がなんらかの形で使うものであるということで、小池市長は倒産してもいいので融資を受けるべきと、制度利用の促進を図った[239]。

なお、中央省庁からの行政改革の要請に対しては加茂市においても行政改革推進本部が設立され、小池市長が本部長となるものの、市長は「切り捨てだけが行革ではない。職員数削減には問題。民主主義の推進から問題がある」[240]と、設置当初から定員削減や事業費削減に対して消極的な態度をとっていた。

また、小池市長は合併についても反対論を唱えていた。その主たる理由は、国から加茂市に配分される地方交付税交付金は、合併すれば合併算定替えにより、当分維持されると宣伝されているものの、長期的には加茂市単独であった場合に交付されるだろう金額が減少し、その結果として地方の疲弊を招くということである。また、平成の大合併の有力な推進策の一つとして打ち出された合併特例債については、債制限比率の制限があるため、必ずしも自由に起債できるものではなく、それほど有利な財源とはならないと主張していた[241]。

これら小池市長の姿勢は、制度を活用し、外部からの資金流入を増やし、地域内での消費や投資に回るようにするものについては積極的に、また、逆に制度を活用することで外部からの資金の流入が減少しうるものには消極的となるということで概ね一貫している。極端な表現をすれば、市欲に徹した方策といえよう。これは、国に公共事業についての陳情によって事業誘導を行う方法が難しくなってきた時代において、国で用意された制度などを活用しつつ、資金を獲得しようとする、あるいは獲得できるであろう資金の減少を食い止めようとするものである。

　そして、これらによって直接的な利益を享受する、または市長自身のアピールに賛同する市内有権者層は確かに存在するのであり、それらが小池市長の支持者となる。小池市長は選挙では政党の推薦を受けるなどの過程を経ているものの、二期目、三期目以降の選挙においては、それら直接的な利益の享受者に関連する層が主な支持者となって、小池市長を当選に至らしめていったものといえよう。

　これらのことから、太田市長までの時代と小池市長の時代では、市内での合意形成や支持獲得の方法について大きな変化が生じたと考えられる。合意形成においては加茂市では長期間、市内の政治関係者参加者、各業界、労働界、地区代表などに変化がなく、市長の交代も禅譲としての交代であり、利害関係が暗黙裡に共有されていた。そのなかでの市政運営は、各者間で調整がなされ協調的に運営されてきた。しかし、小池市長が就任してからはその様相が大きく変化する。「よもやま路線」として、市長と市民と直接対話を行い、それをもとに市長が市民の意見をとり入れて政策の方向性や事業の実施方策を決定していく、陳情聴取とトップダウンの運営方法となる。そのため、議会や市民の中からも独裁的だという批判を常に浴びるという側面もある [242]。選挙においても、市制施行以来、加茂市では市長が変わる際に選挙を経るケースもあったが、その場合でも一度当選すればその後は無投票が続いたにもかかわらず、小池市長の場合は 2011（平成 23）年の選挙以外はいずれも対抗馬が出現するなど、加茂市の政治をめぐる状況は変化しているといえるだろう。

第3節　小括

　加茂市の社会経済秩序と政治秩序がどのように相互作用し、ガバナンスを
形成してきたのかを整理していく。

①複合型産業都市での協調的な政治秩序の再生産（1954年頃〜95年頃）

　加茂市もともとは木工が地場産業の地域であったが、昭和から戦中にかけ
て、繊維産業の隆盛、戦中の疎開工場の到来などによって金属、機械、繊維、
木工など多様な産業が、それぞれある程度の規模で存在する地域となってい
た。そのなかでも繊維産業においては、戦後から1960年頃までは需要過多
であったこともあり、かなりの好景気に沸くこととなったが、1970年代以
降、国内全体の構造不況により、加茂でも繊維産業事業者の倒産、規模縮小
などが相次いでいった。また、終戦間際に到来した外来型企業が戦後も市内に
留まり、労働者層の受け皿となっていったが、それらの工場などで働く男性
は、農業の繁忙期に業務量を調整し、家業の農業に一部従事する兼業農家と
なることが多かった。そのような世帯は、比較的可処分所得が大きくなる
が、この地域では一般的となっていった。経済の側面ではバブル時代を境に
伸び悩みや衰退局面に突入する。加茂市はある程度様々な業種があったこと
で、いずれか一つの業界の衰退が急速に進んだとしても、それが直接市全体
に危機的状況を招くことはあまりなかった。一方で、長引く不況によって全
体的な地盤沈下は進行していった。

　また、加茂市においては、特定の業界団体や商工会議所といった経済団体
が長期的に市政に強い影響力をもつというようなことは、特に市政施行以後
はあまりなかった。一方で、特定企業（東芝、新潟コンバーター）や朝市（六
斎市）を管理する団体の代表者などから長期間市議会議員を務める者が出て
きたように、個別企業の労組や個別企業の代表者が議員としてそれらの従業
員、家族の票を獲得して議席を得るなどで、市政との関与をもつということ
もある。

　加茂市は、県議会議員選挙の議席が1の小選挙区であるが、労働組合の支

援を受けた県議を長年輩出していた。すなわち、自民党になかなか県議会議員の小選挙区議席をとらせなかったということであり、そもそも労働界側に関係する人口が多かった。

また、市内の建設業は、河川改修工事を行ったものの、長期的な工事となったため、他地域で発生しているような短期集中的な工事が繰り返されることで、地域における建設業の存在感が大きくなるような事態にはならなかった。

このように、繊維産業など一部の業界に盛衰があったが、複合型であるおかげで市内の経済全体としては、長期的には大きな変動があまりないという社会経済秩序と、同時並行で政治秩序に関してもある程度長期間大きな変動がなかったといえる。加茂朝学校（加茂暁星高校）や加茂農林学校のOBをはじめとした関係者のネットワークを主な媒介に、主要アクターとなった企業・財界人や政界人、労働組合とその代表者、そしてそのような人物の多くが市議会議員や衆議院議員の後援会幹部などになっていくのであるが、主要なアクターの顔ぶれは概ね変わらず、時に選挙で相まみえることもあれど、終わってしまえば協調的な体制が構築されていく構図が長く続いた。実際、市長の座をめぐり金田市長、吉田市長、皆川市長の時代は、就任する際には選挙が行われるが、その後引退するまで無投票となり、また太田市長は加茂朝学校のOBで市長に就くまでにも長らく主要アクターとの媒介とった人物であり、無投票で二期8年を全うした。

ただし、この構造は常に同じであったわけではない。皆川市長の時代に一時期社会党や労働組合が、やや周辺的な位置づけに追いやられるかに思われる状況が発生した。しかし、加茂川・下条川の河川改修事業が終息を迎え、太田市長が登場する過程で再び協調関係に戻っていった。既存産業となった外来疎開工場由来の企業も含め、既存秩序の維持と可能な限りの経済停滞の延命策が、当時の事業や市政運営に現われているのである [243]。

②小池市長の登場と緩和ケア型資源獲得と配分（1995年頃〜）

小池市長の登場で、それまで大きな構造変化がなかった加茂市に変化が生

じてくる。政治秩序の側面においては、それまで協調関係の構築は各アクターによる水面下での調整によって成り立つものであったが、小池市長は基本的には議会との事前交渉なし、議会とも市民とも「よもやま話路線」と称した直接交渉で、個別の利益交換関係を結んでいく手法をとる。また小池市長は「よもやま話路線」とともに「日本一の福祉」を掲げ、ヘルパーの充実や介護保険制度の活用、福祉施設の増設などにとりかかるようになる。介護保険制度を活用してホームヘルパー利用者負担の無料化を行うことで、市内での利用者を増やし、介護保険料として全国的にプールされた資金が市内により多く分配される仕組みを見出し、実践する。

　企業に対しても、中小企業に制度融資の積極的な活用を促すこととなる。これは、融資を受けた企業が倒産してもいいという前提のもと、1998（平成10）年に創設された中小企業金融安定化特別保障制度で用意された政府による信用保証枠（総額30兆円）を頼りに、積極的に融資を受けるよう市内の中小企業に呼びかけを行ったことなどに示される。この方策はまたもや、いわば全国的にプールされた資金を市内により多く分配される仕組みであり、その利用推進を図るものといえる。

　これは自らが高負担をする前提でその資金を適切に管理し分配することで、高いレベルの社会サービスを享受するという、一般的な福祉国家の理解でいう福祉とは異なり、「加茂市内の」という限定的なものではあるが、瀕死の企業も含めた弱者救済、保護、生活の痛みの緩和という福祉の充実を、外部（全国）からの資源をもとに推し進めているものといえるのではないか。

　このような市政が市民からの支持を得て支えられている要因については、世代利益を反映した、市長と市民の個別交換関係の構築として説明することができるだろう。加茂市においては、金田市長、吉田市長など、支持者層が革新系に近い、青年労働者世代の支持を受けた市長が当選していた。そしてまた県議会議員も長らく社会党や、無所属であっても社会党の支援を受けた候補者が当選することが多かった。これは1950年代〜1970年代頃の「青年労働者層」の支持を受けた市政が長期にわたって続いており、その後の吉田市長以後も禅譲といえる形で皆川市長、太田市長と続いてきた。また、太田

市長はのちに経営者に転身したものの、加茂市のかつての青年労働者層の代表的人物である。そして、そのかつての青年労働者層は、小池市長の時代になると高齢者、または高齢者を支える世代、あるいは中小零細企業の経営者として、加茂市にい残っているのである。そのような層との「よもやま話」を通じた個別ニーズの徴取を経て、支持の交換として福祉サービスの供給を行い、市長と特定団体という形ではなく、市長と個別住民との間で、市長が庇護者（パトロン）となり、市民が顧客（クライアント）となる交換関係を成立させていると考えることができる。

自治体のライフステージ

　個人の公共サービスに対するニーズは、保育から教育、子育て支援や事業支援、そして介護など、一般的にはライフステージによって変化する。加茂市政の政策課題は、上水道をはじめとする生活インフラの確保から、災害に対する一定程度のインフラの構築、そして福祉と、あたかもヒトのライフステージの変化のごとく展開していったように思われる。

　このように展開していった要素としては、小池市長の個性による構造変化への影響は否定しないが、経済状況の経時的な変化とともに、地域の主役を担ってきた世代の加齢という社会変化が大きく影響していると考えられる。昨今シルバー民主主義という言葉を目にすることが少なくないが、その議論と同様に、政策の対象となるボリュームゾーンに応じたものとなるように、政策も経時的に変化する姿を、本章で示すことができたのではないだろうか。

注
1　　そのうち、旧須田村上新田地区は集落の住民投票の結果、1956（昭和31）年3月に中蒲原郡
　　　白根町に分離編入することとなった（加茂市史編纂委員会編〔2008〕『加茂市史資料編3近現
　　　代』739頁）。
2　　特に須田村に関しては信濃川の対岸に位置する地域であり、一部で地続きの白根町との合併
　　　の要望が根強く残り、住民投票で決定するに至った。
3　　なお、ここでは全て田上町という表記を用いたが、田上町は人口増により1973（昭和48）年
　　　8月1日に田上村から田上町に昇格しており、加茂川河川改修開始直後の段階では田上村で

あった。田上村の田上町への昇格に関してもこの加茂川改修による移転が大きく影響しているといえよう。

4　加茂市史編纂委員会編（2008）前掲399頁。

5　蒲原鉄道の開通については加茂側の意欲よりも、鉄道の基点となった村松町の歓迎の度合いが高かったとされる。その背景には、村松町側の三条・燕と時間距離が近くなることで産業発展や、上越線の全通を翌年に控えて東京へのアクセス経路が出来たことへの期待があったようである。（加茂市史編纂委員会編〔2008〕前掲535頁）

6　本来であればより早期の廃止が決定していたのであるが、国道290号線の整備が一部残ってしまったことから廃止がやや延期されることとなった（『新潟県央新聞』1984〔昭和59〕年6月20日）。

7　市街地からの最寄りの新幹線駅、ICは燕三条駅、三条燕ICとなる。

8　加茂市史編纂委員会編（2008）前掲326–386頁。

9　加茂市史編纂委員会編（2008）同上792頁。

10　加茂織物工業組合は2002（平成14）年に解散、加茂ニット工業協同組合は2000（平成12）年に解散している（『新潟日報』2002〔平成14〕年3月12日）。また現在でもニット（メリヤス）生産で近年業績を上げている企業も存在している。

11　加茂市史編纂委員会編（2008）前掲490–502頁、『新潟新聞』1931（昭和6）年9月12日、1934（昭和9）年5月28日。

12　加茂市史編纂委員会編（1975）『加茂市史上巻』885–886頁。また、木工試験所加茂支所は1948（昭和23）年に県立木工試験場へ昇格、1965（昭和40）年には県立工業技術センターの傘下の加茂試験場に改称される。

13　加茂市史編纂委員会編（1975）前掲886–888頁。

14　阿部大爾（2004）「加茂を引張る「何か」を見つけたい」『Echigo Journal news』2004年1月6日（http://www.palge.com/news/h16/touki/kamo20040106.htm、2018年8月3日アクセス）。なお阿部大爾は当時の加茂商工会議所会頭である。

15　加茂市史編纂委員会編（1975）前掲1049–1055頁。

16　加茂市史編纂委員会編（2008）前掲520–523頁、加茂市史編纂委員会編（1975）前掲1049頁。

17　加茂市史編纂委員会編（1975）同上1049–1050頁、加茂市史編纂委員会編（2008）前掲520–523頁、チヨダシューズ株式会社（2006）『2006–03–31期　有価証券報告書』。

18　東芝電気器具株式会社社史編纂グループ編（1975）『わが社25年のあゆみ』3頁。

19　新潟鉄工所については1948（昭和23）年と1950（昭和25）年に加茂工場の廃止案があげられたが、労働組合の反対運動、加茂町議会、町長の陳情を経て、存続に至った。また新潟鉄工所加茂工場は1952（昭和27）年にアメリカのトゥイン・デスク・クラッチ社との合弁会社を設立し、生産品目である「コンバーター」を社名につけた新潟コンバーター社として改めてスタートを切ることとなる（加茂市史編纂委員会編〔2008〕前掲696–699頁、『新潟日報』1947〔昭和22〕年8月24日）。

20　福武直（1982）『日本社会の構造』東京大学出版会、92頁。

21　例えば加茂市（1962）『市勢要覧』25頁、によると昭和30（1955）年を100とした消費者物価指数は、昭和37年に新潟市が120.0のところ、加茂市は122.6となっており、加茂市が2.6高くなっている。

22　総務省（1960～2000）『国勢調査』における各産業の就業者数の推移を見ても、建設業従事者の割合は増加傾向にはあるが、2000年時点で10%を上回らず、製造業やサービス業、卸売小売業の従事者に比べて低い水準になっている。

23 例えば、石川忠延（1979）「終戦直後の東芝労連闘争記」『労働運動史研究』第62号、労働旬報社、東京大学社会科学研究所編（1978、1980）『戦後初期労働争議調査資料：東芝争議（1949）調査資料』一巻、二巻、山本潔（1976〜1980）「東芝争議（1949）年の研究」『社会科学研究』28巻1号、2号、6号、29巻1号、31巻4号。

24 東芝電気器具株式会社25年社史編纂グループ（1975）前掲15頁。

25 この生産管理とは「所有者たる会社の意志を排除して労組自ら主体となって生産経営を行うもの」（新潟地裁判決昭和24・6・3）である。つまり、経営側の指揮命令を排除し、労組自らが生産管理委員会を設置し、その指揮のもとで工場稼働させ生産を継続させる体制であり、戦後初期の労働争議にはよく採用される戦術の一つであった。これによって労働意欲は高まったとされるが、工場運営上には様々な問題があったとされる（加茂市史編纂委員会編〔2008〕前掲634-642頁、東芝電気器具株式会社25年社史編纂グループ〔1975〕前掲15頁）。

26 加茂市史編纂委員会編（2008）前掲634-642頁、東芝電気器具株式会社25年社史編纂グループ（1975）前掲15-21頁。

27 東芝加茂工場の労働組合は、この騒動を経て労使協調型の労働組合が主導権を握るようになり、その後労使協調の体制が続いていくのである（東芝電気器具株式会社25年社史編纂グループ〔1975〕前掲15頁）。また、このように1950年代においては東芝以外にもトヨタや日産など大争議が相次ぎ、またそれらの組合は、東芝加茂工場でもなされたように、経営側の第二組合設立による切り崩しによって労使の協調体制が作られていった事例は多く、その典型例の一つともいえるだろう。なおこの時期の労働組合の状況に関しては大河内一男の業績（大河内一男〔1953〕『労働組合論』慶友社、大河内一男〔1955〕『戦後日本の労働運動』岩波書店、大河内一男〔1963〕『労働組合』有斐閣などに詳しい。なお、同社は2016年に中国の美的集団に買収され、東芝グループから外れることとなった（『日本経済新聞 電子版』2016年6月14日〔https://www.nikkei.com/article/DGXLASDZ14HOM_U6A610C1TI5000/〕2017年9月12日アクセス）。

28 加茂町議会（1949）『昭和二十四年加茂町議会会議録』。

29 「加茂建具職労働組合」については、永山武夫（1958）「地域別個人加入労組のこと」『早稲田商学』134号、103-114頁において1955（昭和30）年頃の地域別個人加入労組の職能別労組の典型例として、「加茂タンス職従業員組合」は紹介されている。

30 織物業界については一つの工場を基本単位とする企業労組の組合であったようで、加茂市における織物業界の中心の組合に全職同盟（ゼンゼン）の拠点となった川捨工場（1951〔昭和26〕年の町長選挙に立候補し、その後加茂商工会議所会頭などを歴任する川崎捨吉の工場である）において全職同盟川捨工場労働組合などが結成され、運動がなされていた。

31 加茂市史編纂委員会編（2008）前掲634-649頁、東京大学社会科学研究所編（1980）前掲。また、のちに市長にとなる太田大三郎は七欧無線に勤務していたことがあり、当時は労働運動にも参加していた。

32 平成の合併の後の2007（平成19）年4月8日執行の新潟県議会議員選挙の際から、南蒲原郡（田上町）との合同選挙区（定数1）となる。

33 相田一男・村上寛治（2008）「国鉄新潟闘争を語る」上、下、斉藤一郎『斉藤一郎著作集第九巻』263-296頁、『斉藤一郎著作集第十巻』あかねブックス、239-274頁。

34 のちにやや詳細に紹介もするが、詳しくは金田綱雄編（1982）『弁護士渡辺喜八』を参照。

35 この時、共産主義教育を受けた地がハバロフスクより北のコムソモリスク・ナ・アムーレ市であり、その後同市は太田大三郎が市長に就任した1991（平成3）年に、相田一男をきっかけに加茂市と姉妹都市となっている（相田一男〔1998〕『さすらいの軌跡』92-127頁、295-298頁）。

336

36 加茂朝学校、加茂暁星高校はこのような中退者も同窓生として同窓会に入会できるようになっており、またのちに渡辺喜八や相田一男など、むしろ中退者が同窓会長や理事長職に就くこともあった。

37 大地主や知識人層、比較的有力な企業家の子弟は旧制中学などに入学していたのに比して、規模はやや小さいが、寮費などの出費を家庭で賄うことのできる家庭の子弟が入学する学校であった。また一方、加茂朝学校は、地元加茂の庶民層に働きながら教育機会を与える目的で作られた学校であり、名前のとおり、当初は朝に授業が開講され、のちに昼間仕事に出て、夜間と早朝授業が行われるようになった学校で、中退者も多かったものの、出身者の多くは地元に残って工場労働者や家業に戻る、あるいは自身で起業する者が出るなど、地域における主体的な人材を配給する学校となっていた（加茂暁星学園〔1980〕『暁鐘——加茂暁星学園六十年史』、原沢久夫〔1977〕『加茂農林とその伝統』川口書店、新潟県立加茂農林高等学校創立70周年記念事業実行委員会編〔1973〕『青海七十年——創立七十年記念誌』）。

38 新潟日報社編（1978）『民選知事五代——県政支配の構図』下巻、新潟日報事業社、215–218頁。

39 新潟日報社編（1978）同上217頁。

40 その典型例が松田弘俊である。松田は長岡市長時代は自由党に支援されていた市長であったが、この選挙で民主党と左右両社会党から推薦を得て出馬した北村一男を支援している。

41 新潟日報社編（1978）前掲218頁。

42 加茂で最も歴史が深いとされる二つの神社である青海神社は古川家、長瀬神社は小池家が宮司を務めており、時には市政財界にも関与した。現市長の小池清彦は長瀬神社の宮司でもある。また、現県議会議員の金谷国彦は下条地区の稲荷神社の宮司でもある。その意味では、現在（2018年現在）定数1の加茂市長、加茂市（と田上町）選出の県議会議員は宮司で占められている。

43 大田大三郎（1996）前掲61頁。

44 大田大三郎（1996）同上63頁。

45 市川家は最盛期には、県下5番目（907町歩）の田畑をもつ大地主であったとされる。

46 『新潟日報』1951（昭和26）年5月9日。

47 『新潟日報』1947（昭和22）年4月8日。

48 このトラブルとは税金（電話加入税）の徴収について、議会を経ずに独断で執行したことに対する議会側の反発に由来するものである。町議会から坂内町長に対して辞職勧告が出された末に、新潟県地方課の調停を受けて1947（昭和22）年11月の出直し選挙が行われることになった（『新潟日報』1947〔昭和22〕年10月17日）。出直し選挙を前にした新聞報道では、学士で理論一点張りの県下最年少の青年町長への感情的対立が表面化し、保守勢力と新興勢力との正面衝突の結果でもあるとみられたとされている。一方、労組出身町議や新興勢力出身とされた人物たちからも町政運営に対して苦言を呈された結果ともなっている（『新潟日報』1947〔昭和22〕年10月17日）。しかしながら11月の出直し町長選挙では大差で現職の坂内龍雄が勝利することとなったのだが、反坂内町長派であった過半数以上の17名の町議会議員が抗議の意を示して辞職するなど、町政の混乱は続くこととなった。なお4分の1以上の欠員が出たため町議会議員の補欠選挙が行われることとなったが、一部反町長派の再出馬も含め、混乱する選挙と調整にはもううんざりであると、たび重なる候補者調整の結果、無投票で補欠選挙は終了することとなった（『新潟日報』1947〔昭和22〕年12月6日、太田大三郎〔1996〕『加茂川の流れ』47–60頁）。また、その後も新制中学校校舎建設のための工事にあたって不正が追及され、坂内町長は起訴されるなど混乱が続いた（加茂市史編纂委員会編〔2008〕前掲623–627頁）。1947（昭和22）年の町議会補欠選挙は談合によって無

投票で決まった様子からもわかるように、もともとこの地域の住民は、政治での衝突を避けたがる気質があることが窺える。

49 また加茂市の政治状況について、後年、田下政治や皆川正蔵を県会に送り出していた時代に比して、坂内龍雄が町長に就任して以来、革新勢力が伸びてきたと伝えられるようになった（『北越公論』1971［昭和46］年1月30日）。しかしながら、これは確かに状況の変化を示すものではあるだろうが、坂内町長の就任によって革新勢力が伸びたわけではないと考えられる。その背景には田下政治や皆川正蔵ら県会議員が、加茂市では外来型の戦時軍需工場・疎開工場の誘致を行ったおかげで、革新勢力の中心的な勢力となる青年労働者層がそれら外来型の疎開工場に就職し、一定の青年労働者層を市内に留めておくことができたことが主な要因と考えられる。戦前戦中時の市の名望家を中心とした政治家らの政策的判断の結果、名望家層がとり込むことのできない青年労働者層という有権者層が出来あがり、そのおかげで名望家中心の政治支配ができなくなったといえる。保守派は町勢発展を目指して、自分たちの勢力が相対的に減退する政策をとったのである。

50 苅田道夫（1982）『加茂のタテグ――その沿革をたずねて』。

51 小林進（1982）「いくつかの追憶」『弁護士渡辺喜八――その生涯と回想』127–129頁。

52 その縁もあって、渡辺は島野の選挙の際には毎回応援に駆けつけた（島野武〔1982〕「五十年の付き合い」『弁護士渡辺喜八――その生涯と回想』57–58頁）。

53 相田一男（1998）前掲253頁。

54 太田大三郎（1996）前掲65–68頁。

55 太田大三郎（1996）前掲65–68頁。

56 『北越公論』1955（昭和30）年1月26日。

57 『北越公論』1957（昭和32）年5月1日。

58 『北越公論』1955（昭和30）年4月6日。

59 『北越公論』1959（昭和34）年4月6日。

60 『北越公論』1958（昭和33）年10月19日、1959（昭和34）年2月22日。

61 『北越公論』1959（昭和34）年5月10日。

62 『北越公論』1957（昭和32）年7月10日。

63 『北越公論』1959（昭和34）年2月15日。

64 内実として自民党は党内が二分した状態であり、党の推薦は出されたものの、事実上は個別支援のような形になっていたようである（『北越公論』1959〔昭和34〕年4月19日、5月3日、1960〔昭和35〕年1月31日）。

65 『北越公論』1958（昭和33）年8月11日、25日。

66 『北越公論』1958（昭和33）年8月11日、25日、12月21日。

67 『北越公論』1958（昭和33）年8月11日。

68 坂内龍雄は1953（昭和28）年4月19日に行われた衆議院議員選挙において、元県会議長、加茂町長経験者の田下政治の選挙運動を妨害したとされる。それをきっかけに加茂市内でも批判の声が多くなっていったようである（『北越公論』1958〔昭和33〕年10月19日）。

69 大田大三郎（1996）前掲93頁。

70 『北越公論』1957（昭和32）年2月15日、3月15日。

71 『北越公論』1959（昭和34）年5月3日。

72 『北越公論』1957（昭和32）年1月1日、25日。

73 加茂市史編纂委員会編（1975）前掲1084頁、『加茂新聞』1953（昭和28）年2月23日。

74 加茂市（1985）『広報縮刷版』。

75 七谷村では1949（昭和24）年1月23日の衆議院議員選挙において不在投票に不正があった

として、七谷村だけで再選挙が行われるという全国でもはじめての異例の事件が起こった。日農系勢力と民主党系勢力が拮抗したなかで、不在投票制度を用いた投票者不明票が 102 票あったとして、当時の日農系の村長が不在投票用紙を配って歩いたのではないか不正の疑義がかけられ、当該村長が新潟地検三条支部に送検され、翌年 1950（昭和 25）年 10 月 30 日に七谷村だけでやり直しの選挙が行われることとなった。再選挙では地元の保守系に人脈をもつ高岡忠弘（民主党）と日農系の候補である三宅正一（社会党）が村を二分して激しく戦い、結果、高岡忠弘 1251 票、三宅正一 1223 票、その他共産党の韮澤四郎 4 票、民主党の稲葉修 1 票となった。

その結果、当初の選挙の影響はなかったものの、当選者と次点者の顔ぶれをみると、当選者は渡辺良夫（自由党）5 万 8809 票、玉井祐吉（労農党）3 万 2623 票、三宅正一（社会党）2 万 9643 票、稲葉修（民主党）2 万 9636 票、次点者高岡忠弘（民主党）は 2 万 9613 票であり、わずか 30 票のなかに当選者 2 名と次点者 1 名が別れる結果となった（『新潟日報』1949〔昭和 24〕年 2 月 6 日、1950〔昭和 25〕年 10 月 31 日）。再選挙となった経緯としては、1949（昭和 24）年中に東京高裁が選挙無効の判決を下すも、新潟県選挙管理委員会が不服として最高裁に上告、最高裁では 1950（昭和 25）年 9 月に新潟県選挙管理委員会の上告を棄却し、七谷村での選挙無効が決定、同年 10 月 30 日に選挙が実施されることとなった（加茂市史編纂委員会〔2008〕前掲 634 頁）。その後、七谷では不正疑惑が沙汰された日農勢力にやや減退があったとされるが、合併まで村を二分する政争が続いていくこととなる。

76 『加茂新聞』1953（昭和 28）年 2 月 13 日、12 月 3 日。

77 上水道に関しては、合併前の 1952（昭和 27）年に、七谷村が加茂町からの上水道常設同意申請を受け、1957（昭和 32）年に上水道が完工した。この上水道の完成した年には、市内の青海神社大祭に合わせて「上水道祭り」も同時期に開催され、上水道の完成を大いに祝った。その後、給水の需要増加のため 1959（昭和 34）年に第一期、1967（昭和 42）年に第二期拡張事業が実施されたものの、第二期工事途中の 1969（昭和 44）年 8 月に大水害に見舞われ、貯水池上流の一部産地が崩壊し、一部の水源を信濃川の表流水に求めて天神林地区に浄水場が建設され、加茂市内の上水道は加茂川水系と信濃川水系の二系統によるものとなった（加茂市史編纂委員会編〔1975〕前掲 1085–1086 頁）。

78 『北越公論』1963（昭和 38）年 12 月 1 日。

79 『加茂新聞』1953（昭和 28）年 2 月 13 日。

80 坂内龍雄「市政施行上の諸問題——物質的精神的両面からくる利益とは（1）〜（8）」『加茂新聞』1953（昭和 28）年 6 月 3 日、13 日、23 日、7 月 3 日、13 日、23 日、8 月 8 日。

81 『北越公論』1955（昭和 30）年 2 月 23 日、5 月 3 日、7 月 20 日、8 月 31 日。

82 加茂市（1985）前掲。加茂市史編纂委員会編（1975）前掲 1087–1092 頁。

83 相田一男（1998）前掲 206 頁。

84 ただし、坂上宁一郎は戦前・戦後の農地改革時は農民組合運動に関わっていたとされる。また、坂上宇一郎、住吉富一は加茂朝学校に通っていたこともあり、つき合いの濃さは別にして金田市長とは古くからの知り合いではあったようである。なお、坂上、住吉が下条村、小林が須田村の出身である。

85 『北越公論』1959（昭和 34）年 12 月 13 日。

86 加茂市においては監査委員経験者が次期市長候補として名前をあげられ、立候補することが多かった。

87 『北越公論』1961（昭和 36）年 11 月 5 日、1963（昭和 38）年 3 月 17 日、太田大三郎（1996）前掲 104 頁。

88 一方、金田市長も当時自民党籍をもっていたようで、自民党加茂支部の総務会では金田市長

の四度目の出馬の声も出たとされる（『北越公論』1962〔昭和37〕年11月4日25日、1963〔昭和38〕年3月17日）。

89　『北越公論』1962（昭和37）年4月7日。

90　『北越公論』1963（昭和38）年4月28日。

91　『北越公論』1963（昭和38）年5月12日。

92　『北越公論』1962（昭和37）年4月7日、太田大三郎（1996）前掲106頁。

93　太田大三郎（1996）前掲106–109頁。

94　加茂農林同窓会は当時、既に同窓生の一人である北村一男知事擁立の選挙の際に、元長岡市長の松田弘俊（松田はこの時、加茂農林同窓会長でもあった）を中心に県内でもある程度有力な政治勢力として結束していた。太田は松田ら同窓会幹部に頭を下げ、同窓会一丸となって吉田支援のためのローラー作戦（実質的な個別訪問）を願い出て同窓会の協力を得た。

95　太田大三郎（1996）前掲106–110頁、『北越公論』1963（昭和38）年4月21日。

96　『新潟県央新聞』1974（昭和49）年9月20日。

97　『北越公論』1963（昭和38）年6月16日。

98　『北越公論』1963（昭和38）年5月26日。

99　『北越公論』1964（昭和39）年5月24日。

100　なお、坂内の支持者には社会党や共産党の人物もいたということで、それも自民党内で批判を受ける原因ともなっていた（『北越公論』1961〔昭和36〕年10月22日、11月5日、1962〔昭和37〕年2月18日）。

101　上杉謙信が自ら開基した由緒ある寺で、現在も上杉謙信の遺品が安置されている。なお、坂内は常安寺の住職となったものの常駐していたわけではなく、実家でもある加茂の双璧寺にいることが多かったようだ。あるとき住職の坂内が不在時に火災が発生し、幸い上杉謙信ゆかりの品は近くの檀家が避難させたおかげで焼失は免れたが、それをきっかけに坂内と檀家集との関係が悪化、最終的に檀家衆の運動により、常安寺の住職の座から追われることになる。

102　『北越公論』1962（昭和37）年2月18日。

103　『北越公論』1963（昭和38）年3月17日。

104　『北越公論』1966（昭和41）年4月24日。

105　『北越公論』1967（昭和42）年4月16日。

106　1963（昭和38）年の衆議院議員選挙における自民党加茂支部の亘四郎をめぐる扱いについての一連の出来事である。坂内は前回選挙後、自民党加茂市支部長となったが、その立場を利用して、衆議院議員選挙の際に亘四郎を自民党加茂支部の推薦から除外する行為に出たのである（『北越公論』1963〔昭和38〕年12月1日）。

107　『北越公論』1966（昭和41）年7月24日。

108　『北越公論』1966（昭和41）年9月18日。

109　『北越公論』1966（昭和41）年3月13日。

110　『北越公論』1967（昭和42）年3月15日、4月23日。

111　『北越公論』1967（昭和42）年4月23日、5月21日。

112　『北越公論』1968（昭和43）年11月3日。

113　『北越公論』1971（昭和46）年6月14日、7月5日、9月27日。

114　『北越公論』1971（昭和46）年4月24日。

115　太田大三郎（1996）前掲124–126頁。

116　『北越公論』1970（昭和45）年9月6日、10月30日、12月5日。

117　太田大三郎（1996）前掲124–126頁。

118 『北越公論』1971（昭和46）年4月10日。

119 加茂市史編纂委員会編（1975）前掲1090-1097頁、加茂市史編纂委員会編（2008）前掲 825-838頁、『三條新聞』1967（昭和42）年8月30日、9月14日。

120 太田大三郎（1996）同上115頁。

121 例えば、1969（昭和44）年8月15日の衆議院災害対策特別委員会では、大野市郎、稲村隆一が河川局長に対して加茂川・下条川対策について質問しており、また1970（昭和45）年8月10日の衆議院災害特別委員会では、新潟二区選出の米田東吾と小林進が加茂川・下条川改修の進捗、改修方策について質問している。また1970（昭和45）年9月には災害対策特別委員会の委員によって、新潟県における河川などの災害復旧状況ならびに雪による災害対策の諸問題調査が実施され、被害を受けた加茂市と田上村の要望について「国はかなう限りの施策を行うべきであり、特に住家の移転、用地買収に要する経費については政府は特別の措置を講ずべきで、少なくとも起債に対してはその全額を認めるべき」（発言者：天野光春『第063回国会　災害対策特別委員会　第12号』1970〔昭和45〕年10月12日）との調査報告がなされた。

122 新潟県三条土木事務所（1984）『加茂川改修の記録』29-31頁。

123 新潟県三条土木事務所（1984）同上32-75頁。

124 新潟県三条土木事務所（1984）同上260-261頁。

125 『北越公論』1971（昭和46）年2月27日、『新潟県央新聞』1973（昭和48）年8月15日。

126 『北越公論』1967（昭和42）年11月19日。

127 『北越公論』1969（昭和44）年9月7日、1970（昭和45）年3月29日。

128 加茂川工事事務所編（1974）『下条川ダム工事誌』。

129 『北越公論』1971（昭和46）年9月4日、1972（昭和47）年1月29日。

130 『北越公論』1973（昭和48）年7月7日、14日。

131 『北越公論』1964（昭和39）年12月20日。

132 田上村には温泉地や護摩堂山の観光開発を加茂と協力して行いたい、また上水道についても加茂のものを利用したいという思惑があったようである。また、加茂側としても安く手に入り、工場誘致可能な工地を田上村に求めたい、と両者ともにある程度利害が一致しており、常に合併の話はもちあがるものの、具体的な交渉に入ることはなかなかないという関係が金田市長時代、以来続くのであった（『北越公論』1965〔昭和40〕年2月7日、5月2日、8月1日）。

133 『北越公論』1965（昭和40）年1月10日。

134 『新潟県央新聞』1974（昭和49）年3月1日。

135 『北越公論』1974（昭和49）年10月5日。

136 『北越公論』1974（昭和49）年8月3日11月16日、12月7日。

137 『新潟県央新聞』1974（昭和49）年9月20日。

138 『新潟県央新聞』1974（昭和49）年10月10日。

139 『新潟県央新聞』1974（昭和49）年11月20日、相田一男（1998）前掲189-195頁。

140 太田大三郎（1996）前掲140頁。

141 『北越公論』1973（昭和48）年7月21日、『新潟県央新聞』1974（昭和49）年10月20日。

142 『新潟県央新聞』1974（昭和49）年11月30日。

143 『北越公論』1974（昭和49）年12月7日。

144 『新潟県央新聞』1974（昭和49）年12月20日。なお、坂上宇一郎は保守系とされていたが、加茂自民党支部とは比較的関わりの薄い人物であったといわれる。加茂自民党支部は派閥の連合体で、幹部らも各派の幹部らが兼職している状態であったため、そこからやや距離のあ

第4章　加齢する自治——新潟県加茂市のガバナンス動態　　341

る坂上宇一郎があえて選挙の総参謀に就くことで、県議会議員選挙でよく起こった各派閥間の足並みの不揃いがやや解消されたものと思われる。

145 『北越公論』1975（昭和50）年2月22日。

146 『北越公論』1963（昭和38）年11月10日。

147 太田大三郎（1996）前掲140–141頁。

148 太田大三郎（1996）前掲140–141頁。

149 『新潟県央新聞』1974（昭和49）年11月20日、1975（昭和50）年1月30日、2月20日、3月10日、20日、『北越公論』1975（昭和50）年3月1日。

150 『新潟県央新聞』1975（昭和50）年5月10日。

151 『新潟県央新聞』1975（昭和50）年5月10日、6月30日。

152 『新潟県央新聞』1975（昭和50）年11月20日。

153 『新潟県央新聞』1975（昭和50）年1月20日、『北越公論』1975（昭和50）年4月5日。

154 『新潟県央新聞』1975（昭和50）年10月10日。

155 『新潟県央新聞』1978（昭和53）年10月30日。

156 『北越公論』1979（昭和54）年3月31日。また、その背景には県議会議員選挙で勝又が勝利をしても、市長選挙で現職の皆川市長に負ける可能性も十分にあり、その場合の市政運営を不安視する声が社会党支部内であったとされる（『新潟県央新聞』1978〔昭和53〕年9月10日、1979〔昭和54〕年1月30日）。

157 『新潟県央新聞』1978（昭和53）年9月10日。

158 『北越公論』1976（昭和51）年12月10日、1978（昭和53）年8月13日。

159 『新潟県央新聞』1979（昭和54）年1月30日。

160 『新潟県央新聞』1978（昭和53）年12月10日。

161 『北越公論』1978（昭和53）年11月25日、1979（昭和54）年2月24日、『新潟県央新聞』1979（昭和54）年3月20日。

162 『新潟県央新聞』1979（昭和54）年2月10日、20日。

163 『新潟県央新聞』1979（昭和54）年3月10日。

164 『新潟県央新聞』1982（昭和57）年7月30日、8月10日、11月10日。

165 田中角栄元総理を迎えた「菊田征二激励大会」は越山会が主宰する選挙は越山会中心で行われたということもあり、他代議士後援会からの反発を買い、傍視傍観の姿勢がとられたという側面があったとされる。

166 『新潟県央新聞』1981（昭和56）年7月10日。

167 『新潟県央新聞』1982（昭和57）年11月10日、12月10日。

168 『新潟県央新聞』1982（昭和57）年12月10日。

169 『新潟県央新聞』1983（昭和58）年3月20日30日、4月10日。

170 『新潟県央新聞』1983（昭和58）年4月20日。

171 『新潟県央新聞』1983（昭和58）年7月30日。

172 『北越公論』1976（昭和51）年5月1日。

173 『北越公論』1976（昭和51）年3月13日。

174 新潟県三条地域振興局（1979）『加茂川・下条川治水事業の計画概要』、新潟県三条地域振興局（1984）前掲。

175 本書でいえば、その例が栃尾市と柏崎市である。

176 これは、その当時者の名前をとって「柏森事件」と呼ばれるものであるが、この事件の要点・背景は次のとおりである。加茂市では1969（昭和44）年の加茂川・下条川の水害以降、下条川ダムの建設や、加茂川の河川拡張改修事業が開始された。その加茂川の拡張改修にともな

って、河川改修をなんとか推進したい加茂市のなかで重要な業務になったのが、加茂川沿岸部に住む住人の移転交渉、移転先の用地や住居の確保であった。加茂市としてこの合意をとることができれば、県による改修事業が実施できるということになるからである。そのため加茂市では専門の係を用意した。その係では、通常の職員を2〜4年のローテーションで異動をさせるところ、当該部署では用地交渉という信頼関係の構築や、ある程度長期間継続して担当して事情を知る人物が必要なことから、水害の直後から事件発生まで十数年間同じ人物を配置していたことがあった。1984（昭和59）年6月、河川改修事業のための公共用地の取得やその補償に関する業務に携わっていた市職員が、横領容疑で逮捕された。逮捕された職員は市内の銀行および農協に市長名義で裏口座を作り、自身の業務にかかる土地の取得資金や宅地造成のための資金を不正に流用していた。使途不明金は報道によると2億6000万円にも上るという。また、このことがきっかけで、市が関与する宅地造成資金などのずさんな管理も明らかになり、市長以下三役の減給にはじまり、8月には当時の助役の引責辞任、および逮捕された職員の業務に関係した市職員17名に、停職を含めた大量の懲戒処分がなされることになった（『三條新聞』『新潟日報』『新潟県央新聞』1984〔昭和59〕年6月〜9月の記事をまとめた）。

177 例えば、吉田市長の時代にも、工事業者選定をめぐって業者から現金を受けとったとして、課長級職員が逮捕される事件も発生している（『北越公論』1969〔昭和34〕年6月22日）。

178 『新潟県央新聞』1987（昭和62）年2月10日、太田大三郎（1996）前掲173頁。

179 それまで役に就いていた山紫会副会長、東芝協力工場協同組合理事は、出馬に際して辞任した。なお、新潟紙器株式会社の労働組合は、新潟県議会議員選挙に出馬した高橋誠一に組織化の協力を得て設立したものであり、太田と高橋との関係もある程度良好であったことが推測できる（『新潟県央新聞』1987〔昭和62〕年1月20日）。

180 『新潟県央新聞』1986（昭和61）年12月10日、1987（昭和62）年1月20日。

181 『新潟県央新聞』1986（昭和61）年11月30日。

182 『新潟県央新聞』1987（昭和62）年4月30日。

183 一方で、当時を知る自民党系勢力の市議会議員経験者などから「看板は自民で中身は革新だった」と評価されることも多い。

184 『新潟県央新聞』1987（昭和62）年2月20日。

185 具体的に、加茂市市場共進会、加茂市商店街、加茂市鉄工組合、加茂市電気工事組合など、労働団体以外からの推薦を得ることができた（『新潟県央新聞』1984〔昭和59〕年1月30日、4月10日）。

186 『新潟県央新聞』1987（昭和62）年2月28日、3月20日。

187 『新潟県央新聞』1987（昭和62）年4月10日。

188 『新潟県央新聞』1987（昭和62）年4月20日。

189 なお、この出馬宣言の時から既に無投票当選が確実といわれていた（『新潟県央新聞』1990〔平成2〕年9月14日）。

190 『新潟県央新聞』1991（平成3）年4月12日。

191 この頃既に田中角栄が引退し、加茂における越山会はその存在自体が曖昧なものとなっていた。

192 『新潟県央新聞』1991（平成3）年1月25日。

193 『新潟県央新聞』1991（平成3）年3月29日。

194 『新潟県央新聞』1990（平成2）年9月14日。

195 具体的には次の五点の策がとられた。
①借入金金利の引き下げ対策（金利の高い時点で借り入れた借入金のうち残額の少ない口座

第4章　加齢する自治──新潟県加茂市のガバナンス動態　　343

を繰り上げ償還して金利の節減を図る）。

②市中銀行借入の運転資金、長期借入金に対して金利の引き下げを要請。

③市の発注するすべての物件に対して業界へ協力要請を行う（予算額130万円以上の工事の場合の指名競争入札、10万円以上の物品購入の際の見積り合わせの義務化、および見積りの際のメーカー指定の不許可など）。

④職員の給与水準を類似団体水準に引き上げを約束し、諸経費の節減を図る。

⑤事業の実施において都市基盤においては国県による公共事業の導入を図ること、また、市の単独事業の最小化および国県の補助事業の活用方針の提示。

なお、これにともない、企画財政課による査定の厳格化も実施された。

196　なお、相田一男が加茂暁星学園の理事長職に就く経緯でも、相田と太田のどちらかを、二人で決定したということもあった。前理事長の堀内が健康の理由から退任する際に、元理事長の金田綱雄に、相田一男と当時同窓会会長であった太田大三郎の二人で相談したところ当人たちで決めろといわれ、太田による説得の末、相田が理事長になったということである（相田一男〔1998〕前掲256頁）。

197　『新潟県央新聞』1990（平成2）年1月26日。

198　『新潟県央新聞』1990（平成2）年12月31日。

199　『新潟県央新聞』1991（平成3）年8月30日。

200　大田大三郎（1996）前掲208–211頁。

201　相田一男（1998）前掲265頁。

202　四年制大学設立の内情について、詳しくは相田一男（1998）前掲263–294頁、大田大三郎（1996）前掲204–211頁を参照。なお田中真紀子は当時まだ国会議員ではなかったが、学生時代は新潟経営大学初代学長となる鳥羽欽一郎ゼミの出身で、鳥羽教授の学長就任依頼について便宜を図ったとされる。

203　相田一男（1998）前掲124–126頁、『新潟県央新聞』1990（平成2）年12月31日。

204　相田一男（1998）前掲295頁。

205　『新潟県央新聞』1992（平成4）年8月21日。

206　『新潟県央新聞』1987（昭和62）年5月20日。

207　『新潟県央新聞』1988（昭和63）年4月30日。栃尾市では第3章で詳しく記載したが、同じく西武からの構想があがり、市が積極的に誘致を試みようとし、誘致運動も長期にわたったものの結局実施されなかった。わずか1年で計画倒れとさせた加茂市とは対照的である。

208　具体的な整備としては、野外ステージの新築、展望台の設置、彫刻の設置、大型ローラー滑り台の設置、リス園の設置などである（『新潟県央新聞』1988〔昭和63〕年7月30日、12月20日）。

209　『新潟県央新聞』1991（平成3）年1月25日。

210　『新潟県央新聞』1994（平成6）年10月7日。

211　また、1993（平成5）年に作成された（計画は1994〔平成6〕年から）第二次加茂市総合計画では、2000年（平成12）年の目標人口が3万6000人と、約10年前に構想された第一次基本計画の6万0000人から大幅に下方修正された。それでも1990（平成2）年の国勢調査では加茂市の人口は3万4863人と、減少傾向にあるなかでの希望的な目標であったといえるだろう。

212　『新潟県央新聞』1994（平成6）年10月7日。

213　『新潟県央新聞』1995（平成7）年1月24日。

214　『三條新聞』1995（平成7）年1月21日、『新潟県央新聞』1995（平成7）年4月14日。

215　『新潟県央新聞』1995（平成7）年4月28日。またインタビュー調査をもとにするとこの経

緯としては、まず小池側は自民党に「共産党以外の推薦が欲しい」話をしつつ推薦の依頼を行った。自民党としては相手候補の川崎陣営からも推薦の依頼が来ていたが、日本社会党の推薦を得られたほうを推薦する、相乗り候補に乗る方針をとったということであった。一方、社会党側にも二候補どちらも推薦依頼を出してきたが、そのなかでも「平和憲法の維持」および「非核都市宣言をただちに行う」という、社会党が太田市政時代になしえなかった2点を重視し、それを受け入れた小池を推薦することに決める。それを受け、自民党側は経歴としては申し分のない小池を推薦することに決め、保革相乗りの構図が成立したということである。

216 『新潟県央新聞』1995（平成7）年4月28日。

217 『新潟県央新聞』1995（平成7）年1月24日、4月14日。

218 『三條新聞』1995（平成7）年4月24日『新潟県央新聞』1995（平成7）年4月28日。

219 『三條新聞』1995（平成7）年6月7日、28日。

220 『新潟県央新聞』1995（平成7）年5月12日。

221 『新潟県央新聞』1995（平成7）年5月26日。

222 『新潟県央新聞』1995（平成7）年3月31日。

223 『新潟県央新聞』1998（平成10）年5月15日。

224 『三條新聞』1999（平成11年）4月19日。

225 『新潟県央新聞』1998（平成10）年9月18日、『三條新聞』1998（平成10）年9月17日

226 『三條新聞』1998（平成10）年9月26日、1999（平成11）年3月22日、4月26日。

227 『新潟県央新聞』1999（平成11）年1月1日。

228 『新潟県央新聞』1998（平成10）年10月9日。

229 『新潟県央新聞』1999（平成11）年1月1日。

230 しかしながら、栗原博久は旧新潟二区選出であり、選挙区が異なった当時の加茂市では知名度が低かった。『新潟県央新聞』1999（平成11）年1月1日。

231 加茂市議会『加茂市議会会議録』2003（平成15）年6月。

232 小池清彦（2006）「小泉政権下で進んだ地方切捨て」『日本の進路』地方議員版地方議員交流会特別号、また全国市長会発行の『市政』2001（平成13）年1月号の「わが市を語る」という市長インタビュー記事において、小池市長は「原則として毎週水曜（現在は木曜日）の午後を「市民と市長のよもやま話の日」とし、「その日おいでのそれぞれの方と応接室で市長が直接いろいろお話をすることとしております。提起された問題は、隣の市長室で助役以下関係課長と幹部会議を開いて協議し、即決することを原則としております」と述べている。

233 時には苦しいなら税金なんて払わなくていいといったもという噂もある。

234 加茂市のスクールバスは、登下校のために1971（昭和46）年から導入されたが、1999（平成11）年にそれまで2台だったものを11台に増やし、さらに2004（平成16）年度までに15台に増やした。これは遠距離通学区域の児童生徒のためのものであった。そして、2005（平成17）年4月から急きょ9台のスクールバスを増車した。これは児童生徒の登下校の安全確保を目的としたもので、人家が途切れる地域あるいは人通りの少ないなどの地域（5台）、従来遠距離通学のため、加茂市が無料定期券を出して民間バスを利用していたが、スクールバスに変更することでより安全が図られる地域（4台）を運行区域の対象としたものである。経緯としては、2004（平成16）年11月奈良市・女児誘拐殺害事件が発生したことを踏まえ、登下校時にボランティアによるスクールガードの組織も整備されたが、これだけでは児童生徒の安全を確保することが難しいため、バス通学地域の範囲を拡大することとし、2004（平成16）年12月市議会において市長がこの旨を表明し、バスの増設に至った（文部科学省「登校時の安全確保にかかる取り組み事例集」平成18年1月　http://www.mext.go.jp/b_menu/

houdou/17/12/ 05120900/007.htm 2018 年 11 月 10 日アクセスより）。

235 それがわかる一つのエピソードとして小池市長が初当選後、三度目の定例議会（1995〔平成7〕年度 12 月議会）において、議場で発言した課長を恫喝する事件がある。その議会では、ある市議が一般質問において「よそではスポーツ審議会があるようで、そのような審議会、加茂にないようでございますが、何かお考えがありますか、課長さん」という質問をした。それに対して担当の課長は「ご質問のスポーツ審議会でございますけれども、実は市長答弁のなかに基本的な計画を今後十分検討するという答弁がございましたが、これは実はスポーツ審議会などをさしているわけではございまして、まだ市長には、今の段階では全くお話はしていないわけでございます。ただ、事務当局としましては、現在県下 20 市のうちスポーツ審議会がないのが加茂市だけということでございます。（中略）この審議会におきましては、市のスポーツ振興の将来計画、それから施設設備の充実、あるいはソフト面などいろいろな面で審議していただいて、長期的な方向付けをする大事な役割をもっています。今後十分に検討をしてまいりたいというふうに考えております」という答弁を行った。すると小池市長はすぐに立ち上がり、ものすごい形相で、「私は全く聞いておりません。何でもそういうものがあればよいというものではないと考えており、ただ今の課長答弁は私は感知（ママ）しません。必要とあらば私がよく考えて判断したいと思います」と感情むき出しに威嚇し、議場が静まり返ったという。それ以後、課長らは議場で口を塞ぐようになり、ほとんどの答弁を市長自らが行うようになっていったという。

また、議会ではこの議員と市長・行政側との一連の質問に関して、市長答弁の不適切な点があるとのことで、議長において善処を求める動議が出され、賛成多数で採択されることとなった。この件について選挙の際に推薦をした会派の市議会議員が、休憩時間中に市長に会い、「なにもそこまで怒るような答弁ではなかったのではないか。そこまで恫喝したら課長は今後何も言えなくなってしまうのではないか」と市長を少し律しようと語ったところ、市長は感情的になり「私が絶対に認めないようなものを勝手に言うようなことは統率がとれていないことだから駄目だ。中央なら絶対に許されることではない」と述べたとされる。これがきっかけのひとつにもなり、その会派は市長と距離を置くようになり、その後の選挙では対立候補の支援に回ることなどもあった（会議録引用は『加茂市議会会議録』1995〔平成7〕年9月より）。

236 なお、民間事業者の場合でも利用者の負担金額分である一割の自己負担分は補助され、利用者にとっては無料となるようになっている。

237 これら加茂市における「よもやま話」制度、中小企業金融対策、在宅介護・看護支援センターと介護保険制度の活用の仕組みについては、箕輪允智（2009）「非開発指向の自治（下）」『自治総研』通巻 374 号、38-83 頁で詳しく説明している。

238 その預託金は決算書上、年度末に一度返還され、また年度当初に預託される仕組みとなる。また、この預託金が増えることによって、自治体側の財政コストとしては預託金の機会費用や、地方債で預託金を準備した場合はその利子がコストとしてかかってくる。地方自治体の中小企業向けの融資制度に関しては、深澤映司（2007）『地方自治体の中小企業向け融資制度が直面している課題』『レファレンス』平成 19 年 2 月号、77-95 頁に詳しい。

239 これについては、市議会で小池市長は以下の答弁をしていることから、そのような意図があったことがわかる。「この間まで加茂市がまったくそれに乗った中小企業金融安定化特別保障制度、これに加茂市が完全に乗った形、これも日本一だったと思っております。何百何十億円という融資をして、そのうち既に踏み倒したのが 7 億、6 億、5 億は踏み倒しているの。踏み倒した額も日本一だったかもしれませんが、そういう日本一も加茂市のためにはよかったのかもしれません」（『加茂市議会会議録』2003〔平成 15〕年 12 月）。

240 『三條新聞』1995（平成 8）年 7 月 17 日。

241 詳しくは 小池清彦（2002）「国を亡ぼし、地方を亡ぼす 市町村合併に反対する。加茂市が
県央東部合併に加わらない理由」『広報かも別冊』2002（平成 14）年 12 月 10 日号。

242 議会とのトラブルも生じやすいという側面もある。例えば、市議会議員との小池市長との間
で、市による歳出をめぐって係争事件にまで発展した、小池市長肝いりの事業として建設が
なされた、温泉施設である加茂市市民福祉交流センター「美人の湯」の事件がある。その事
件では、温泉の湧出量、揚湯量および浴槽湯の成分を公開せず、また、市が通常の管理を行
いながらも当初の契約の湧出温度と湧出量に満たない場合は、工事請負業者が無償でもう一
本温泉の採掘を行うこととなっていたにもかかわらず、業者に対する掘削要請がなされず、
湧出量が必要量に満たなくなった。そのため、市ではスケール工事契約を締結して工事費を
支出させたのだが、それが不当行為であるとして、予算の執行停止および事実関係の公表を
求めて、市議会議員 5 名から加茂市監査委員に対して 2004（平成 16）年 7 月に住民監査請求
がなされたことからはじまり、住民監査請求に対し、加茂市監査委員は要求する措置は認め
られないとの結論を出したものの、それを不服として住民監査請求を提出した 5 名の市議会
議員が原告となって住民訴訟に発展したものである。

　最終的には 2009（平成 21）年 10 月に、二審裁判の東京高裁にて裁判長より和解の勧めが
提示され、和解条項が両者間で定められ、原告が敗訴していた一審判決が確定した。また、
この訴訟に関連して、情報公開条例の必要性が訴訟に参加した議員だけでなく、多くの議員
らによって要望されたが、上記の「よもやま話」や市民福祉交流センター美人の湯の訴訟事
件など、情報が公開されると困るとの理由から、一時は「情報公開条例を制定していない唯
一の市」となったのであるが、2006（平成 18）年の 6 月議会で制定され、当時の全国の市の
なかで情報公開条例を制定した最後の市となった。なお、「よもやま話」の内容については行
政文書に記載されないとして公開の対象外となり、また市民福祉交流センター美人の湯の件
についても、当時はまだ係争中ということで公開されないこととなっていた。また、この条
文の作成については、他事例調査で市職員に依頼することはあったものの、実際の文章につ
いては市長が自ら行ったとされる。

243 例えば、ふるさとづくり特別対策事業による加茂山公園の観光地化や下条川ダムの整備事業
の推進などは、建設業者の維持延命的な事業といえ、また、公共施設の更新も、建設業者の
延命的な事業とともに太田市政以前の加茂市政の長期間の運営おいて、河川改修とともに、
加茂駅東側から西側へ市街地を分散・移転させる流れに則したものを実施したといえるもの
である。また、人口減対策として産業誘致を実施しないままの宅地造成を行っていること
は、確かに工場誘致に関しては失敗と思われる例も多いが、むやみに新産業誘致を行わず、
市内の既存産業の興隆を待つという考えが根底にあると思われる事業である。加茂暁星学園
での四年制大学の設置支援などの事業推進に現われていると思われる。

終章
自治体ガバナンスの個性

　本書では戦後日本の地方自治体はどのように治められてきたのだろうかという基本的な問いのもとに、四つの自治体のガバナンス動態を観察してきた。その過程を通して、これまでの地方自治研究で一般的だった、垂直的行政統制モデルや水平的政治競争モデルに代表されるような静的な政府間関係観察から自治体の治まり方を見出すのではなく、地域における社会経済秩序と政治秩序の積み重ねとして動的に観察することで、それぞれの地域で発生する偶発的な出来事や、全国的な社会変動や政策の影響を受けながら、自治体が唯一の個体として多様な治まり方＝ガバナンスを形成していく重要性を指摘する。

　現代の日本の自治体をめぐる状況は、地方分権時代といわれて久しい。そのような時代にあって、地域の個性というものは、本来重要な価値として扱われてしかるべきものである。この個性は、分権時代だから生まれたものではなく、歴史的な積み重ねのなかでそれぞれの地域において作りあげられてきたものである。

　本書ではその個性の形成について、自治体ガバナンスという視点で動態を追うことで、そのあり方を検討してきた。自治体ガバナンスは、社会経済環境や国際情勢の変化、国の政策の影響は当然受けるものだが、どのように対応していくかは、そのときどきの時代を生きる住民の利害関係をはじめ、それまでに積み重ねられた地域の秩序を踏まえたものとなる。このような意味でも、各自治体が有する地域における様々な環境や資源を、見つめ続けていくことの重要性を指摘したい。

以下、本書を締めくくるにあたって、自治体ガバナンス分析の理論的意義を考える。

1. 何が自治体ガバナンスの個性を生み出すか

多様化を形成するのは社会経済秩序と政治秩序の積み重ねではあり、それを秩序堆積モデルとして示した。そして、それぞれの自治体ガバナンスを特徴づけることになった偶発的な出来事または環境要件にはどのようなものがあったのか、これまでの観察から得られた知見を整理したい。

地域の自然資源

地域の自然資源の影響が個性形成に関わったと考えられ、そのことが顕著に現れているのが柏崎市である。明治時代の石油噴出は、地域の社会経済秩序を大きく変えることになった。結果的に石油は枯渇し、石油産業が主要産業であり続けることはなかったが、石油をきっかけに理研や鉄工関係の企業など、その後の柏崎の産業に大きく影響を与える企業が到来した。また、住民の意識においては石油噴出による好況を呈した時代への郷愁をもたらしたといえる。

石油だけでなく、原子力発電所の建設用地である柏崎市荒浜の砂丘の存在も、社会経済秩序および政治秩序に大きな影響を与えた。柏崎市荒浜の砂丘は、原子力発電所の誘致がはじまるまで、し尿処理場として使われていたのだが、原子力発電所用地としての可能性を見出されることで土地の価値が一変する。活断層の存在をめぐる問題などで、荒浜砂丘地帯が原子力発電所の建設に適した土地であったのかという問題は別に存在するが、当時は有用な資源として見出され、柏崎市に原発誘致働きかけがなされ、原発建設推進の動きがはじまる。それによって地域がさらに大きく変容したのはいうまでもない。

また、栃尾市の谷に囲まれたなかでの街の形成、加茂市の山と川に挟まれた扇状地での市街地形成、三条市の川の合流点から広がってきた市街地形成

など、街の広がり方は自然環境を生かしたものとなっていた。それぞれの地形的特質から各種の産業が形成されており、それらが自治体ガバナンスのあり方に深く関与していることもわかるだろう。

物流・交通ネットワークの変化

　また物流・交通ネットワークと時間の経過によるそれらの意義の変化もあげられる。三条市においては、自動車の普及、高速自動車道、高速鉄道の開通は、これまでの物流の流れを変える一種の脅威ともなった。それまで三条市においては市政運営で合意形成が難しかった政治状況が、市内の住宅問題や高速自動車道路 IC 設置の課題を介して、一時的にでもある程度結束する状態となったことが観察できた。

　柏崎市においては、電車は早くから開通していたものの、道路網が周辺地域と十分なネットワークを有していなかったことが 1950 年代の閉塞感をもたらす要因の一つとなっている。そうした状況から脱却したいという思いが、その後、自衛隊大隊の誘致、原子力発電所を誘致と建設に結びついていった。栃尾も雪で閉ざされがちな地域であったことが、支配的な織物業界の形成など特徴的な秩序を生み出したと考えられる。また長岡市との時間距離を縮めることになった新榎トンネルの開通も、長岡と栃尾の商圏、生活圏の一体化をもたらし、地域の社会経済秩序に変容を起こしたといえる。加茂市においては、鉄道敷設の際に市街地近くに駅を置いたことによって、物流面での利便性が向上し、戦中の疎開工場の到来につながったと考えられ、その後の地域のあり方に大きく関与したといえる。

　物流・交通ネットワークの発展は、地域に生活の利便性の向上、経済活動の効率化や立地の優位性をもたらす一方で、時に地域のあり方を変えるものにもなってきた。

地場産業とその性質

　それぞれの地域の地場産業がどのような構成および事業者間の関係性となっているのかも、個性形成に大きく影響を与えたといえる。

終章　自治体ガバナンスの個性　　351

三条市においては、金物、機械など生産品目は近くても独立独歩で職人気質の事業者が多く、集団的に共同事業を推進していくような調整の経験もあまりなく、個々の企業が技術を高めて競争力をつけていった地域であった。また、そのような事業主が市議会議員となることが多く、そうした状況は地域の政治秩序にも反映される。自らの生活がある程度確保されている状態である時は協調せず、幾多の調整をめぐる紛争を繰り返すことにつながったといえよう。

　加茂市においては、複合的な産業構造のなか、戦時中に到来した外来型の比較的大規模な工場が残ったおかげで労働者層が厚くなり、またその労働者層が統治構造のなかで排除されることなく受け入れられていったことから、長期的な協調体制につながった。また、そのような外来型の大規模工場が存在によって、収容力には限界があり、市外に働き場を求めて流出していく人口が常々一定数いたものの、市内で工場労働者となることのできた市民にとっては比較的高い可処分所得を得ることができ、ある程度時代に合わせた豊かな生活を送れる家庭が多くなった。

　栃尾市では、戦後いくつかのアウトサイダー企業が出てきたものの、繊維組合は1960年代頃まで産業における絶対的な存在であった。繊維業は地域の工業製品の大部分を占める業界で、歴史的に徴税機構の一部となった経緯もあり、また、地域の個別企業に配分する原料の管理などを行っていた時代もあったことで、地域経済のハブとしての機能の積み重ねは大きなものであった。そのため、織物組合の動向が常に市長選挙や県議会議員選挙の行方に大きな影響力をもつこととなり、また、土木事業を多く誘導しながらも、工業製品としては既存の繊維中心の産業構造を変えてしまわない方向となるような治まり方をみせることにもなった。

公共事業と建設業従業者増大のフィードバック効果

　公共事業が増えると建設業従業者が増える。さらに建設業従業者が増えると地域における建設業の存在感が増し、地域からの公共事業に対する要請が大きくなる。このような建設業依存のフィードバック効果が、土建国家と呼

ばれた「日本の地方部の現実」とされてきたものであった。しかしながら、本研究で観察した四市を見ても、それがまさしくあてはまる自治体と、必ずしもあてはまるとはいえない自治体があることがわかる。

この命題にあてはまるものとしては柏崎市と栃尾市が、あてはまらないものとしては三条市と加茂市が該当する。柏崎市は原発関連の財源や東京電力を介してさらなる地域の成長・発展を目指し、栃尾市は繊維産業が衰退していくなかで公共事業がその雇用の受け皿ともなり、市政をめぐる主要課題となっていった。そしてこれまでの公共事業量の維持継続が難しい時代になり、単独での市営運営を辞めて合併を選択するに至ることとなる。

一方、小規模零細事業主が多いという特徴をもつ三条市や、戦時疎開工場が戦後も地域に残り、複合的な産業構造を経験した加茂市においては、確かに 1970 年を中心に、三条市は五大事業、加茂市は大規模河川改修と公共事業への期待が高まり、土木関係の事業が展開されたが、三条市においては経営管理的な課題が、加茂市においては福祉が市政をめぐる主要課題となり、公共事業の維持継続をはじめとした市内の経済成長を目指す課題が必ずしも主要課題としては現れてこない。

三条市や加茂市のような、おそらく多くの住民がそれぞれ当時暮らしていた社会経済状況に概ね満足していたと考えられる地域においては、公共事業を積極的に展開して短期的で大幅な地域変容を選ぶことはせず、当面の既存の地域の社会経済秩序の維持が優先されたと考えられる。全国的な高度経済成長の影響もあり、一般住民の経済状況が年々向上し、それによって一定の満足感を得ていたと思われる住民が多い地域は、変革への不安が期待を上回ることによって、真の意味での保守的な選択がなされていたと考えられる[1]。なお、そのような治まり方が、革新市政を経験した三条市、労働組合などを中心とするいわゆる革新勢力が市長選挙および市政運営の場面で大きな影響力を有していたと考えられる加茂市で観察できたことは興味深い。

人口属性の変化

これは特に加茂市の例から導き出すことができるものである。加茂市にお

いては 1950 年代〜70 年代に、青年労働者層の支持を受けた市長が誕生し、小池市長が登場するまでは禅譲的な市長の交代が行われ、統治構造においても労働団体も含めた各層の意見聴取、利害調整の仕組みが構築されていた。その後、その構造を大きく変えようとする個性的な小池市長の登場があるわけだが、小池市長が二度目の選挙に出馬する際に前市長、前々市長が対立候補の応援に回り、既存勢力が対立候補側についたと思われた状況であったのにもかかわらず再選を果たし、その後も市長職を維持している要因が、この人口の属性にあると考えられるのである。これはつまり、かつて市長や県議を生み出してきた青年労働者層が介護を必要とする側の年代になる。一方、若い世代は不況の影響もあり、なかなか市内で安定した職を得ることができなくなる。そのようになると、人口の減少は急速ではなくとも、若い世代が定着できなくなるなか、人口に占める高齢者やそれに近い壮年層の割合が高くなるということである。

　小池市長は福祉サービスの充実や、直接的な負担軽減の要望のとり入れなどに対応するという交換関係を成立させるのであるが、これが経時的に変化していた市民の人口属性にうまく対応することができたということで、自治体ガバナンスにも変化をもたらすこととなったと考えられる。

　なお本書は新潟県の中越地方という、「田舎」か「都会」かといえば、明らかに田舎といえる自治体を観察してきた。大都市や大都市周辺自治体は観察対象とはして来なかったが、この点において自治体に対する政策的な含意をあげることができるだろう。大都市周辺自治体のいわゆるベッドタウンとされてきたような自治体は、人口構造が歪であることが多い。例えば、東京の多摩ニュータウンや大阪の千里ニュータウンなど、団塊の世代やその下の年代など、一定の年齢層が一挙に入居したような自治体では、地域内の高齢化が急速に進行する。多摩ニュータウンなどはすでにゴーストタウン化しているともいわれるが、それでもその地域が名残り惜しいといった理由や、自身および関係者の経済力などから別の地域に移住する財力に欠け、他地域に転居したくてもできない者が相当数いると考えられる。

　加茂市の場合は、比較的緩やかな市民の構成年齢の変化であり、主要な政

策課題の変化には小池市長の個性が強く出た面が大きいが、そのような地域で一挙に高齢化が進んだのちに、ここでいう福祉開発をめぐる地域外部からの資源獲得競争が生じてくる可能性があると考えられる。そのような問題が大きくなった場合に、国の一般的な制度の変更をもたらすものとなるだろう。

2. 自治体ガバナンスと自治体ガバナンス分析

本書は分析の方法として、都市ガバナンス分析の先行研究を参考に、戦後日本の自治体ガバナンスをとらえる枠組みを構築した。日本の自治体を分析するものに適合させるため、都市ガバナンス分析から自治体ガバナンス分析への読み替えを行い、また都市ガバナンス事例分析の先行研究を踏まえ、本研究の問いに適合する分析枠組の構築を行った。それをもとに各個の自治体においてどのようなガバナンスが形成されたのか、社会経済秩序と政治秩序の時間の経過による堆積とその変容を観察した成果を述べてきた。このような視角における分析は、市史、町史をはじめとする自治体史とも異なるアプローチであり、日本の地方自治研究の先行研究を踏まえても、これまであまり焦点が当てられてこなかったものと思われる。

そして、本研究はこれまでの日本の地方自治研究に欠けていた、個別の自治体の選好や傾向の把握、つまり、個別自治体がそれぞれの自治体の事情を考慮しつつ特定の政策の取捨選択を行い、時には国の制度の影響を受け、時には国の制度の変更を求め、または独自に制度の活用の仕方を考案し、一定の制度的環境下で自治体が異なる道を歩んでいったことを示した。

幸い、このように分析するに足る情報は他地域においてもある程度存在している。日本においては戦時下には内閣情報部の圧力のもと新聞統制がなされ、地方新聞は概ね一県一紙に統合がなされたものの[2]、戦後においては一市や一町レベルを発行エリアとするローカル新聞が、各地で続々と創刊されることとなる。それらの新聞については公立図書館等に所蔵がないものも少なくなく、さらには発行期間が非常に短かったりするものもある。

しかしながら、昭和の合併後に市に昇格したような自治体であれば、旬

終章　自治体ガバナンスの個性　　355

刊、週刊などであることは多いが、かなりの長期間発行されていたローカル新聞も散見される。それらのローカル新聞には思想的な偏りが見られるものもなくはないが、発行された時代を伝える生の情報が豊富に掲載されており、これらの情報は自治体の経時的展開を把握するのに決定的に重要であったといえる。加えてそれぞれの地域の文化水準や産業の様子によって異なるが、日本においては地方レベルでも、政治・経済で功績があった人物について評伝、回想録、回顧録が編集、刊行されることが多く、かつての有力者の人となりを把握できるような資料が存在することも多い[3]。本研究では可能な限りそれらの情報を収集し、その動態をまとめてきたのであるが、これは本研究で扱った四市だけでなく、日本のその他の自治体でもある程度可能な分析枠組みである。

また、自治体はなぜ違うのか、どうしてまちの姿に変化があったのかについては、これまでの研究では、別の地域であるのだから自明のこと、あるいは特異な事例、限界事例を探して何らかの一般化を求める研究を行うことが多かった。本研究はそれらに対して、なぜ自明か、特異なものであったとしてもなぜそうなったのかを問い続ける作業を行い、自治体の治まり方がどう形成されたのかを、自治体を一種の制度と見立てた過程追跡として、その生成、変化を捉えてきた。

本書は地方自治研究として、政府間関係や、政策形成とその波及過程の一般化を考察することの理論的意義は否定しないが、地域に個性が求められる現代において、自治体の多様性がどう生まれるのかという視点の意義を問う研究であった。

3. 自治の"限界"は

さて、この論点は、都市政策をめぐる一般的な志向性として多くの研究で参照される Peterson の *City Limits* [4]の議論にも、疑問を呈するものとなろう。*City Limits* では、一般的に自治体は地域の経済力を高めるための開発政策を重点的に行い、税負担能力の低い人を引きつける再分配政策を控える傾

向にあるとしている。しかしながら、三条市政の観察からは、どちらにも積極的にならない姿が見てとれる。また小池市政における加茂市は、福祉を媒介に全国からの資源獲得を狙ったものであり、Petersonが経済力を高めるための開発政策としたことが、高齢化した社会においては短期的に経済力を高めるインセンティブは小さくなるため、自身に直接影響しうる福祉の充実策（福祉開発政策ともいえるかもしれない）をきっかけに域外から資源調達することを前提に分配政策を積極的に行う、city limits（都市の限界）の亜種として位置づけることができる。

　この論点は、Scottが *The Moral Economy of the Peasant* や *The Art of Not Being Governed* [5] で行った議論に近い。前者では抑圧された貧しい農民による日常的な政府への抵抗活動を、彼らの倫理性が表れたモラル・エコノミーの行動として描き出し、後者は国民国家に統合されていない東南アジアと中国にまたがる「ゾミア」と呼ばれる地域で、国家としての政治からは退避して独立した自治を行う、山間部の少数民族の生活と文化の形成、維持をめぐる行動論理を示したものである。これらはともに資本主義にみられるとされる経済合理性に基づく統治のあり方とは異なり、一見非合理とも思われる行動をとるコミュニティを、主体的な行動論理に基づくものとして説明したものといえる。

　Petersonの議論はまさしく資本主義における経済合理性に基づく行動の結果、都市は開発政策をとるものとして整理したものと位置づけられる。本書でとりあげた四つの自治体では、抑圧され、政府に対する日常的な抵抗を行っているコミュニティが目立つわけではなく、国民国家からの退避のなかでコミュニティの維持形成を図っていったような地域でもない。また、それぞれの地域で一定の経済合理性を求めたと考えられるとり組みも散見できる。

　しかしながら、何をもって経済合理とするのか、その認識が作られていく過程、およびその経済合理とされるもの自体が、それぞれの地域の有する歴史的な沿革や、住民の構成、地理的要件などによって異なる内容で形作られていく姿もまた本書で示すことができたものである。そして、それらが必ず成長を求めていくことを通してなされていくのかという点についても、大き

な疑問を投げかけるものともなった。

　それぞれの地域のガバナンスをめぐる経時的な観察を通じて、各地域が政治をとおして目指していった、あるいは必ずしも明確な目標がなかったなかで、曲がりなりにもそれぞれの地域利益のためにとり組んできた行動や方法には違いが生じている。それが日本の戦後政治における利益誘導の象徴的な選挙区とされた旧新潟三区において見受けられているのである。

　大きな抑圧を受ける状態となる集団が現れる、大きな社会階層の分断が発生してしまっている地域の状況ではなくとも、国民国家の統合がなされていると思われる中央政府、地方政府およびそれらと地域住民の関係のなかでも、それぞれの地域における社会経済秩序と政治秩序の相互作用の積み重ねによって、個性を有した自治体のガバナンスが形作られていく。本書は、これを示す秩序堆積モデルを提示するものである。

　そこで、自治の“限界”に対しては、法や権限に由来する限界、資源に基づく活動の限界は当然あるが、特定の政策志向に基づくものではない。限界があるとすれば、それぞれが経時的な社会環境変化で堆積してきた経路にある程度依存せざるを得ない、という答えとする。

注
1　ここで示す真の保守の意味としては、日本で一般的に対比して用いられる自民党系保守政治家、保守系政党と社会党、共産党系の革新政治家といったイデオロギー対立構造で述べられる意味の「保守」ではない。近代におけるイギリスの代表的な保守政治家であるベンジャミン・ディズレーリが述べた「進歩的な国では変革は不可避である（In a progressive country change is constant; … change … is inevitable）（Speech on Reform Bill of 1867, Edinburgh, Scotland (1867-10-29); *Selected Speeches of the Late Right Honourable the Earl of Beaconsfield*, T. E. Kebbel (ed.) 〔1882〕, vol. 2, part 4, p. 487.）」や、保守主義の父と呼ばれるエドマンド・バークが「何らかの変更の手段を欠く国家は、自己の保存のための手段を持たない（A state without the means of some change is without the means of its conservation）」「私は変更を必ずしも排除しない。だが、変更を加える場合にも、それは保存のために行なわれるべきである」（I would not exclude alteration neither; but even when I changed, it should be to preserve,）（Burke, E.〔1790〕Reflections on the French Revolution.〔＝中野好之訳〔2000〕『フランス革命についての省察〈上〉〈下〉』岩波書店〕）と述べたように、既存の体制や伝統的価値観を維持しつつも、国家の発展のなかでの漸進的な変化に対応していくという意味での「保守」である。
　　この意味において1980年代における日本政治をめぐる保守観のキーワードになった「生活

保守主義」に近い。「生活保守主義」は学術論文での明確な定義はないが、時事批評論文にて80年代の低成長時代に自民党支持が高まった要因として、提示された明確なイデオロギーに基づく "保守化" "右傾化" とは区別された、高度経済成長で獲得した生活現状の維持防衛しようとする意識のあり方を指す造語として、山口定が使いはじめた言葉とされる。現在ではほとんど使われず、死語に近い言葉となっている。山口二郎や杉田敦が2000年代以降においても、強いリーダーやポピュリズム的なリーダーを求める意識のなかに存在するものとしてこの「生活保守主義」という言葉を用いて説明している（杉田敦〔2003〕「"彼ら" とは違う "私たち" ――統一地方選の民意を考える」『世界』2003年6月号、20-24頁、岩波書店、山口定〔1983〕「参院選挙が映し出した "生活保守主義" の構造」『朝日ジャーナル』朝日新聞社、山口定〔1986〕「"生活保守主義" 考」『書斎の窓』No. 360、2-7頁、山口二郎〔2004〕『戦後政治の崩壊』岩波書店、161-162頁）。

2 新聞統制について詳しくは小林信司（1966）「戦争と新聞 戦時下の新聞統制について」『神戸山手女子短期大学紀要』第9号、61-71頁、松浦総三（1975）『戦時下の言論統制――体験と資料』白川書院。

3 また、一方で、これらかつての地域の状況を示すような新聞、雑誌、あるいは平成の合併の機会に合併しどちらかといえば吸収される側となった自治体の行政資料等の一部は、現在においては往々にして紛失、劣化対策のミスなどによる消滅の危機にあるといえる。それは図書館の指定管理者制度導入による管理者変更の際の引き継ぎのミスや、郷土資料の収集管理が窓口のサービスの充実を図る一方で、合併時に組織を統合するにあたって過去の動静を把握できるような資料が安易に廃棄されてしまうことなどに由来する。また、それだけではなく、東日本大震災が襲ったいくつかの自治体において、図書館資料や行政資料の多くが紛失してしまった例があるように、災害によって流失、破損する場合も少なくない。このような日本各地の地域資料のあり方の動向については、今後注視するとともに、場合によっては保存方法等を再考することも必要であると考えている。

4 Peterson, P. E. (1981) *City Limits*, The University of Chicago Press.

5 Scott, J. C. (1976) *The Moral Economy of the Peasant*, Yale University Press.（＝高橋彰訳〔1999〕『モーラル・エコノミー――東南アジアの農民叛乱と生存維持』勁草書房）Scott, J. C. (2009) *The Art of Not Being Governed: An Anarchist History of Upland SoutheastAsia*, Yale University Press.（＝佐藤仁監訳〔2013〕『ゾミア――脱国家の世界史』みすず書房）。

参考文献一覧

1. 英文論文、図書

Ataov, A. and Eraydin, A. (2010) Different Forms of Governance: Responses of Two Metropolitan Regions in Turkey to State Restructuring. *Urban Affairs Review*, 47: pp. 84–128.

Bachrach, P. and Baratz, M. S. (1970) *Power and Poverty: Theory and Practice*, Oxford University Press.

Bailey, R. W. (1999) *Gay politics, urban politics: Identity and economics in the urban setting*, Columbia Univesity Press.

Bassett, K. (1996) Partnerships, business elites and urban politics: Newforms of governance in anEnglish city? *Urban Studies*, 33: pp. 539-555.

Bauroth, E. (2011) The Reluctant Rise of an Urban Regime: The Exercise of Power in Fargo, North Dakota, *Journal of Urban History*, 37: pp. 519–540.

Bevir, M. (2009) *Key Concepts in Governance*, Sage.

Bish, R. L. (1971) *A political economy of metropolitan areas*, Markham.

Burke, E. (1790) *Reflections on the French Revolution*. (＝中野好之訳〔2000〕『フランス革命についての省察〈上〉〈下〉』岩波書店)

Clark, S. E. (1998) Institutional Logics and Local Economic Development: A Comparative Analysis of Eight American Cities, *International Journal of Urban and Regional Research*, 19 (4) : pp. 513–533.

Clarke, S. E. (1999) *Regional and transnational regimes: Multi-level governance processes in North America*, Paper presented at the annual meeting of the American Political Science Association, September, Atlanta, GA.

Dahl, R. (1963) *Who Governs?: Democracy and Power in an American City*, Yale University Press. (＝河村望・高橋和宏監訳〔1988〕『統治するのはだれか』行人社)

Davies, J. S. (2003) PARTNERSHIPS VERSUS REGIMES: WHY REGIME THEORY CANNOT EXPLAIN URBAN COALITIONS IN THE UK. *Journal of Urban Affairs*, 25: pp. 253–269.

Davies, J. S. and Imbroscio, D. L. (2010) *Critical Urban Studies*, SUNY press.

Denters, B. and Rose, L. (eds.) (2005) *Comparing local governance, trends and developments*, Palgrave Macmillan.

DiGaetano, A. (1997) Urban Governing Alignments and Realignments in Comparative Perspective Developmental Politics in Boston, Massachusetts, and Bristol, England, 1980–1996, *Urban Affairs Review*, 32: pp. 844–870.

Digaetano, A. and Lawless, P. (1999) Urban Governance and Industrial Decline: Governing Structures and Policy Agendas in Birmingham and Sheffield, England, and Detroit, Michigan, 1980-1997. *Urban Affairs Review*, 34: pp. 546–577.

DiGaetano, A. and Strom, E. (2003) Comparative Urban Governance: An Integrated Approach. *Urban Affairs Review*, 38: pp. 356–395.

Doornbos, M. (2001) 'Good Governance': The Rise and Decline of a Policy Metaphor? *The Journal of Development Studies*, 37 (6) : pp. 93–108.

Dowding, K., P. Dunleavy, King, D., Margetts, H. and Rydin, Y. (1999) Regime politics in London local government. *Urban Affairs Review*, 34: pp. 515–545.

Elkin, S. L. (1987) *City and Regime in the American republic*, University of Chicago Press.

Gissendanner, S. (2004) Mayors, Governance Coalitions, and Strategic Capacity Drawing Lessons from Germany for Theories of Urban Governance, *Urban Affairs Review*, 40: pp. 44–77

Gunnell, J. G. (2004) *Imagining the American polity: political science and the discourse of democracy*, Pennsylvania State University Press.

Harding, A. (1994) Urban regimes and growth machines: toward a cross-national research agenda. *Urban Affairs Quarterly*, 29: pp. 356–382.

Harding, A. (1996) Is There a "New Community Power" and Why Should We Need One?. *International Journal of Urban and Regional*, 20 (4) : pp. 637–655.

Harding, A. (1997) Urban regimes in a Europe of the cities? *European Urban and Regional Studies*, 4: pp. 291–314.

Harding, A. (1999) Review Article : North American Urban Political Economy, Urban Theory and British. *British Journal of Political Science*, 29: pp. 673–698.

Hood, C. (1991) A Public Management for All Seasons? *Public Administration*, 69 (1) : pp. 3–19.

Hunter, F. (1953) *Community Power Structure: A Study of Decision Makers*, The University of North Carolina Press. (＝鈴木広監訳〔1998〕『コミュニティの権力構造』恒星社厚生閣)

Johnson, C. (1986) Tanaka Kakuei, Structural Corruption, and the Advent of Machine Politics in Japan, *Journal of Japanese Studies*, 12: pp. 1–28.

Jonas, A. E. G. and Wilson, D (1999) The City as a Growth Machine: Critical Reflections Two Decades Later. Andrew, Jonas, A. E. G. and Wilson, D. (eds.) *The Urban Growth Machine Critical Perspectives, Two Decades Later*, pp. 3–12, State University of New York Press.

King, G., Keohane, R. O. and Verba, S. (1994) *Designing Social Inquiry*, Princeton University Press.

Kjær, A. M. (2004) *Governance*, Polity Press.

Kooiman, J. (2003) *Governing as Governance*, Sage.

Lauria, M. (1997) Regulating urban regimes: Reconstruction or impasse? In Reconstructing urban regime theory. Lauria, M (ed.) *Regulating urban politics in a global economy*, pp. 233–241. Sage.

Leach, R. and Percy-Smith, J. (2000) *Local governance in Britain*, Palgrave Macmillan.

Leo, C. (1998) Regional growth management regime: The case of Portland, Oregon. *Journal of Urban Affairs*, 20: pp. 363–394.

Logan, J. and Molotch, H. (1984) Tensions in the growth machines. *Journals of Urban Affairs*, 15: pp. 29–53.

Logan, J. and Molotch, H. (1987) *Urban Fortunes: The Political Economy of Place*, University of California Press.

Molotch, H. (1976) The city as growth machine. *American Journal of Sociology*, 82 (2) : pp. 309–355.

Mossberger, K. (2008) Urban Regime Analysis. Davis, J. S. and Imbroscio, D. L. (eds.) *Theories of Urban Politics* (2nd ed.) : pp. 40–54. Sage.

Mossberger, K. and Stoker, G. (2001) THE EVOLUTION OF URBAN REGIME THEORY The Challenge of Conceptualization. *Urban Affairs Review*, 36: pp. 810–835.

Orr, M. and G. Stoker. (1994) Urban regimes and leadership in Detroit. *Urban Affairs Quarterly*, 30: pp. 48–73.

Ostrom, V., Tiebout, C. M. and Warren, R. (1961) The organization of government in metropolitan areas- a theoretical enquiry. *American Political Science Review*, 55: pp. 831–842.

Peters, B. G. and Pierre, J. (2004) Multi-Level Governance and Democracy : A Faustian Bargain?, Bache, I. and Flinders, M (eds.) *Multi-level Governance*, pp. 77–82, Oxford University Press.

Peters, B. G. (2005) *Institutional Theory in Political Science: The New Institutionalism*, Continuum.

Peterson, P. E. (1981) *City Limits*, The University of Chicago Press.

Pierre, J. (1999) Models of urban governance: The institutional dimension of urban politics. *Urban Affairs Review*, 34: pp. 372–96.

Pierre, J. and Peters, B. G. (2000) *Governance, Politics and the State*, Palgrave Macmillan.

Pierre, J. and Peters, B. G. (2005) *Governing Complex societies*, Palgrave Macmillan.

Pierre, J. (2005) Comparative Urban Governance; Uncovering Complex Causalities. *Urban Affairs Review,* 40: pp. 446–462.

Pierre, J. (2011) *The Politics of Urban Governance*, Palgrave Macmillan.

Pierson, P. (2004) *Politics in Time : History, Institutions, and Social Analysis*, Princeton University Press.

Purcell, (1997) M. Ruling Los Angeles: Neighborhood movements, urban regimes, and the production of space in Southern California. *Urban Geography*, 18: pp. 684–704.

Rast, J. (2006) Governing the Regimeless City: The Frank Zeidler Administration in Milwaukee, 1948-1960. *Urban Affairs Review*, 42: pp. 81–112.

Rhodes, R. A. W. (1996) The New Governance: Governing without Government. *Political studies*, 44: pp. 652–667.

Rhodes, R. A. W. (1997) *Understanding Governance: Policy Networks, Governance, Reflexivity and Accountability*, Open University Press.

Rhodes, R. A. W. (1999) Foreword: Governance and networks: Stoker, G (ed.), *The new management of British local governance*, pp. xii–xxvi. Palgrave Macmillan.

Rokkan, S. (1973) Cities, states, nations: a dimensional for the study of contrasts in development. :S.N. Eisenstad and S Rokkan (eds.) *Building states and nations*, Volume 1. Sage.

Schlesinger, J. (1997) *Shadow Shoguns: The Rise and Fall of Japan's Postwar Political Machine*, Stanford University Press.

Scott, J. C. (1976) *The Moral Economy of the Peasant*. New Heven: Yale University Press. (＝高橋彰 訳〔1999〕『モーラル・エコノミー——東南アジアの農民叛乱と生存維持』勁草書房)

Scott, J. C. (2009) *The Art of Not Being Governed: An Anarchist History of Upland Southeast Asia*, Yale University Press. (＝佐藤仁監訳〔2013〕『ゾミア——脱国家の世界史』みすず書房)

Sites, W. (1997) The Limits of Urban Regime Theory: New York City under Koch, Dinkins, and Giuliani. *Urban Affairs Review*, 32: pp. 536–557.

Speech on Reform Bill of 1867, Edinburgh, Scotland (1867-10-29) ; Kebbel, T. E. (1882) (eds.) *Selected Speeches of the Late Right Honourable the Earl of Deaconsfield*, Volume 2, part 4. pp. 487.

Stone, C. (1989) *Regime Politics; Governing Atlanta, 1946-1988*. University of Kansas.

Stoker, G. (2004) *Transforming local governance*, Palgrave Macmillan.

Thelen, K. (1999) Historical Institutionalism in Comparative Politics. *Annual Review of Political Science*, 2 (1) : pp. 369–404.

Thelen, K. (2004) *How Institutions Evolve: the Political Economy of Skills in Germany, Britian, the United States and Japan*, Cambridge Universiry Press.

Tiebout, C. M. (1956) A pure theory of local expenditures. *Journal of Political Economy,* 64: pp. 416–424.

Turner, R. S. (1995) Concern for gender in central-city development policy. Garber, J. A. (ed.) *Gender and urban research*: pp. 271–289. Sage.

Ward, K. (1996) Rereading urban regime theory: a sympathetic critique. *Geoforum*, 27: pp. 427–438.

Ward, K. (1997) Coalitions in urban regeneration: a regime approach. *Environment and Planning*, 29: pp. 1493–1506.

Whelan, R. K., Young, A. H. and Lauria, M. (1994) Urban regimes and racial politics in New Orleans. *Journal of Urban Affairs,* 16: pp. 1–21.

2. 和文論文、図書

相田一男（1998）『さすらいの軌跡』

相田一男・村上寛治（2008）「国鉄新潟闘争を語る」上、斉藤一郎『斉藤一郎著作集第九巻』あかねブックス、263–296頁

相田一男・村上寛治（2008）「国鉄新潟闘争を語る」下、斉藤一郎『斉藤一郎著作集第十巻』あかねブックス、239–274頁

赤木須留喜（1978）『行政責任の研究』東京大学出版会

朝日新聞新潟支局（1982）『深層の構図』山手書房

阿部斉（1979）「国と地方自治体の関係」地方自治研究資料センター編『地方自治の日本的風土』第一法規、89–107頁

阿部斉（1980）「地方政治と政党」佐藤竺編『地方自治の変動と対応』学陽書房、51–91頁

穴沢吉太郎編（1961）『守門村史』

池田庄治（1984）『新潟県の伝統産業・地場産業（下巻）』第一法規

石川忠延（1979）「終戦直後の東芝労連闘争記」『労働運動史研究』第62号、労働旬報社

石川文三（1999）『日本石油誕生と殖産協会の系譜』石油文化社

礒崎初仁（2004）「都市政府研究の視点と方法」武智秀之編『都市政府とガバナンス』中央大学出版部、309–327頁

伊藤修一郎（2006）『自治体発の政策革新』木鐸社

伊藤武夫（1984）「第一次世界大戦期の株式市場と地方投資家——新潟県の場合（その2）」『立命館大学産業社会論集』第39号、19–48頁

伊藤正次（2006）「「新しい制度史」と日本の政治行政研究」『法学会雑誌』第47巻1号、1–20頁

市川喜崇（2012）『日本の中央‐地方関係』法律文化社

今井哲夫（1984）「追慕」洲崎義郎回想録刊行会『洲崎義郎回顧録 進歩と平和への希求』144–146頁

岩崎正洋編著（2011）『ガバナンス論の現在』勁草書房

宇野重規（2012）『なぜガバナンス問題なのか』東京大学社会科学研究所全所的プロジェクト研究Discussion Paper Series, No22、東京大学社会科学研究所

大河内一男（1953）『労働組合論』慶友社

大河内一男（1955）『戦後日本の労働運動』岩波書店

大河内一男（1963）「社会政策・総論」有斐閣

大河内一男（1963）『労働組合』有斐閣

大河内記念会編（1954）『大河内正敏、人とその事業』日刊工業新聞社

大河内正敏（1938）『資本主義工業と科学主義工業』科學主義工業社

大河内正敏（1938）『農村の機械工業』科學主義工業社

大河内正敏（1938）『農村の工業と副業』科學主義工業社

大阪商工会議所編（1941）『統制経済遵法座談会並講演会速記録』

太田大三郎（1996）『加茂川の流れ』

大谷健編（1991）『激動の昭和電力私史』電力新報社

大野晃（2008）『限界集落と地域再生』京都新聞企画事業

岡田千尋（1984）「戦時統制下の中小企業」『彦根論叢』第 228・229 号、335–349 頁

小竹即一編（1980）『電力百年史』政経社

勝又一郎「加茂市内の県事業と幹線道路の整備構想——前章」『新潟県央新聞』1982（昭和 57）年
　　7 月 30 日

柏崎港期成同盟会事務局（1966）『柏崎港改修運動九十年の歩み——さしあたり昭和 40 年まで 80 年
　　の歩み』

柏崎商工会議所 50 年史編集委員会編（1990）『柏崎商工会議所五十年史——柏崎産業経済の歩み』
　　柏崎市商工会議所

柏崎商工会議所編（1984）『原子力発電所建設推進活動の経過概要』柏崎商工会議所

柏崎商工会議所編（1985）『小林治助市長胸像建立記念誌』柏崎商工会議所

柏崎体育団編（1988）『体育人今井哲夫』柏崎体育団

金井利之（2007）『自治制度』東京大学出版会

金田綱雄編（1982）『弁護士渡辺喜八——その生涯と回想』

株式会社リケン社史編集委員会（2000）『株式会社リケン 50 年史』株式会社リケン

加茂暁星学園（1980）『暁鐘　加茂暁星学園六十年史』

加茂商工会議所編（2000）『50 年のあゆみ——加茂商工会議所 50 周年記念誌』加茂商工会議所

加茂利男・加藤幸雄・榊原秀訓・柏原誠・白藤博之（2011）『地方議会再生 名古屋・大阪・阿久根
　　から』自治体研究社

苅田道夫（1982）『加茂のタテグ——その沿革をたずねて』

河中二講（1993）「自治の思考の転換」日本地方自治学会編『地域開発と地方自治』敬文堂、3-32 頁

喜多見富太郎（2010）『地方自治護送船団——自治体経営規律の構造と改革』慈学社

橘川武郎（2004）『日本電力業発展のダイナミズム』名古屋大学出版会

小池清彦（2001）「わが市を語る」『市政』2001（平成 13）年 1 月号

小池清彦（2002）「国を亡ぼし、地方を亡ぼす——市町村合併に反対する。加茂市が県央東部合併に
　　加わらない理由」『広報かも別冊』2002（平成 14）年 12 月 10 日号

小池清彦（2006）「小泉政権下で進んだ地方切捨て」『日本の進路』地方議員版地方議員特別号

小林信司（1966）「戦争と新聞——戦時下の新聞統制について」『神戸山手女子短期大学紀要』第 9
　　号、61–71 頁

小林治助（1973）「地域社会から見た原子力発電」『第六回原産年次大会現行集』日本原子力産業会
　　議

小林進（1982）「いくつかの追憶」『弁護士渡辺喜八　その生涯と回想』127–129 頁

合田昭二（1994）「戦前期日本織物業の産地組合組織」『経済学研究』（北海道大学）43 巻 4 号、
　　93–108 頁

斉藤憲（1987）『新興コンツェルン理研の研究』時潮社

斉藤憲（2009）『大河内正敏：科学・技術に生涯をかけた男』日本経済評論社

斉藤淳（2010）『自民党長期政権の政治経済学——利益誘導政治の自己矛盾』勁草書房

佐藤廣作（1992）「戦後市政の回顧③」『刈谷田新報』1992（平成 4）年 4 月 17 日

佐藤竺（1963）「地方政治におけるイッシューとしての「地域開発」」『年報政治学』第 14 巻、
　　145–156 頁

佐藤竺（1980）「政策決定過程の研究」『地域開発』通巻 195 号、29–36 頁

佐藤俊一（1989）「戦後日本政治分析における多元主義理論と中央地方関係——村松岐夫のモデルを素材に」日本地方政治学会編『日本地方自治の回顧と展望』敬文堂

佐藤松太郎（1968）『栃尾と織物』

佐藤満（2012）「事例研究と政策科学」『政策科学』第 19 巻 3 号、331–350 頁

篠原一（1988）「歴史政治学と S・ロッカン」犬童一男・山口定・馬場康雄・高橋進編『戦後デモクラシーの成立』岩波書店、288–342 頁

嶋崎隆（1983）「大島論文における「三条人気質」と経済発展の弁証法」一橋大学社会学部『地域社会の発展に関する比較研究——新潟県三条市を中心として』7–21 頁

島野武（1982）「五十年の付き合い」『弁護士渡辺喜八——その生涯と回想』57–58 頁

霜田毅（1984）「洲崎市政を顧みて」洲崎義郎回想録刊行会『洲崎義郎回想録——進歩と平和への希求』217–225 頁

新藤宗幸・阿部斉（2006）『概説日本の地方自治（第二版）』東京大学出版会

自治労新潟県本部・柏崎市職員労働組合（1977）「柏崎原発阻止闘争における住民運動の経過と原状」『月刊社会党』通号 253、117–122 頁

杉田敦（2003）「"彼ら"とは違う"私たち"——統一地方選の民意を考える」『世界』2003 年 6 月号、20–14 頁

鈴木倉市郎（1978）『テキスタイルと私』

鈴木芳行（2001）「織物消費税納税システムの構築と交付金制度」『税務大学校論叢』第 37 巻、159–190 頁

洲崎義郎（1984）「自伝記録——私の生い立ち」洲崎義郎回想録刊行会『洲崎義郎回想録——進歩と平和への希求』

洲崎義郎回想録刊行会（1984）『洲崎義郎回想録——進歩と平和への希求』

高畠通敏（1997）『地方の王国』岩波書店

高寄昇三（1981）『地方政治の保守と革新』勁草書房

田中角栄（1976）『私の履歴書』日本経済新聞社

田邉榮作（1998）『泥田の中から——田邉榮作回顧録』

チヨダシューズ株式会社（2006）『2006–03–31 期　有価証券報告書』

月橋会（1984）「思い出の中の洲崎義郎市長」洲崎義郎回想録刊行会『洲崎義郎回想録——進歩と平和への希求』186–216 頁

辻清明（1969）『新版日本官僚制の研究』東京大学出版会

電気協会東北支部編（1927）『新潟県並東北六県送電幹線概要　昭和 2 年 3 月現在』電気協会東北支部

電力政策研究会（1965）『電気事業法制史』電力新報社

東京大学社会科学研究所編（1978,1980）『戦後初期労働争議調査資料——東芝争議（1949）調査資料』一巻、二巻、東京大学社会科学研究所

東芝電気器具株式会社社史編纂グループ編（1975）『わが社 25 年のあゆみ』東芝電気器具株式会社

東北電力編（1974）『東北事業電気事業史』東北電力

十亀昭雄（1982）「都市における政策決定過程と首長」『都市問題』第 73 巻 6 号、3–15 頁

栃尾織物工業協同組合編（1961）『栃尾織物組合 60 年のあゆみ』栃尾織物工業協同組合

栃尾織物工業協同組合（1962）『栃尾織物工業協同組合創立 60 周年記念誌』

戸川猪佐武（1972）『田中角栄伝』鶴書房

外川伸一（2008）「ローカル・ガバナンス分析のための理論的基礎」『山梨学院大学法学論集』第 60 号、1–49 頁

中澤秀雄（1999）「日本都市政治における「レジーム」分析のために——地域権力構造（CPS）研究

からの示唆」『年報社会学論集』12 号、108-118 頁

中澤秀雄（2005）『住民投票運動とローカルレジーム』ハーベスト社

長野茂（1995）『柏崎刈羽原子力発電所誕生百話』フジショウ

長野基（2012）「地区まちづくりを支えるリーダーシップに関する都市レジーム論からの一考察——新宿区西早稲田地区を事例として」『都市科学研究』4 号、87-98 頁

中山洋平（2008）「中央からの財政資源配分と地方政治構造の変容」河田潤一編『汚職・腐敗・クライエンテリズムの政治学』ミネルヴァ書房

永山武夫（1958）「地域別個人加入労組のこと」『早稲田商学』第 134 号、103-114 頁

新潟県女性史クラブ（1983）『雪華の刻をきざむ——新潟近代の女たち』ユック舎

新潟県立加茂農林高等学校創立 70 周年記念事業実行委員会編（1973）『青海七十年——創立七十年記念誌』

新潟鉄工所社史編纂委員会編（1996）『新潟鉄工所 100 年史』新潟鉄工所

新潟日報社特別取材班（2009）『原発と地震』新潟日報事業社

新潟日報社編（1978）『民選知事五代——県政支配の構図下巻』新潟日報事業社

新潟日報社編（1983）『角栄の風土』新潟日報事業社

新潟日報社編（2004）『ザ・越山会』新潟日報事業社

西尾勝（1990）『行政学の基礎概念』東京大学出版会

西野寿章（2008）「戦前における電気利用組合の地域的展開 (1)」『産業研究（高崎経済大学附属研究所紀要）』第 44 巻第 1 号、63-74 頁

西巻達一郎（1976）「松村家のこと——松村文治郎を主にして」『柏崎刈羽』第 3 号、3-25 頁

日本石油株式会社・日本石油精製株式会社社史編さん室編（1988）『日本石油百年史』日本石油

日本石油株式会社調査課編（1914）『日本石油史』日本石油

日本電気事業史編纂会（1941）『日本電気事業史』電気之友社

林欣治（2008）『栃尾の落日』新潟日報事業社

原沢久夫（1977）『加茂農林とその伝統』川口書店

原田晃樹・金井利之（2010）「看取り責任の自治 (上) ——滋賀県余呉町の居住移転策を中心に」『自治総研』通巻 378 号、1-41 頁

一橋大学社会学部（1983）『地域社会の発展に関する比較研究——新潟県三条市を中心として』

氷見野良三（1990）『三條の印象』三条税務署

平井一臣（2011）『首長の暴走——あくねの政治学』法律文化社

広井重次編著（1934）『山口権二郎翁伝記』北越新報社

深澤映司（2007）「地方自治体の中小企業向け融資制度が直面している課題」『レファレンス』平成 19 年 2 月号、77-95 頁

深谷宗吉（1949）「三條市の下水道計画について」『水道雑誌』第 178 号、19 頁

福武直編（1965）『地域開発の構想と現実』東京大学出版会

福武直（1982）『日本社会の構造』東京大学出版会

藤草弘蔵「クタバレ自民党栃尾支部——市長選挙レポート (1)」『栃尾新聞』1971（昭和 46）年 1 月 6 日

北越製紙百年史編纂員会編（2007）『北越製紙百年史』北越製紙株式会社

北越メタル株式会社（1983）『北越メタル四十年史』北越メタル株式会社

松浦総三（1975）『戦時下の言論統制——体験と資料』白川書院

松本和明（2000）「〈論考〉大正期の新潟県における産業発展と企業化グループ」『長岡短期大学地域研究——地域研究センター年報』61-90 頁

御厨貴（1995）「国土計画と開発政治——日本列島改造論と高度経済成長の時代」『年報政治学』46

巻、57-76 頁

光本伸江（2006）『自治と依存』敬文堂

箕輪允智（2009）「非開発志向の自治（上）　加茂市政構造分析から見た「開発」と「分配」」『自治総研』通巻 372 号、63-103 頁

箕輪允智（2009）「非開発志向の自治（下）　加茂市政構造分析から見た「開発」と「分配」」『自治総研』通巻 374 号、38-83 頁

宮川嫩葉（1977）『柏崎ちぢみ行商史』柏崎教育委員会

三宅一郎、村松岐夫（編）（1981）『京都市政治の動態』有斐閣

村松岐夫（1981）「大都市の制度的環境と都市政治研究」三宅一郎・村松岐夫編『京都市政治の動態』4-16 頁

村松岐夫（1988）「相互依存モデルと 1980 年代以降の地方自治」『自治研究』第 61 巻 1 号、14-29 頁

村松岐夫（1988）『地方自治』東京大学出版会

山岡淳一郎（2009）『田中角栄──封じられた資源戦略』草思社

山口聡（2009）「7　電力事業」国立国会図書館調査及び立法考査局編『経済分野における規制改革の影響と対策』83-107 頁

山口定（1983）「参院選挙が映し出した"生活保守主義"の構造」『朝日ジャーナル』

山口定（1986）「"生活保守主義"考」『書斎の窓』No.360、2-7 頁

山口二郎（2004）『戦後政治の崩壊』岩波書店

山崎俊雄（1956）「電気技術史」加茂儀一編『技術の歴史』毎日新聞社

山田公平（1998）「地方自治改革の軌跡と課題」日本地方自治学会編『戦後地方自治の歩みと課題』敬文堂、17-54 頁

山田良平（1961）『西川弥平治伝』故西川弥平治殿遺徳顕彰会

山本潔（1976～1980）「東芝争議（1949）年の研究」『社会科学研究』第 28 巻 1 号、2 号、6 号、第 29 巻 1 号、第 31 巻 4 号

山本清（1998）「地方自治体の行政改革戦略と政策評価（上・下）」『地方財務』第 530 号、116-134 頁

山本隆・難波利光・森裕亮編（2008）『ローカルガバナンスと現代行財政』ミネルヴァ書房

吉田健二・三戸信人（1999）「証言　戦後日本の社会運動産別民同がめざしたもの──三戸信人氏に聞く（2）」『大原社会問題研究所雑誌』第 489 号、53-69 頁

吉田昭一（1976）『評伝　柏崎市長小林治助──燃える男の軌跡』

吉田昭一（1986）『明日への飛翔──西川鉄工所八十年の歩み』

芳川広一（1972）「新潟「原発」反対の戦い」『月刊社会党』通号 180 巻、104 頁

寄本勝美（1986）「四極構造による政治化──革新自治体のディレムマ」大森彌・佐藤誠三郎編『日本の地方政府』東京大学出版会、181-208 頁

理化学研究所史編集委員会（2005）『理研精神八十八年』独立行政法人理化学研究所

渡辺純子（2009）『通産省の需給調整政策──繊維産業の事例』京都大学大学院経済学研究科・経済学部 Working Paper、J-69

渡辺常世（1975）『私の履歴書』野島出版

3. 行政資料

総務省（1958～2000）『市町村別決算状況調』

総務省（1960～2000）『国勢調査』

総務省（2011）「地方自治法抜本改正についての考え方（平成 22 年）」平成 23 年 1 月 26 日付発表

（http://www.soumu.go.jp/main_content/000098612.pdf）2008 年 8 月 3 日アクセス
総務省自治行政局（2011）「地方公共団体における行政改革の取組状況に関する調査結果」（http://
　　www.soumu.go.jp/main_content/000150992.pdf）2012 年 11 月 20 日アクセス
柏崎刈羽地域合併協議会編（2005）『柏崎・刈羽地域建設計画』柏崎刈羽地域合併協議会
柏崎市史編さん委員会（1990）『柏崎市史下巻』
柏崎市選挙管理委員会（2012）『選挙の記録』柏崎市
加茂市（1961）『加茂市政だより号外』
加茂市『市勢要覧』
加茂市（1972）『加茂市都市計画公共下水道事業基本計画書』
加茂市（1985）『広報縮刷版』
加茂市『広報かも』1985（昭和 60）年 11 月
加茂市史編纂委員会編（1975）『加茂市史上巻』
加茂市史編纂委員会編（2008）『加茂市史資料編 3 近現代』
加茂川工事事務所編（1974）『下条川ダム工事誌』
経済産業省（1960〜2000）『工業統計調査』
三条史料調査会編（1956）『三條市史資料』
三条市（1996）『新行政改革大綱』
三条市（2007）『三条市総合計画』
三条市史編纂委員会（1983）『三条市史下巻』
三条市秘書課（1976）『第二回市政アンケート調査』
自治庁編（1957）『地方自治の近代化』地方財務協会
自治省編（1967）『地方自治読本』
栃尾市史編纂委員会編（1980）『栃尾市史下巻』
栃尾市（1990）『第四次総合計画基本構想』
栃尾市（2003）『第六次栃尾市総合計画基本構想』
長岡市史編纂委員会編（1990）『長岡市史下巻』
新潟県（2012）「五十嵐川流域の現在の河川整備について」信濃川下流（山地部）圏域流域協議会第
　　一回協議会資料、2012 年 3 月 23 日開催
新潟県総務部地方課（1962）『新潟県市町村合併誌下巻』
新潟県三条地域振興局（1979）『加茂川・下条川治水事業の計画概要』
新潟県三条土木事務所（1984）『加茂川改修の記録』
文部科学省（2006）「登校時の安全確保にかかる取り組み事例集」平成 18 年 1 月（http://www.mext.
　　go.jp/b_menu/houdou/17/12/ 05120900/007.htm）2018 年 11 月 10 日アクセス

4. ウェブサイト
阿部大爾（2004）「加茂を引っ張る「何か」を見つけたい」『Echigo Journal news』2004 年 1 月 6 日
　　（http://www.palge.com/news/h16/touki/kamo20040106.htm）2018 年 8 月 3 日アクセス
加茂商工会議所「加茂商工会議所役員名簿」（http://www.kamocci.or.jp/gaiyo/yakuin.html）2012
　　年 11 月 30 日アクセス
加茂市選挙管理委員会ウェブサイト「選挙の記録」（http://www.city.kamo.niigata.jp/section/
　　senkyo/data.htm）2018 年 8 月 1 日アクセス
三条商工会議所『正副会頭・専務・顧問・相談役・参与名簿』（http://www.sanjo-cci.or.jp/kaigisyo/
　　yakuinmeibo27.html）2012 年 9 月 10 日アクセス

5. 新聞、会報
越後ジャーナル社『越後ジャーナル』
越後経済新報社『越後経済新報』
越後タイムス社『越後タイムス』
柏崎日報社『柏崎日報』
加茂新聞社『加茂新聞』
刈谷田新報社『刈谷田新報』
三條新聞社『三條新聞』
新潟県央新聞社『新潟県央新聞』
新潟新聞社『新潟新聞』
新潟日報社『新潟日報』
日本経済新聞社『日本経済新聞　電子版』
中越民報社『中越民報』
長岡新聞社『長岡新聞』
栃尾タイムス社『栃尾タイムス』
栃尾繊維工業組合『栃尾化繊だより』
栃尾繊維従業員組合『栃尾繊維従業員組合報』
栃尾新聞社『栃尾新聞』
北越公論社『北越公論』
北越広報社『北越広報』

6. 会議録
柏崎市『柏崎市議会会議録』
加茂町『加茂町会議録』
加茂市『加茂市議会会議録』
三条市『三条市議会会議録』
栃尾市『栃尾市議会会議録』
衆議院『衆議院会議録』
参議院『参議院会議録』

7. 写真
米軍（1946）『USA-M949-5-7』
米軍（1947）『USA-M633-123』
米軍（1947）『USA-M640-172』
米軍（1948）『USA-M1185-31』

8. その他
2011 年 11 月 9 日、東北電力への問い合わせ回答

あとがき

　本書は、2013 年 3 月に東京大学大学院法学政治学研究科に提出した博士論文を大幅に加筆修正したものである。なお、既に公表した以下の論文の内容を含んでいる。

①「自治体政策志向分析の方法」『流経法学』14 巻 2 号、2015 年
②「独立自尊と多元的自治の展開——新潟県三条市のガバナンス動態」『東洋法学』60 巻 2 号、2016 年
③「縮小する地域産業と恩顧主義的自治の展開——新潟県栃尾市のガバナンス動態」『東洋法学』60 巻 3 号、2017 年
④「資源と自治——新潟県柏崎市のガバナンス動態」『東洋法学』61 巻 1 号、2017 年

　筆者がなんとか博士論文をまとめ上げ公刊に至ることができたのは、指導教員である金井利之先生のご指導によるところが非常に大きい。公共政策大学院から博士課程に進学したはよいが、何をすべきかわからず戸惑っていたところ、研究書を読んでその論点や批判をまとめる課題を出してくださったことをはじめ、研究会に参加して士気を維持することの大切さを説き、研究の構想や草稿に対して素早く丁寧なご指導をしてくださったことなど、様々な部分できめ細かく支えていただいた。大局的な視点から細部の問題の本質的構造を見抜く、あるいは逆に細部の構造把握から大局的な問題構造を理解することのできる金井先生には到底追いつけるとは思えないが、今後の研究

活動で少しずつでも成果を積み重ねていくことがその偉大な背中を追うことだと考えている。

　大学院在学中は、法学政治学研究科行政学専攻の森田朗先生、田邊國昭先生、城山英明先生にもご指導いただいた。ゼミや東京大学行政学研究会などでの各先生のコメントは自分の報告に対するものでなくても、思いもつかないような俯瞰視点からのものばかりであり、研究者としていかに振る舞うかや議論を構築するにあたっていつも参考にさせていただいている。特に城山先生には博士論文審査の主査を担っていただき、決して読みやすいものではなかった文章から意図を汲んだコメントをしてくださった。また五百籏頭薫先生は博士論文の副査として、歴史研究の視点と日本語表現面から指摘をくださり、その後の修正作業への反省材料をご指導いただいた。

　大学院生時代はそれぞれの関心分野で卓越した知識と能力をもつ先輩・後輩に出会えたことも、本書の土台をつくり上げた。金井門下の同門で同時期に在学した渡辺恵子、清水麻友美、林嶺那の各氏には、金井先生のもとで刺激を受けつつ研究を進めてこられたことを感謝している。行政学専攻の前田健太郎、深谷健、大西香世、白取耕一郎、荒見玲子、太田響子、辛素喜、村上裕一、金貝、森川想、羅芝賢、松浦綾子、笹川亜紀子の各氏とは、研究会をはじめとして様々な場面で議論や情報交換をすることができ、大いに刺激を受けた。林載桓、梅川健、白糸裕輝、川口航史の各氏とは、分野の垣根を越えてそれぞれ関心の研究分野の方法論などについて議論したことも刺激となった。さらに先に挙げた前田氏、大西氏、清水氏も含め、幸運なことに院生研究室で同室となったこともあり、研究室という同じ空間で研究する時間をもち、そのなかで自治を体感する経験ができたこともまた、本書に活きてきていると思われる。また、荒見氏は筆者と同じく東京大学公共政策大学院から法学政治学研究科に進学した先輩であり、大学院生生活をはじめとする様々な相談、研究会の紹介や公共政策学会での発表のコーディネートなど、いつも懇切丁寧に面倒をみてくださった。

　本著の着想と研究動機については、国際基督教大学での学部生時代に受けた西尾勝先生、西尾隆先生による指導の影響を受けている。冬になるとめっ

たに晴れることのない地元新潟県の雰囲気に耐えられず、上京してきた筆者にとっては、学部2年生の時に西尾隆先生の地方自治論を受講していなければ、おそらく地方自治研究を志すことはなかった。学会などの場でお会いする際はいつも声をかけていただき、励ましてくださることも、大きな支えになっている。西尾勝先生には卒論のアドバイザーを引き受けていただいたが、むしろ学部卒業後、学べば学ぶほど、その偉大さに気がつくこととなり、先生の御指導を思い出して噛み締めることが多い。また、西尾勝先生は私が在学していた当時は21世紀臨調などでマニフェスト運動に関わられていた時期で、その様子を語られていたことを受けて政治と行政の接点の重要性を強く認識することとなった。

　博士課程入学直後から参加させていただいている行政共同研究会もまた、筆者の研究活動においては大切なものである。比較的近い年代の研究者と定期的に集まり、研究会での報告と質疑のみならず、懇親会の場で各人の研究の構想から、研究を進めていくうえでの悩みまで、ざっくばらんに話すことができる場をもてたことは、最近の研究動向を捉えることだけでなく、研究を続けていく士気を維持するうえでも重要であった。メンバーの各氏に感謝しているが、特に松井望先生、稲垣浩先生は、研究会だけでなく様々な場面で相談に乗っていただき、研究を進めていく力をいただいた。

　博士論文執筆過程では、インタビュー調査や資料探しの相談などで多くの方々にお世話になった。紙幅の都合上、個別にお名前を挙げることは差し控えるが、皆様のご協力がなければ博士論文の完成、本書の公刊には至らなかった。感謝の気持ちをお伝えしたい。

　博士論文完成後、公共政策学会で報告の場をいただき、曽我謙悟先生は討論者として貴重なコメントをくださった。また草稿をお読みくださり、非常に有益なコメントをくださった礒崎初仁先生、木寺元先生、砂原庸介先生にもお礼申し上げたい。

　博士論文の完成から本書の出版まで多少の年月が経ってしまったが、その間、研究者として研鑽していくうえでの機会を与えてくださった大杉覚先生に感謝を申し上げたい。また、筆者に大学での研究者の道を拓いてくださ

あとがき　　373

り、紀要での掲載をはじめ研究の研鑽をさせていただいた、前任校の流通経済大学法学部の関係の皆様にもお礼申し上げたい。

　また、本書は日本学術振興会の補助の成果でもある。特別研究員（DC 2）に採用していただき、科研費補助金（特別研究員奨励費、課題番号 11J10339）の支給を受けた。

　なお、本書は平成 30 年度東洋大学井上円了記念研究助成による刊行の助成を受けたものである。井上円了は著者の所属する東洋大学の学祖であるが、偶然か必然か、本書で扱った新潟県中越地方の生まれである（ただし、井上円了は本書で扱えなかった長岡市の生まれ）。東洋大学着任まで意識したことはなかったが、本著執筆のための資料収集で、中越地方の各図書館で郷土資料を読み漁っていた際に閲覧した新聞で、必ずといっていいほど郷土出身の井上円了に関する記事、あるいは井上の代表的研究である妖怪学の解説記事が掲載されていたことを思い出す。

　井上円了の言葉を借りれば、本書では「田学※」的地方自治研究ができたのではないかと考えている。田学とは、井上円了が、官学に対比する自身の研究者としての立ち位置、彼自身の研究のスタイルとして自称して用いた言葉である。不勉強のため本書を執筆中はその言葉を知らず、完全な後づけではあるが、執筆に至る過程では、田んぼが見える中越地方の図書館を中心に巡回し、地域の人たちが、どんな思いでその地域のガバナンスをつくっていっていたのか、人類学的アプローチを参考にしつつ現地の方の話を聞いた。また、必ずしも官（中央省庁、地方自治体行政）を中心に据えず、地域の個性とその形成のあり方をめぐる地域の自治をガバナンスという視点から捉えようとしてきた。そのような意味で、本書はまさに、官中心ではない地域の現場、田んぼの周りにいるような大衆による自治を捉える「田学」的地方自治研究の書と説明するのが最適である。そのように思わせてくれた運命のめぐり合わせにも感謝している。

　本書の刊行は、出版をお受けいただいた吉田書店の吉田真也氏の賜物でもある。はじめての出版で右も左もわからないなかで丁寧にご説明いただいた。原稿についても、自分の文章を読み返すことが非常に苦手で遅々として

作業が進まないところ、励ましの声をかけていただきなんとか進めることができた。また、途中で集中が途切れ、ミスが多発している原稿を何度も丹念に読んでいただき、懇切丁寧なチェックを入れてくださった。

　最後に、私事で恐縮であるが、本書の刊行まで多大な心配と迷惑をかけた家族に感謝を伝えたい。学部卒業後、一度就職はしたものの、2年で辞め、大学院に進んだことを大きく心配してはいただろうけれども、自分の判断だからきっと間違っていない、と温かい目で放置してくれた父・和明と母・京子には言い表せないほど感謝をしている。研究のことなどで心配も励ましも特に何も言われず、自分の判断や行動を信じてもらえていたことが、両親から筆者に対する最も重要な励ましであった。また、連れ合いのかよ子は、小さい2人の子どもをもつなかで、自身の仕事をしながらも家庭における家事・育児を全面的に担ってくれた。筆者が研究関係の業務や刊行にあたっての作業で生活が不規則になることなどから、家族としての役割を十分果たすことができないなかで、家族のことを一番に考え、維持してくれた。その力がなければ、本書が刊行までたどり着くことはできなかった。日頃の感謝を十分に伝える能力に欠けるため、今後も心配や迷惑をかけるだろうと思うのが心苦しいところだが、心からの感謝を伝えたい。

　2019年1月

箕輪允智

※「田学」については、佐藤俊一（2010）「井上円了と新渡戸稲造──田学と地方学を中心に」『東洋法学』53巻3号、313-341頁、で意味内容が考察されている。

人名・事項索引

※本索引においては、当該語句と表記が一致していなくとも関連内容が記載されている場合は適宜
　拾っている。

［あ行］

相田一男　285−287, 291, 294, 298, 309−312,
　　317, 320−321
赤木須留喜　3
秋田周　88
嵐嘉明　75, 80, 82, 90
有本甚作　294
飯塚正　177, 179, 183−185, 191−192
飯塚知信　155
五十嵐川　41−43, 53−54, 70, 88, 93
五十嵐与助　149
石川栄耀　152
石田務　239
磯野信司　72−73
一新会（加茂）　317
一新会（三条）　81, 86
一新会（栃尾）　248, 251
稲越治郎　63
稲田正三　232, 239
稲村順三　66
稲村稔夫　66, 69, 72−77, 94
稲村隆一　49, 63, 66, 69
居眠り自治体　28
今井哲夫　152, 163−164, 176−182, 189, 191
今井光隆　243
今里広記　141
入澤市郎　132
内山裕一　80−88, 90, 94−95
内山由蔵　159
梅沢三代治　146
越後交通　157, 230, 232, 234, 242, 312
越後交通栃尾線　238

越後鉄道　114
越山会（加茂）　299−301, 312−314, 317, 319
越山会（三条）　58, 63−65, 72, 82, 86
越山会（栃尾）　232, 234, 236−237, 239,
　　241−243, 245−248, 251−252, 254, 262
越星会（三条）　86
越星会（栃尾）　254
海老原敬吉　134
オイルショック　74, 78, 94, 173
大麻唯男　140
大河内正敏　116, 132134, 136, 138−139, 186
大崎栄　244−245
太田大三郎　286−287, 291, 295, 299,
　　309−310, 314, 317−326, 330.332−333
大塚万丈　133, 135, 140
大野市郎　57, 231−234, 261
大野派　231−233, 235, 239, 241
大橋次郎　157
大平武　70, 77, 82
岡塚兎一　144
岡部友平　147, 153
小沢辰男　314
小原直　223
織物消費税　216−219, 222−224, 260
恩顧主義　14, 17, 260, 262

［か行］

介護保険制度　328−329, 333
改進党　57−58 , 123
開発型国家システム　28
革新市政　73−75, 94, 159, 353
舵取り　17, 23
可処分所得　283, 331, 352

片岡甚松　242, 312

ガチャ万景気　220, 281

勝又一郎　302-303, 312-314

過程追跡　26-27, 356

金井利之　4

金谷国彦　327

金子左武郎　67, 72

金子六郎　60-65, 67, 71, 93-94

金田綱雄　275, 286-289, 291-301, 304, 308, 310, 332-333

加茂朝学校（加茂暁星高校）　286-288, 291, 295, 299, 324, 332

加茂川河川改修　276, 279-280, 297, 303, 305-309, 311-316, 318, 322

加茂暁星学園　318, 320-322

加茂暁星高校同窓会　286, 309-310, 317

加茂農林高校　286-288, 290, 299, 310, 324, 327, 332

萱森久義　299

川崎捨吉　290-292, 300

川崎一維　323-325, 327

川俣吉衛　52

環境庁　256

観光開発　234, 251, 256, 262, 318-319

官治的自治　1, 2

関東大震災　36, 43, 48

蒲原鉄道　280

緩和ケア型の資源獲得・配分　328, 332

菊田征治　312-315, 318-319

菊田真紀子　258

岸信介　309

北村一男　162, 232, 234-235, 288, 295

杵渕衛　247-248, 251-252, 254-258, 262

君健男　82

旧新潟三区　28, 66, 231, 254, 261, 317, 358

共産党（柏崎）　144, 146, 148, 150, 159, 162, 165, 167-169, 174-175, 178-182, 184-185, 190

共産党（三条）　50, 52, 57, 59, 61, 65-67, 69-72, 81, 84

共産党（栃尾）　242-244

共産主義教育　285, 321

拠点開発　64

偶発的な出来事　349-350

久住久治　51-52

久住久俊　86-87, 90-91

久須美裕次郎　282

グッド・ガバナンス　12

国定勇人　92

栗原直枝　63

栗原博久　327

グローバル・ガバナンス　12

桑原謙一　51, 59-62

経営・管理ガバナンス　14-16

経営・管理主義　14, 18

経路　18-20, 22-23, 26, 47

経路依存性　25

下条川河川改修　297, 303, 305, 307-308, 313-315, 332

下條恭平　148, 150-151, 155-157

下水道事業　53-58, 62, 78-79, 85, 93

建設省　71, 85-86, 160, 165, 253

権力構造　4, 17, 151

原子力産業会議　171-173

小池清彦　92, 275, 323-330, 354-356

広域都市圏構想　67-68

公共選択論　5-6

高坂淳　82-85

公職追放　57, 146, 150, 153

構造改善事業　205, 249

構造不況　256, 261, 281, 331

高度経済成長　2, 28, 121, 131, 160, 186, 188-189, 280-281, 283, 325, 353

公明党　71-72, 166, 175, 178, 181, 251, 324, 326

国土計画（コクド）　257

小杉政吉　60, 67

五大事業　44, 78-79, 82-83, 85-86, 95, 353

国家中心アプローチ　11

固定資産税　166, 173, 182, 185, 191, 228, 233, 246

古寺秀夫　85

小林孝平　80

小林進　157, 248, 291

小林多助　144, 149

小林治助　139-145, 148, 151-153, 158, 160-179, 181, 183, 187-189, 191

小林寅次　207, 229, 231, 244

小林松三郎　298
コーポラティスト　14, 17, 18
コーポラティストガバナンス　14, 16
コーポレート・ガバナンス　12
近藤一　67-68, 70
近藤禄郎　162-163

［さ行］

西川亀三　138, 146, 148, 164, 166, 177,
　　180-181
西川勉　180, 184
西川鉄工所　131, 134, 136-138
西川藤助　132, 136, 143
西川正純　143, 181, 186
西川弥平治　134, 136-138, 146-147, 153,
　　155
斉藤順次　146-147
酒井一徳　144
坂上宇一郎　298、309-311
坂上富男　291
阪田源一　179-180, 182, 184, 191
桜井新　86
佐藤熊太郎　228-231, 235, 237, 240,
　　244-245
佐藤幸作　166
佐藤松太郎　207, 220-221, 228
三八豪雪　64, 115, 161, 237-238, 279, 297,
　　304
三六豪雪　64, 115, 161, 297
山紫会（加茂）　288, 313, 317
山紫会（三条）　72, 81, 83, 86
山紫会（栃尾）　248, 251
財政再建　62, 64, 88, 91-92, 187
財政再建団体　54, 155
財政調整基金　75
財団法人理化学研究所　132-133
自衛隊大体誘致　165-166, 189-190, 351
自縄自縛モデル　3
自治体ガバナンス　23-26, 349-351, 354,
　　358
自治体ガバナンス分析　26, 30, 350
信濃川　41-43, 53, 93, 123-124, 276
信濃川河状整理事業　62, 70-71
地場産業　37, 44, 76, 207, 251, 259, 275,

280-281, 283, 316, 318, 331, 351
島野武　73, 287, 291, 295
シャウプ勧告　218
社会中心アプローチ　11
社会党（柏崎）　142, 144, 146-148, 151,
　　156-159, 162, 165-170, 175, 178-182,
　　184, 187, 190-191
社会党（加茂）　291, 294, 301-302, 309, 312,
　　314, 318-319, 323, 325-326, 332-333
社会党（三条）　49-52, 57-61, 65-67,
　　69-74, 77, 79-82, 84-87
社会党（栃尾）　228-230, 243, 246, 248-249
奢侈品等製造販売制限規則　214
秀央会（加茂）　313, 317, 327
秀央会（三条）　81, 83-84, 86, 89-91
秀央会（栃尾）　247-252, 254
集権体制　1, 28
集合的消費　10
修正国家中心アプローチ　11-12
春秋会（三条）　65, 72, 79
昭和の合併　38, 112, 149, 206, 208, 276
所得の再配分　10
シルバー民主主義　334
新榎トンネル　210, 253, 262, 351
新産業都市建設促進法　163
新産業都市指定　64, 163, 164
新進党　86, 89
進歩党　49, 140
自由党（1998-2003）　89, 258, 327
自由党（1950-1955、柏崎）　146-148,
　　150-151, 153, 155
自由党（1950-1955、加茂）　290
自由党（1950-1955、三条）　57-58
自由民主党（柏崎）　139, 155, 158, 160, 162,
　　166-168, 170, 174, 180, 182-184
自由民主党（加茂）　294, 299-303, 309-315,
　　317, 318-320, 323-327, 332
自由民主党（三条）　50, 62, 65-67, 69,
　　70-76, 79-81, 83, 85, 89-90, 96
自由民主党（栃尾）　229, 231, 235, 238-239,
　　241, 243, 251, 254, 258
自由民主党新潟県連　241
自律性　1, 3
水主火従主義　123, 126

人名・事項索引　　379

垂直的行政統制モデル　2, 349
水平的政治競争モデル　2, 349
須佐郷士　85, 88
鈴木倉市郎　212-214, 224-226
鈴木長三郎　60
鈴木春義　80
鈴木正俊　228-230
洲崎義郎　140, 143, 146, 150-155, 158-159,
　　162, 165, 187
洲崎伝吉　150
住吉富一　298
星々会　291
成長志向　6, 18
成長主義　17, 192
成長主義ガバナンス　14, 16
成長主義レジーム　10
成長マシーン論　6-7, 9
静的　2, 17, 22, 26, 349
政友派（会）　132, 133, 136, 142, 146, 150,
　　157
関憲治　152, 154, 158
関根栄昭　293, 299
関矢章二　139, 164
関矢尚三　151
染色団地造成事業　249-250
全国総合開発計画（全総）　64
全繊同盟　227
全日本労働総同盟（同盟）　138, 177, 180
相互依存　2, 8
総合保養地整備法（リゾート法）　256
総需要抑制　74, 94
争点法　5
疎開工場　275, 281-283, 331-332, 351, 353
外山貞治　50-52
ゾミア　357

［た行］

第一次世界大戦　43, 127
大規模集票組織（マシーン）　18
第二次世界大戦　37, 44, 70, 126
第二室戸台風　115, 161, 297
高野亀太郎　65-69, 71-73, 78
高橋一夫　90-92, 95
高橋儀平　52

高橋国一郎　165
高橋源治　177, 179
高橋重雄　164
高橋誠一　314-315, 318-320, 325-327
滝口恵介　80, 82, 84, 86-87
滝沢健太郎　72, 75-80, 86, 94-95
竹内正文　240, 243
多元競争　93, 95-96
田下政治　282, 303
橘仁三郎　252
館内一郎　140
田中角栄　28, 58, 63-64, 72-73, 79, 81-83,
　　86, 139, 141, 151, 153, 155-158, 160,
　　162, 164-166, 173, 179, 188-189, 191,
　　221, 230-234, 236, 238, 240-243.245,
　　261-262, 281, 312-314
田中派（柏崎）　160, 164
田中派（三条）　59, 61, 65, 82
田中派（栃尾）　231-233, 235, 239, 260
田邉栄作　168, 170, 175, 178, 180
田辺喜作　243
玉井潤次　50, 309
田村文吉　127
地域開発　28, 64, 160, 164, 192
地域の個性　349
秩序堆積モデル　25-26, 358
千野勝司　220, 222-223, 229, 232, 234-240,
　　245, 261-262
地方交付税交付金　85, 155, 173, 182, 329
地方財政再建団体特別措置法　54, 62, 155
地方分権　349
中越企業家グループ　124, 126-127
中小企業金融安定化特別保証制度　329, 333
長期段階的撤退モデル　4
朝鮮戦争　44, 121, 138
朝鮮特需　131, 138, 290
千代正男　141
通産省　64, 142, 166, 173, 250
塚田十一郎　301-302, 313
月橋会　151
土田治五郎　49-54, 56-62, 79, 93
堤清六　49
堤義明　257
鶴巻辰次郎　294, 296

低開発地域工業開発促進法　115, 163–164
低開発地域工業開発地区指定　64, 115, 164
逓信省　125
電気営業取締規則　125
電気事業取締規則　125
電気事業法　125
電源三法　120, 172–174, 191
電源三法交付金　177, 180, 182, 185, 191
東京電力　111, 120, 141, 167, 171, 176, 181,
　　188, 190, 353
東芝加茂工場　284–285
東芝電気器具（東芝ホームテクノ）　285
東芝労働争議　284–285
統制経済　144, 213–214, 216
統治連合　7–10, 263
動的　2, 29, 349
東北電力　128, 130, 152, 167
東北電力新潟支店　140, 141
土建国家　352
都市ガバナンス　12–13, 24
都市ガバナンスの類型　13–17, 22
都市ガバナンス分析　11–13, 17, 22, 24,
　　355
都市レジーム　4–5, 8–11, 17, 22
都市レジーム分析　4–5, 9
栃尾織物工業協同組合（織物組合）　205,
　　211, 215–232, 234–235, 238–239, 241,
　　244–246, 250, 254–256, 258–261, 352
栃尾繊維産業従業員組合　226–227, 234,
　　248
栃尾鉄道　210, 232

[な行]

内藤野七　63, 66, 68
内藤久寛　114, 123
長岡鉄道　230, 232
中川素平　141
中澤秀雄　4
中曽根康弘　140
長野茂　178, 184
中村昭三　177, 179, 183–184, 191
成田茂八　50, –52, 57–58
成田知巳　73
新潟工科大学　185

新潟産業大学　156, 181, 185
ニクソン・ショック　38
西尾末広　157
西巻進四郎　133, 144
西巻達一郎　144, 153, 158, 160, 164, 169
日魯漁業　49, 240
二宮伝右衛門　132, 133
日本興業銀行　135, 140
日本自由党（1945–1948）　49–50
日本石油　114, 116–117, 123, 133–136, 140,
　　145–146
日本農民組合（日農）　72, 229–230, 235,
　　241, 296, 302
日本民主党（三条）　58–59, 155
ニュー・パブリック・マネジメント（NPM）
　　11, 13–14, 19
韮澤平吉　49
人間の営為　6
ネオマルクス主義　7, 9
農村工業　116, 135, 137, 215

[は行]

萩野秀雄　144, 164
長谷川尚一　132
長谷川信　313, 314
長谷川長二郎　83–92, 95
長谷川均　290–292, 294
パトロン　20, 334
馬場潤一郎　244–245, 248, 251–252,
　　254–255, 258–259
馬場肆一　231–232
馬場信彦　86–87
パブリック・ガバナンス　11
林欣二　246–248, 252, 254–256, 258, 262
原田晃樹　4
原吉郎　142, 146
坂内龍雄　286, 288–295, 297, 300–302, 309
坂内淑男　309
日浦晴三郎　288
非開発志向　28
東山英機　180, 184
非決定形成　188–189, 191
氷見野良三　37
評判法　5

平林与一郎　241-242
平山征夫　258
フィードバック効果　352
複合型産業都市　275, 331
福祉開発政策　357
福祉ガバナンス　14, 16
福武直　283
藤巻泰男　184
プルーラリスト　14, 17
プルーラリズム　7, 9
平成の合併　38, 42, 111-112, 205, 208, 258,
　辺見孫四郎　248-249, 251-252
北越水力電気　121, 123-128, 134
北越製紙　127
北越鉄道　42-43, 114, 116, 123, 279
星野一也　137
星野行男　86, 254
ポピュリスト　14, 17
ホームヘルパー利用者負担の無料化　328,
　333
本間新作　123

［ま行］

前川謙治　148
増井悌三郎　303, 309
松井琢磨　139, 141
松田弘俊　207, 288
松根宗一　140-141, 188-191
松原賢治　144
松原伍一郎　146-147
松村一派　144-145, 148-149, 151, 153-
　154, 157, 159
松村正吉　143-144, 159
丸田尚一郎　132
丸山信次　228
三井田虎一郎　133, 142-143, 146-151, 186
三浦政之丞　230-231
光本伸江　5
皆川鉄次　63
皆川正蔵　309
皆川信吾　206, 228-230, 233-234, 240, 260
皆川良二　286, 299, 309-317, 319-320, 322,
　326, 332-333
箕輪真一　256

三宅一郎　4
三宅正一　157
宮脇倫　47
民間納税施設　217-219
民社党（柏崎）　165-166, 169, 174-175, 177
　-178, 181
民社党（三条）　72, 74, 84
民社党（栃尾）　242
民主党（1947-1950、柏崎）　146-148
民政派（党）　51, 132-134, 142, 144, 146,
　150, 153, 157
村松岐夫　2, 4
村山栄一　165-166, 174, 178
村山達雄　83, 288, 313-314
村山俊蔵　168-169
モラル・エコノミー　357
森裕子　258

［や行］

山井龍三郎　210, 232, 235-237, 239-243,
　245, 247, 262
山口権三郎　114, 123
山口達太郎　123-124
山口誠太郎　126
山崎忠作　132
山田徳蔵　140
大和会（三条）　72
大和会（栃尾）　241-242, 247
吉浦栄一　139-141, 153-154, 158-161,
　163-164, 187-188
吉岡熊蔵　143, 146-147
芳川広一　168
吉田巌　286, 288, 298-301, 303-304,
　306-311, 315-316, 322, 324, 332-333
吉田兼次　50
吉田淳二　324
よもやま話　324-326, 328, 334
よもやま話路線　328, 330, 333
ヨーロッパ概念地図　29

［ら行］

嵐川会　64-65, 72, 75, 78-79, 83, 86-87,
　90-91
利益誘導　2, 58, 74, 164, 221, 243, 358

利益誘導政治　28
理化学研究所（理研）　116–117, 132–142, 146, 157, 186, 350
理化学興業株式会社　132–133, 135
陸の孤島　115, 146, 186, 191
理研柏崎ピストンリング工業　131, 137–139
理研産業団（理研コンツェルン）　132, 137
理研ピストンリング株式会社（リケン） 135, 137, 141, 152, 164, 181, 188, 190
理研ピストンリング労組　138, 162, 168
リコール運動　51–53
立憲改進党　150
里道闘争　171
猟官制　18
歴史的制度論　25
レジームレス　10, 17
ローカル・ガバナンス　13, 24
六斎市　297, 331

[**わ行**]

渡辺・亘派　59–62
渡辺喜八　285–287, 291, 296, 301
渡辺行一　41
渡辺正一　298
渡辺忠平　299–300
渡辺常世　50, 57–62, 67, 69–71, 73–74, 86, 93
渡辺秀央　75, 84, 89, 247, 254, 258, 313–314, 326–327
渡辺秀央派　79, 82
渡辺他蔵　147
渡辺芳夫　236–238, 241–252, 262

亘四郎　49, 64, 70, 72, 75–76, 162, 167, 170, 174, 191, 235, 240, 297
亘派（三条）　54, 58–59, 62, 65, 75
亘派（栃尾）　235, 239, 301
和紡織物　219–222, 224, 260

[**A–Z**]

Ataov, A.　20–23
Bachrach, P.　188
Baratz, M. S.　188
Bauroth, E　10
Dahl, R.　5, 7
DiGaetano, A.　13–15, 17, 22
Elkin, S. L.　7
Eraydin, A.　20–23
Gissendanner, S.　18–20
Hunter, F.　5
Lawless, P.　17–18, 22
Leach, R.　13
Lindblom, C. E.　7
Logan, J.　7
Molotch, H.　7
Percy-Smith, J.　13
Peterson, P. E.　6, 11, 96, 192, 356
Pierre, J.　11, 13–15, 192
Rest, J.　10
Scott, J. C.　357
Sites, W.　10
Stoker, G.　13
Stone, C.　4, 7, 9
Strom, E.　13–15

著者紹介

箕輪允智（みのわ・まさとし）

東洋大学法学部准教授
1982年新潟県加茂市に生まれる。国際基督教大学教養学部卒業、東京大学公共政策大学院修了、東京大学大学院法学政治学研究科修了、博士（法学）。
（一財）自治研修協会研究員、流通経済大学法学部講師などを経て、現職。
主な論文に、「自治体政策志向分析の方法」（『流経法学』27号、2015年）、「衛星都市自治体の行財政過程——東京周辺衛星都市のガバナンス分析から」（『東洋法学』61巻1号、2016年）など。

経時と堆積の自治

新潟県中越地方の自治体ガバナンス分析

2019年2月20日　初版第1刷発行

著　者	箕　輪　允　智
発行者	吉　田　真　也
発行所	合同会社 古田書店

102-0072　東京都千代田区飯田橋2-9-6 東西館ビル本館32
TEL: 03 6272 9172　FAX: 03-6272-9173
http://www.yoshidapublishing.com/

DTP・装丁　長田年伸　　印刷・製本　シナノ書籍印刷株式会社

定価はカバーに表示してあります。
© MINOWA Masatoshi, 2019
ISBN978-4-905497-72-1

―――― 吉田書店刊 ――――

私立学校政策の展開と地方財政──私学助成をめぐる政府間関係

小入羽秀敬 著

国による制度変更は県の私学助成制度に対してどのような影響を与えたのか。1960 年代の
生徒急増期から 2000 年代までの国、県の動きを丹念に観察。　　　　　　　　　　4300 円

都市再開発から世界都市建設へ──ロンドン・ドックランズ再開発史研究

川島佑介 著

中央政府の選択、地方自治体の選択、そして両者の相互関係とは──。都市における政府の
役割とは何か。第 44 回藤田賞受賞作。　　　　　　　　　　　　　　　　　　3900 円

戦後地方自治と組織編成──「不確実」な制度と地方の「自己制約」

稲垣浩 著

府県における局部組織において、「制度化されたルール」はいかに生まれ、定着したのか。
歴史的な視点から多角的に分析。　　　　　　　　　　　　　　　　　　　　　3600 円

自民党政治の源流──事前審査制の史的検証

奥健太郎・河野康子 編

歴史にこそ自民党を理解するヒントがある。意思決定システムの核心を多角的に分析。執筆
＝奥健太郎・河野康子・黒澤良・矢野信幸・岡﨑加奈子・小宮京・武田知己。　　3200 円

議会学

向大野新治（衆議院事務総長）著

国会の本質は何か。その実像は──。現役の事務総長が、議会の仕組みや由来から他国との
比較まで詳述する。　　　　　　　　　　　　　　　　　　　　　　　　　　2600 円

日本政治史の新地平

坂本一登・五百旗頭薫 編

気鋭の政治史家による 16 論文所収。執筆＝坂本一登・五百旗頭薫・塩出浩之・西川誠・浅
沼かおり・千葉功・清水唯一朗・村井良太・武田知己・村井哲也・黒澤良・河野康子・松本
洋幸・中静未知・土田宏成・佐道明広。　　　　　　　　　　　　　　　　　6000 円

21 世紀デモクラシーの課題──意思決定構造の比較分析

佐々木毅 編

日米欧の統治システムを学界の第一人者が多角的に分析。執筆＝成田憲彦、藤嶋亮、飯尾潤、
池本大輔、安井宏樹、後房雄、野中尚人、廣瀬淳子。　　　　　　　　　　　　3700 円

定価は表示価格に消費税が加算されます。
2019 年 2 月現在